房地产开发与经营
(第 2 版)

冯 斌　杜 强　主 编

赵小云　刘子杰　仲作伟　副主编

清华大学出版社
北京

内 容 简 介

本书以房地产开发与经营过程为主线，系统介绍了房地产开发经营全过程的有关理论知识、实务和操作方法。全书共分为 13 章，主要内容包括：房地产开发与经营的有关概念与程序及主要模式、房地产开发与经营管理制度和政策、房地产开发策划、房地产开发项目可行性研究、房地产融资、房地产开发用地的取得、土地储备开发、房地产开发项目的规划设计、房地产开发工程招标与投标、房地产开发合同、房地产开发项目的工程建设管理、房地产营销、房地产开发经营中的税收等。

本书可作为工程管理、房地产开发与管理、物业管理专业本科生和高职高专学生教材使用，也可供从事房地产开发与经营管理的人员参考。

本书封面贴有清华大学出版社防伪标签，无标签者不得销售。
版权所有，侵权必究。举报：010-62782989，beiqinquan@tup.tsinghua.edu.cn。

图书在版编目(CIP)数据

房地产开发与经营/冯斌，杜强主编. —2 版. —北京：清华大学出版社，2021.4
ISBN 978-7-302-57720-1

Ⅰ．①房…　Ⅱ．①冯…　②杜…　Ⅲ．①房地产开发　②房地产管理—经营管理　Ⅳ．①F293.3

中国版本图书馆 CIP 数据核字(2021)第 050109 号

责任编辑：石　伟　桑任松
装帧设计：刘孝琼
责任校对：吴春华
责任印制：杨　艳

出版发行：清华大学出版社
　　网　　址：http://www.tup.com.cn, http://www.wqbook.com
　　地　　址：北京清华大学学研大厦 A 座　　邮　编：100084
　　社 总 机：010-62770175　　　　　　　　邮　购：010-62786544
　　投稿与读者服务：010-62776969, c-service@tup.tsinghua.edu.cn
　　质量反馈：010-62772015, zhiliang@tup.tsinghua.edu.cn
　　课件下载：http://www.tup.com.cn, 010-62791865

印 刷 者：北京富博印刷有限公司
装 订 者：北京市密云县京文制本装订厂
经　　销：全国新华书店
开　　本：185mm×260mm　　印　张：20.25　　字　数：492 千字
版　　次：2014 年 8 月第 1 版　2021 年 4 月第 2 版　印　次：2021 年 4 月第 1 次印刷
定　　价：59.50 元

产品编号：087164-01

前　言

改革开放以来，我国各行各业都得到了迅猛发展，还没有哪个行业能像房地产业一样，在短短几十年间从无到有，创造了众多的财富神话，成为全民关注的焦点，发展成为关系国计民生的命脉产业。同时，由于产业的不成熟，也引来了国家的一次次规范调整。

迅速发展的房地产业需要大量合格的房地产专业人才。在2012年《普通高等学校本科专业目录》中，"房地产开发与管理"专业从工程管理专业中划分出来，成为一个独立的专业，这反映出房地产业日益成熟壮大。"房地产开发与经营"是房地产开发与管理专业的核心课程之一，也是工程管理专业应该学习的课程，同时可作为土木工程专业和其他土建类专业学生的热门选修课程。

本书是在近几年的"房地产开发与经营"课程教学实践中、在前人教学成果的基础上，补充完善后编写完成的，定位于为培养应用型人才的高校使用，侧重实际应用，包含较多的案例，重视培养学生的实际操作能力。

基于以上定位，本书以房地产开发与经营过程为主线，系统介绍了房地产开发与经营全过程的有关理论知识、实务和操作方法。全书共分为13章，涵盖了从房地产开发经营的基本概念、管理制度与政策到房地产开发策划、可行性研究、取得开发用地、进行规划设计管理、招投标管理、合同管理、工程建设管理和进行房地产营销的全过程，还介绍了与房地产开发密切相关的项目融资、国家土地储备制度及房地产经营中的税收等内容，符合本科教学知识点的要求。

本书由内蒙古工业大学冯斌和长安大学杜强任主编，河南城建学院赵小云、内蒙古工业大学刘子杰与仲作伟任副主编，内蒙古工业大学李淑娟、吴迪参与编写。另外，内蒙古工业大学张君、曹蕾楠和长安大学窦智、李炎琪、刘静、张旭等也参与了编写、校对等工作。具体编写分工如下：第1、2、3、7章由冯斌编写；第4章由刘子杰编写；第5、9章由李淑娟编写；第6、13章由仲作伟编写；第8章由吴迪编写；第10、11、12章由杜强编写；全书由冯斌统稿。

本书在编写过程中参考了大量前人的论著，除书后所附参考文献外，还借鉴了其他学者和媒体的研究成果与文章，在此不一一列出，一并向著作权人表示敬意。另外，在本书的出版过程中，清华大学出版社的编审人员给出了很好的修改意见，在此对编审人员的辛勤工作表示衷心的感谢。

由于编写时间和水平所限，本书难免存在不足之处，敬请广大读者批评指正。

编　者

目 录

第 1 章 导论 1
1.1 房地产和房地产业概述 2
1.1.1 房地产的概念 2
1.1.2 房地产业的概念 2
1.2 房地产开发的含义、类型与特点 3
1.2.1 房地产开发的含义 3
1.2.2 房地产开发的类型 4
1.2.3 房地产开发的特点 5
1.3 房地产开发的模式 7
1.3.1 多元化开发模式 7
1.3.2 专业化开发模式 8
1.4 房地产开发的程序 9
1.4.1 项目立项阶段 9
1.4.2 项目前期准备阶段 10
1.4.3 项目建设阶段 11
1.4.4 项目销售及售后服务阶段 12
1.5 我国房地产开发业的形成与发展 14
1.5.1 我国房地产开发业的形成 14
1.5.2 我国房地产开发业的发展 15
案例分析 16
本章小结 17
习题 17

第 2 章 房地产开发经营管理制度与政策 19
2.1 房地产开发企业及其制度 20
2.1.1 房地产开发企业及其类型 20
2.1.2 房地产开发企业的设立 21
2.1.3 房地产开发企业的资质等级与管理 24
2.2 房地产开发项目管理制度 25
2.2.1 房地产开发项目实行资本金制度 25
2.2.2 房地产开发项目的设计管理制度 26
2.2.3 房地产开发项目的施工管理制度 27
2.2.4 房地产开发项目的质量监督管理及竣工验收管理制度 29
2.3 房地产经营管理制度 31
2.3.1 房地产开发项目转让管理制度 31
2.3.2 商品房交付使用管理制度 33
2.3.3 房地产广告管理制度 37
本章小结 39
习题 39

第 3 章 房地产开发策划 41
3.1 房地产开发策划的含义、特征与原则 42
3.1.1 房地产开发策划的含义 42
3.1.2 房地产开发策划的特征 43
3.1.3 房地产开发策划的原则 45
3.2 房地产开发策划的类型 48
3.2.1 房地产项目前期策划 48
3.2.2 销售和招租策划 49
3.2.3 物业管理策划 50
3.3 房地产开发策划的模式 50
3.3.1 房地产开发战略策划模式 50
3.3.2 房地产开发全程策划模式 52
3.3.3 房地产品牌策划模式 53
3.3.4 房地产开发产品策划模式 55
3.4 房地产开发策划的程序 55
3.4.1 房地产开发策划程序的含义 56
3.4.2 房地产开发策划程序的内容 56
案例分析 57
本章小结 63
习题 63

第4章 房地产开发项目可行性研究 65

4.1 房地产开发项目可行性研究的内容与步骤 66
- 4.1.1 概述 66
- 4.1.2 房地产开发项目可行性研究的内容 68
- 4.1.3 房地产开发项目可行性研究的步骤 69

4.2 房地产市场分析 69
- 4.2.1 房地产开发项目市场调查 70
- 4.2.2 房地产市场预测 72

4.3 房地产开发项目费用测算 74
- 4.3.1 房地产开发项目费用种类 74
- 4.3.2 房地产开发项目费用测算方法 76

4.4 房地产开发项目的财务评价 77
- 4.4.1 盈利能力分析指标 77
- 4.4.2 偿债能力分析指标 83

4.5 房地产开发项目的不确定性分析与风险分析 84
- 4.5.1 盈亏平衡分析 85
- 4.5.2 敏感性分析 85
- 4.5.3 风险分析 87

4.6 房地产开发项目可行性研究报告的撰写 88

案例分析 89
本章小结 91
习题 91

第5章 房地产融资 93

5.1 房地产融资概论 93
- 5.1.1 房地产融资的含义 93
- 5.1.2 房地产融资的原则 94
- 5.1.3 房地产融资的功能 94
- 5.1.4 房地产融资的资金来源 95

5.2 房地产融资的主要方式 96
- 5.2.1 银行贷款 96
- 5.2.2 发行债券 100
- 5.2.3 发行股票 102
- 5.2.4 自有资金筹集 104
- 5.2.5 吸收外商投资 105
- 5.2.6 项目BOT 106
- 5.2.7 房地产投资信托 107
- 5.2.8 影响房地产融资方式选择的因素 108

5.3 房地产融资的成本管理 109
- 5.3.1 房地产融资的融资结构 109
- 5.3.2 房地产融资的成本 110
- 5.3.3 房地产融资的成本管理 113

5.4 房地产融资的风险管理 114
- 5.4.1 房地产融资风险的识别 114
- 5.4.2 房地产融资风险的种类 115
- 5.4.3 房地产融资风险控制与规避 117

本章小结 118
习题 118

第6章 房地产开发用地的取得 119

6.1 土地管理制度及其演变 120
- 6.1.1 土地的概念与分类 120
- 6.1.2 土地管理制度 121

6.2 房地产开发用地的取得方式 123
- 6.2.1 土地使用权划拨 123
- 6.2.2 土地使用权出让 123
- 6.2.3 土地使用权转让 127
- 6.2.4 土地使用权出租 127

6.3 开发建设中的土地征收 128
- 6.3.1 土地征收概述 128
- 6.3.2 集体土地征收的程序 129
- 6.3.3 集体土地征收的审批权限 130
- 6.3.4 集体土地征收的补偿 130

6.4 国有土地上房屋征收 131
- 6.4.1 概述 131
- 6.4.2 国有土地上房屋征收程序 132
- 6.4.3 国有土地上房屋征收补偿 133
- 6.4.4 国有土地上房屋征收评估 134

6.5 闲置土地的处理 134

6.5.1 概述 134	8.1.3 居住区规划 159
6.5.2 闲置土地的调查和认定 135	8.2 房地产开发项目规划设计方案的
6.5.3 闲置土地的处置和利用 135	技术经济因素分析 167
案例分析 136	8.2.1 住宅开发区规划的综合
本章小结 137	技术经济因素分析 167
习题 137	8.2.2 住宅的技术经济因素分析 171

第 7 章 土地储备开发 139

- 7.1 土地储备制度概述 140
  - 7.1.1 土地储备的概念 140
  - 7.1.2 土地储备制度及其发展 过程 140
  - 7.1.3 土地储备对象 141
- 7.2 土地储备开发准备工作 142
  - 7.2.1 土地储备开发计划编制与 审查 142
  - 7.2.2 土地储备开发实施方案 编制与审查 143
  - 7.2.3 土地储备开发实施主体的 确定 145
- 7.3 土地储备开发行政审批 146
  - 7.3.1 建设项目用地预审 146
  - 7.3.2 项目立项 147
  - 7.3.3 规划意见申报 148
  - 7.3.4 专业意见征询 149
- 7.4 土地储备开发的实施与交付 150
  - 7.4.1 征地的实施程序 150
  - 7.4.2 征地补偿与安置的原则 152
  - 7.4.3 拆迁的实施程序 152
  - 7.4.4 拆迁工作的原则与方式 153
  - 7.4.5 市政基础设施建设 154
  - 7.4.6 土地储备开发项目的验收 155
- 本章小结 156
- 习题 156

第 8 章 房地产开发项目的规划设计 157

- 8.1 房地产开发项目的规划设计 157
  - 8.1.1 城市规划的概念 157
  - 8.1.2 城市规划的编制体系 158

- 8.3 对房地产开发项目规划设计 方案的评价 173
  - 8.3.1 房地产开发项目规划设计 方案评价的特点 173
  - 8.3.2 房地产开发项目规划设计 方案评价的指标体系 174
  - 8.3.3 房地产开发项目规划设计 方案的评价方法 174
- 案例分析 180
- 本章小结 181
- 习题 181

第 9 章 房地产开发工程招标与投标 183

- 9.1 房地产开发工程招标投标概述 183
  - 9.1.1 房地产开发工程招标投标的 概念 184
  - 9.1.2 房地产开发工程招标投标的 原则 184
  - 9.1.3 房地产开发工程招标投标的 作用 184
  - 9.1.4 工程招标的方式 185
  - 9.1.5 房地产开发工程招标投标 文件的内容 186
  - 9.1.6 房地产开发工程招标投标的 程序 186
- 9.2 房地产开发工程监理招标 187
  - 9.2.1 房地产开发工程监理招标的 必要性 187
  - 9.2.2 房地产开发工程监理招标的 分类 188
  - 9.2.3 房地产开发工程监理招标 文件的主要内容 188

9.2.4 房地产开发监理招标的开标、评标与定标 189
9.3 房地产开发工程施工招标 190
 9.3.1 房地产开发工程施工招标的概念 190
 9.3.2 申请施工招标的条件 190
 9.3.3 房地产开发工程施工招标的程序 191
 9.3.4 房地产开发工程施工招标文件和标底或招标控制价的编制审查 194
9.4 设备、材料采购的招标 198
 9.4.1 设备、材料采购的招标方式 198
 9.4.2 材料采购的询价 198
 9.4.3 工程设备购置的招标 199
 9.4.4 设备与材料采购招标的资格审查 201
9.5 房地产开发工程勘察与设计招标 201
 9.5.1 工程勘察设计招投标的概念 201
 9.5.2 房地产开发工程勘察招标 202
 9.5.3 房地产开发工程设计招标 202
本章小结 203
习题 204

第 10 章 房地产开发合同 205

10.1 概述 205
 10.1.1 房地产开发合同的概念 205
 10.1.2 房地产开发合同审批流程 206
 10.1.3 房地产开发合同的类型 208
 10.1.4 工程建设实施类合同 210
10.2 勘察、设计合同 212
 10.2.1 合同的概念 212
 10.2.2 合同的内容 212
 10.2.3 订立合同应具备的条件 212
 10.2.4 勘察合同中发包人、勘察人的责任 212

 10.2.5 设计合同中发包人、设计人的责任 214
10.3 施工合同 215
 10.3.1 概述 215
 10.3.2 施工合同的签订 217
 10.3.3 《建筑工程施工合同(示范文本)》概述 218
10.4 监理合同 221
 10.4.1 合同的概念 221
 10.4.2 合同的特征 221
 10.4.3 建设工程监理合同示范文本的组成 222
 10.4.4 2012 版与 2000 版监理合同对比 223
 10.4.5 建设工程监理合同的主要内容 225
 10.4.6 建设工程监理合同中的监理人、委托人的义务 225
 10.4.7 建设工程监理合同中的监理人、委托人的违约责任 228
本章小结 228
习题 228

第 11 章 房地产开发项目的工程建设管理 231

11.1 房地产开发项目工程建设的组织与管理方式 231
 11.1.1 房地产开发项目工程建设的组织方式 232
 11.1.2 房地产开发项目工程建设阶段的管理模式 233
 11.1.3 房地产开发项目工程建设阶段的管理控制原理 233
 11.1.4 房地产项目的控制对象和控制依据 234
11.2 房地产开发项目工程建设进度控制 236
 11.2.1 进度控制的概念 236

11.2.2　进度控制的计划系统及
　　　　　　表示方法 236
　　11.2.3　施工阶段进度控制的
　　　　　　主要工作内容 240
11.3　房地产开发项目工程建设投资
　　　控制 242
　　11.3.1　项目投资失控的原因 242
　　11.3.2　工程建设投资控制的
　　　　　　方法与步骤 243
　　11.3.3　工程价款的结算 243
　　11.3.4　工程变更的控制 244
　　11.3.5　索赔 245
11.4　房地产开发项目工程建设
　　　质量控制 247
　　11.4.1　质量控制概述 247
　　11.4.2　施工阶段的质量控制 249
　　11.4.3　施工质量验收 252
　　11.4.4　工程质量事故的分析及
　　　　　　处理 252
　　11.4.5　质量管理的数理统计方法 254
本章小结 255
习题 256

第 12 章　房地产营销 257

12.1　房地产营销概述 257
　　12.1.1　市场营销的概念 257
　　12.1.2　营销观念的发展过程 258
　　12.1.3　房地产营销的含义和特点 260
　　12.1.4　房地产营销理论 262
12.2　项目市场细分及目标市场的选择 266
　　12.2.1　项目市场细分 266
　　12.2.2　房地产项目目标市场选择 269
12.3　房地产市场营销策略 270
　　12.3.1　房地产价格策略 270
　　12.3.2　房地产产品组合策略 271
　　12.3.3　房地产营销渠道策略 273
　　12.3.4　房地产促销策略 275
12.4　房地产收益的获取方式 278
　　12.4.1　出售 278

　　12.4.2　出租 278
　　12.4.3　营业 279
12.5　房地产营销模式及其选择 279
　　12.5.1　房地产营销模式的含义 280
　　12.5.2　房地产营销模式的类型 280
　　12.5.3　房地产营销模式的选择 282
本章小结 284
习题 285

第 13 章　房地产开发经营中的税收 287

13.1　税收制度概述 288
　　13.1.1　税收 288
　　13.1.2　税收制度 288
13.2　房产税 290
　　13.2.1　概述 290
　　13.2.2　房产税的征税范围及
　　　　　　纳税人 290
　　13.2.3　房产税的计税依据和税率 291
　　13.2.4　房产税应纳税额的计算 291
　　13.2.5　房产税的减免范围 291
13.3　城镇土地使用税 292
　　13.3.1　概述 292
　　13.3.2　征税范围及纳税人 293
　　13.3.3　税率及应纳税额的计算 293
　　13.3.4　税收优惠范围 293
13.4　耕地占用税 294
　　13.4.1　概述 294
　　13.4.2　纳税人 294
　　13.4.3　税额标准与计算 294
　　13.4.4　税收优惠范围 295
13.5　土地增值税 296
　　13.5.1　土地增值税概述 296
　　13.5.2　纳税人和税率 297
　　13.5.3　土地增值税的计税依据 297
　　13.5.4　土地增值税应纳税额的
　　　　　　计算 299
　　13.5.5　土地增值税的优惠范围 300
　　13.5.6　土地增值税的清算 300
13.6　契税 301

  13.6.1　概述 301
  13.6.2　征税对象和纳税人 302
  13.6.3　税额计算 303
  13.6.4　税收优惠 303
 13.7　相关税收 304
  13.7.1　增值税 304
  13.7.2　所得税 305
  13.7.3　城市维护建设税 308

  13.7.4　教育费附加 308
  13.7.5　地方教育附加 308
  13.7.6　印花税 308
 案例分析 309
 本章小结 310
 习题 311

参考文献 312

第1章 导 论

【学习要点及目标】

- 了解房产、地产、房地产及房地产业的概念及行业属性。
- 掌握房地产开发的内涵,熟悉房地产开发的类型,理解房地产开发的特点。
- 熟悉房地产开发的模式。
- 掌握房地产开发程序及各阶段的主要工作。
- 了解我国房地产开发业的形成与发展历程。

【核心概念】

房地产;房地产业;房地产开发;多元化开发模式;专业化开发模式

【引导案例】

胡润研究院发布的《2013胡润全球富豪榜》显示,中国富豪数仅次于美国。按行业划分来看,全世界富豪行业比例中位居第一者为房地产业。在全球十大房地产商中,有7位在中国,1位在美国,2位在英国。排名前五的均为香港房地产商:李嘉诚,李兆基,郭炳江、郭炳联家族,郭鹤年,以及郑裕彤。万达集团的王健林与恒大地产的许家印作为来自中国内地的房地产富豪杀入了全球地产富豪榜单前十。

此次胡润全球富豪榜以10亿美元作为上榜门槛,截至2013年1月17日,共有1453名富豪上榜,其中219人从事房地产行业,房地产业成为全球富豪行业分布的第一位。房地产业在大中华区的行业排名中亦占首位。该地区从事房地产业的富豪占总数的28.4%,领先第二名制造业约13个百分点。

由此可见,房地产业是一个易于创造财富的行业,也是国民经济中非常重要的行业之一。这个行业到底是一个什么样的行业?它有哪些特点?那就请大家先了解一下房地产及房地产业的一些基础知识。

1.1 房地产和房地产业概述

1.1.1 房地产的概念

1. 房产

从物质属性上讲,房产是指有墙面和立体结构,能够遮风避雨,可供人们在其中生活、学习、工作、娱乐、居住或贮藏物资的场所;从权益属性上讲,房产是指房屋财产,即指在法律上有明确的权属关系,在不同的所有者和使用者之间可以进行出租、出售或者由所有者自用或作其他用途的房屋。具体包括住宅、厂房、仓库以及商业、服务、文化、教育、办公和体育等多方面的用房。

房产与房屋不同,房屋是指建造在土地之上,定位于供人们生活、生产使用的建筑物,而房产是指作为商品和非商品的房屋的总称,根据房产划分的不同标准,可分为商品房和非商品房、住宅房和非住宅房。商品房是指由房地产开发公司进行综合开发建成后,用于出售或出租经营的住宅房、商业用房以及其他用房。非商品房是指自建、委托建设或者参加统建,自己使用的住宅或其他用房。住宅房是指专门供人们居住的房屋。非住宅房是指不用于人们居住,而专门用来作为生产、经营和办公等用途的房屋。

2. 地产

地产不同于自然形态的土地,地产是指法律上有明确的权属关系,可以由所有者、经营者和使用者进行土地开发、土地经营,并能够带来相应经济效益的建设用地。地产与土地的根本区别也就是有无权属关系。地产作为一种经营形态,是指土地财产,是在一定的土地所有权关系下作为财产的土地,是由地貌、土壤、岩石、植被、水文和气候等条件所组成的一个独立的自然综合体。从房地产经济角度来看,地产指陆地表面及其上、下空间,即城市土地、农村土地、耕地、荒地、风景区、自然保护区以及其他陆地及其上、下空间。

根据土地所有权性质的不同,地产可分为国有土地和集体土地两大类;根据使用目的的不同,可以分为居住用地、工业用地、商业服务用地、仓储用地、市政交通用地、科教文卫设施用地、绿化用地和其他用地等。

3. 房地产

房地产是指土地、建筑物及固着在土地、建筑物上不可分离的部分及其附带的各种权益。房地产可以有三种存在形态:土地、建筑物、房地合一。房屋及相关的土地是不能移动的,因此房地产又被称为不动产。房地产实际上已经成为一个规范化的整体概念,在物质形态上,房产与地产总是连为一体的,房依地而建,地为房的载体;在经济形态上,房产、地产的经济内容和运动过程也具有内在的整体性和不可分割性。

1.1.2 房地产业的概念

房地产业是指,以土地和建筑物为经营对象,从事房地产开发、建设、经营、管理以及维修、装饰和服务的集多种经济活动为一体的综合性产业,它属于第三产业,是具有先导性、基础性、带动性和风险性的产业。在国家标准《国民经济行业分类》(GB/T 4754—2017)中，房地产业归为 K 门类，见表 1-1。在实际生活中，人们习惯于将从事房地产开发和经营的行业称为房地产业。房地产业的具体内容包括国有土地使用权的出让、房地产的开发与再开发、房地产经营、房地产中介服务、物业管理、房地产的调控与管理等。

表 1-1　房地产业在《国民经济行业分类》(GB/T 4754—2017)中的分类

代码				类别名称	说　明
门类	大类	中类	小类		
K				房地产业	本门类包括 70 大类
	70			房地产业	
		701	7010	房地产开发经营	指房地产开发企业进行的房屋、基础设施建设等开发，以及转让房地产开发项目或者销售房屋等活动
		702	7020	物业管理	指物业服务企业按照合同约定，对房屋及配套的设施设备和相关场地进行维修、养护、管理，维护环境卫生和相关秩序的活动
		703	7030	房地产中介服务	指房地产咨询、房地产价格评估、房地产经纪等活动
		704	7040	房地产租赁经营	指各类单位和居民住户的营利性房地产租赁活动，以及房地产管理部门和企事业单位、机关提供的非营利性租赁服务，包括体育场地租赁服务
		709	7090	其他房地产业	

从事房地产开发、经营、管理和服务的企业单位群体，在工业化、城市化进程中兴起、发展，逐步形成了完整、独立的房地产业；反过来，它又推动工业化、城市化以及现代化的发展。近年来，我国房地产业在改革开放中得到恢复发展并迅速崛起的大量事实，充分证明了它在国民经济中的重要地位和作用。另外，加快发展房地产业，对提高土地既是资源又是资产的认识，促进土地的节约和合理利用，对政府筹集建设资金，推动城市建设和经济发展，都具有重要的作用。

1.2　房地产开发的含义、类型与特点

1.2.1　房地产开发的含义

1. 房地产开发的概念

所谓房地产开发，是指在依据《中华人民共和国城市房地产管理法》取得国有土地使用权的土地上进行基础设施、房屋建设的行为。作为不动产，与其他商品的开发相比，房地产开发具有投资大、耗力多、周期长、高赢利、高风险的特点，使房地产开发活动在人们的生活中占据越来越重要的地位，经济越发达，时代越进步，房地产开发的范围越广，

程度越深，内容越丰富。而房地产开发也并非仅限于房屋建设或者商品房屋的开发，而是包括土地开发和房屋开发在内的开发经营活动。

2. 房地产开发的内涵

房地产开发的内涵具体如下。

(1) 房地产开发提高了土地使用的社会经济效益。

土地是社会经济活动的承载体，作为资产，土地是建筑物赖以存在的基础；作为资源，土地是一切存在的源泉。随着城市化的进程，人类对于以土地为基础的空间的数量和质量需求与日俱增。又由于土地是一种非再生性的自然资源，因此解决城市土地供求矛盾的有效办法是通过房地产开发(包括城市土地的内涵开发和外延开发)，合理提高土地的使用强度，提高土地的使用价值，使土地发挥更高的社会经济效益。

(2) 房地产开发是开发企业的投资活动。

市场经济条件下的房地产开发与计划经济模式下的房屋建设不同，前者是开发企业自身的经济活动，后者则更多地带有政府的行政行为。房地产开发既然是投资活动，就要追求投资收益。注重开发项目的经济效益是房地产开发企业投资行为的基本准则。

(3) 房地产开发是城市规划的实施过程。

城市规划是城市发展的目标和城市建设的依据，房地产开发则是城市发展目标的实施过程。从城市建设与发展的全局利益出发，房地产开发必须服从城市规划，满足城市社会经济发展的需要，这也保证了房地产开发的社会效益、经济效益和环境效益的统一。任何仅追求企业的经济效益而忽视甚至有损社会效益和环境效益的房地产开发，是不被政府批准的。

(4) 房地产开发是以房屋和土地为主要内容的综合开发。

房产和地产密不可分，一方面，房屋必须建在土地上；另一方面，地下的各项设施都是为房屋主体服务的，是房屋主体不可缺少的组成部分。因此，房地产开发必须综合考虑各种房屋使用功能的配套以及房屋与基础设施的协调，综合开发才能发挥其应有的功能。

综上所述，房地产开发是房地产开发企业按照城市规划的要求，通过投资，建设适应城市社会和经济发展需要，满足用户要求的房屋建筑、配套设施及空间环境，并以此实现企业经营目标和提高土地使用的社会经济效益的活动。

1.2.2 房地产开发的类型

房地产开发的形式多种多样，从不同的角度可以划分出不同的类型。

1. 按开发的区域性质划分

根据被开发区域的性质，可以将房地产开发分为新区开发和旧区再开发两种形式。

(1) 新区开发主要是对城市郊区的农地和荒地进行改造，使之变成建设用地，并进行一系列房屋、道路、公用设施等方面的建造和铺设，使之变成新城区。新区开发的主要特点是从生地开始，严格按照城市规划和各项开发区的功能进行建设。新区开发尽管用地位置比较偏远，但配套比较完善，用地条件也比较宽松，适合于规模较大的住宅开发或工业用房开发。

(2) 旧区再开发也被称为旧区改造，主要是对已建成的某些区段的建筑和各项配套设施进行拆迁改造或重新建设，具有改变或扩大原有建筑地段的使用性质和功能的特点。旧区改造在城市建设中具有重要的意义：一方面，可以通过改造，改变以往旧城区人口过密、交通紧张、房屋陈旧、设施落后、环境质量恶劣的弊病；另一方面，也可以调整城市的用途，节约土地资源，提高土地效益，增强城市活力。目前旧区改造已成为许多城市房地产开发的主要形式。

2. 按开发的规模划分

根据房地产开发的规模，可以将房地产开发划分为单项开发和成片开发两种形式。

(1) 单项开发是指开发规模小、占地少、功能比较单一的项目。这种项目开发投资较少，建设周期较短，往往表现为分散建造的一些单项工程或单位工程。

(2) 成片开发是指开发规模大、占地多、功能多的项目。无论是新区开发还是旧区改造，都表现为成片建造多个工程项目，实施多种配套，是一种投资额高、建设周期长的综合性成片开发。成片开发在具体的实施过程中往往采取分期分批、滚动开发的方式。

3. 按开发的对象划分

按房地产开发的对象，可将房地产开发分为土地开发、房屋开发和综合开发三种形式。

(1) 土地开发是指土地开发企业在获得土地使用权以后，通过征地、拆迁、安置等工作，将土地开发成具有"七通一平"(供水、排水、供电、供热、供气、电信、道路畅通、场地平整)条件的建房基地，然后通过协议、招标或拍卖等方式，将使用权转让给其他房地产开发企业进行房屋建设的一种开发经营方式。

(2) 房屋开发是指房地产开发企业以一定的方式获得地块的使用权后，按照规划要求建造各类房地产商品，如住宅、办公楼、商业用房、娱乐用房等，并以出售或出租手段将这些房地产商品推入市场的一种开发经营方式。

(3) 综合开发是指土地开发以及房屋和有关的市政、公建配套设施结合起来进行建设的开发方式。这种开发方式往往由一个开发企业负责从投资决策到土地使用权的获取，从基地的建设、房屋以及小区内市政、公建配套设施的建造，直到房屋的租售和管理全过程的实施，这种开发方式也是目前我国绝大多数房地产开发企业采取的一种开发方式。

1.2.3 房地产开发的特点

与其他商品相比，房地产有其特有的性质，如不可移动、产品唯一、使用年限长和价值高等。由此，影响到房地产开发活动表现出许多特点。就投资角度而言，房地产开发具有以下几个特点。

1. 房地产开发的成本高，投资量大

与存款储蓄、保险、股票债券买卖、期货交易等投资活动相比，房地产开发投资量最大，一栋几千平方米的房屋，仅建筑安装工程造价就高达几百万元甚至近千万元。这样涉及两个重要问题：一是房地产作为商品，高昂的价格将许多人拒之门外。产品的市场需求很大，但受价格和购买能力的制约，无法形成实际购买，也就不能形成有效需求。二是房

地产开发项目的投资如此之大,使得开发企业面临着筹集资金的难题。一般开发项目所需的大部分资金主要通过银行信贷来解决。因此,房地产市场受融资成本及房地产贷款取得的难易程度两方面因素影响。通常当资金宽松时,贷款利率下降,融资较易,则房地产市场趋向景气;反之,当银根趋紧时,利率上升,则房地产市场趋向收缩。

2. 房地产开发的建设期长,投资周转慢

房地产开发活动是从购置土地的使用权开始的,然后经过规划设计、拆迁安置、土地开发、建筑施工、竣工验收等过程,最后还要通过房屋销售或出租收回投资,所以开发建设周期较长,投资周转慢。投资量大且周转慢,因此在项目的在建期内,开发企业要承担巨大的资金压力。同时,在工程施工过程中,往往会碰到各种各样的问题,致使工程延期。显然,工程延期会导致贷款利息增加,变现时间延长,甚至失去难得的经营时机。

3. 房地产市场具有地区性和分散性

房地产位置的固定性,决定了房地产市场的地区性。由于房地产不能移动,一个地区的土地短缺不能由另一土地富余的地区来补偿,一个地区的住房紧张也不能由另一住房有剩余的地区来解决。不同地区的房地产市场,其价格也存在着显著的地区差异性。房地产的地区价格差异不仅表现在不同城市之间,而且表现在同一城市的不同地段之间。故此,房地产开发必须以满足一定地区的房地产需求为出发点,依据地区的特定环境和条件来进行。

房地产位置的固定性,还决定了房地产市场的分散性。即整个房地产市场是由许多个分散于各地的地方市场所组成的,而且各市场间大多自成体系,彼此相对隔绝,市场信息流通不充分。所以房地产市场是一个不完全竞争的市场。在某一特定时点,房地产交易不存在所谓的公认价格,大多数交易是在信息不充分状况下通过议价的程序来完成的,其成交价格经常高于或低于完全竞争市场下的成交价格。

4. 房地产市场需求具有稳定性

住是人的最基本需求之一,学习、工作和娱乐也是人的基本行为。房地产为人们的生活、工作、学习和娱乐提供了必不可少的活动空间。房地产的需求弹性低,不会随着价格的波动而大幅度地变化。这就意味着房地产有着稳定的市场需求。

房地产的需求前景被看好还在于其具有保值、增值的作用。由于土地资源有限,土地的供给与需求矛盾日益突出,以至于房地产价格具有与物价水平同步上涨的特性,亦即房地产具有对抗通货膨胀的能力。这种保值和增值功能,刺激了购房者把购买房地产作为一种投资而不仅仅是为了使用,这表明房地产有着潜在的市场投资需求。

5. 房地产开发的涉及面广,综合性强

房地产开发是一项涉及面很广的城市建设活动。涉及的部门有规划、勘察、设计、施工、市政、供电、电信、商业、服务、房管、人防、文教、卫生、园林、环卫、金融以及基层行政等十几个部门、上百个单位;涉及的专业知识有城市规划、建筑学、土木工程、经济、管理、法律、心理学、社会学、市场学、气象、地质等方面;涉及的法律法规有《民法》《公司法》《城乡规划法》《土地管理法》《城市房地产管理法》《合同法》《继承

法》《婚姻法》《城镇国有土地使用权出让和转让暂行条例》，以及国家和地方政府颁布和规定的各种税法及其他各种有关规定和条例等。所以房地产开发涉及面广，综合性强，需要多种人才支持。

6. 房地产开发行业的风险大

房地产开发的风险性表现为以下三个方面。

(1) 筹集资金的风险。房地产开发需要巨额资金，在市场经济条件下，筹集巨额资金是有风险的。开发周期长可变因素多，会给开发项目带来一定的市场风险；房地产开发的产品是供人们居住或从事商业经营、工业生产的建筑物，每一个项目在相当长的时间里几乎没有重新建造的可能。因此，项目一旦失败，开发商将遭受巨大的损失。

(2) 竞争的风险。房地产开发是市场经济的产物，竞争无处不在，如土地使用权的竞争、规划设计上的竞争、营销过程中的竞争等。这些竞争直接关系到所开发的房地产商品是否具有较高的市场占有率，是否具有较好的经济效益和社会效益。这种激烈的竞争增加了房地产开发的风险。

(3) 受形势和政策影响的风险。宏观经济形势和有关经济政策对房地产开发的影响也较大。因此，房地产开发是一项高风险的投资行为。

1.3 房地产开发的模式

房地产开发模式有多种不同的划分方法。这里，根据房地产开发企业核心业务过程的不同，将房地产开发模式归结为多元化开发模式和专业化开发模式。

1.3.1 多元化开发模式

房地产开发作为一种提供给消费者或投资者空间和服务的活动，具备多元化发展的特点。对规模经济、降低风险和可持续性发展的追求，可在很大程度上促进多元化开发经营。

1. 混业开发模式

混业开发是指开发企业跨行业的互动发展，包括金融投资行业、建筑材料行业、建筑施工及装饰装修行业等。涉足金融投资行业，能够适应房地产开发资金量大的需要，有效改善开发项目的现金流状况。建筑技术在房地产开发竞争中发挥着越来越重要的作用，开发企业涉足建材、施工行业，将促进房地产新技术、新工艺、新产品(房屋用品及建材)的研发和应用，从而提升开发项目的科技含量和房屋性能质量，降低开发成本。开发企业在这方面的工作及成果是企业核心竞争力的重要组成部分。

2. 综合项目开发模式

综合项目是指诸如融居住、商业、旅游观光于一体的主题社区，集旅游、保健、高尔夫为一体的综合度假区，具备购物、餐饮、综合服务、休闲娱乐等功能的集合式商业经营地产项目等一类开发项目。在综合项目开发经营中，多种物业功能和经营方式相互支撑，可提升房地产开发效益水平，保持收益的稳定性，有利于可持续发展。深圳华侨城主题公园项目及香港迪士尼乐园项目，都是非常典型的综合项目，投资者采取地产与旅游品牌互动发展策略，推进投资经营。商业地产项目也是一种重要的综合项目，商业地产包括百货店、会员店、购物店、便利店等，其开发更倾向于标准化和规范化。

3. 纵向一体化开发模式

纵向一体化开发是指开发企业实行房地产开发建设与物业资产管理并重的经营方式。从国内外的经验来看，拓展房地产投资及与之相关的房地产资产管理业务，构筑房地产开发与管理密切结合型企业，是房地产开发企业实施可持续发展的重要途径之一。

房地产与物业资产管理贯穿房地产项目建成后的全生命周期过程，其目标就是使房地产价值最大化。从发展趋势来看，房地产市场将无疑会从提供增量供给为主向保持存量供给为主转变，物业资产管理会成为企业的主要业务。

1.3.2 专业化开发模式

房地产物质形态的多样性、产品分布的地区性，以及开发经营过程的阶段性、高风险性和不确定性，使得专业化开发模式成为开发企业的重要选择。

在专业化开发模式下，开发企业的投资经营活动集中在相对小的范围内，有利于房地产产品建设、经营与管理技术的成熟化和创新，有利于减少产品更新换代的成本。同时，由于专业化开发企业的经营管理技术与方法、管理流程及产品设施、材料特性接近，房地产开发项目的质量管理、计划管理、资源供应管理和成本管理等工作更易于实现标准化、制度化，为开发企业的信息化创造了较好的条件，从而有助于降低管理成本，提高管理效率。

1. 特定物业类型开发

开发企业根据对自身资源(包括资金、实力和经验)的评估以及对所处市场的独特认识，可以选择某类物业作为企业相对专一的开发对象，实施专业化开发。特定物业类型开发可以在某一特定地域上进行，也可以在广泛地域上进行，甚至进行国际性开发。具体方式的选择依赖于开发企业的经营方针。

2. 特定业务领域开发

特定业务领域开发是一种非一体化、非全能型的开发方式，它围绕开发过程中某种业务领域来进行开发经营。这种业务领域的选择与确定，同样依赖于多种因素的综合评估。在大多数情况下，这些业务领域是开发企业的核心业务领域。特定业务领域开发可以采取土地整理、以开发流程管理为纽带的协作型房屋、基础设施建设等开发方式。

以开发流程管理为纽带的协作型开发方式，就是开发企业专注于自己最擅长的业务或核心业务，然后购买其他社会化专业机构提供的最擅长业务服务，如市场专业咨询、报建专业代理、工程管理咨询、专业营销策划服务等，从而形成高协作性的开发流程，使开发机构超脱一般的协调和技术细节，专注战略管理和资金管理。毫无疑问，购买服务不单纯是最低成本的追求，更重要的是获取开发品质与成本控制中的最优。协作型开发方式的发展，是开发业提升的标志之一。

3. 服务集成式开发

服务集成式开发是指开发投资企业，以房地产服务集成商业的形式，提供专业房地产服务来推进房地产开发项目。这种服务涉及开发项目全生命周期过程。服务性开发也是房地产开发业的发展方向之一，包括以下内容。

1) 房屋个性化定制与服务

这是一种类似"戴尔"式的开发方式(服务的对象是市场客户)，开发企业按客户的订购要求开发土地，进行房屋个性化设计、建造和经营。整个过程中的互动环节在网络平台上进行，开发商在后台通过生产与组织为客户定制房屋。由于房屋建筑的专业性，该种方式必须在房屋建筑工业化程度很高的情况下才有可能实施。

2) 房地产开发项目管理与服务

这通常可认为是一种"虚拟"开发方式(服务对象是其他开发企业)，即开发企业通过品牌授权，输出管理与规模模式，推动当地开发项目的实施。

开发企业还可提供一种纯咨询服务，通过提出开发项目解决方案，实施业务活动，贯穿房地产开发项目始终。

1.4 房地产开发的程序

房地产开发要按一定的程序进行，其原因有以下三点：第一，房地产产品的形成有其内在的规律性，开发工作必须遵循房地产产品形成的规律有条不紊地进行；第二，由于房地产开发具有投资大、风险大的特点，开发企业不能盲目地、仓促地上开发项目，必须按照一定的科学程序，先做充分的论证，再决定上什么项目，建多大规模的项目，从而减少投资风险，并对项目的实施过程做精心的设计、周密的安排，使开发项目顺利进行；第三，为了使房地产开发符合城市规划，促进城市的社会经济发展，保护广大房屋消费者的利益，政府制定了审批制度，对房地产开发进行引导、监督和管理。

一般来说，房地产开发程序分为四个阶段，即项目立项阶段、项目前期准备阶段、项目建设阶段、项目销售及售后服务阶段。

1.4.1 项目立项阶段

项目立项阶段的房地产开发程序为：投资机会研究→项目立项批文→申请定点→申请购置土地，办理土地产权手续→申领规划红线图、规划设计条件通知书等文件→编制规划设计总图→申领建设用地规划许可证。

1. 投资机会研究

进行投资机会研究首先是对投资地区和投资环境进行研究、分析，然后根据对自然资源的了解和市场情况的调查预测，以及对国家的经济政策和政治环境等情况进行分析，判断能否找到最有利的投资机会，为投资机会的选择提供依据。

2. 项目立项批文

项目批文是由计划管理部门颁发的，确认开发项目通过审核，可以进行开发建设的文件。申领项目立项批文时，需向主管部门提交可行性研究报告、立项申请书、资金来源说明、房地产开发物业类型说明等文件。其中，可行性研究报告的报批是政府主管部门及贷款银行对项目进行评估，对可行性研究报告进行评价。评价主要从以下 3 个方面进行：一是项目是否符合国家有关政策、法令和相关规定；二是项目是否符合国家宏观经济意图和国民经济长远规划，布局是否合理；三是项目的技术是否先进适用，是否经济合理。可行性研究报告的批准，标志着项目立项决策阶段的完成。

项目立项决策阶段的各项任务，可由项目方自己的管理班子来完成，也可委托相应的咨询机构来完成，项目方人员做一些配合和辅助工作。

3. 申请定点

到城市规划管理部门申请定点。在此环节中，需向规划管理部门提交有效的项目立项批文、申请定点报告、申请用地报告、企业的资质证明、企业的营业执照和法人代表委托书等文件或证书。城市规划管理部门根据城市总体规划要求，参照开发商的申请，考虑房地产开发项目的性质、规模，初步选定用地项目的具体位置和界限。

4. 申请购置土地，办理土地产权手续

根据《中华人民共和国土地管理法》《中华人民共和国土地管理法实施办法》《中华人民共和国城镇国有土地使用权出让和转让暂行办法》《城市国有土地使用权出让转让规划管理办法》等法律法规，开发企业以出让或转让方式取得土地时，必须到土地管理部门办理土地出让或转让手续，签订土地使用权出让或转让合同，并缴纳土地使用权出让金。

5. 申领规划红线图、规划设计条件通知书等文件

其主要内容包括：被申请建设用地的现状地形图；根据开发项目的性质和所处地段条件提出用地范围，该场地的外部限制条件；提出规划设计要点，包括建筑密度、容积率、建筑层数、高度、体量、红线退让要求和地下管线走向、绿化要求以及其他控制事项；有关的特殊要求，如人防、抗震和净空限制等。

6. 编制规划设计总图

开发商根据规划设计意见通知书等文件，委托规划设计院编制规划设计总图。

7. 申领建设用地规划许可证

提交建设用地规划设计总图，供规划管理部门审核，然后由规划管理部门核定用地面积，报经政府批准，发给开发商建设用地规划许可证。

1.4.2 项目前期准备阶段

项目前期准备阶段的房地产开发程序为：选择勘察队伍和设计单位→申领建设工程规划许可证和施工许可证→做好"七通一平"工作→选择承包单位→选择监理单位。

1. 选择勘察队伍和设计单位

通过招标，选择勘察队伍进行地质勘测，选择设计单位进行建筑设计，业主的项目管

理班子主要做一些大的方面的管理审核工作,如设计概算、设计进度、建筑风格及结构类型等。当设计任务由几家设计者分别承担时,要做好组织协调工作,以确保质量和进度。再就是为设计者提供必要的设计基础资料,如批准的可行性研究报告、规划部门的规划设计条件通知书等。而一些更为具体的管理工作可委托监理单位来进行。

2. 申领建设工程规划许可证和施工许可证

建设工程规划许可证是由规划管理部门审批颁发的,是表达拟建项目已具备开工条件、允许开工的法律文件,依据《中华人民共和国建筑法》(必要时可简称《建筑法》)的规定,要求由建设行政主管部门对建筑工程进行施工所应具备的基本条件进行审查,以避免不具备条件的工程开工后无法顺利进行所造成的损失和浪费。同时,施工许可证应当由建设单位(开发商)而不是施工单位负责申请领取,并且要在开工前办理,未经许可,不得擅自开工。

3. 做好"七通一平"工作

做好建设用地的"七通一平"工作,是落实施工招标的前提条件之一,也是保证施工单位进入现场迅速施工的必要条件。

4. 选择承包单位

通过招标方式选择工程承包单位,与承包单位签订建筑工程施工合同。具体招标过程在本书第 9 章将有详细介绍。

5. 选择监理单位

通过招标方式选择监理单位,与监理单位签订工程建设监理合同。

1.4.3 项目建设阶段

项目建设阶段的房地产开发程序为:组织承包商进场→加强开发项目工程管理与控制→申领商品房预售许可证,与用户签订商品房预售合同→项目的竣工验收。

1. 组织承包商进场

当项目具备开工条件后,应当及时组织工程承包商进场施工,同时组织监理单位进行监理工作,也要组织由业主负责供应的材料、设备的订货工作,必要时可进行设备招标,与材料设备供应商签订建设物资采购供应合同。如果工程项目需要进口材料设备且由业主负责,则要申请办理进口许可证,并办理报关手续,签订委托运输合同。当由承包商负责进口材料设备时,业主可提供一些必要的帮助。

2. 加强开发项目工程管理与控制

开发项目工程管理与控制是开发企业为了保证项目施工顺利进行所从事的有关管理工作,具体内容在本书第 11 章有详细介绍。

3. 申领商品房预售许可证,与用户签订商品房预售合同

在项目建设到一定阶段后,可以进行商品房预售。通过预售,开发商可提前实现资金

的部分回收，购买者通常会因购买预售商品房而得到升值带来收益。进行商品房预售必须满足下列条件。

(1) 商品房预售必须向当地房地产市场管理部门申请，经批准并申领商品房预售许可证后方可进行。申请办理商品房预售许可证应具备以下条件：①建设项目各种批准手续已齐备，且已确定竣工交付使用日期；②已完成建设项目投资的25%或已完成单体项目的主体结构(结构封顶)；③已确定预售款的监管机构和监管方案；④已制定房屋使用管理维修公约。

(2) 根据《城市商品房预售管理办法》的规定，开发企业在申请办理商品房预售许可证时，应提交下列证件及资料：①开发企业的营业执照，建设项目的投资立项、规划、用地和施工等批准文件或证件；②工程施工进度计划；③投入开发建设的资金已达工程建设总投资的25%以上的证明材料；④商品房预售方案，预售方案应当说明商品房的位置、装修标准、交付使用日期、预售总面积和交付使用后的物业管理等内容，应附有商品房预售总平面图。

4. 项目的竣工验收

项目的竣工验收与交接是施工过程的最后一道程序，是全面检验设计与施工质量、考核工程造价的重要环节，是实现开发投资向使用价值转化的标志，是开发商实现经营效益的基础。从质量控制角度来说，项目竣工验收是确保项目质量符合标准的最后一道环节，只有通过竣工验收后物业才可以出售或出租。工程项目的交接是在项目竣工验收后，承包商向业主移交项目所有权的过程，同时也是开发商向住户交接的过程。

工程资料是项目竣工验收的重要依据，承包商应按合同和验收标准提供全套竣工验收资料。主要内容包括项目开工报告、竣工报告、分部分项单位工程技术人员名单、图纸会审及交底记录、设计变更通知书、技术变更核定单、工程质量事故调查处理资料、测量放线资料、材料构件设备合格证明、试验检验报告、隐蔽工程验收记录、施工日志、竣工图、质量检验评定资料、竣工验收资料等。

1.4.4 项目销售及售后服务阶段

项目销售及售后服务阶段的房地产开发程序为：办理竣工后的产权登记手续→申领商品房销售许可证→与物业公司签订物业委托管理合同→提交相关资料→与用户签订商品房销售合同或租赁合同→做好物业管理工作。

1. 办理竣工后的产权登记手续

根据《城镇房屋所有权登记暂行办法》和《城市私有房屋管理条例》的规定，新建房屋应于竣工后3个月内申请办理所有权登记，登记时需提交建设许可证和建筑图纸等图件，也就是所谓的总登记。

2. 申领商品房销售许可证

开发企业在申领商品房销售许可证时，需向主管部门交验主要的证明文件及相关资料，如项目批文、规划红线图、土地权属证明文件、建设用地规划许可证、建设工程规划许证、房屋竣工验收资料及平面图、价格申报表等。

3. 与物业公司签订物业委托管理合同

物业管理服务是指物业管理企业受物业产权人、使用人委托，以有偿方式对物业(如住宅小区的房屋建筑及其设备、市政公用设施、绿化、卫生、交通、治安和环境等)项目进行日常维护、修缮与整治等服务，并提供与物业产权人、使用人相关的其他服务。房地产开发企业在出售所开发的项目之前，必要时应当选取合适的物业管理公司承担物业管理，并与之签订物业委托管理合同。住户入住后，由业主委员会来选择物业公司。

4. 提交相关资料

开发企业将新建物业交付物业管理公司时，应当提交相关资料：房屋建设的各项批准文件，竣工总平面图，房屋及配套基础设施、设备的竣工图，地下管网图及其他的必要资料。

5. 与用户签订商品房销售合同或租赁合同

根据国务院颁布的《城市房地产开发经营管理条例》的规定，预售商品房的购买人应当自销售合同签订之日起 90 天内，办理土地使用权和房屋所有权登记手续。房地产开发企业应当协助商品房购买人到房地产管理部门和土地管理部门分别办理房屋所有权和土地使用权变更登记手续并提供必要的证明文件。同时，按照住建部的要求，房地产开发企业在向用户交付销售的新建商品住宅时，必须提供新建住宅质量保证书和新建住宅使用说明书，作为商品房销售合同的必要组成部分。其中，住宅质量保证书应当列明工程质量监督部门核验的质量等级、保修范围、保修期和保修单位等内容。

6. 做好物业管理工作

物业管理的内容包括管理和服务两个方面。管理方面主要是掌握房产物业的变动、使用状况，使房屋设备及配套设施能及时得到修理、更新、养护，保持和延长房产物业的功能和价值。服务方面主要是充分保证产权所有人、居住者和使用人的各种需求，及时提供各类服务，以方便用户。

物业管理包括以下几个方面。

(1) 治安消防服务：是为了保障管理区域内治安、维护整个区域内的公共秩序所采取的管理措施，以保证业主和租用人的生命财产安全。

(2) 环境卫生管理服务：包括管理公共环境、制止占用公共场所和各种违章搭建等破坏市容的行为，以保障业主和租用人的健康，维护居住、工作环境的优美。

(3) 维修保养服务：是对房屋楼宇建筑及管理区域内的公共配套设施实行定期保养和及时维修或更新，以延长房屋和公共设施设备的使用寿命，改善和提高使用效益。

(4) 绿化养护服务：是对管理区内的园林绿化带、花草树木、公共花园绿地组织种植和定时保养、管理，以美化和净化环境。

(5) 家居服务：是接受居住者或租用人的委托，提供内容丰富的预约和特约服务。这类服务包括：制定管理预算，合理分配各项资金和基金，计算应开支费用，按月征收管理及其他费用，管理公共维修基金、利息，定期向产权人公布收支情况，确保业主和租用人遵守房屋管理规则、政府租地契约和公共契约所规定的条款，处理和调解业主或租用人之间因使用物业所引起的纠纷和争执，并有权制止和纠正产权使用人在使用公共用地和设施方面违反法规和公约的行为；通过来信、来访、座谈会和住户回访制度及时了解和征求产权人及其租用人的反映意见，对合理部分进行采纳，并就公共市政设施的有关事务与政府公共事业部门交涉。

1.5 我国房地产开发业的形成与发展

1.5.1 我国房地产开发业的形成

我国房地产开发业的形成和发展，主要取决于三个条件：一是住房制度改革；二是城市土地使用制度改革；三是在房屋统建基础上发展起来的综合开发。我国房地产开发业形成的过程，也是上述三个条件成熟和完善的过程。

1. 住房制度改革为房地产开发开辟了广阔市场

在高度集中的计划经济模式下，房屋的建设、分配与使用完全实行国家计划管理。生产性用房，由国家计划投资建设并无偿划给企业使用；非生产性用房和居民住房，则由国家包下来，统一建设和分配使用。其结果使得房地产只有投入、没有产出，"以租养房"难以维持。旧的管理体制割断了城市房地产生产与流通两个环节的正常联系，使得房地产业难以形成。

20世纪80年代初，根据邓小平同志提出的有关住宅商品化的构想，开始了住房制度改革的理论研究和实践探索。在理论上，统一了城市住宅具有商品性的认识，有关"住宅商品化"以及"土地有偿使用"等理论被确认；在实践中，以烟台市"提租发券，空转起步"的房改制度迈出了第一步，并逐步加大房改的步伐，进入住房自有化、居者有其屋的新阶段。住房制度改革使住房纳入商品经济的轨道，将住房作为商品，通过市场交换进行住房的配给，这就为房地产开发开辟了住房需求市场，使房地产开发者能够将商品房通过市场交换以获得收益，并进行商品房的扩大再生产，从而形成房地产开发的良性循环。

2. 城市土地使用制度改革为住房商品化铺平了道路，并为房地产开发提供了必不可少的空间资源

同住房制度一样，在产品经济模式下，我国实行的是"由国家以指令性计划划拨、企事业单位无偿无限期地使用"的城市土地使用制度。这种土地使用制度排斥价值规律和市场机制的作用，由于用地单位可以无偿无限期地从国家取得土地使用权，一方面，大量出现"多占少用""早占晚用""占而不用""占优劣用"的现象；另一方面，由于用地单位一从政府部门取得土地，就垄断了国家土地所有权的收益，"城市土地国家所有"实际上变成了"单位所有"，使本来就稀缺的城市土地资源显得更加奇缺，一些急需发展的项目却因找不到场地而延缓或不能上马。因此，旧的土地使用制度阻碍了城市建设和开发的健康发展。

从20世纪80年代初起，我国逐步开始了土地使用制度的改革。首先在沿海城市开始收取土地使用费的试点工作，继而发展到建立和开放土地市场，这些实践取得了显著的成效。1988年4月，第七届全国人民代表大会第一次会议对我国《宪法》做出修改，将土地不得出租的规定，增加了"土地使用权可以依照法律的规定转让"，这样在法律上肯定了土地使用权可以有偿转让。同年9月，国务院发布《中华人民共和国土地使用税暂行条例》，规定从1988年11月1日起对城市国有土地征收土地使用税。至此，我国城市土地使用制度由"无偿无限期使用并不得出租、转让"改为"有偿有限期使用并且可以依法转让"。这就使得土地作为生产要素纳入社会主义市场经济的轨道成为现实，使城市建设和开发体制发生了根本性的变化。

3. 综合开发是房地产开发的基本模式

我国城市综合开发是在房屋统建的基础上发展起来的。所谓统建，是针对缺乏统一规划、投资来源不一、千家分散建房的城市建设活动提出来的。统建思想形成较早，1963年，《中共中央、国务院第二次城市工作会议纪要》中指出："今后在大中城市中新建和扩建企业、事业单位，要把住宅校舍以及其他生活服务和有关市政设施和投资，拨交所在城市实行统一建设、统一管理，或者在统一规划下，实行分建统管。"到1978年，我国第三次城市工作会议更加强调统一建设、统一管理方向，会议指出，在民用建筑中，逐步推行统一规划、统一投资、统一设计、统一施工、统一分配和统一管理的"六统一"方针。

从统建过渡到综合开发，是在党的十一届三中全会以后。综合开发内容包括开发区的勘测、规划、设计、征地、拆迁、安置、土地平整和所需道路、给水、排水、供电、供气、供热、通信等工程建设。有条件的地方，还可以包括住宅、生活服务设施、公共建筑、通用厂房等。建成后成套出售建筑物，并按土地面积和设施水平向使用单位收取开发费。开发公司实行企业化经营。1981年，原国家建工总局和中国人民建设银行组建了中国房屋建设开发公司，各城市在原建委统建办公室的基础上，也成立了城市建设开发总公司，进行基础设施和住宅小区的统一开发，从而使综合开发成为房地产开发的基本模式。

随着房地产开发的发展，逐步向着多元化的方向发展，比如工业园区+房地产、文化旅游业+房地产、医疗养老金和体育产业+房地产等多元化的发展模式。

1.5.2 我国房地产开发业的发展

回顾我国房地产业40多年的发展历程，大致上可以划分为五个阶段。主要依据行业的重大政策改革和供需关系。

第一阶段：复苏(1978年至1984年)改革开放。

在这一阶段，我国住房制度改革进入试点阶段，实行了三大改革：出售新、旧公房；住房商品化，实行综合开发，有偿转让和出售；租金改革。

第二阶段：初步发展(1984年至1992年)十二届三中全会。

在这一阶段，我国房改从分批分期转向全国推进，房地产业也相应地向前推进。人们的住房消费观念发生根本改变，住房商品化和房地产业发展进程加快。

第三阶段：快速发展与调整(1992年至1998年)。

在这一阶段，有几件事值得我们重点回顾：1992年和1993年，出现了"房地产过热"的问题。1994年7月5日，我国出台第一部房地产法律《中华人民共和国城市房地产管理法》。1994年7月18日，国务院颁发《关于深化城镇住房制度改革的决定》。1997年，我国房地产业受到席卷东南亚的金融风暴的影响。

第四阶段：继续发展(1998年至2003年)。

在这一阶段，房改工作取得了划时代的突破。从房地产经济与国民经济的协调发展来看，基本上是协调的。从市场表现来看，市场供求两旺，是一种需求拉动增长的好势头。从房价走势来看，商品房销售价格的走势与整体经济的状况也基本吻合。

第五阶段：持续调整与发展并序(2003年至今)。

在这一阶段，我国房地产市场产生了许多深刻的变化。

(1) 住房供应结构开始得到调整。

(2) 住房需求开始得到控制。

(3) 住房保障工作迈出了重要步伐。

案 例 分 析

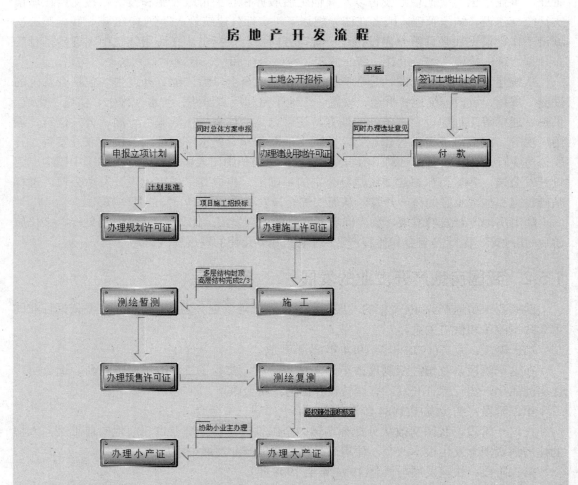

问题分析：上图是某城市的房地产开发流程，请查找你所熟悉的一个城市的房地产开发流程，与上图流程相比，比较其异同并加以分析。

本 章 小 结

　　房地产行业是国民经济中十分重要的行业，而且有着与其他行业不同的一些特点。我国的房地产开发历史较短，但发展十分迅速，取得了举世瞩目的成绩，但也面临十分严峻的问题。本章主要介绍了房地产方面的一些基本概念，包括房地产和房地产业的概念，进一步介绍了房地产开发的内涵、类型、特点和开发模式，并对房地产开发程序及各阶段的主要工作做了重点介绍。本章需重点掌握房地产开发的内涵，理解房地产开发的特点，熟悉房地产开发程序。

习　　题

1. 房地产可以有几种存在形态？分别是什么？
2. 房地产业的具体内容包括哪些？
3. 房地产开发的内涵有哪些？
4. 按开发的对象划分，房地产可分为哪几种开发形式？
5. 房地产开发的特点有哪些？
6. 房地产开发一般可分为哪几个阶段？

第2章 房地产开发经营管理制度与政策

【学习要点及目标】

- 了解房地产开发企业及其类型，了解房地产开发企业的设立条件、设立方式及设立程序。
- 熟悉房地产开发企业的资质等级条件要求。
- 了解房地产开发项目转让管理制度。
- 掌握商品房交付使用管理制度。
- 了解房地产广告管理制度。

【核心概念】

房地产开发企业；房地产开发企业资质等级；施工许可证；房地产开发项目质量责任制；商品房交付使用管理；住宅质量保证书；住宅使用说明书；房地产广告监管制

【引导案例】

在现今大多数地区房价高企的情况下，不购买商品房而选择自己买地盖房成为降低住房成本的一条思路，个人开发房地产项目可以实现吗？我们看如下调查报道。

中房信的监测资料显示，在2007年，上海就已经有自然人参与拍地。据不完全统计，在2007年至2012年的5年中，上海自然人拍地不下10起。但该机构的监测却显示，在上述10起自然人拍地的案例中，明确获得建设施工许可证的仅有一家。为什么这些投资者早在2007年就已经竞得土地使用权，但截至目前仍没有对地块进行开发？是什么原因造成自然人开发房地产的困难？中房信分析师薛建雄告诉《每日经济新闻》记者，最主要的一个因素是自然人购买的都是上海近郊的商业项目，开发获利机会很小。他认为，一些自然人参与土地使用权竞买的目的是"炒地皮"。而在土地价格趋降、开发利润较小的情况下，他们如果选择开发就会亏损。这导致了很多地块迟迟没有动工。上海同策咨询顾问有限公司研究总监张宏伟告诉记者另一种原因：多数自然人买地后成立的房地产公司没有开发资质，因此不能开发房地产项目。

影响自然人拍地开发还有哪些原因呢？协助过多起自然人买地，并成立了国内首家个人买地俱乐部的钱生辉投资咨询有限公司总经理钱生辉说，原因有四：一是私人没有房地产开发经验；二是个人开发房地产，往往缺乏足够的资金支持，容易出现资金断链现象；三是个人开发完成房地产后，销售也是一个大问题；最后一个因素是很多拍地的自然人，往往无法获得国土部门颁发的规划建设用地许可。

(案例来源：《每日经济新闻》http://www.nbd.com.cn 2012-05-09 02:04，有修改删节)

由上述调查可见，个人开发房地产项目困难重重，现实的房地产开发都需要由具备开发资质和开发经验的房地产开发企业进行开发。因为我国对从事房地产开发有一套较完备的管理制度，还会根据房地产市场状况制定调控政策，没有开发经验的个人开发者是很难全面了解这些制度和政策的。本章就请大家了解一下我国房地产开发经营管理的一些基本制度与政策。

2.1 房地产开发企业及其制度

房地产开发企业是房地产开发经营活动的主体。依法成立房地产开发公司，取得政府管理部门审定的房地产开发资质，是从事房地产开发经营的必备条件。建立产权明晰、权责明确、政企分开、管理科学的现代企业制度，是企业真正成为市场主体和构建房地产市场的基础。

2.1.1 房地产开发企业及其类型

1. 房地产开发企业的概念

房地产开发企业，是指依法设立，具有企业法人资格的，以营利为目的，从事房地产开发和经营的企业。确定房地产开发企业法人地位及行为的法律依据有2018年颁布的《中华人民共和国公司法》、住房和城乡建设部2015年颁布的《房地产开发企业资质管理规定》以及各城市结合本市的实际制定的有关办法。房地产开发企业又称为开发商或发展商，通常其企业组织为公司，又称为房地产开发公司。但房地产行业的发展商与开发商在从事的工作内容及盈利模式方面又存在一定的差异。一般来说，房地产开发商主要从事房地产开发的初级阶段，即项目筹建及营销，以销售为盈利模式。发展商主要是负责楼盘推广和规模扩建等事务，以长期的租赁或投资收益为盈利模式(一般都是商业地产)。可以说，开发商是发展商的初级阶段，真正有实力的房地产开发商才有可能成为发展商。

2. 房地产开发企业的类型

可以根据不同的标准对房地产开发企业进行分类。
1) 按产权关系划分的房地产开发企业类型
按产权关系划分，可以将房地产开发企业分为以下几种类型。
(1) 国有房地产开发企业。如在原统建办公室基础上成立的市属和区属城市建设综合开发公司，各市局或总公司下属的开发公司，中央和地方集资成立的开发公司，以及一些大型国有建筑施工企业成立的房地产开发部或开发公司。
(2) 集体所有制房地产开发企业。由集体单位开办的房地产开发公司，经济上实行独立核算、自负盈亏、自主经营。

(3) 中外合资形式房地产开发企业。由外商或外国企业与中方合资开办，且在国内取得法人地位的房地产开发公司。双方按比例共同投资、联合经营、共同承担风险、共同分享收益。

(4) 中外合作经营的房地产开发企业。由外商或外国企业与中方按国内的有关法律，通过签订合同而建立的契约式或非股权式的合营企业。双方分担的投资与风险、收益分配和管理权限完全按合同规定。

(5) 外商独资的房地产开发企业，即经我国政府批准，在我国境内由外商独自出资、开发和经营房地产的开发公司。这类房地产开发企业目前一般较少，这是因为外商对国内情况一般不大熟悉，当他们在国内投资房地产时，往往在国内寻求合作伙伴，与国内熟悉情况的开发公司合作，成立合资房地产开发公司。

2) 按经营业务范围划分的房地产开发企业类型

按经营业务范围划分，可以将房地产开发企业分为以下几种类型。

(1) 专营公司，即专门从事房地产开发的公司。这类开发企业资金雄厚，技术力量强，有的可以承担土地开发任务。

(2) 兼营公司，即从原来的经营范围扩大到房地产开发的企业，如非生产型综合公司、信托投资公司、建筑公司等从事房地产开发与经营的企业。

(3) 项目公司，即从事单项房地产开发与经营的企业。这类企业的经营对象只限于批准项目的开发经营，该项目完毕后，企业的开发与经营资格也相应地到期，如需延长，则要重新办理报批手续。因此，这类公司称为项目公司。

国家规定，后两类从事房地产开发与经营的企业，原则上应在已开发的土地上从事房屋开发。

3) 按企业的资质等级划分的房地产开发企业类型

按企业的资质等级可分为一级、二级、三级、四级四个等级的房地产开发公司，下文中有详细介绍。

4) 按企业的企业制度划分的房地产开发企业类型

依据《中华人民共和国公司法》(简称《公司法》)，房地产开发企业可以登记为有限责任公司或股份有限公司。

2.1.2 房地产开发企业的设立

1. 房地产开发企业的设立条件

房地产开发企业按照企业条件分为一、二、三、四共四个资质等级。各资质等级企业的条件如下。

(1) 一级资质。

① 从事房地产开发经营 5 年以上；

② 近 3 年房屋建筑面积累计竣工 30 万平方米以上，或者累计完成与此相当的房地产开发投资额；

③ 连续 5 年建筑工程质量合格率达 100%；

④ 上一年房屋建筑施工面积 15 万平方米以上，或者完成与此相当的房地产开发投资额；

⑤ 有职称的建筑、结构、财务、房地产及有关经济类的专业管理人员不少于 40 人，其中具有中级以上职称的管理人员不少于 20 人，持有资格证书的专职会计人员不少于 4 人；

⑥ 工程技术、财务、统计等业务负责人具有相应专业中级以上职称；

⑦ 具有完善的质量保证体系，商品住宅销售中实行了住宅质量保证书和住宅使用说明书制度；

⑧ 未发生过重大工程质量事故。

(2) 二级资质。

① 从事房地产开发经营 3 年以上；

② 近 3 年房屋建筑面积累计竣工 15 万平方米以上，或者累计完成与此相当的房地产开发投资额；

③ 连续 3 年建筑工程质量合格率达 100%；

④ 上一年房屋建筑施工面积 10 万平方米以上，或者完成与此相当的房地产开发投资额；

⑤ 有职称的建筑、结构、财务、房地产及有关经济类的专业管理人员不少于 20 人，其中具有中级以上职称的管理人员不少于 10 人，持有资格证书的专职会计人员不少于 3 人；

⑥ 工程技术、财务、统计等业务负责人具有相应专业中级以上职称；

⑦ 具有完善的质量保证体系，商品住宅销售中实行了住宅质量保证书和住宅使用说明书制度；

⑧ 未发生过重大工程质量事故。

(3) 三级资质。

① 从事房地产开发经营 2 年以上；

② 房屋建筑面积累计竣工 5 万平方米以上，或者累计完成与此相当的房地产开发投资额；

③ 连续 2 年建筑工程质量合格率达 100%；

④ 有职称的建筑、结构、财务、房地产及有关经济类的专业管理人员不少于 10 人，其中具有中级以上职称的管理人员不少于 5 人，持有资格证书的专职会计人员不少于 2 人；

⑤ 工程技术、财务等业务负责人具有相应专业中级以上职称，统计等其他业务负责人具有相应专业初级以上职称；

⑥ 具有完善的质量保证体系，商品住宅销售中实行了住宅质量保证书和住宅使用说明书制度；

⑦ 未发生过重大工程质量事故。

(4) 四级资质。

① 从事房地产开发经营 1 年以上；

② 已竣工的建筑工程质量合格率达 100%；

③ 有职称的建筑、结构、财务、房地产及有关经济类的专业管理人员不少于 5 人，持有资格证书的专职会计人员不少于 2 人；

④ 工程技术负责人具有相应专业中级以上职称，财务负责人具有相应专业初级以上职称，配有专业统计人员；

⑤ 商品住宅销售中实行了住宅质量保证书和住宅使用说明书制度；

⑥ 未发生过重大工程质量事故。

注意： 住房和城乡建设部关于修改《房地产开发企业资质管理规定》等部门规章的决定，根据《公司法》，住房和城乡建设部决定对以下规章进行修改：删除《房地产开发企业资质管理规定》(住建部令第 77 号)第五条第二款第一项中的"1. 注册资本不低于 5000 万元"。删除第二项中的"1. 注册资本不低于 2000 万元"。删除第三项中的"1. 注册资本不低于 800 万元"。删除第四项中的"1. 注册资本不低于 100 万元"。此项修改说明对注册资本不再进行限制，降低了准入门槛。

2. 房地产开发企业的设立方式

房地产公司的设立方式可分为募集设立和发起设立。募集设立方式又可分为定向募集设立和社会募集设立。发起方式设立指公司全部股份由发起人认购，不向发起人以外的任何人募集股份；定向募集方式设立指公司发行的股份除由发起人认购外，其余股份不得向社会公众公开发行，但可向其他法人发行部分股份，经批准也可向本公司职工发行部分股份；社会募集方式设立指公司发行的股份除由发起人认购外，其余股份应向社会公众公开发行。采取发起方式设立或定向募集方式设立的公司，统称为定向募集公司；采取社会募集方式设立的公司称为社会募集公司。设立公司方式应在符合国家有关规定的前提下，由发起人自行选择。

3. 房地产开发企业的设立程序

设立公司，要按一定的程序进行。具体程序如下。

(1) 由发起人或全体股东对公司设立进行可行性研究，编制可行性研究报告，拟订设立申请书，制定作为组织行为准则的章程。

(2) 确定股东。如采取发起方式设立，则股东或发起人认购公司的全部股份；如采取募集方式设立，必须向国家证券管理部门提出募股申请，经审核批准后才能向社会公开招募股份，但发起人认购的股份不得少于公司股份总数的 35%。

(3) 确定出资。出资是公司存在的物质基础，股东或发起人须足额缴纳公司章程中规定的各自应缴纳的出资额。以工业产权、非专利技术作价出资的金额，不得超过公司注册资本的法定比例，即 20%。

(4) 设置机构。发起人主持召开创立大会，召集股东选举公司董事会和监事会成员，通过公司章程。

(5) 设立登记。在设置机构后的一定期限内，向公司登记机构申请设立登记，并提交登记申请书、公司章程、验资证明等文件以及行业主管部门的审批文件。公司登记机构审批合格后，发给营业执照，营业执照签发日期为公司成立日期。

按《城市房地产开发经营管理条例》规定，房地产开发企业按上述《公司法》规定领取营业执照后的一个月内，应当到公司登记机关所在地的房地产开发主管部门备案，且必须提交以下文件：公司的营业执照复印件(加盖登记机关公章)；公司章程；公司的验资证明；公司法定代表人及总经理的任职文件及个人资料；经济、技术专业人员的资格证书、任职文件及聘用合同；主管部门规定的其他文件。房地产开发主管部门对设立公司手续完备的颁发房地产开发企业资质等级证书；对不符合公司设立条件的，提请工商行政主管部门处理。

恒大地产集团组织结构案例

恒大地产集团简介：

恒大地产集团(香港联合交易所股票代码：3333)成立于1997年2月，公司总部在广州，是集房地产规划设计、开发建设、物业管理于一体的现代化大型房地产综合企业。

至今，恒大地产集团已形成了以房地产开发为基础，以钢铁冶金为龙头，以能源、交通为两翼综合发展的现代化大型集团产业链。拥有恒大集团、全资恒大地产集团、恒大钢铁集团、恒大电力集团、恒大交通集团、恒大物业集团五大产业集团，恒大科技大学等三十余家企业。公司于2009年11月5日在香港联交所主板上市，是中国标准化运营的精品地产领导者，连续七年荣登中国房地产企业10强。

集团拥有国家一级资质的房地产开发公司、甲级资质的建筑设计规划研究院、一级资质的建筑施工公司、一级资质的建筑监理公司、一级资质的物业管理公司。

恒大地产集团组织结构：

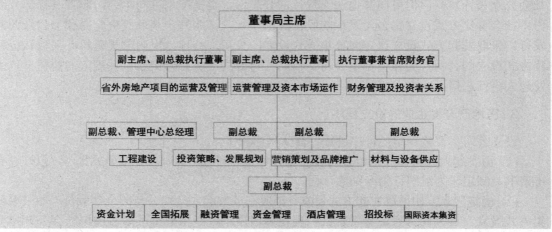

2.1.3 房地产开发企业的资质等级与管理

为了加强对房地产开发企业的管理，规范房地产开发企业行为，国家对房地产开发企业实行资质管理。原建设部于1989年颁发《城市开发公司资质等级标准》；在此基础上，1993年又颁发了《房地产开发企业资质管理规定》；2000年3月，又发布了《房地产开发企业资质管理规定》(原建设部令第77号)。目前，房地产开发企业资质按照企业条件分为四个资质等级，资质等级的条件见表2-1。2015年住房和城乡建设部关于修改《房地产企业资质管理规定》等部门规章的决定中，删除了注册资本要求。

对于新申请设立的房地产开发企业，房地产开发主管部门应当在收到备案申请后30日内向符合条件的企业核发暂定资质证书，暂定资质的条件不低于四级资质的条件。暂定资质证书有效期1年。房地产开发主管部门可以视企业经营情况，延长暂定资质证书有效期，但延长期不得超过2年。自领取暂定资质证书之日起1年内无开发项目的，暂定资质证书有效期不得延长。

国务院建设行政主管部门负责全国房地产开发企业的资质管理工作；县级以上地方人民政府房地产开发主管部门负责本行政区域内房地产开发企业的资质管理工作。房地产开发一级资质由省、自治区、直辖市建设行政主管部门初审,报国务院建设行政主管部门审批;二级及二级以下资质的审批办法由省、自治区、直辖市人民政府建设行政主管部门指定。

表 2-1 房地产开发企业资质等级条件

资质等级	从事房地产开发经营时间(年)	近3年房屋建筑面积累计竣工面积(万平方米)	连续几年建筑工程质量合格率达到100%(年)	上一年房屋建筑施工面积(万平方米)	专业管理人员(人)		
					总数	中级以上职称管理人员数	持有资格证的专职会计人员
一级资质	≥5	≥30	≥5	≥15	≥40	≥20	≥4
二级资质	≥3	≥15	≥3	≥10	≥20	≥10	≥3
三级资质	≥2	≥5	≥2	≥10	≥5		≥2
四级资质	≥1		已竣工的建筑工程	≥5			≥2

2.2 房地产开发项目管理制度

对房地产开发项目的管理主要包括资本金制度、项目建设用地使用权的取得、项目招标投标管理、设计管理、施工管理、质量监督及竣工验收管理等。其中,项目建设用地使用权的取得和项目招标投标管理制度由专门的章节进行详细介绍。

2.2.1 房地产开发项目实行资本金制度

国务院 2019 年 11 月 27 日发布了《国务院关于加强固定资产投资项目资本金管理的通知》(国发〔2019〕26 号)。对固定资产投资项目(以下简称投资项目)实行资本金制度,合理确定并适时调整资本金比例,是促进有效投资、防范风险的重要政策工具,是深化投融资体制改革、优化投资供给结构的重要手段。

1. 投资项目资本金的概念

投资项目资本金是指在投资项目总投资中,由投资者认购的出资额,对投资项目来说是非债务性资金,项目法人不承担这部分资金的任何利息和债务;投资者可按其出资的比例依法享有所有者权益,也可转让其出资,但不得以任何方式抽出。

2. 项目资本金的出资方式

投资项目资本金可以用货币出资,也可以用实物、工业产权、非专利技术、土地使用权作价出资,但必须经过有资格的资产评估机构依照法律、法规评估其价值,且不得高估或低估。以工业产权、非专利技术作价出资的比例不得超过投资项目资本金总额的 20%,国家对采用高新技术成果有特别规定的除外。

3. 房地产开发项目资本金

在《国务院关于固定资产投资项目试行资本金制度的通知》中,根据不同行业和项目的投资经济效益等因素，规定了项目资本金占总投资的比例，其中房地产开发可以归为其他行业的项目，资本金比例为20%及以上。1998年7月20日，国务院常务会议通过的《城市房地产开发经营管理条例》也规定："房地产开发项目应当建立资本金制度，资本金占项目总投资的比例不得低于20%。"2004年4月，为加强宏观调控，调整和优化经济结构，国务院下发了《关于调整部分行业固定资产投资项目资本金比例的通知》，将房地产开发项目(不含经济适用住房项目)资本金最低比例由20%提高到35%。2009年5月25日，为应对国际金融危机，扩大国内需求，国务院发布了《国务院关于调整固定资产投资项目资本金比例的通知》，决定降低现行固定资产投资项目资本金比例，其中包括商品住房。在该规定中，保障性住房和普通商品住房项目的最低资本金比例为20%，其他房地产开发项目的最低资本金比例为30%。

房地产开发项目实行资本金制度，规定房地产开发企业承揽项目必须有一定比例的资本金，可以有效地防止部分不规范企业的不规范行为，减少楼盘"烂尾"等现象的发生。

2.2.2 房地产开发项目的设计管理制度

房地产开发项目的设计工作是房地产开发建设的重要环节。在项目确定之前，为项目决策提供科学的依据；在项目确定以后，为工程建设提供设计文件。加强对设计工作的管理，对于提高设计水平与质量，提高房地产开发项目的经济效益和社会效益起决定性的作用。

1. 对勘察设计单位资格的管理与监督

依据住房和城乡建设部颁发的《工程勘察和工程设计单位资格管理办法》，从事工程勘察设计的单位，必须按照规定申请资格审查，经审查设计主管部门审查合格并取得工程勘察证书或者工程设计证书后，方可承担工程勘察设计任务。

取得设计证书的单位，必须具备以下条件：有符合国家规定、依照法定程序批准设立的机构的文件；有明确的名称、组织机构和固定的工作场所；具备所申请的工程勘察设计资格的等级标准；集体所有制的工程勘察设计单位，除应具备以上基本条件外，还必须具备与其承担任务量相适应的注册资金(甲级为100万元，乙级为50万元，丙级为30万元，丁级为20万元)及章程。

申请工程勘察甲级资质、工程设计甲级资质，以及涉及铁路、交通、水利、信息产业、民航等方面的工程设计乙级资质的，应当向企业工商注册所在地的省、自治区、直辖市人民政府建设主管部门提出申请。其中，国务院国资委管理的企业应当向国务院建设主管部门提出申请；国务院国资委管理的企业下属一层级的企业申请资质，应当由国务院国资委管理的企业向国务院建设主管部门提出申请。

省、自治区、直辖市人民政府建设主管部门应当自受理申请之日起20日内初审完毕，并将初审意见和申请材料报国务院建设主管部门。国务院建设主管部门应当自省、自治区、直辖市人民政府建设主管部门受理申请材料之日起60日内完成审查，公示审查意见，公示时间为10日。其中，涉及铁路、交通、水利、信息产业、民航等方面的工程设计资质，由国务院建设主管部门送国务院有关部门审核，国务院有关部门在20日内审核完毕，并将审核意见送国务院建设主管部门。

颁发勘察设计证书的主管部门要根据条件认真审查，严格把关。对于不顾条件滥发证书的主管部门要追究责任。发证后，如发现有的单位超越规定范围承担任务，要严格制止；如发现设计质量事故、造成损失，及时处理，追究责任直至收回证书。

2. 对房地产开发项目设计文件的审批和修改

各级主管部门应当根据国家规定的审批办法，对设计文件进行严格审批，不得下放审批权限。具体审批权限是：大中型项目的初步设计和总体设计，由各部门和省、自治区、直辖市审批；小型项目的初步设计和总体设计审批权限，由各部门和各省、自治区、直辖市自行规定。技术设计按隶属关系由有关部门或省、自治区、直辖市审批。对于施工图设计文件的审查，住建部2018年发布的《房屋建筑和市政基础设施工程施工图设计文件审查管理办法》规定，我国实施施工图设计文件(含勘察文件，以下简称施工图)审查制度。施工图审查，是指建设主管部门认定的施工图审查机构按照有关法律、法规，对施工图涉及公共利益、公共安全和工程建设强制性标准的内容进行审查。施工图未经审查合格的，不得使用。设计文件一经审查批准，不得任意修改；如确需要修改，应由原审批机关批准。

2.2.3 房地产开发项目的施工管理制度

1. 施工企业的资质管理

1) 施工企业的资质等级

2018年12月22日开始实施的《建筑业企业资质管理规定》，将建筑企业资质分为施工总承包、专业承包和劳务承包三个序列。取得施工总承包资质的企业可以承接施工总承包工程。施工总承包企业可以对所承接的施工总承包工程内各专业工程全部自行施工，也可以将专业工程或劳务作业依法分包给具有相应资质的专业承包企业或劳务分包企业。取得专业承包资质的企业，可以承接施工总承包企业分包的专业工程和建设单位依法发包的专业工程。专业承包企业可以对所承接的专业工程全部自行施工，也可以将劳务作业依法分包给具有相应资质的劳务分包企业。取得劳务分包资质的企业，可以承接施工总承包企业或专业承包企业分包的劳务作业。施工总承包资质、专业承包资质、劳务分包资质序列按照工程性质和技术特点分别划分为若干资质类别和资质等级。

2) 施工企业的资质审批

根据《建筑业企业资质管理规定》，对建筑企业资质规定如下。

(1) 由国务院建设主管部门实施审批的有：施工总承包序列特级资质、一级资质；国务院国有资产管理部门直接监管的企业及其下属一层级的企业的施工总承包二级资质、三级资质；水利、交通、信息产业方面的专业承包序列一级资质；铁路、民航方面的专业承包序列一级、二级资质；公路交通工程专业承包部分等级资质、城市轨道交通专业承包部分等级资质。

申请前款所列资质的，应当向企业工商注册所在地的省、自治区、直辖市人民政府建设主管部门提出申请。其中，国务院国有资产管理部门直接监管的企业及其下属一层级的企业，应当由国务院国有资产管理部门直接监管的企业向国务院建设主管部门提出申请。省、自治区、直辖市人民政府建设主管部门应当自受理申请之日起20日内初审完毕并将初审意见和申请材料报国务院建设主管部门。国务院建设主管部门应当自省、自治区、直辖市人民政府建设主管部门受理申请材料之日起60日内完成审查，公示审查意见，公示时间为10日。其中，涉及铁路、交通、水利、信息产业、民航等方面的建筑业企业资质，由国务院建设主管部门送国务院有关部门审核，国务院有关部门在20日内审核完毕，并将审核意见送国务院建设主管部门。

(2) 由企业工商注册所在地省、自治区、直辖市人民政府建设主管部门实施审批的有：施工总承包序列二级资质(不含国务院国有资产管理部门直接监管的企业及其下属一层级的企业的施工总承包序列二级资质)；专业承包序列一级资质(不含铁路、交通、水利、信息产业、民航方面的专业承包序列一级资质)；专业承包序列二级资质(不含民航、铁路方面的专业承包序列二级资质)；专业承包序列部分等级资质(不含公路交通工程专业承包序列和城市轨道交通专业承包序列的部分等级资质)。

前款规定的建筑业企业资质许可的实施程序由省、自治区、直辖市人民政府建设主管部门依法确定。省、自治区、直辖市人民政府建设主管部门应当自做出决定之日起30日内，将准予资质许可的决定报国务院建设主管部门备案。

(3) 由企业工商注册所在地的市人民政府建设主管部门实施审批的有：施工总承包序列三级资质(不含国务院国有资产管理部门直接监管的企业及其下属一层级的企业的施工总承包三级资质)；专业承包序列三级资质；劳务分包序列资质；燃气燃烧器具安装、维修企业资质。

前款规定的建筑业企业资质许可的实施程序由省、自治区、直辖市人民政府建设主管部门依法确定。企业工商注册所在地设区的市人民政府建设主管部门应当自做出决定之日起30日内，将准予资质许可的决定通过省、自治区、直辖市人民政府建设主管部门，报国务院建设主管部门备案。

经资质审批合格的，由审批部门发给资质等级证书。施工企业必须按照资质等级证书规定的范围从事施工活动，不得越级承揽工程。擅自超越资质等级证书或审定的资质条件与业务范围承揽工程的，或者无资质证书或审定的业务范围从事工程承包的，除按国家规定处理外，由工程所在地建设行政主管部门进行警告、停止施工、责令限期返回原地，并可处以罚款。

2. 建设项目开工管理制度

1) 施工许可证制度

开发建设项目开工实行施工许可证制度。建设单位应当按照计划批准的开工项目向工程所在地的县级以上地方人民政府建设行政主管部门办理施工许可证手续。未取得施工许可证的建设单位不得擅自组织开工。但工程投资额在30万元以下或者建筑面积在300m^2以下的建筑工程可以不申请办理施工许可证。任何单位和个人不得将应该申请领取施工许可证的工程项目分解为若干限额以下的工程项目，以规避申请领取施工许可证。

建设工程开工取得施工许可证的条件如下。

(1) 已经办理该建筑工程用地批准手续。

(2) 在城市规划区内的建筑工程已经取得建设工程规划许可证。

(3) 施工场地已经具备施工条件，需要拆迁的，其拆迁进度符合施工要求。

(4) 已经确定施工企业的,但按规定应该招标的工程没有招标,应该公开招标的工程没有公开进行招标,或者肢解发包工程,以及将工程发包给不具备相应资质条件的,所确定的施工企业无效。

(5) 有满足施工需要的施工图纸和技术资料,施工设计文件已按规定进行了审批。

(6) 有保证工程质量和安全的具体措施,施工企业编制的施工组织设计中有根据建筑工程特点制定的相应质量、安全技术措施,对于专业性较强的工程项目另外编制的专项质量、安全施工组织设计,并按照规定办理工程质量、安全监督手续。

(7) 按照规定应该委托监理的工程已委托监理。

(8) 建设资金已落实,建设工期不足 1 年的,到位资金原则上不得少于工程合同价的 30%,建设单位应当提供银行出具的到位资金证明,有条件的可以实行银行付款保函或者其他第三方担保。

(9) 法律、行政法规规定的其他条件。

建设单位具备了上述条件,经主管部门批准发给施工许可证,应在 3 个月内组织开工。因故未能按期开工的,建设单位应在期满前及时向发证机关说明理由,申请延期,延期以两次为限,每次不超过 3 个月。既未按时开工又不申请延期或超过延期次数、时限的,施工许可证失效。

2) 对不按期开发的房地产开发项目的处理原则

《城市房地产开发经营管理条例》规定,房地产开发企业应当按照土地的使用权出让合同约定的土地用途、动工开发期限进行项目开发建设。出让合同约定的动工开发期限满 1 年未动工开发的,可以征收相当于土地使用权出让金 20%以下的土地闲置费;满 2 年未动工开发的,可以无偿收回土地使用权。这样规定是为了防止利用土地进行非法炒作,激励土地尽快投入使用,促进土地的合理利用。

这里所指的满 1 年未动工开发的起止日是指自土地的使用权出让合同生效之日计算起至次年同月同日止。动工开发日期是指开发建设单位进行实质性投入的日期。动工开发必须进行实质性投入,开工后必须不间断地进行基础设施、房屋建设。在有拆迁的地段进行拆迁、三通一平,即视为启动。一经启动,无特殊原因则不应当停工,如稍作启动即停工无期,不应算作开工。

《城市房地产开发经营管理条例》还规定了以下三种情况造成的违约和土地闲置,不征收土地闲置费。①因不可抗拒力造成开工延期。不可抗拒力是指依靠人的能力不能抗拒的因素,如地震、洪涝等自然灾害。②因政府或者政府有关部门的行为而不能如期开工的或中断建设一年以上的。③因动工开发必需的前期工作出现不可预见的情况而延期动工开发的,如发现地下文物、拆迁中发现不是开发商努力能解决的问题等。

2.2.4 房地产开发项目的质量监督管理及竣工验收管理制度

1. 房地产开发项目质量责任制度

房地产开发企业应对其开发的房地产项目承担质量责任。《城市房地产开发经营管理条例》规定,房地产开发企业开发建设的房地产开发项目,应当符合有关法律、法规的规定和建筑工程质量、安全标准、建筑工程勘察、设计、施工的技术规范以及合同的约定。

房地产开发企业应当对其开发建设的房地产开发项目的质量承担责任。勘察、设计、施工、监理等单位应当依照有关法律、法规的规定或者合同的约定，承担相应的责任。

房地产开发企业必须对其开发的房地产项目承担质量责任。房地产开发企业作为房地产项目建设的主体，是整个活动的组织者。其他所有参与部门都是由开发商选择的，都和开发商发生合同关系，出现问题应由开发商与责任单位协调解决。此外，消费者是从开发商手里购房，就如同在商店购物，出现问题应由商店对消费者承担质量责任一样，购买的房屋出现质量问题，理应由开发企业对购房者承担责任。

房地产开发企业开发建设的房地产项目，必须经过工程建设环节，必须符合《中华人民共和国建筑法》及建筑方面的有关法律规定，符合工程勘察、设计、施工等方面的技术规范，符合工程质量、工程安全方面的有关规定和技术标准，这是对房地产开发项目在建设过程中的基本要求，同时还要严格遵守合同的约定。

2. 房地产开发项目的质量监督

建设工程质量监督是监督部门代表政府对工程建设实施质量的监管和认证，是偏重于工程的分部分项或整体完成、竣工后的监督，是政府运用行政手段，保证工程质量的重要措施。

全国范围内的质量监督工作由住建部负责；各省、自治区、直辖市范围内的质量监督工作，由省、自治区、直辖市建设行政主管部门负责；各市、县建设行政主管部门根据需要和条件设质量监督站，负责本地区的建筑工程质量工作。以上建筑工程质量监督工作，在业务上还要接受技术监督部门的指导。市、县建设行政主管部门还可委托有关单位(包括监理单位)对建筑质量进行监督。

3. 房地产开发项目的竣工验收

《中华人民共和国城市房地产管理法》第二十七条规定："房地产开发项目的设计、施工，必须符合国家的有关标准和规范。房地产开发项目竣工，经验收合格后，方可交付使用。"《中华人民共和国建筑法》第六十一条规定："交付竣工验收的建筑工程，必须符合规定的建筑工程质量标准，有完整的工程技术经济资料和经签署的工程保修书，并具备国家规定的其他竣工条件。建筑工程竣工经验收合格后，方可交付使用；未经验收或者验收不合格的，不得交付使用。"

《建设工程质量管理条例》第十六条规定："建设单位收到建设工程竣工报告后，应当组织设计、施工、工程监理等有关单位进行竣工验收。建设工程竣工验收应当具备下列条件：①完成建设工程设计和合同约定的各项内容；②有完整的技术档案和施工管理资料；③有工程使用的主要建筑材料、建筑构配件和设备的进场试验报告；④有勘察、设计、施工、工程监理等单位分别签署的质量合格文件；⑤有施工单位签署的工程保修书。建设工程经验收合格的，方可交付使用。"

2000年，《建设工程质量管理条例》和《房屋建筑工程和市政基础设施工程竣工验收备案管理暂行办法》下发后，建设主管部门已经不再对住宅房地产项目进行综合验收审批，房屋竣工验收已由原来的行政审批许可制变为备案制，房屋验收许可制退出了历史的舞台。建设单位应当自工程竣工验收合格之日起15日内，依照《房屋建筑和市政基础设施工程竣工验收备案管理办法》(住房和城乡建设部令第2号)的规定,向工程所在地的县级以上地方人民政府建设主管部门备案。建设单位办理工程竣工验收备案应当提交下列文件:①工程竣工验收备案表。②工程竣工验收报告。竣工验收报告应当包括工程报建日期,施工许可证号,施工图设计文件审查意见,勘察、设计、施工、工程监理等单位分别签署的质量合格文件及验收人员签署的竣工验收原始文件,市政基础设施的有关质量检测和功能性试验资料以及备案机关认为需要提供的有关资料。③法律、行政法规规定应当由规划、环保等部门出具的认可文件或者准许使用文件。④法律规定应当由公安消防部门出具的对大型的人员密集场所和其他特殊建设工程验收合格的证明文件。⑤施工单位签署的工程质量保修书。⑥法规、规章规定必须提供的其他文件。住宅工程还应当提交住宅质量保证书和住宅使用说明书。

4. 对质量不合格的房地产项目的处理方式

房屋主体结构质量的好坏直接影响房屋的合理使用和购房者的生命财产安全。商品房交付使用后,购房人认为主体结构质量不合格的,可以向工程质量监督单位申请重新核验。经核验,确属主体结构质量不合格的,购房人有权退房,给购房人造成损失的,房地产开发企业应当依法承担赔偿责任。

在此过程中,应当注意以下几个问题。一是购房人在商品房交付使用之后发现质量问题,只要在合理的使用年限内,只要属于主体结构的问题,都可以申请质量部门认定,房屋主体结构不合格的,均可申请退房。二是房屋质量有很多种,一般性的质量问题主要通过质量保修解决,而不是退房。三是必须向工程质量监督部门申请重新核验,以质量监督部门核验的结论为依据。这里的质量监督部门是指专门进行质量验收的质量监督站,其他单位的核验结果不能作为退房的依据。四是对给购房人造成损失应当有合理的界定,应只包含直接损失,不应含精神损失等间接性损失。

对于经工程质量监督部门核验,确属房屋主体结构质量不合格的,消费者有权要求退房,终止房屋买卖关系。也有权采取其他办法,如双方协商换房等。

以上这些规定也是为了保护购买商品房的消费者的合法权益。

2.3 房地产经营管理制度

房地产经营是开发商通过对所开发房地产的销售、出租和抵押,实现自己预期投资收益的行为。房地产经营管理主要包括对房地产开发项目的转让、商品房交付使用、房地产租售等过程的管理。

2.3.1 房地产开发项目转让管理制度

房地产开发的项目转让,是指已经获得立项批准的房地产开发项目,在开发公司之间,或者项目公司股东或合作开发的权益人相互之间,或向他人转让其开发项目或项目股权或合作开发权益的行为。房地产开发的项目转让,也是一种交易,但它不是商品房屋的交易,也不是土地使用权的交易,而是开发项目的交易。

1. 转让条件

1) 以出让方式取得土地使用权的转让条件

《中华人民共和国城市房地产管理法》第三十九条规定了以出让方式取得的土地使用权，转让房地产开发项目时必须具备以下条件。

(1) 按照出让合同约定已经支付全部土地使用权出让金，并取得土地使用权证书。这是出让合同成立的必要条件，也只有出让合同成立，才允许转让。

(2) 按照出让合同约定进行投资开发，完成一定开发规模后才允许转让。这里又分为两种情形：一是属于房屋建设的，开发单位除土地使用权出让金外，实际投入房屋建设工程的资金额应占全部开发投资总额的 25%以上；二是属于成片开发土地的，应形成工业或其他建设的用地条件，方可转让。这样规定，其目的在于严格限制炒买炒卖地皮，牟取暴利，以保证开发建设的顺利实施。

2) 以划拨方式取得土地使用权的转让条件

《中华人民共和国城市房地产管理法》第四十条规定了以划拨方式取得的土地使用权，转让房地产开发项目时的条件。对于以划拨方式取得土地使用权的房地产项目，要转让的前提是必须经有批准权的人民政府审批。经审查除不允许转让外，对准予转让的有以下两种处理方式。

(1) 由受让方先补办土地使用权出让手续，并依照国家有关规定缴纳土地使用权出让金后，才能进行转让。

(2) 可以不办理土地使用权出让手续而转让房地产，但转让方应将转让房地产所获收益中的土地收益上缴国家或做其他处理。对以划拨方式取得土地使用权的，转让房地产时，属于下列情形之一的，经有批准权的人民政府批准，可以不办理土地使用权出让手续。

① 经城市规划行政主管部门批准，转让的土地用于《中华人民共和国城市房地产管理法》第二十四条规定的项目，即用于国家机关用地和军事用地，城市基础设施用地和公益事业用地，国家重点扶持的能源、交通、水利等项目用地以及法律、行政法规规定的其他用地。经济适用住房采取行政划拨的方式进行。因此，经济适用住房项目转让后仍用于经济适用住房的，经有批准权限的人民政府批准后，也可以不补办出让手续。

② 私有住宅转让后仍用于居住的。

③ 按照国务院住房制度改革有关规定出售公有住宅的。

④ 同一宗土地上部分房屋转让而土地使用权不可分割转让的。

⑤ 转让的房地产暂时难以确定土地使用权出让用途、年限和其他条件的。

⑥ 根据城市规划土地使用权不宜出让的。

⑦ 县级以上人民政府规定暂时无法或不需要采取土地使用权出让方式的其他情形。

2. 转让程序

《城市房地产开发经营管理条例》第二十一条规定，转让房地产开发项目，转让人和受让人应当自土地使用权变更登记手续办理完毕之日起 30 日内，持房地产开发项目转让合同到房地产开发主管部门备案。

为了保护已经与房地产开发项目转让人签订合同的当事人的权利，要求房地产项目转让的双方当事人在办完土地使用权变更登记后 30 日内，到房地产开发主管部门办理备案手续。在办理备案手续时，房地产开发主管部门要审核项目转让是否符合有关法律、法规的规定；房地产开发项目转让人已经签订的拆迁、设计、施工、监理、材料采购等合同是否做了变更，相关的权利、义务是否已经转移；新的项目开发建设单位是否具备开发受让项目的条件；开发建设单位的名称，是否已经变更。上述各项均满足规定条件，转让行为有效。如有违反规定或不符合条件的，房地产开发主管部门有权责令其补办有关手续或者认定该转让行为无效，并可对违规的房地产开发企业进行处罚。

在《城市房地产开发经营管理条例》中只提到了房地产开发项目转让合同，各地在制定具体办法时应当进一步明确应当提供的证明材料。如受让房地产开发企业的资质条件、拆迁的落实情况、土地使用权的变更手续以及其他的证明材料。房地产开发企业应当在办理完土地使用权变更登记手续后 30 日内，到市、县人民政府的房地产行政主管部门办理项目转让备案手续。未经备案或未按规定期限办理备案手续的房地产转让行为无效。

房地产开发企业转让房地产开发项目时，尚未完成拆迁安置补偿的，原拆迁安置补偿合同中有关的权利、义务随之转移给受让人。项目转让人应当书面通知被拆迁人。

房屋拆迁补偿安置是房地产开发的重要环节之一，与被拆迁人的利益密切相关。房地产开发企业项目转让之后能否保证被拆迁人的利益不受损害，是政府部门审查房地产项目是否允许转让的重要指标。这项规定的目的是保障被拆迁人的合法权益，防止在项目转让过程中或者转让后，因转让方、受让方互相推诿，使被拆迁人的权益受到损害。

2.3.2　商品房交付使用管理制度

交付是指转移标的物实际占有和控制的行为。在民法理论中，交付是作为动产物权变动的公示手段，而且仅适用于以法律行为让与动产所有权的情形。而在不动产让与过程中，交付仅仅指对不动产实际占有的转移，而并非不动产变动的公示手段。实践中，商品房的交付以开发商与买受人之间所签署的"房屋交接确认书"为标志。在签署该交接书之前，开发商应当向买受人出示相关证件的原件，然后由买受人对房屋进行质量验收，验收后开发商将房屋钥匙交付给买受人。在具体交付中，涉及以下管理制度。

1. 预售商品房的交付管理制度

《商品房销售管理办法》第三十条规定："房地产开发企业应当按照合同约定，将符合交付使用条件的商品房按期交付给买受人。未能按期交付的，房地产开发企业应当承担违约责任。因不可抗力或者当事人在合同中约定的其他原因，需延期交付的，房地产开发企业应当及时告知买受人。"这一规定是针对实践中出现的延期交付房产问题所做的相应规定。延期交房属于违法行为，会给预购方带来一系列的问题。因此，除了不可抗力或者当事人在合同中约定的其他原因需延期交付的以外，预售方应承担民事责任。为了更好地保护自己的权益，预售方一定要在商品房买卖合同中明确约定预售方延期交房的违约责任。

2. 现售商品房的交付管理制度

1) 买受人验收制度

商品房交付使用时，买受人要根据商品房买卖合同和房地产开发企业提供的"两书"，对房屋进行验收，一般情况下应查看的内容具体如下。

(1) 房屋建筑质量。建设单位组织工程竣工验收。

① 建设、勘察、设计、施工、监理单位分别汇报工程合同履约情况和在工程建设各个环节执行法律、法规和工程建设强制性标准的情况；

② 审阅建设、勘察、设计、施工、监理单位的工程档案资料；

③ 实地查验工程质量；

④ 对工程勘察、设计、施工、设备安装质量和各管理环节等方面作出全面评价，形成经验收组人员签署的工程竣工验收意见。

参与工程竣工验收的建设、勘察、设计、施工、监理等各方不能形成一致意见时，应当协商提出解决的方法，待意见一致后，重新组织工程竣工验收。

(2) 装饰、装修材料标准。在商品房买卖合同里，买卖双方应对房屋交付使用时的装饰、装修标准有详细的约定，包括内外墙、顶棚、地面使用材料，门窗用料，厨房和卫生间、使用设施的标准、品牌和使用的舒适程度等。

(3) 水、电、气现状及供应情况。检查这方面情况时，首先要看这些管线是否安装到位，室内电源、天线、电话线插头是否安装齐全；其次要检查上下水是否通畅，各种电力线是否具备实际使用的条件。

(4) 房屋面积的核定。任何商品房在交付使用时，必须由房屋土地管理局所属的专业测量单位对每一套房屋面积进行核定，得出实测面积。因此，自己验收时，只要把这个实测面积与合同中约定的面积进行核对，即可得知面积有无误差。

2) 住宅质量保证书和住宅使用说明书制度

根据原建设部《商品住宅实行住宅质量保证书和住宅使用说明书制度的规定》，房地产开发企业在向买受人交付销售的新建商品住宅时，必须提供住宅质量保证书和住宅使用说明书，其可以作为合同的补充约定。

(1) 住宅质量保证书的内容。住宅质量保证书是房地产开发企业对销售的商品住宅承担质量责任的法律文件，房地产开发企业应当按照住宅质量保证书的约定，承担保修责任。商品住宅售出后，委托物业管理等单位维修的，应在住宅质量保证书中明示所委托的单位。商品住宅的保修期不得低于建设工程承包单位向建设单位出具的质量保修书约定保修的存续期。非住宅商品房的保修期不得低于建筑工程承包单位向建设单位出具的质量保修书约定保修的存续期。

住宅质量保证书还应当包括以下内容。

① 工程质量监督部门核验的质量等级。

② 地基基础和主体结构在合理使用寿命年限内承担保修。

③ 正常使用情况下各部位、部件保修内容与最低保修期：地基基础工程和主体结构工程，为设计文件规定的该工程的合理使用年限；屋面防水工程、有防水要求的卫生间、房间和外墙面的防渗漏，为5年；供热与供冷系统，为2个采暖期、供冷期；电气管线、给排水管道、设备安装为2年；装修工程为2年；门窗为1年；地面、楼面空鼓开裂、大面积起砂2年；卫生洁具、配件、给水阀门、水嘴1年；灯具、开关、插座1年。其他部位、部件的保修期限，由房地产开发企业与用户自行约定。在保修期限内发生的属于保修范围内的质量问题，房地产开发企业应当履行保修义务，并对造成的损失承担赔偿责任。因不可抗力或者使用不当造成的损失，房地产开发企业不承担责任。

④ 答复和处理的时限。住宅保修期从开发企业将竣工验收的住宅交付买受人使用之日起计算，保修期限不应低于上述期限。房地产开发企业可以延长保修期。国家对住宅工程质量保修期另有规定的，保修期限按照国家规定执行。

房地产开发企业向买受人交付商品住宅时，应当有交付验收手续，并由买受人对住宅设备、设施的正常运行签字认可。买受人验收后自行添置、改动的设施、设备，由买受人自行承担维修责任。

(2) 住宅使用说明书的内容。住宅使用说明书应当对住宅的结构、性能和各部位(部件)的类型、性能、标准等做出说明，并提出使用注意事项，一般应当包含以下内容：开发单位、设计单位、施工单位，委托监理的应注明监理单位；结构类型；装修、装饰注意事项；上水、下水、电、燃气、热力、通信、消防等设施配置的说明；有关设备、设施安装预留位置的说明和安装注意事项；门、窗类型，使用注意事项；配电负荷；承重墙、保温墙、防水层、阳台等部位注意事项的说明；其他需说明的问题。

住宅中配置的设备、设施，生产厂家另有使用说明书的，应附于住宅使用说明书中。

3. 法律法规对商品房交付后出现问题的规定

1) 商品房保修的问题

(1) 商品房保修期限。根据《商品房销售管理办法》第三十三条的规定，房地产开发企业应当对所销售商品房承担质量保修责任。当事人应当在合同中就保修范围、保修期限、保修责任等内容做出约定。根据《建设工程质量管理条例》第四十条的规定，在正常使用的条件下，建设工程的最低保修期限为：基础设施工程、房屋建筑的地基基础工程和主体结构工程，为设计文件规定的该工程的合理使用年限；屋面防水工程、有防水要求的卫生间、房间和外墙面的防渗漏，为 5 年；供热与供冷系统，为 2 个采暖期、供冷期；电气管线、给排水管道、设备安装和装修工程，为 2 年。其他项目的保修期限由发包方与承包方约定。建设工程的保修期，自竣工验收合格之日起计算。如果当事人对保修期未做约定，可以适用《商品住宅实行住宅质量保证书和住宅使用说明书制度的规定》中确定的保修期。

(2) 商品房保修范围及保修责任。根据《房屋建筑工程质量保修办法》的规定，房屋建筑工程质量保修，是指对房屋建筑工程竣工验收后在保修期限内出现的质量缺陷予以修复。

建筑单位和施工单位应当在工程质量保修书中约定保修范围、保修期限和保修责任，双方约定的保修范围、保修期限必须符合国家有关规定。施工单位不按工程质量保修书约定保修的，建设单位可以另行委托其他单位保修，由原施工单位承担相应责任。房屋建筑工程保修期从工程竣工验收合格之日起计算。

在保修期限内，因房屋建设工程质量缺陷造成房屋所有人、使用人或者第三方人身、财产损害的，房屋所有人、使用人或者第三方可以向建设单位提出赔偿要求，建设单位向造成房屋建筑工程质量缺陷的责任方追偿。因保修不及时造成新的人身、财产损害，由造成拖延的责任方承担赔偿责任。

房地产开发企业售出的商品房保修，还应当执行《城市房地产开发经营管理条例》和其他有关规定。《房屋建筑工程质量保修办法》第十七条明确下列情况不属于保修范围：因使用不当或第三方造成质量缺陷；不可抗力造成的质量缺陷。

2) 对商品房结构质量问题的处理

《商品房销售管理办法》第三十五条规定:"商品房交付使用后,买受人认为主体结构质量不合格的,可依照有关规定委托工程质量检测机构重新核验。经核验,确属主体结构质量不合格的,买受人有权退房;买受人造成损失的,房地产开发企业应当依法承担赔偿责任。"这里有以下几点要注意。

(1) 只有工程主体结构不合格的,买受人才能退房。因为退房对于开发商而言,属于比较严重的制约措施,会给其带来较大损失,应当在其有重大过错时适用。当然,当事人或者法律法规对买受人退房另有规定的,从其规定。

(2) 买受人所购商品房主体质量不合格的,买受人不但可以退房,还可以要求房地产开发企业赔偿其损失。

(3) 工程质量检测机构是指依法取得工程质量检测资格的机构。我国对工程质量检测机构实行资质管理制度,只有具有相应资质等级的工程质量检测机构才能从事商品房主体结构的质量核验工作,其核验结果才合法有效。

3) 对商品房产权证办理纠纷的处理

(1) 对于因开发商过错引起的办证不能(或迟延)纠纷,应按《民法通则》中的过错责任原则进行处理。主要存在以下两种情况引起办证不能。

其一,因开发商违约侵权(主要体现为挪用契税费)产生产权证纠纷的。由于开发商有主观故意和实际的过错行为,并直接产生了办证迟延或办证不能的后果,影响了购房方对所购房屋多元化功能的充分利用,应承担相应的民事责任。在处理时,应判令开发商限期办妥证照,并承担合同规定的违约责任;如合同未明确约定违约责任,可根据民事法律有关规定,参照银行贷款利率,作为违约责任的赔偿尺度;如果在限定期限内仍没办妥证照,应偿付购房方已交购房款利息的双倍赔偿。这样处理有利于对过错开发商予以一定的法律惩戒,并形成较强的约束力,促使其迅速履行办证义务,从而彻底息争止讼。

对于开发商虽未挪用契税费,但因其合同观念淡薄,或因整幢楼房销售情况不佳,尚有部分积压,打算全部售出后再一并办证,致使购房方不能在约定期拿到房地产证照的,其过错行为在客观上已造成购房方的合法权益受到损害,仍应按照前述原则进行处理。

其二,因开发商开发、销售手续不合法引起产权证纠纷的,应先根据有关法律规定,查明整个买卖合同是否有效,再做出相应处理。

(2) 对于主管部门职权行为偏差致开发商不能(迟延)办证导致的买卖双方纠纷,只要开发商举证证明其无过错责任,则应驳回原告的诉讼请求,告知原、被告可向上级主管部门提出行政申诉,申诉无果的可通过行政诉讼途径解决。

4) 对商品房面积误差的处理

根据《商品房销售管理办法》第二十条的规定,按套内建筑面积或者建筑面积计价的,当事人应当在合同中载明合同约定面积与产权登记面积发生误差的处理方式。合同事先未做约定,按以下原则处理:第一,面积误差比绝对值在3%以内(含3%)的,据实结算房款;第二,面积误差比绝对值超出 3%时,买受人有权退房。买受人提出退房的,房地产开发企业应当在买受人提出退房之日起 30 日内将买受人已付房价款退还,同时支付已付房价款利息。

买受人不退房的,产权登记面积大于合同约定面积时,面积误差比绝对值在3%以内(含

3%)部分的房价款由买受人补足；超出 3%部分的房价款由房地产开发企业承担，产权归买受人。产权登记面积小于合同约定面积时，面积误差比绝对值在3%以内(含3%)部分的房价款由房地产开发企业返还买受人；绝对值超出 3%部分的房价款由房地产开发企业双倍返还买受人。面积误差比的计算方法为：

$$面积误差比 = \frac{产权登记面积 - 合同约定面积}{合同约定面积} \times 100\%$$

因该办法第二十四条规定的规划设计变更造成面积差异，当事人不解除合同的，应当签署补充协议。《商品房销售管理办法》选择了3%作为标准，主要是根据各地在面积处理方面的规定而确定的。《商品房销售管理办法》出台后，各地房地产开发主管部门(包括建设主管部门、房地产管理部门)的规定与《商品房销售管理办法》的规定不一致的，以《商品房销售管理办法》的规定为准。

2.3.3　房地产广告管理制度

由于房地产产品具有价值大、与购房者人身关系程度高，并且住宅产业是国民经济的重要产业，因此，有必要对房地产广告进行严格的管理和监督。《城市房地产开发经营管理条例》规定，房地产开发企业不得进行虚假广告宣传。

房地产广告，指房地产开发企业、房地产权利人、房地产中介服务机构发布的房地产项目预售、预租、出售、出租、项目转让以及其他房地产项目介绍的广告。为了加强房地产广告管理，规范房地产广告制作单位、发布单位以及房地产广告用语等行为，国家工商行政管理局发布了《房地产广告发布规定》，对房地产广告做了以下规范性的规定。

1. 房地产广告应当遵守的原则及要求

发布房地产广告，应当遵守《中华人民共和国广告法》和《中华人民共和国城市房地产管理法》《中华人民共和国土地管理法》以及国家有关广告监督管理和房地产管理的规定。房地产广告必须真实、合法、科学、准确，符合社会主义精神文明建设的要求，不得欺骗和误导公众。房地产广告不得含有风水、占卜等封建迷信内容；对项目情况进行的说明、渲染，不得有悖社会良好风尚。

2. 禁止发布房地产广告的几种情形

禁止发布房地产广告的情形具体如下。
(1) 在未经依法取得国有土地使用权的土地上开发建设的。
(2) 在未经国家征收的集体所有的土地上开发建设的。
(3) 司法机关和行政机关依法规定、决定查封或者以其他形式限制房地产权利的。
(4) 预售房地产，但未取得该项目预售许可证的。
(5) 权属有争议的。
(6) 违反国家有关规定建设的。
(7) 不符合工程质量标准，经验收不合格的。
(8) 法律、行政法规规定禁止的其他情形。

3. 发布房地产广告应当提供的文件

发布房地产广告，应当具有或者提供下列相应真实、合法、有效的证明文件。

(1) 房地产开发企业、房地产权利人、房地产中介服务机构的营业执照或者其他主体资格证明。

(2) 建设主管部门颁发的房地产开发企业资质证书。

(3) 土地主管部门颁发的项目土地使用权证明。

(4) 工程竣工验收合格证明。

(5) 发布房地产项目预售、出售广告，应当具有地方政府建设主管部门颁发的预售许可证证明。出租、项目转让广告，应当具有相应的产权证明。

(6) 中介机构发布所代理的房地产项目广告，应当提供业主委托证明。

(7) 工商行政管理机关规定的其他证明。

4. 房地产广告的内容

房地产预售、销售广告，必须载明以下事项：开发企业名称；中介服务机构代理销售的，载明该机构名称；预售或者销售许可证书号。

5. 房地产广告的要求事项

房地产广告的要求事项具体如下。

(1) 房地产广告中涉及所有权或者使用权的，所有或者使用的基本单位应当是有实际意义的完整的生产、生活空间。

(2) 房地产广告中对价格有表示的，应当清楚表示为实际的销售价格，明示价格的有效期限。

(3) 房地产广告中表现项目位置，应以从该项目到达某一具体参照物的现有交通干道的实际距离表示，不得以所需时间来表示距离。项目位置示意图，应当准确、清楚，比例恰当。

(4) 房地产广告中涉及的交通、商业、文化教育设施及其他市政条件等，如在规划或者建设中，应当在广告中注明。

(5) 房地产广告中涉及面积的，应当表明是建筑面积或使用面积。

(6) 房地产广告涉及内部结构、装修装饰的，应当真实、准确。预售、预租商品房广告，不得涉及装修装饰内容。

(7) 房地产广告中不得利用其他项目的形象、环境作为本项目的效果。

(8) 房地产广告中使用建筑设计效果图或者模型照片的，应当在广告中注明。

(9) 房地产广告中不得出现融资或者变相融资的内容，不得有升值或者投资回报的承诺。

(10) 房地产广告中涉及贷款服务的，应当载明提供贷款的银行名称及贷款额度、年期。

(11) 房地产广告中不得含有能够为入住者办理户口、就业、升学等事项的承诺。

(12) 房地产广告中涉及物业管理内容的，应当符合国家有关规定；涉及尚未实现的物业管理内容，应当在广告中注明。

(13) 房地产广告中涉及资产评估的，应当表明评估单位、估价师和评估时间；使用其他数据、统计资料、文摘、引用语的，应当真实、准确，标明出处。

6. 房地产广告管理的主要制度

房地产广告管理的主要制度如下。

(1) 广告监测制度。广告监测工作是对违法广告发布活动进行日常监督管理的一项内容。为了加强对广告监测工作的指导，国家工商管理总局对广告监测的范围、监测工作流程、监测设备、监测结果的使用、监测人员等进行了规范，提出了统一要求。

(2) 违法广告查处通知书。对举报和监测中发现严重违法的房地产广告，国家工商管理总局广告司有权对其下发违法广告查处通知书。

(3) 行政告诫制度。对于发布违法广告较多、违法广告性质严重的广告主、广告经营者、广告发布者，由广告监管机关对其谈话告诫进行整改。

(4) 暂停发布制度。对于违法性质恶劣的违法房地产广告，广告监管机关采取行政措施在当地暂停发布该违法广告。

依据广告管理法律法规的规定，广告行政管理机关追究活动主体违反法律法规的责任，广告活动主体一方不服的，可以对广告监管机关的行政处罚决定申请复议，复议机关应依法复议做出裁决。

本 章 小 结

房地产开发是一个复杂的过程，需要有专门的房地产开发企业，按照专门的开发管理制度完成开发工作。本章主要介绍了房地产开发企业及其制度，包括房地产开发企业的概念、开发企业的分类、设立条件、资质等级、设立程序、资质管理；还介绍了房地产开发项目管理和房地产经营管理的主要制度，使读者对这些制度有一个基本的了解。

习 题

1. 房地产开发企业的类型有哪些？
2. 房地产开发企业设立的条件和程序是什么？
3. 各级房地产开发企业的资质等级条件有何规定？
4. 简述房地产开发项目资本金制度的主要内容。
5. 简述施工许可证的取得条件。
6. 《建设工程质量管理条例》中，各分项建设工程最低保修期限分别为多长时间？
7. 房地产项目转让的条件是什么？
8. 发布房地产广告的要求事项有哪些？禁止发布房地产广告的情形有哪几种？

第3章 房地产开发策划

【学习要点及目标】

- 理解房地产开发策划的含义,熟悉房地产开发策划的特性和原则。
- 了解房地产开发的前期策划、销售和招租策划以及物业管理策划的内容。
- 熟悉房地产开发战略策划模式、全程策划模式、品牌策划模式和产品策划模式的内容及适用性。
- 了解房地产开发策划程序。

【核心概念】

房地产开发策划;概念设计;房地产项目前期策划;房地产产品策划;房地产价格策划;房地产广告策划;物业管理策划;战略策划模式;全程策划模式;品牌策划模式;产品策划模式;房地产开发策划程序

【引导案例】

2007年4月20日上午10时,随着"碧桂园"在香港联交所挂牌上市,代号为"2007.HK"的"碧桂园"不到两分钟就升至7.21港元,全日最高价为7.35港元,成交金额达72.26亿港元,居当日香港联交所普通股成交金额第一位。而2006年"《新财富》500富人榜"首富、持有95.2亿股碧桂园股份的碧桂园大股东杨惠妍的财富也大幅飙升,涨至近700亿港元。这时杨惠妍年仅25岁,许多媒体都刊出了"25岁女孩一夜间成内地首富"的新闻。这样传奇的财富故事,需要从"碧桂园"创始人杨国强和房地产开发策划的开山鼻祖王志纲的一次成功策划开始。

1993年,事业上一路顺风顺水的杨国强首遭危机。当年杨国强的建筑公司还不强悍,他们为顺德三和物业发展公司带资建造了近4000套别墅,由于项目位于顺德碧江及桂山交界处,因此项目命名为"碧桂园"。1993年下半年,中央针对股市和房市的泡沫进行调控挤压,银行被勒令与自办房地产企业脱钩。这种情况下,投资逾亿元人民币的"碧桂园"项目也基本面临死灰状态。房子盖好了,只卖出了3套,差点成烂尾楼。毋庸置疑,当时的三和公司也只是以炒家心态拿下了顺德和番禺交界处的1000多亩"前不着村,后不着店"的土地。因此,当杨国强向开发商索要工程所垫费用时,三和股东们最终答应以变通的方式,让杨国强销售已经盖好的别墅,以销售收入核销建筑成本。由造房者变成卖房者,杨国强和他的建筑队看起来无辜，也缺乏准备，对"碧桂园"的销售一筹莫展。

1993年10月的某天，经人推荐，杨国强请来了当时新华社记者人称"记者王"的王志纲，初衷不过是想借后者的一支笔，为"碧桂园"项目鼓吹一番。然而，在王志纲一顿抢白之后，杨国强不仅不生气，反而当场拍板聘其为总策划。王志纲在观察碧桂园后，提出兴建一所贵族国际学校，吸引有钱人的儿女就读，并以此带动学生家长买楼定居。这一方案正好切合了已富裕起来的广东市场需求，杨国强果断采纳了这一建议。"碧桂园"成功联系到北京名校景山学校，成为其广东分校，8个月时间盖起了一座现代化的学校。学校的神话不限于此，碧桂园学校向每名学生收取30万元教育储备金，并规定学生在毕业后才能取回，杨国强一直对这个零息融资的方法，引以为豪。在收取3亿多元教育储备金之后，1300名来自广东各地的先富者子弟成为碧桂园学校的首批"贵族"培养对象，而且很快学生人数突破5 000人。这时杨国强手上拿到了10亿元现金。有了现金流，也有了学校这步活棋，再加上"给你一个五星级的家"的远景提炼和高密度推广，碧桂园的楼盘销售终于找到了自己的杠杆和支点，碧桂园一炮走红，销售一空。这一案例后来成为中国营销学的经典。

一直以来，杨国强本人都是公司的大股东。2004年，年仅23岁、毕业于美国俄亥俄州立大学市场及物流系的杨国强二女儿杨惠妍加入碧桂园出任杨国强的私人助理。同年，杨国强将其持有的碧桂园集团70%的股权全部转给杨惠妍，希望培养杨惠妍为接班人。2007年3月，在《福布斯》亚洲版2007年中国富豪榜上，杨惠妍——碧桂园创始人之一杨国强25岁的女儿，登上了中国首富的宝座。2013年，《福布斯》中国富豪榜上，杨惠妍净资产439亿元人民币，排名第七位。

3.1 房地产开发策划的含义、特征与原则

3.1.1 房地产开发策划的含义

房地产开发策划是各种策划中独特而重要的一种策划，具有策划的许多共性特征。房地产开发策划是在房地产项目投资、开发营销中运用科学规范的策划行为，根据房地产开发项目的具体目标，以客观的市场调研和市场定位为基础，以独特的概念设计为核心，综合运用各种策划手段，按一定的程序对房地产开发项目进行创造性的规划，并以具有可操作性的房地产开发策划文本作为结果的活动。房地产开发策划主要包括房地产项目前期策划和房地产项目后期策划两大部分。前期策划主要包括市场策划、投资策划和设计策划；后期策划主要包括销售策划、形象策划和广告策划。无论是前期策划还是后期策划，都应该围绕主题策划及概念设计为核心展开进行。

上述房地产开发策划含义包括如下几层意思。

(1) 房地产开发策划是在房地产领域内运用科学规范策划行为的活动。房地产开发项目离不开科学规范的策划行为，策划技术的熟练运用使房地产开发项目向更高的发展水平推进。

(2) 房地产开发策划具有明确的目的性。房地产开发项目本身就是一个相互联系、相互影响的多目标体系，系统内各目标之间还必须保持一定的均衡性和合理性。这些目标可能

包括项目建设进度目标、成本控制目标、销售进度目标以及营利性目标、企业或项目品牌建设目标等。房地产开发策划一定要围绕项目的既定目标进行，努力把各项工作从无序转化为有序。房地产开发策划可以使人们正确把握房地产开发项目变化发展可能带来的结果，从而确定能够实现的工作目标和需要依次解决的问题。

(3) 房地产开发策划是在市场调研和市场定位基础上进行的。房地产开发项目面临纷繁复杂的市场环境，所以扎实、准确的市场调研是策划的前提与基础。房地产开发策划要尽可能多地掌握房地产市场的各种情况，全面了解形成客观实际的各种因素及其信息，找出问题的实质和主要矛盾，准确定位，再进行有效的策划。

(4) 房地产开发策划是按特定的程序运作的。房地产开发策划为了保证策划方案的合理性和高成功率，不可避免地趋向程序化、规范化。策划的程序性可以保证把各方面的活动有机地结合起来形成合理的整体策划，做到井然有序，以提高工作效率。

(5) 房地产开发策划是以概念设计为中心进行的。在房地产项目开发中，概念是项目集中表达的特殊优势和独特主题，是项目发展的指导原则。概念设计是项目开发的总体指导思想，是项目的"灵魂"，它贯穿项目发展的全过程。如何通过广泛深入的调研、对自身资源的理解和竞争环境的清醒认识，提出能表达项目特殊竞争优势的定位和独特主题，是房地产开发项目策划，尤其是项目前期策划的核心内容。

(6) 房地产开发策划是一项综合性工作。它需要策划人员综合运用各种领域的知识、技术手段，充分利用各种资源将策划文案变成实际。

(7) 房地产开发策划是一项创造性工作。开发项目概念的提出、定位的选择都要经过从无到有、从模糊到逐步清晰的过程。在此过程中，需要策划人员打破陈规，不断创新。同时，房地产开发策划方案也不是一成不变的，应在保持一定稳定性的同时，根据房地产市场环境的变化，不断对策划方案的实施成效进行评估、反馈，对策划进行调整和变动，以保证策划方案对现实的最佳适应状态。

(8) 房地产开发策划报告书或策划提案是策划活动的重要表现形式。策划的结果需要形成具有可操作性的策划报告书或策划提案。

3.1.2 房地产开发策划的特征

房地产开发策划具有地域性、创造性、市场性、系统性、超前性、可操作性、科学性和艺术性的结合等特征。

1. 地域性

房地产开发策划的地域性特征，是区别于其他行业所独有的，是由房地产位置固定性的特征决定的。地域性应该分为三个层次考虑。

(1) 房地产开发项目所在地的区域特征。我国幅员辽阔，各地的地理位置、自然环境、社会经济发展水平都不同，有相当大的差异性。其中，区域经济因素是研究的重点。一个地方成功的策划经验运用到另一个地方，不见得也能获得成功。

(2) 项目所在地的房地产市场状况。房地产市场只能是区域性市场，项目营销主要受区域内房地产开发项目的供需因素影响，故房地产开发策划需要密切关注区域市场的发展动向、供求矛盾、消费者行为特征等。

(3) 项目周边区域状况。如区域各种设施状况、规划前景、街区成长历史及功能分析等。

2. 创造性

策划是创造性的思维活动。创造性思维是一种复杂的辩证思维过程，它具有不同于其他思维的特性，主要体现在：积极的求异性，创造性思维往往表现为对常见的现象和权威理论持怀疑、分析的态度，而不盲从轻信；敏锐的洞察力，在观察过程中分析把握事物的特征，发掘事物之间的必然联系，从而做出创造性的发明；创造性的想象，这是创造性思维的重要环节，它不断创造性地提出新设想，且赋予抽象思维以独特的形式；全面而独特的知识结构，是创造性思维的基础；活跃的灵感，以此作为突破的关键，产生意想不到的效果。策划过程实际上就是创造性思维及其行动过程。创造性思维是策划生命力的源泉，它贯穿策划活动的各个方面及其全过程。失去了创造性的策划活动就不能称为策划。

对于房地产开发策划而言，创造性就是要有新意，做到原创而不雷同。不同的房地产开发项目都有其自身的独特性，简单复制别人的模式很难取得成功。要做到创新，首先是概念上的创新、主题上的创新。只有概念、主题有新意，才能使项目有个性。其次是策划方法和手段上的创新，灵活运用各种手段与方法以期望获得出其不意的效果。

3. 市场性

房地产开发策划中的市场性，就是策划要做到以市场为导向，以顾客为关注的焦点。顾客是项目赖以生存的基础，更是检验策划成败的唯一标准。对于市场性的理解可以分为以下三个层次：第一，房地产开发项目策划要研究市场的规律、顾客的偏好，建造出满足客户现实需要的房子；第二，市场是变动的，顾客的消费观念也会发生改变，策划要适应这些变化，做出适时的调整；第三，在对顾客和市场有了深入认识之后，把握规律、提前布局、引导消费、创造市场、激发需求。

4. 系统性

房地产开发策划要遵循系统性原则，使策划活动的各个组成部分、各个子系统相互协调统一，以保持策划工作具体和策划目标的最优化。房地产项目开发要经过市场调研、概念形成、财务可行性研究、规划设计、建筑施工、营销推广等若干阶段，每个阶段分别构成策划的子系统，系统之间又有相应的接口。各子系统功能上相互独立又有关联。所以，如何利用系统的原理整合各子系统，达到效率最高、绩效最大，是房地产开发策划人员需要特别关注的。

5. 超前性

房地产开发策划是一项立足现实，为未来事件的产生和目标的实现而开展的，具有超前性的系列工作。具体地说，需要在项目理念上具有超前性、运作手段上具有预见性。房地产开发项目周期短则两三年，长则达到十数年之久，以今天的产品满足未来的需要，没有一定的超前性显然不能满足要求。所以，在房地产开发策划的各个阶段，都要运用超前的思维方式。

6. 可操作性

房地产开发策划要做到可操作。美好的蓝图要与客观条件结合起来，要做到环境许可、方法有效、易于执行。任何脱离实际、超出项目运作者能力的方案，最终都不能落到实处。

7. 科学性和艺术性的结合

房地产开发策划既具有科学性，也具有艺术性，是两者的结合。其中艺术性是以科学性为基础的，是对科学理论和知识方法的创造性运用。

3.1.3 房地产开发策划的原则

1. 独创原则

独创原则是房地产开发策划最重要的原则。独创具有超越一般的功能，它应贯穿于房地产开发策划项目的各个环节，使房地产项目在众多的竞争项目中脱颖而出。房地产开发策划要达到独创，应满足策划观念独创、策划主题独创和策划手段独创三方面要求。

房地产开发策划创新案例——南京一楼盘推出"雷人"广告：买房送奶牛

"买房送奶牛"的广告在街头很醒目。陈郁·摄

"买一套房子送一头奶牛"，时下开发商不仅在楼盘的价格上大动脑筋，就连楼盘广告也很"雷"，很唬人。昨天，南京新街口的一处巨幅房产海报，再次吸引了众多路人的眼球。

"买房送奶牛，还有这样的事情！？"昨天一大早，记者接到一个朋友的电话说，他在新街口看到一幅"金陵王榭"楼盘的户外广告，广告词写着"买一套房子送一头奶牛"。朋友感到很纳闷，都是市中心的房子，奶牛送回家怎么养呀？根据朋友的介绍，记者来到了这块颇为"醒目"的广告招牌底下，只见广告牌上买房子送奶牛的大字颇为醒目。

为了解开发商的意图，昨天，记者根据广告中的地址前往一探究竟。"金陵王榭"位于城南，属于二期开发的房源。一进售楼处，售楼小姐就给记者介绍起来，此房目前正在价格优惠之中，多幢房源以 9 折价格销售。售楼小姐告诉记者，自己也是早上才得到相关通知的。"的确是要送奶牛的。"她说，公司已经和江宁的某农场达成协议，如果市民买了房子，就送奶牛给市民。

售楼小姐说，"南京城里是肯定不允许养奶牛的。即使我们建成的小区，肯定也没地方去养奶牛。"其实，就是让每个业主认养，由奶农代为管养，每天将新鲜牛奶送到小区来。

房子、奶牛这两个风马牛不相及的事情，却因为奶粉事件牵扯到了一起，但这样的广

告却让市民耳目一新。一位正在看楼盘的女士表示,她自己的孩子才一岁多,正为吃什么牌子的牛奶犯愁。"如果真的养头奶牛,定期有人送奶,似乎也是不错的选择。"

(资料来源:扬子晚报,2008年9月28日)

2. 定位原则

定位原则是房地产开发策划的基本原则,贯穿于房地产开发策划的方方面面。在房地产开发策划中,项目定位就是依据市场细分及目标市场的选择,针对目标购房群体对产品属性、特征、功能的需求,对项目产品各种特征所做的具体规定,强有力地塑造房地产开发项目个性形象,并把这种形象传递给目标购房者,从而吸引顾客,占领市场的过程。一个目标定位错了,会影响其他目标定位的准确性。策划人要在房地产开发策划中灵活运用好定位原则,它的具体要求如下。

(1) 策划人要对房地产开发项目定位准确。具体要从"大""小"两方面入手:大的方面是房地产项目的总体定位,包括开发项目的目标、项目的宗旨、项目的指导思想、项目的总体规模、项目的功能身份、项目的发展方向等。小的方面是房地产项目的具体定位,包括主题定位、市场定位、目标客户定位、建筑设计定位、广告宣传定位、营销推广定位等。房地产项目的总体定位确定了项目的总体位置和方向,对项目的具体定位有指导、约束作用;房地产项目的具体定位是在总体定位下进行的,具体定位是对总体定位方向的分解,各个具体定位要符合总体定位的方向。

(2) 策划人对具体的定位内容要相当熟悉,以把握各项定位内容的功能和作用。要做到这一点,策划人首先要全面掌握定位内容的内涵,深入其中,确定其定位的难易点,有的放矢地找准目标。其次,每项定位内容的具体功用是不一样的,要把它们整合好、利用好,为整个项目的总体定位服务。

(3) 策划人要熟练地运用项目定位的具体方法和技巧,使定位准确,方向集中。在项目定位过程中,方法和技巧运用得好,往往会达到事半功倍的效果。如对建筑设计定位、建筑设计的最新理念不能不了解,对设计市场的流行趋势不可不知道。在此前提下,是追逐潮流还是着意创新?是停留于现状还是适度超前?这都要根据开发项目的总体定位有所取舍,确定方向。这里会涉及房地产策划人的思维方法和技巧。

3. 整合原则

整合原则是房地产开发策划的一个比较独到的原则。所谓"整合",就是把不同的客观资源集中在一起,通过策划人的整理、分类、组合以及提携,形成围绕主题中心的有效资源,为项目发展的共同目标而出力。

在房地产开发项目中,有各种不同的客观资源,从是否明显看出来分,有显性资源和隐性资源;从具体形式来分,有主题资源(或称概念资源)、社会资源、人文资源、物力资源、人力资源等。这些资源经过整合以后就会聚集在一起,为整个项目的发展服务。

为了有效地整合好房地产开发项目的客观资源,必须做到以下几点。

(1) 要把握好整合资源的技巧,在整理、分类、组合中要有的放矢,抓住重点,达到客观资源合力加强的效果。

(2) 整合好的各个客观资源要围绕项目开发的主题中心,远离主题中心的资源往往很难达到目的。

(3) 要善于挖掘、发现隐性资源,这是房地产开发策划人的一个主要任务。

4. 人文原则

人文原则是房地产开发策划的一个独有原则,它强调在房地产开发策划中要认真把握社会人文精神,并把它贯穿到策划的每一个环节中去。

人文精神对房地产项目的开发成功影响很大。凡是对当地的人口及文化精神意识有深入透彻了解并融化到项目中去的策划方案,都获得了成功。"名牌的背后是文化",就是这个道理。人口、购买力、购买动机及购买行为是构成市场的主要因素,对房地产项目的成功开发有着不可低估的影响。人们沉淀在文化中的民族心理、思想观念、生活习惯、地方风俗等因素,对房地产项目的总体设想有重要的影响作用。

5. 全局原则

全局原则要求在房地产开发策划过程中要注意项目整体,避免因为局部利益而影响全局效益。全局原则从整体、大局的角度来衡量房地产开发策划的兴衰成败,为策划人提供了有益的指导。房地产开发策划全局原则的要求如下。

(1) 房地产开发策划要从整体性出发,注意全局的目标、效益和效果。在整体规划的前提下,部分服从整体,局部服从全局,不要因为局部的问题而影响整个项目的正常运作。

(2) 房地产开发策划要从长期性出发,处理好项目眼前利益和长远利益的关系。

(3) 房地产开发策划要从层次性出发,总揽全局。房地产开发策划是个大系统,任何一个系统都可以被看成是一个全局。而系统是有层次性的,对不同的系统就要有不同的策划,就要体现不同层次的全局性。考虑下一个层次的策划时,应该同上一层次的战略要求相符合。

(4) 房地产开发策划要从动态性出发,注意全局的动态发展。任何一个局部的变化都会影响全局的动态发展,这对房地产项目全局来说,是最不愿意看到的。但房地产市场是变幻莫测的,变化发展有时会影响到全局。

6. 可行原则

房地产开发策划的可行原则也称可行性原则,是指房地产开发策划运行的方案是否达到并符合切实可行的策划目标和效果。可行原则要求房地产开发策划行为应时时刻刻地为项目的科学性、可行性着想,避免出现不必要的差错。

贯彻房地产开发策划的可行原则,可从以下几方面着手。

1) 策划方案是否可行

从房地产开发策划的本质特征可以看出,在多种策划方案中选择最优秀、最可行的方案是项目成功的基础。任何一个房地产开发项目在策划过程中都有多种方案可以选择,每一种方案也都有长处和短处,这就需要我们根据项目的实际情况进行选择,找出切实可行的最佳方案。有了可行的方案以后,还要对方案实施的可行性进行分析。房地产市场是千变万化的,今天的市场和明天的市场就不一样。在方案实施时,对策划实施方案的可行性进行分析是贯彻可行原则的第二步,以使方案符合市场变化的具体要求。

2) 方案经济性是否可行

策划方案的经济性是指以最小的经济投入达到最好的策划目标,这也是方案是否可行的基本要求。

3) 方案有效性是否可行

房地产开发策划方案的有效性是指房地产开发策划方案实施过程中能合理有效地利用人力、物力、财力和时间,实施效果能达到甚至超过方案设计的具体要求。策划方案要达到有效、可行,一是要用最小的消耗和代价争取最大的利益;二是所冒的风险最小,失败的可能性最小,经过努力基本上有成功的把握;三是要能完满地实现策划的预定目标。

3.2 房地产开发策划的类型

根据不同的开发阶段,策划可分为项目开发前期策划、销售和招租策划以及物业管理策划。

3.2.1 房地产项目前期策划

房地产项目开发前期策划指从获取土地起到进入建筑施工之前的这一阶段的策划,包括土地使用权获取研究;项目市场调查;消费者行为分析;房地产开发项目市场细分、目标市场选择与市场定位;房地产开发项目的产品策划等内容。

房地产项目前期策划是个复杂的思维性工作,涉及领域很宽,并经常彼此有重叠,于是对项目策划的分类标准也就难以统一。房地产项目前期策划实际上是站在项目的最高点,从统领全局的角度出发,对房地产项目的总体运作做出对项目有决定性的前瞻统筹。房地产项目前期策划主要包括以下内容。

1. 土地使用权的获取研究

项目的前期策划是从土地使用权获取开始的。开发商及其策划人员首先在对城市规划和当地房地产市场充分把握的基础上,通过初步测算,研究哪个区域、哪些地块具有开发价值;对特定用地,研究获得土地使用权的最佳方式、策略等。

2. 房地产开发项目市场调查

房地产开发项目市场调查是指运用科学的方法,有目的、有计划、系统地收集与房地产市场状况相关的各种资料,通过整理、分析资料来判断和把握市场现状与未来发展趋势,为项目建设的必要性、充分性、建设指标、形式、规模、档次、时机及开发经营方式等决策提供可靠的依据。关于房地产开发项目市场调查的详细内容在第 4 章将有详细介绍。

3. 房地产开发项目消费者行为分析

消费者行为分析是建立在深入的市场调查基础上的,是对消费者心理行为模式进行探讨。房地产开发项目消费者行为分析包括购房者个性心理分析、社会文化等因素对购房决策的影响、购买行为模式的分析等内容。

4. 房地产开发项目市场细分、目标市场选择与市场定位

房地产市场细分就是在市场调研的基础上，根据消费者的需求、购买习惯和购买行为的差异性，把整个房地产市场划分为若干个子市场的过程。每个子市场即每个细分市场都是一个有相似的欲望和需要的消费者群，分属不同细分市场的消费者的欲望和需要存在明显的差异。房地产企业在房地产市场细分的基础上，经过比较、选择，决定作为开发、服务对象的相应的分市场即目标市场。一旦选择了目标市场，就应该在目标市场上确定自己相应的位置，也就是要解决市场定位的问题。这部分内容在本书第12章有详细介绍。

5. 房地产开发项目的产品策划

房地产开发项目的产品策划也称设计策划，是指房地产开发策划设计人员及建筑师依据城市规划的总体要求，从建筑角度出发，在房地产市场策划的前提下，对房地产项目的设计进行设想和构思，为建筑设计师进行项目设计提供指导性意见，以便于进行项目规划设计和建筑设计的创造性过程。房地产开发项目的规划设计一般是由开发商委托设计单位来做。房地产开发产品策划是房地产开发中的关键程序。进行产品策划的主要目的，就是使项目设计的产品符合客户的需求，为项目顺利走向市场打下坚实的基础。如果在项目产品中忽略了这一程序和内容，对项目产品开发是相当不利的，应引起房地产开发企业足够的重视。

房地产设计策划的具体内容如下。

(1) 房地产项目的概念设计。
(2) 房地产项目设计的内容和规模策划。
(3) 房地产项目设计的环境策划。
(4) 房地产项目设计的功能和空间策划。
(5) 房地产项目设计的户型策划。

3.2.2 销售和招租策划

在房地产开发项目进入销售、招租阶段，要开展相应的策划活动。其中包括制定项目的价格策划、项目的广告策划和项目的销售推广策划等。

1. 房地产开发项目的价格策划

房地产价格策划又称为定价策略，是定价者为实现一定营销目的而协调处理各种价格关系的活动。价格策略制定是房地产销售策划的重要环节，不仅包括定价技巧的运用，还包括根据项目营销需要实时调整的安排等。定价策略应根据商品房本身的情况、市场情况、成本状况、消费构成、消费心理等多方面因素来制定。

2. 房地产开发项目的广告策划

房地产广告策划是根据开发商的营销策略，按一定程序对广告活动的总体战略进行前瞻性规划的活动。这其中包括制定广告目标、广告费用预算、广告媒体选择、设计广告频率、广告设计以及广告效果评价等。

3. 房地产开发项目的销售推广策划

在开盘之前，开发商或策划人员面临一系列选择题和问答题，首先，如开发商要考虑项目是自行销售，还是委托代理？项目推向市场时，是以什么样的形象展现给消费者？其次，销售处怎样布置，售楼书怎样制作？楼盘正式开卖前，要不要搞一个内部认购，试探一下市场的反应？楼盘销售中，如何营造卖场气氛？如果要自行销售，开发商要考虑销售人员的培训问题。由于项目的销售要经历较长时间，制订出一个完整的销售计划是必不可少的。而在销售过程中，诸如销售进度的控制与节奏如何安排；尾盘如何销售；用什么样的促销方式吸引购房者；房地产开发项目销售中，如何处理好与社会大众的关系等新的问题又会出现，都是需要策划人员认真考虑的。

本书第 12 章对以上几部分内容有详细介绍。

3.2.3 物业管理策划

物业管理是指业主通过选聘物业管理企业，由业主和物业管理企业按照合同约定，对房屋及其配套的设施、设备和相关场地进行维修、养护、管理，维护相关区域内的环境卫生和秩序的活动。物业管理作为第三产业中一种服务型的行业，寓管理、经营于服务之中，其管理对象是物业，服务对象是业主或物业使用人。"服务"是物业管理的基本属性。因为管理是围绕服务展开的，而在服务的过程中，这种管理表现出若干特性。

物业管理策划是指对开发项目的物业管理活动所进行的前瞻性筹划和安排，是解决项目保值升值的主要途径。做好物业管理策划，不仅是提升项目品质和销售量的有效保证，而且是项目品牌塑造的重要支持。物业管理策划的内容主要有：物业管理公司的选择；物业管理方案的选择；物业管理介入的时机；物业管理合同和制度的制定；物业管理的品牌战略。

3.3 房地产开发策划的模式

房地产开发策划在发展过程中，经过策划人员不断实践和总结，逐渐形成了自己的一套策划操作程序和体系；又经过后人不断学习和完善，最终变成一种标准形式或标准样式，体现了房地产开发策划的一些基本规律，这就可以称之为房地产开发策划的模式。

3.3.1 房地产开发战略策划模式

1. 房地产开发战略策划的含义

房地产开发战略策划模式是一种在宏观市场上把握房地产开发策划的具体模式。战略策划是为企业发展或项目开发设计总谱，并帮助企业从全局的需要出发，有效整合专业性操作，使其在统一的平台上协调一致地实现总体目标。

2. 房地产开发战略策划的方法

房地产开发战略策划的方法具体如下。

1) 大势把握——出思路

在把握宏观大势的前提下，根据每个企业的不同特点，找到适合其发展的思路。大势包括中国经济大势、区域经济大势、区域市场需求大势、区域行业竞争大势和区域板块文化底蕴。

2) 理念创新——出定位

思路确定后，选择摆脱同质化竞争的迷局，确定差异化发展的突破点，总结、提取出一个能体现并统率企业或产品发展的灵魂和主旋律。理念创新包括概念创新、预见创新和整合创新。

3) 策略设计——出方案

量身打造，针对企业特点设计一套科学、独创、有前瞻性的，且具可操作性的对策方案。策略设计包括项目总体定位，项目理念设计，项目功能规划，确定项目运作模式，项目经营思路和项目推广策略。

4) 资源整合——出平台

帮助企业整合内外资源，包括整合各种专业化公司的力量，创造一个统一的操作平台，让各种力量发挥应有的作用。资源整合包括企业内部资源整合、企业外部资源整合、行业内部资源整合、行业外部资源整合。

5) 动态顾问——出监理

操作过程主要由企业家完成，策划人作为顾问起参谋作用。顾问监理的内容包括项目重大事件、项目重要环节、项目节奏的把握，项目市场的引爆，以及项目品牌的提升。

3. 房地产开发战略策划的特点

房地产开发战略策划模式从宏观战略的高度来策划项目，因而成功率较高。它具有三个特点：第一，对宏观大势的把握能使项目定位准确，找到项目最合适的发展思路；第二，能有效地协调各专业公司围绕项目的总目标进行操作，并从全局出发实现项目的具体目标；第三，由于是从宏观战略的高度来把握和分析项目的，因而最适宜操作大盘项目。

广州"星河湾"策划案例

广州"星河湾"，位于番禺南村华南干线收费站两侧沿江1200亩土地上。
王志纲工作室从以下几方面进行战略策划。

1. 大势把握(1999年10月至2000年1月)

对市场的评估：华南板块绝不是洛溪板块的延展，而是新城市中心区的概念，在市场营造过程中各种利好消息不断。华南板块竞争态势：同质低档化——个性高档化。项目条件评估：华南板块的门户。企业能力评估——三大优势：有实力、有良好的社会资源、制造一个精品的心愿；三大劣势：没有品牌、没有社区开发经验、没有班底。

项目组得出结论：华南板块不是广州楼市在郊区的简单延伸，而是未来广州的新城市居住中心区；广州楼市同比淘汰的时候已到，郊区楼盘正处在升级换代的前夜；华南板块可以出现高品位的大社区，该项目作为广州的门户必须走全面创新的道路。

2. 理念创新(2000年1月至2000年3月)

总体策略：高筑墙——高起点、高素质，提高华南板块竞争门槛；广积粮——用全新的开发理念整合国内外一流的合作资源,让他们在统一的总谱下施展才华;深挖洞——依托项目自身的地理优势,最大限度地打造和演绎项目的氛围、品位与个性化。

总体理念:回归家本位,做足水文章,打好环境牌,开发泛地产。

3. 策略设计(2000年1月至2000年3月)

主要内容:采取要素整合与市场营销同步进行的特殊战略;规划设计必须建立在把握未来趋势的基础上——未来的房地产开发是一首交响曲;争取政府更大程度对项目的支持。

4. 资源整合(2000年1月至2000年3月)

工作室参加项目规划设计评审会,整理和提纯了专家们对于项目规划设计具有参考价值的意见和建议,沉淀了评审会有价值的参考意见。工作室针对瞬息万变的市场再次进行了详细的调查研究,提交了进一步的项目市场调研报告。针对项目首期开发,提交项目定位及经济分析、项目户型比例、环境及配套提案、物业管理提案等报告。

5. 顾问监理(2000年3月至2000年11月)

对项目的要素与内涵、主题风格、建筑规划、园林景观、户型、项目LOGO设计、广告创意、社区服务系统、营销等各个方面提出方案或意见,并与各专业力量充分沟通,整体推进项目的建设。

6. 前期推广(2000年11月至2001年3月)

提交《星河湾软性文章要点》《星河湾目标客户群分析》《星河湾居住理念》《星河湾广告诉求内容》等报告,并制定《星河湾前期推广总体方案》。

7. 市场引爆(2001年3月至2001年5月)

与广州三大媒体《南方都市报》《广州日报》《羊城晚报》商谈具体合作方案。负责策划、撰写关键性的软性文章;策划中国房地产界的第一份媒体化、杂志型楼书——《星河湾生活杂志》,随《南方都市报》于开盘前一天刊出。

8. 长期顾问(2001年5月以后)

王志纲提出"把会战机制转为经营机制,实现从闪电战到阵地站、持久战的转变"的指导思想;工作室与开发商续签长期顾问咨询协议,共同打造星河湾的未来。

广州"星河湾"战略策划的效果——万人空巷。

4月28日,"星河湾"作为番禺并入广州市区后华南板块第一个入市楼盘开盘,开始接受认购登记。5月1日,星河湾人满为患。"五一"放假期间,前来参观"星河湾"的人数达到破纪录的15万,内部认购超过600套,此时距离"星河湾"广告正式出街还不到20天。5月28日,星河湾开盘一个月,累计售房达500套以上,实现销售回款超过3个亿。

3.3.2 房地产开发全程策划模式

1. 房地产开发全程策划的含义

房地产开发全程策划模式是目前在全国房地产行业广泛流行的一种房地产开发策划模式,由于它的策划理念和内涵既实用又丰富,而且运用这种策划模式创造了很多经典项目,因此受到许多房地产企业以及房地产策划咨询公司的推崇。房地产开发全程策划,简单地说就是对房地产项目进行全过程的策划,即从市场调研、土地取得、投资分析、项目定位、规划设计、建筑方案、建筑施工、项目形象、项目营销、品牌培植以及物业服务等各个方面都进行全方位策划，使项目的开发价值提升到最理想的位置。

2. 房地产开发全程策划的内容

在房地产开发策划中，强调为投资者提供标本兼治的全过程策划服务；在全过程策划服务中，每个环节都要以提升项目的价值为重点，围绕提升项目的价值来运用各种手段，使项目以最佳的状态走向市场。房地产开发全程策划的具体内容如下。

(1) 市场研究——研究项目所处的经济环境、项目当前房地产市场供求状况、项目所在区域同类楼盘，进行调研分析。

(2) 土地研制——挖掘土地的潜在价值，对土地的优势、劣势、机会和威胁进行分析。

(3) 项目分析——通过对项目自身条件及市场竞争情况的分析，确定项目定位策略，决定目标客户及楼盘形象，决定项目市场定位、功能定位及形象定位。

(4) 项目规划——提出建议性项目经济指标、市场要求、建筑及园林风格、户型设计及综合设施配套等。

(5) 概念设计——做好规划概念设计、建筑概念设计、环境概念设计、艺术概念设计等。

(6) 形象设计——开发商与项目的形象整合，项目形象、概念及品牌前期推广。

(7) 营销策略——分析项目环境状况，凸显其价值；找准项目市场营销机会点及障碍点；整合项目外在资源；挖掘并向公众告知楼盘自身所具有的特色卖点，如地段、功能、配套、管理、投资等。

(8) 物业服务——与项目定位相适应的物业管理概念提示，将服务意识传播给员工，以服务为圆心的组织架构。

(9) 品牌培植——抓住企业和项目培养品牌，延伸产品的价值。

3. 房地产开发全程策划的适用性

房地产开发全程策划模式比较适合中小型项目操作运行，各方面比较容易策划到位，如果是大的项目如几千亩的住宅社区，就会感到力不从心。这时就应该采用其他策划模式与全程策划模式交叉进行，取长补短，创造出成功的项目范例。

3.3.3　房地产品牌策划模式

1. 房地产品牌策划的含义

房地产品牌使房地产项目具有区别于其他项目的个性，有独特的目标市场和共同认知的目标客户群，它具有较高的知名度、美誉度和忠诚度。房地产品牌策划是对房地产品牌的内涵进行挖掘、发现和推广，使商品房赢得人们的信赖，创造新的生活方式和新的需求。

2. 房地产品牌策划的内容

房地产品牌策划简单地说就是房地产品牌的品质设计及推广，它包括以下几个方面。

1) 房地产品牌策划以建立品牌为中心

在房地产开发策划中，创建品牌有两大作用：一是取得较大的市场份额，二是取得较高的利润。

2) 房地产品牌策划就是建立一流的品质和一流的推广

品质是品牌的基础。品质分为内在品质和外在品质两种,内在品质是小区红线范围内的一切硬件和软件,外在品质是与楼盘直接或相关的事物。品牌的推广要推广一流的附加值,要有一流的战略战术,要建立一流的物业管理队伍。

3) 房地产品牌策划中的附加值推广要有侧重点

一是要融入自然的和谐环境,二是要社区服务的社会化,三是要家居生活的信息化。

4) 品牌策划推广的四个阶段

(1) "人工造雨"阶段——这个阶段主要是通过一些公关活动、软性广告,令所开发项目有一个较为精彩的亮相,从而吸引区域内目标客户的注意。

(2) "筑池蓄水"阶段——这个阶段主要以持续的软性推广、定期的新闻炒作、公关活动、现场销售为手段,不断积累起社会对本项目的认识,从量变到质变,形成品牌的知名度和美誉度。

(3) "开闸泄流"阶段——这个阶段是在给以前的推广做总结,并在短期内投放大量的硬性广告,吸引目标客户购买。

(4) "持续蓄水"阶段——公开销售后要及时总结经验,调整策略,为随后的蓄水提供依据。

5) 品牌策划推广的五种方法

(1) "筑巢引凤"法——以配套为"龙头",带动房地产项目开发成功。

(2) "盆景示范"法——先把"盆景"做好,如园林绿化,再配合相应的公关活动。

(3) "借花献佛"法——开发商倚仗以前品牌的名气、口碑,不需要大量的投入,就已备受瞩目。

(4) "马良神笔"法——开发商从各方面展示项目美丽的生活图案,以加深人们的印象。

(5) "巨量广告"法——资金雄厚的开发商,可以用大量的广告叫响品牌,因为品牌是由一定量的广告堆砌成的。

6) 品牌策划的六个工程

(1) 软性推广工程——要注意长期的持续的积累。

(2) 公关活动工程——要以树立品牌为中心。

(3) 卖场的包装工程。

(4) 口碑工程——服务要与档次相配,建立"口碑",做好物业管理工作。

(5) 形象工程。

(6) 公关危机工程——要经常检查工作中出现的问题,与新闻界建立良好的关系。

3. 房地产品牌策划模式的适用性

房地产品牌策划模式的最大特点是除了着重强调打造品牌的内在品质和外在品质外,还强调项目品牌的推广。通过工地包装、现场销售包装、电视报纸广告造势、样板房推动、软性新闻宣传、公关活动介入等,把不知名的楼盘短时间内变得家喻户晓,吸引客户购买,从而达到品牌策划的目的。这就是"快速推广品牌"。

房地产品牌策划模式对一些内外品质稍差的项目来说,效果是很好的,通过"快速推广",使项目赢得人们的认同。如果在推广时片面追求"造势"或"炒作",对产品不进行精雕细琢,虽取得首次开盘成功,后几期就会卖不动了。因此,在"快速推广"的同时,也不能忘了打造品牌的品质，因为得到客户信赖的最终还是项目的真正品质。

3.3.4 房地产开发产品策划模式

1. 房地产开发产品策划模式的含义

房地产开发产品策划模式，就是对房地产及住宅产品需求进行调研、定位、设计、营销以及物业管理等内容的谋划和运筹，以适应人们对房地产产品不断变化、提高的要求。

2. 房地产开发产品策划模式的内容

房地产开发产品策划的重点：一是一切围绕着客户需求来策划产品，注重产品的舒适性和艺术性，使人们对产品喜爱，促进人们的身心健康；二是产品定位和产品设计，产品定位应先于产品设计。

房地产开发产品策划模式的内容具体如下。

(1) 产品调研——产品的前期策划中最重要的是调研，目的是知道需求和供应状况，为产品定位做准备。

(2) 产品定位——在产品调研的前提下，对产品恰如其分地确定具体位置，包括目标客户定位、产品品质定位、产品功能定位、产品地段定位、产品规模定位、产品形象定位等。

(3) 产品设计——根据目标客户的特性分析，量身打造设计产品，包括规划设计、建筑设计、环境设计、其他设计等。

(4) 产品工艺——这是保证产品质量的关键。

(5) 产品营销——这是指怎样把产品卖给目标客户，包括产品包装、产品推广等。

(6) 产品服务——这里主要是指售后服务，即物业管理，目的是把产品的价值进行提升和延长。

3. 房地产开发产品策划模式的适用性

房地产开发产品策划模式的适用性相当广泛，只要产品市场机会分析正确、目标客户定位准确、设计到位、营销手段新颖，加上策划人有强烈的专业创新精神和较高的专业素质，策划都会获得成功。不过，如果只强调产品的品质，对大势的把握、全程的参与、品牌的推广等策划理念不重视，甚至不屑一顾，那么，策划出来的楼盘也不一定畅销。

房地产开发产品策划模式因策划的角度不同而分为战略策划模式、全程策划模式、品牌策划模式和产品策划模式。战略策划模式侧重于从宏观大势上来把握房地产开发项目的策划；全程策划模式侧重于项目开发的全过程和价值提升；品牌策划模式侧重于项目的品质和推广；产品策划模式侧重于房地产产品定位和设计。

这些作为目前房地产开发策划的流行模式，在实际操作中都有是否适用的问题，在选择时应根据策划人员的水平、能力和项目的具体情况选用。

3.4 房地产开发策划的程序

房地产开发策划有科学严谨的工作程序，按程序开展策划工作可以使策划工作规范化、精细化，保证策划工作的质量，提高策划工作的效率。在房地产开发策划程序中，每一阶段的工作内容很多,很琐碎,需要策划主持人制订周密的计划,执行者认真地落实、执行。

3.4.1 房地产开发策划程序的含义

房地产开发策划程序是指项目在进行策划的行为中按其内在联系排列出的先后工作顺序。通俗地讲,房地产开发策划程序就是要完成一项房地产开发策划工作从头到尾应该做哪些工作,应当先做什么,后做什么。因此,透过房地产开发策划程序,可以看出策划一个房地产开发项目的全过程,也可以了解一个房地产开发策划项目的各项具体工作之间的内在联系。

3.4.2 房地产开发策划程序的内容

房地产开发策划多数情况下由开发商委托专业的房地产开发策划代理机构完成,策划代理机构的策划作业流程分为六个阶段。

1. 项目洽谈阶段

这一阶段的工作主要是落实策划代理机构的业务来源问题,开发商与代理机构经过洽谈,达成共识,签订策划合同。

2. 组建机构阶段

这一阶段的工作是保证委托代理的业务在人员配备、工作计划、时间安排以及业务经费上得到落实,以便为下一步开展业务做好一切精神和物质的准备。当策划代理业务落实以后,组建策划项目小组就成了重要环节。根据项目特点的不同、介入时机的差异、工作内容和要求不同、经费多寡,在组建班子时也有所取舍。对人员的选择主要考虑知识背景、经验、工作能力与工作态度等方面。

3. 项目调研阶段

策划人员通过走访政府部门、业务机构、项目现场和翻阅资料、文件,获得客观、真实的材料,为以后的工作打下良好基础。

4. 提炼创意成果阶段

策划人员取得调研资料以后,针对项目进行研究、讨论、论证、创意。这一阶段工作的好坏,直接影响到策划方案的质量和可操作性问题。这个阶段通常采用碰头会的形式进行头脑风暴,以擦出创意"火花"。通过大家认真研究、反复论证,往往能产生策划创意成果。

5. 提交报告阶段

提炼出创意成果之后,进入编写报告、向委托方提交策划成果的阶段。这一阶段的重点是保证策划成果的质量,如果在编写时感到策划结果没有达到预期效果,还要再一次回到上面的调研和研讨阶段,直至得到满意结果为止。提交策划报告,通常需要向委托方作详细的讲解,同时回答委托方的提问和质询,并根据反馈情况做必要的修改和完善。

6. 实施方案阶段

策划方案或报告得到了委托方的肯定后，进入实施方案阶段。如果代理公司与委托方所签合同的工作范围不包括执行，策划工作也并不是到此结束，因为还需对实施的效果进行监测。监测的结果如果达不到方案的目的，要分析原因，找出解决问题的办法，交与委托方加以及时修正。

如果代理公司与委托方所签合同的工作范围包括执行(不是配合)，则这一阶段对策划代理机构而言就至关重要了，它关系到策划代理机构的策划成果是否产生效益，也关系到策划代理机构是否得到更好的报酬。

以上六个阶段环环相扣，相互搭接，共同完成房地产开发策划的全过程。

案 例 分 析

某房地产开发项目全程策划营销大纲

现在中国房地产产业已从卖方市场转变为买方市场，结合房地产市场策划营销理论和实践的运作方法，提出"房地产全程策划营销方案"，从项目用地的初始阶段就导入策划营销的科学方法，结合房地产行业的运作流程，逐步实施。其核心内容包括：

1. 项目投资策划营销。
2. 项目规划设计策划营销。
3. 项目质量工期策划营销。
4. 项目形象策划营销。
5. 项目营销推广策划。
6. 项目顾问、销售、代理的策划营销。
7. 项目服务策划营销。
8. 项目二次策划营销。

第一章 项目投资策划营销

项目投资策划营销是全案最为关键的环节，反映了开发商选择开发项目的过程，这个过程是考验和衡量发展商房地产运作能力的重要环节，这个过程操作好了，就意味着项目成功了一半，在这个过程中多下功夫，以后的开发经营就可以事半功倍。

项目投资策划营销可对项目进行定价模拟和投入产出分析，并就规避开发风险进行策略提示，还对项目开发节奏提出专业意见。

一、项目用地周边环境分析

1. 项目土地性质调查。包括：地理位置、地质地貌状况、土地面积及红线图、土地规划使用性质、七通一平现状。
2. 项目用地周边环境调查。包括：地块周边的建筑物、绿化景观、自然景观、历史人文景观、环境污染状况。
3. 地块交通条件调查。包括：地块周边的市政路网以及公交现状、远景规划；项目的水、路、空交通状况；地块周边的市政道路进入项目地块的直入交通网现状。
4. 周边市政配套设施调查。包括：购物场所、文化教育、医疗卫生、金融服务、邮政服务、娱乐、餐饮、运动、生活服务、娱乐休息设施、周边可能存在的对项目不利的干扰因素、历史人文区位影响。

二、区域市场现状及其趋势判断

1. 宏观经济运行状况。包括以下内容。①国内生产总值：第一产业数量、第二产业数量、第三产业数量、房地产所占比例及数量、房地产开发景气指数；②国家宏观金融政策：货币政策、利率、房地产按揭政策；③固定资产投资总额：全国及项目所在地的固定资产投资总额，其中房地产开发比重；④社会消费品零售总额：居民消费价格指数、商品住宅价格指数、中国城市房地产协作网络信息资源利用。

2. 项目所在地房地产市场概况及政府相关的政策法规。包括：项目所在地的居民住宅形态及比重；政府对各类住宅的开发和流通方面的政策法规；政府关于商品住宅在金融、市政规划等方面的政策法规；短中期政府在项目所在地及项目地块周边的市政规划。

3. 项目所在地房地产市场总体供求现状。

4. 项目所在地商品住宅市场板块的划分及其差异。

5. 项目所在地商品住宅平均价格走势及市场价值发现。

6. 商品住宅客户构成及购买实态分析。包括：各种档次商品住宅客户分析；商品住宅客户购买行为分析。

三、土地SWOT(深层次)分析

1. 项目地块的优势；

2. 项目地块的劣势；

3. 项目地块的机会点；

4. 项目地块的威胁及困难点。

四、项目市场定位

1. 类比竞争楼盘调研。包括：类比竞争楼盘基本资料；项目户型结构详析；项目规划设计及销售资料；综合评判。

2. 项目定位。包括：市场定位，区域定位，主力客户群定位，功能定位，建筑风格定位。

五、项目价值分析

1. 商品住宅项目价值分析的基本方法和概念。

(1) 商品住宅价值分析法(类比可实现价值分析法)：选择可类比项目；确定该类楼盘价值实现的各要素及其价值实现中的权重；分析可类比项目价值实现的各要素之特征；对比并量化本项目同各类比项目诸价值实现要素的对比值；根据价值要素对比值判断本项目可实现的均价。

(2) 类比可实现价值决定因素。①类比土地价值：A.市政交通及直入交通的便利性的差异；B.项目周边环境的差异——自然和绿化景观的差异，教育和人文景观的差异，各种污染程度的差异，社区素质的差异；C.周边市政配套便利性的差异。②项目可提升价值判断：A.建筑风格和立面的设计、材质；B.单体户型设计；C.建筑空间布局和环艺设计；D.小区配套和物业管理；E.形象包装和营销策划；F.发展商品牌和实力。③价值实现的经济因素：A.经济因素；B.政策因素。

2. 项目可实现价值分析。包括：①类比楼盘分析与评价；②项目价值类比分析——价值提升和实现要素对比分析；项目类比价值计算。

六、项目定价模拟

1. 均价的确定：运用以下两种方法综合分析确定均价。

(1) 住宅项目均价确定的主要方法：类比价值算术平均法。

(2) 有效需求成本加价法：①分析有效市场价格范围；②确保合理利润率，追加有效需求价格。

2. 项目中具体单位的定价模拟。商品住宅定价法：①差异性价格系数定价法(日照采光系数、景观朝向系数、户型系数、楼层系数、随机系数)。②各种差异性价格系数的确定：确定基础均价；确定系数；确定幅度；具体单位定价模拟。

七、项目投入产出分析

1. 项目经济技术指标模拟。包括：项目总体经济技术指标；首期经济技术指标。

2. 项目首期成本模拟：成本模拟表及其说明。

3. 项目收益部分模拟。包括以下内容。①销售收入模拟：销售均价假设，销售收入模拟表。②利润模拟及说明：模拟说明，利润模拟表。③敏感性分析：可变成本变动时对利润的影响；销售价格变动时对利润的影响。

八、投资风险分析及其规避方式提示

1. 项目风险性评价。价值提升及其实现的风险性：项目的规划和设计是否足以提升项目同周边项目的类比价值；项目形象包装和营销推广是否成功。

2. 资金运作风险性。包括：减少资金占用比例，加速资金周转速度，降低财务成本；对销售节奏和开发节奏进行良好的把握，以尽量少的资金占用启动项目，并在最短的时间内实现资金回笼。

3. 经济政策风险。包括：国际国内宏观经济形势的变化；国家地方相关地产政策的出台及相关市政配套设施的建设。

九、开发节奏建议

1. 影响项目开发节奏的基本因素。包括：政策法规因素，地块状况因素，发展商操作水平因素，资金投放量及资金回收要求，销售策略、销售政策及价格控制因素，市场供求因素，上市时间要求。

2. 项目开发节奏及结果预测。包括：项目开发步骤，项目投入产出评估，结论。

第二章 项目规划设计策划营销

通过完整科学的投资策划营销分析，发展商有了明确的市场定位，从而进入了产品设计阶段。房地产经过多年的发展后，市场需求发生了根本性的变化，消费者对房地产的建筑规划和单体设计要求越来越高，他们追求又实用又好看的商品房，这就要求发展商将"以人为本"的规划思想和提高人居环境质量作为目标去实现消费者的需求。项目规划设计策划营销是基于市场需求而专业设计的工作流程。

项目规划设计策划营销是以项目的市场定位为基础，以满足目标市场的需求为出发点，对项目地块进行总体规划布局，确定建筑风格和色彩计划，紧紧围绕目标客户选定主力户型，引导室内装修风格，并对项目的环艺设计进行充分提示。

一、总体规划

1. 项目地块概述。包括：项目所属区域现状，项目临界四周状况，项目地貌状况。

2. 项目地块情况分析。包括：发展商的初步规划和设想；影响项目总体规划的不可变的经济技术因素；土地 SWOT 分析在总体规划上的利用和规避；项目市场定位下的主要经济指标参数。

3. 建筑空间布局。包括：项目总体平面规划及其说明；项目功能分区示意及其说明。

4. 道路系统布局。①地块周边交通环境示意：地块周边基本路网；项目所属区域道路建设及未来发展状况。②项目道路设置及其说明：项目主要出入口设置；项目主要干道设置；项目车辆分流情况说明；项目停车场布置。

5. 绿化系统布局。①地块周边景观环境示意：地块周边历史、人文景观综合描述；项目所属地域市政规划布局及未来发展方向。②项目环艺规划及说明：项目绿化景观系统分析；项目主要公共场所的环艺设计。

6. 公共建筑与配套系统。①项目所在地周边市政配套设施调查。②项目配套功能配置及安排。③公共建筑外立面设计提示：会所外立面设计提示；营销中心外立面设计提示；物业管理公司、办公室等建筑外立面设计提示；其他公建(如巴士站、围墙)外立面设计提示。④公共建筑平面设计提示：公共建筑风格设计的特别提示；项目公共建筑外部环境概念设计。

7. 分期开发：分期开发思路，首期开发思路。

二、建筑风格定位

1. 项目总体建筑风格及色彩计划。①项目总体建筑风格的构思。②建筑色彩计划。

2. 建筑单体外立面设计提示。①商品住宅房外立面设计提示：多层、小高层、高层外立面设计提示；不同户型的别墅外立面设计提示；针对屋顶、屋檐、窗户等外立面局部设计的提示；其他特殊设计提示。②商业物业建筑风格设计提示。

三、主力户型选择

1. 项目所在区域同类楼盘户型比较。

2. 项目业态分析及项目户型配置比例。

3. 主力户型设计提示。包括：一般住宅套房户型设计提示；跃式、复式、跃复式户型设计提示；别墅户型设计提示。

4. 商业物业户型设计提示。包括：商业群楼平面设计提示；商场楼层平面设计提示；写字楼平面设计提示。

四、室内空间布局装修概念提示

1. 室内空间布局提示。

2. 公共空间主题选择。

3. 庭院景观提示。

五、环境规划及艺术风格提示

1. 项目周边环境调查和分析。

2. 项目总体环境规划及艺术风格构想：地块已有自然环境利用；项目人文环境的营造。

3. 项目各组团环境概念设计。包括：组团内绿化及园艺设计；组团内共享空间设计；组团内雕塑小品设计提示；组团内椅凳造型设计提示；组团内宣传专栏、导视系统位置设定提示。

4. 项目公共建筑外部环境概念设计。包括：项目主入口环境概念设计；项目营销中心外部环境概念设计；项目会所外部环境概念设计；项目营销示范中心沿途可营造环境概念设计；针对本项目的其他公共环境概念设计。

六、公共家具概念设计提示(略)

七、公共装饰材料选择指导(略)

八、灯光设计及背景音乐指导

1. 项目灯光设计。包括：项目公共建筑外立面灯光设计；项目公共绿化绿地灯光设计；项目道路系统灯光设计；项目室内灯光灯饰设计。

2. 背景音乐指导。包括：广场音乐布置；项目室内背景音乐布置。

九、对小区未来生活方式的指导

1. 项目建筑规划组团评价。

2. 营造和引导未来生活方式。包括：住户特征描述；社区文化规划与设计。

第三章 项目质量工期策划营销

房地产市场营销，它贯穿于商品的开发建设、销售、服务的全过程。质量工期是重要的流程之一，因房屋质量、工期延误等原因而造成销售停滞和购楼者要求换房或退房的现象屡有发生，它严重影响发展商及项目的信誉度、美誉度。因此项目质量工期策划营销是发展商必须树立的观念。

一、建筑材料选用提示(略)

二、施工工艺流程指导(略)

三、质量控制(略)

四、工期控制(略)

五、造价控制(略)

六、安全管理(略)

第四章 项目形象策划营销

项目形象策划营销包括房地产项目的总体战略形象、社区文化形象、企业行为形象、员工形象及其项目视觉形象等。

房地产项目视觉形象是指房地产项目有别于其他项目具有良好识别功能的统一视觉表现。其核心部分包括项目的名称、标志、标准色、标准字体等。要求造型设计既要富有意境，又要突出个性，形象鲜明，便于记忆，便于宣传，以统一运用于项目形象包装。

一、项目视觉识别系统核心部分

1. 名称。包括：项目名，道路名，建筑名，组团名。

2. 标志。

3. 标准色。

4. 标准字体。

二、延展及运用部分

1. 工地环境包装视觉。包括：建筑物主体；工地围墙；主路网及参观路线；环境绿化。

2. 营销中心包装设计。包括：营销中心室内外展示设计；营销中心功能分区提示；营销中心大门横眉设计；营销中心形象墙设计；台面设计；展板设计；营销中心导视牌设计；销售人员服装设计提示；销售用品系列设计；示范单位导视牌设计；示范单位样板房说明牌设计。

3. 公司及物业管理系统包装设计。包括：办公功能导视系统设计；物业管理导视系统设计。

第五章 项目营销推广策划

房地产项目营销推广策划是房地产企业对未来将要进行的营销推广活动进行整体、系统筹划的超前决策，是房地产全程策划营销的重头戏，是营销策划水平与销售技巧的高度结合，需要高度的专业化运作。

一、区域市场动态分析(略)

二、项目主卖点荟萃及物业强势、弱势分析与对策(略)

三、目标客户群定位分析(略)

四、价格定位及策略(略)

五、入市时机规划(略)

六、广告策略(略)

七、媒介策略(略)

八、推广费用计划(略)

九、公关活动策划和现场包装

十、营销推广效果的监控、评估、修正(略)

第六章 项目顾问、销售、代理的策划营销

销售阶段是检验前几个方面的策划营销工作的重要标尺，同时，它又是自成一体的严密科学系统。

一、销售周期划分及控制(略)

二、各销售阶段营销策划推广执行方案实施

三、各销售阶段广告创意设计及发布实施

四、销售前资料准备(略)

五、销售培训(略)

六、销售组织与日常管理(略)

第七章 项目服务策划营销

房地产全程策划营销的同时，积极倡导和推介房地产全程物业管理。房地产物业管理不仅是项目品质和销售的有力保证，它更是品牌项目的重要支持。

一、项目销售过程所需物业管理资料(略)

二、物业管理内容策划(略)

三、物业管理组织及人员架构(略)

四、物业管理培训(略)

五、物业管理规章制度(略)

六、物业管理操作规程(略)

七、物业管理的成本费用(略)

八、物业管理ISO9002提示(略)

第八章 项目二次策划营销

二次策划营销是指发展商已成功地开发一两个项目，或是一个大型项目已完成部分组团，在社会上已形成一定的知名度和影响力，发展商致力于进一步提升形象和整体竞争力。也可以说是二次创业。发展商通过全面策划营销来提升项目品牌，进而促进发展商的可持

续经营。

一、全面策划营销(略)

二、品牌战略提示

1. 品牌塑造。包括：了解产业环境，确认自身的强弱点，决定核心竞争力；形成企业长远的发展目标；拥有一套完整的企业识别系统；全方位推广企业形象和品牌形象。

2. 品牌维护。包括：建立品牌管理系统；建立品牌评估系统；持续一致的投资品牌。

3. 品牌提升。包括：持续不断地深度开发品牌产品；深化品牌内涵；不断强化品牌的正向扩张力。

三、发展商可持续经营战略提示

1. 人力资源科学配置。包括：要甄选出公司所需的合格人才；为促进履行职责而不断培训员工；创造良好的工作环境；创造能力的激发；绩效评估和奖励机制。

2. 产业化道路策略。包括：提高住宅产品的技术附加值，尽快转变为技术密集型产业；将住宅产业多个外延型发展转为集约型的内涵式发展；深化住宅产业化链条的协调性。

3. 专业化道路策略。包括：提高建筑与结构技术体系；节能及新能源开发利用；提高住宅管线技术体系；建立厨房、卫生间的基本功能空间配置的整合技术；提高住宅环境及其保障技术体系；提高住宅智能化技术体系。

本 章 小 结

房地产开发策划是房地产开发中至关重要的环节，它为房地产开发后续工作确定了总的计划和目标，决定着项目的成败。本章主要介绍了房地产开发策划的含义、特性和原则；概括介绍了房地产开发的前期策划、销售和招租策划以及物业管理策划的内容；还介绍了房地产开发策划常用的四种策划模式及策划程序，可以使读者对房地产开发策划有基本的了解。

习 题

1. 房地产开发策划包括哪些含义？
2. 房地产开发策划的特征有哪些？
3. 房地产开发策划有哪些原则？其中最重要的是什么原则？
4. 房地产项目前期策划的主要内容有哪些？
5. 房地产开发项目市场调查的主要内容包括哪几个方面？
6. 房地产开发战略策划的含义是什么？房地产开发战略策划有哪些特点？
7. 房地产开发全程策划的含义是什么？
8. 房地产品牌策划的含义是什么？
9. 房地产开发产品策划模式的含义是什么？
10. 房地产开发策划程序的内容有哪些？

第4章 房地产开发项目可行性研究

【学习要点及目标】

- 熟悉房地产开发项目可行性研究的内容。
- 掌握房地产开发项目可行性研究的步骤。
- 掌握房地产市场分析的方法。
- 掌握房地产开发项目的费用测算方法。
- 学会房地产开发项目的财务评价方法。
- 掌握房地产开发投资的不确定性分析方法。
- 了解房地产开发投资的风险分析方法。
- 能够进行房地产开发项目可行性研究报告的撰写。

【核心概念】

基准收益率;静态投资回收期;动态投资回收期;净现值;内部收益率;利息备付率;偿债备付率等

【引导案例】

某房地产开发项目所在区域潜在需求较大,有很好的市场机会。现公司准备开发一个房地产项目,该项目计划总用地面积为 70 488.56 m², 总建筑面积为 14 5500 m², 建筑容积率为 2.06%, 项目基准收益率为 10%。

开发进度:项目开发周期为 5 年。开工计划时间为 2015 年年初,建设期为 3 年,竣工时间为 2017 年年底。预计从 2016 年 7 月开始销售,至 2019 年年底销售完毕。

项目总投资及资金来源:经估算,项目总投资为 86 432.50 万元。资金来源为自有资金和银行借款(年利率为 6.10%)。其中,自有资金为 74 260.64 万元,银行借款为 11 000.00 万元。

项目资金的使用计划:建设投资在建设期内,第一年投入 50%,第二年投入 30%,第三年投入 20%。

借款及偿还计划:本项目在第一年借款 5000.00 万元,第二年借款 3000.00 万元,第三年借款 3000.00 万元。从第四年开始,连续两年以等额还本、利息照付的方式还清借款。

房屋售价情况:预计住宅平均售价为 7700.00 元/m²。

税金缴纳:该市房地产二级市场转让税费主要是营业税(销售额的 5.0%)、城市建设维护税(营业税的 7%)、教育费附加(营业税的 3%),所得税税率为 25%。

根据以上情况,这个房地产项目是否能盈利?如果能够盈利,盈利的程度如何?项目的风险有多大?这些问题是任何一个房地产开发者都关心的问题,本章就这些问题介绍房地产开发项目可行性研究的内容。

4.1 房地产开发项目可行性研究的内容与步骤

4.1.1 概述

1. 可行性研究的概念

可行性研究是指在投资决策前对与建设项目有关的市场状况、技术方案、资源条件、经济效果、社会效益等各方面的因素进行全面分析、论证与评价,从而判断项目在技术上是否可行、经济上是否合理,并在多个备选方案中进行选优的科学方法。

一个房地产建设项目要经历三个阶段:投资前期、建设期和运营期。其全过程如图 4-1 所示。

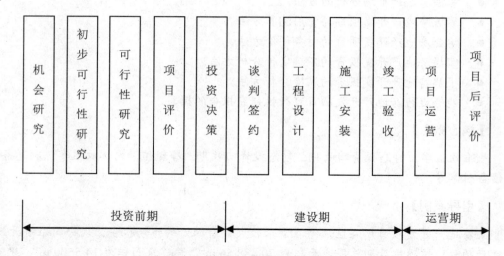

图 4-1 项目投资建设全过程

项目投资建设的三个阶段中,投资前期是决定整个工程项目经济效果的关键时期,是研究与控制的重点。如果进展到项目建设期以后才发现项目存在的问题,对项目的变动与调整将会给投资者造成巨大的损失。而在项目的投资前期阶段,可行性研究被视作其中最关键的环节。

投资者为了减少风险,在项目的开发与运营过程中获取最大利润,宁愿在投资决策以前花费一定的时间与费用进行项目的可行性研究,来保证项目运行的可靠性。

2. 房地产开发项目可行性研究的工作阶段

房地产开发项目可行性研究在项目投资前期主要包括机会研究、初步可行性研究、(进一步的或详细的)可行性研究和项目评价四个阶段。各阶段的研究内容根据其研究目的、深度、内容的不同而有所区别。总体来说，随着各个阶段由前向后地逐步推进，研究内容由浅入深，估算精度由粗到细，研究工作由小变大，工作期间发生的时间和费用也相应增加。

1) 机会研究阶段

机会研究是项目的初选阶段，其主要任务是对项目或投资机会给出建议，即在一定的地区和部门范围内，以地区规划、自然资源和市场研究为基础，寻找最有利的投资机会，收集资料，考察建设地点，选择开发项目，提出投资建议。

投资机会研究并不深入，只是依靠概略的分析和计算，确定需要投资的开发项目，并初步分析其投资效果，然后提出项目建议。该阶段投资估算的精度一般为±30%以内，研究费用一般占总投资额的0.2%～0.8%。如果机会研究阶段的结论被采纳，则进入初步可行性研究阶段。

2) 初步可行性研究阶段

初步可行性研究即在机会研究的基础上，进一步对项目建设的可行性与潜在收益进行验证，深入审查和分析项目所在地区的经济情况、项目规模、项目地址及周边环境、建设中的材料供应、项目规划设计方案及施工进度、项目投资估算和销售收入等情况，并进行经济效益评价，得出是否有必要进行可行性研究的结论。

该阶段投资估算的精度一般为±20%以内，研究费用一般占总投资额的0.25%～1.5%。

3) 可行性研究阶段

可行性研究阶段又称为详细可行性研究阶段，该阶段的结论是投资者决定是否投资该项目的决策依据。该阶段在初步可行性研究的基础上对地产市场的现状、地区规划、设计方案、工程方案、工程建设进度、环保措施、节能措施、消防安全措施、经济效益和社会效益等方面进行分析和评价，着重对各种方案进行技术经济分析和比较，以获得最佳的投资方案。该阶段完成后，即可编制项目可行性研究报告。

该阶段对建设投资估算的精度要求在±10%以内，所需研究费用依据项目规模而定，小型项目占总投资额的1.0%～3.0%，大型复杂的项目占总投资额的0.2%～1.0%。

4) 项目评价阶段

项目评价由政府投资决策机构或贷款决策机构组织实施，或授权给有资质的投资咨询机构实施，对可行性研究报告进行全面评估，进一步判断可行性研究报告的客观性、真实性，判断项目是否可行，为项目投资的审批决策提供依据。

按照国家有关规定，对于大中型和限额以上的项目及重要的小型项目，必须经有权审批的单位委托有资格的咨询评估单位就项目可行性研究报告进行评估论证。未经评估的建设项目，任何单位不准审批，更不准组织建设。

3. 房地产开发项目可行性研究的作用

房地产开发项目可行性研究具有如下作用。

(1) 是投资者做出投资决策的重要依据。

(2) 是银行等金融机构发放贷款的决策依据。

(3) 是行政部门进行项目审批的依据。

(4) 是与有关单位签订协议、合同的参考依据。

(5) 为后期的项目管理工作提供目标依据。

4.1.2 房地产开发项目可行性研究的内容

从房地产开发项目可行性研究报告的作用来看，其应能够满足相关各方作为决策依据的要求。虽然不同的项目由于开发性质、开发用途、目标利润、环境条件等因素的不同，可行性研究报告的内容会有所差异，但其基本内容是相同的，介绍如下。

1. 总论

总论中主要描述项目概况。内容有：项目名称、建设单位概况、报告编制原则、报告编制依据、项目建设背景、项目建设地点、项目建设时间、项目技术经济指标和项目可行性结论等。

2. 市场分析

市场分析主要是对现有社会经济状况、行业的发展状况、产品供求状况等方面进行分析，为产品的定位提供决策依据。

3. 场址状况

场址状况包括开发项目场地范围内的建设条件、周边各类设施状况、地上附着物状况、需拆迁安置面积、拆迁安置方案等。

4. 规划设计方案的选择

对备选方案进行分析比较，选出最为合理、可行的方案，并对该方案进行全面深入的描述。

5. 资源供应

资源供应包括项目建筑材料供应计划，设备采购使用计划，施工过程中燃料动力，用水供应计划，项目运营时水、电、燃气、通信等供应方案。

6. 环境影响评价

环境影响评价包括项目开发场区及周边现有环境状况，项目建设运营对现有环境的影响因素及影响程度分析，采取的环境保护措施，对环境影响的评价等。

7. 节能措施

节能措施包括确定开发项目的节能目标，建筑的体形系数，采取的节能措施。

8. 消防与劳动安全

消防与劳动安全包括项目的消防设计及采取的消防方案，人员培训及安全管理措施。

9. 项目开发组织安排

项目开发组织安排包括开发项目的管理体制和机构设置，管理人员的配备方案，拟定人员培养计划，估算年管理费用支出。

10. 开发建设计划

开发建设计划包括项目开发计划，项目实施进度计划，保证项目顺利实施的管理措施。

11．项目经济评价

项目经济评价包括估算项目的总投资、销售收入、预期利润、各类税金等数据，编制项目各种财务报表，计算项目的经济评价指标，分析项目的盈利能力、清偿能力及抗风险能力。

12．社会效益分析

从社会的角度出发，分析项目对社会所产生的直接效益或间接效益。

13．结论及建议

综合以上内容，给出项目是否可行的结论，提出需要注意的问题及建议。

4.1.3　房地产开发项目可行性研究的步骤

可行性研究一般按照以下五个步骤进行。

1．组织准备

由可行性研究的内容可以看出，可行性研究工作是一项多专业结合的、复杂的研究工作。要获得分析合理、质量可靠的研究结论，就需要组建一支由多专业人员共同参与的工作团队。

2．资料收集及市场调查

资料收集工作的主要内容是收集与项目相关的政策、规划资料，以及有关的社会经济发展状况、自然资源、水文地质、气象等资料。市场调查工作的主要内容是调查公用设施、自然条件、场地现状等现场状况，以及与销售相关的供需状况、需求结构等。

3．开发方案的设计、选优

对于开发项目而言，有多种方案可以实施，每一种方案都有其自身特点，依据不同的方案开发，会得到不同的收益。所以，对一个开发项目，应进行多方案的横向比选，综合各方面因素，选择最优方案进行项目实施。

4．财务评价及国民经济评价

对经上述分析后确定的最优方案，在估算项目投资、成本、价格、收入及税费等数据的基础上，对方案进行详细的财务评价，如有需要，再进行国民经济评价。

5．编写可行性研究报告

经过上述分析、评价后，即可编写可行性研究报告，从多角度全面、详细地分析项目可行与否，提出结论性意见、措施和建议，供决策者作为决策依据。

4.2　房地产市场分析

房地产市场分析是运用科学的理论和方法及合理的分析手段，对获取的房地产市场信息和资料进行分析研究，为房地产开发项目的经营管理提供决策依据的过程。房地产开发项目只有在充分进行市场调研和分析的基础上，才能形成完善的产品开发方案，才能确立有效的投资策略。

4.2.1 房地产开发项目市场调查

1．房地产开发项目市场调查的概念

房地产开发项目市场调查是运用系统科学的方法，有目的、有计划地收集、整理、分析与房地产开发项目有关的各种情报、信息和资料，为企业开发与经营提供决策依据的信息管理活动。

2．房地产开发项目市场调查的内容

房地产开发项目市场调查的内容非常广泛，涉及房地产市场运行的特点、阶段，产品的需求供给状况等各方面的内容。依据项目类型、特点的不同，市场调查的侧重点也有所区别。房地产开发项目市场调查的主要内容包括以下几个方面。

(1) 房地产市场环境调查。主要包括政治法律环境调查、经济环境调查、社区环境调查等。

(2) 房地产市场需求和消费行为调查。主要包括产品需求量、需求的影响因素、需求动机及消费者购买行为调查等。

(3) 房地产产品调查。调查内容包括：①房地产市场现有产品的数量、质量、结构、性能、市场生命周期；②现有房地产租售客户和业主对房地产的环境、功能、格局、售后服务的意见及对某种房地产产品的接受程度；③新技术、新产品、新工艺、新材料的出现及其在房地产产品上应用的情况；④本企业产品的销售潜力及市场占有率；⑤建筑设计及施工企业的有关情况。

(4) 房地产价格调查。调查内容包括：①影响房地产价格变化的因素，特别是政府价格政策对房地产企业定价的影响；②房地产市场供求情况的变化趋势；③房地产商品价格需求弹性和供给弹性的大小；④开发商各种不同的价格策略和定价方法对房地产租售量的影响；⑤国际、国内相关房地产市场的价格；⑥开发个案所在城市及街区房地产市场的价格；⑦价格变动后消费者和开发商的反应。

(5) 房地产促销调查。调查内容包括：①房地产广告的时空分布及广告效果测定；②房地产广告媒体使用情况的调查；③房地产广告预算与代理公司状况的调查；④人员促销的配备状况；⑤各种公关活动对租售绩效的影响；⑥各种营业推广活动对租售绩效的影响。

(6) 房地产营销渠道调查。调查内容包括：①房地产营销渠道的选择、控制与调整情况；②房地产市场营销方式的采用情况、发展趋势及其原因；③租售代理商的数量、素质及其租售代理的情况；④房地产租售客户对租售代理商的评价。

(7) 房地产市场竞争情况调查。市场竞争对于房地产企业制定市场营销策略有着重要的影响。因此，企业在制定各种重要的市场营销决策之前，必须认真调查和研究竞争对手可能做出的种种反应，并时刻注意竞争者的各种动向。

3．房地产开发项目市场调查的步骤

房地产开发项目市场调查是一项有计划、有组织的系统活动，其步骤如下。

(1) 确定调查目标和调查问题。
(2) 制订调查计划。
(3) 实施调查计划。
(4) 分析和处理信息。
(5) 形成成果报告。

4．房地产开发项目市场调查的作用

房地产开发项目市场调查的主要作用表现在以下方面。
(1) 有助于房地产开发项目策划人员认识市场、发现机会。
(2) 是房地产开发项目策划人员感知市场、了解消费者需求的主要途径。
(3) 是房地产开发项目投资机会研究、项目定位、规划设计、市场营销等活动的基础。

5．房地产开发项目市场调查的方法

为了保证房地产开发项目市场调查工作全面、准确，必须采用适当的调查方法才能达到预期效果。资料的收集方法主要包括文案调查法、访问调查法、观察调查法、实验调查法等。选择调查方法要考虑收集信息的能力、调查研究的成本、时间要求、样本控制和人员效应的控制程度。

1) 文案调查法

文案调查法是指对已经存在的各种资料档案，以查阅和归纳的方式进行的市场调查。文案调查又称为二手资料或文献调查。

文案资料来源很多，主要有国际组织和政府机构资料、行业资料、公开出版物、相关企业和行业网站和有关企业的内部资料。

2) 访问调查法

访问调查法是针对拟调查的事项采取适当形式，向被调查者提出问题以获取所需资料的方法。这是一个被普遍采用的方法，其操作简单，效率较高。访问采取的形式一般有面对面谈话调查、电话调查、现场问卷调查和网络问卷调查等。

访问调查法实施的关键前提是问卷的设计。设计问卷应注意：一是问题要表达清晰、短小精练，能够让被调查者快速明白问题主旨；二是问题要通俗易懂，避免运用专业术语；三是提问方式应礼貌、亲切，易于被人接受。

3) 观察调查法

观察调查法是由调查者直接到调查现场进行观察、记录，以获取调查信息的一种方法。由于实施调查时，调查者与被调查者之间没有面对面接触，被调查者没有意识到自己正在接受调查，能够自然表达，因此调查效果较好。其缺点是只能观察现象，不一定能够完全获得调查者真正关心的调查信息。

4) 实验调查法

实验调查法是在小范围内进行实验后得出一定的结论，从而推断出样本总体的可能结果的调查方法。它通过小规模的实验来实施调查，获取信息，然后分析总结市场情况。从理论上讲，这是一个比较科学的调查方法，但在实际执行时技术难度较大。

4.2.2 房地产市场预测

1．房地产市场预测的内容

房地产市场预测是市场调查内容在时间上的延伸。投资项目市场预测的内容主要有市场需求预测和市场价格预测。

2．市场预测的基本方法

市场预测的方法一般可以分为定性预测和定量预测两大类。

定性预测方法可分为直观判断法和集合意见法，其中直观判断法主要指类推预测法，集合意见法包括专家会议法和德尔菲法。

定量预测方法可归纳为因果性预测、延伸性预测和其他方法。

1）类推预测法

类推预测法是根据市场及环境的相似性，从一个已知的产品或区域的市场状况，推测其他类似产品或市场区域的演变趋势的一种判断预测方法。这种方法具有极大的灵活性和广泛性，非常适用于房地产市场新项目、新市场的需求预测。

对于房地产市场来说，根据预测目标和市场区域的不同，类推预测法可以分为产品类推预测法和地区类推预测法两种。

(1) 产品类推预测法。是依据产品在功能、结构、材料等方面的相似性，推测产品市场发展可能出现的某些相似性。

(2) 地区类推预测法。通常产品的发展和需求经历了从发达国家和地区逐步向欠发达国家和地区转移的过程。对于房地产行业来说，某种类型的项目也存在着类似的规律。

类推结果存在着非必然性，运用类推预测法需要注意类别对象之间的差异，尤其是在进行地区类推时，要充分考虑到不同地区政治、经济、社会、文化、法律法规、民族和生活等方面的差异，并加以修正，才能使预测结果更准确。

2）专家会议法

专家会议法是组织有关方面的专家，通过会议的形式，对市场发展前景进行分析预测，在专家判断的基础上，综合专家意见，得出市场预测结论。专家会议法包括以下三种形式。

(1) 头脑风暴法。也称非交锋式会议。会议没有任何限制条件，鼓励专家独立、任意地发表意见，没有批评和评论，以激发灵感，产生创造性思维。

(2) 交锋式会议法。参会专家围绕一个主题，各自发表意见，并进行充分讨论、交流，最后达成共识，取得一致的预测结果。

(3) 混合式会议法。也称作质疑式头脑风暴法，是对头脑风暴法的改进。它将会议分为两个阶段：第一个阶段是非交锋式会议，产生各种思维和预测方案；第二个阶段是交锋式会议，对上一阶段的各种设想进行质疑和讨论，也提出新的设想，相互不断启发，最后取得一致的预测结论。

3）德尔菲法

德尔菲法是在专家个人判断法和专家会议法的基础上发展起来的一种专家调查法，广泛应用在市场预测、技术预测、方案比选、社会评价等众多领域。其工作程序包括五个步骤：①建立预测工作组；②选择专家；③设计调查表；④组织调查实施；⑤汇总处理调查结果。

德尔菲法在下述领域运用较其他方法更能体现效果：①缺乏足够的资料；②长远规划或大趋势预测；③影响预测事件的因素太多；④主观因素对预测事件的影响较大。

4) 时间序列法

时间序列法，就是将历史资料和数据按一定的时间序列构成一个统计数列，并根据其发展动向向前推测。运用时间序列法要受到一定条件的制约：一是需有较完备的时间序列资料，并且在这些资料中存在着一定的模式或趋势；二是数据随时间的变化波动不大；三是影响市场的各种因素基本未发生变化。时间序列法主要有简单平均法、加权平均法、移动平均法和指数平滑法。

(1) 简单平均法，是将过去时间序列的各期实际数据简单平均，将平均值作为下期的预测值。

其计算公式为：

$$预测值=\sum 各期的实际数据/实际的期数 \tag{4-1}$$

(2) 加权平均法，是先确定各期的权重，然后计算加权平均值，并以之作为下期的预测值。

其计算公式为：

$$预测值=\sum(各期的实际数据 \times 各期的权重)$$
$$=\sum(各期的实际数据 \times 各期的权数)/\sum 各期的权数 \tag{4-2}$$

(3) 移动平均法，是根据时间序列的各期数值的平均数来预测未来的一种方法。其计算步骤为：第一，确定各期的期距；第二，求相邻期距各期的简单平均数；第三，求出趋势变动值；第四，求若干期的趋势平均数；第五，得出预测值。

其计算公式为：

$$预测值=最后一期平均值+期距 \times 最后一期趋势平均数 \tag{4-3}$$

(4) 指数平滑法，是选取各时期权重数值为递减指数数列的均值的方法。

其计算公式为：

$$预测值=平滑系数 \times 上期实际值+(1-平滑系数) \times 上期预测值 \tag{4-4}$$

5) 回归分析法

回归分析法是根据预测变量(因变量)和相关因素(自变量)间存在的因果关系，借助数理统计中的回归分析原理，建立回归模型，并进行预测的一种定量预测方法。回归模型按自变量的多少，可以分为一元回归模型和多元回归模型。

6) 弹性系数分析法

弹性系数又称弹性，是一个相对量，它衡量某一变量的改变所引起的另一变量的相对变化。弹性系数分析法就是利用两种因素间的弹性关系来进行预测。

7) 投入产出分析法

投入产出分析法是通过建立投入产出模型，描述基础产业投入或就业与房地产业发展间的关系，并根据基础产业投入的变化对房地产业的影响，发现房地产业的发展趋势。

投入产出分析法还可以用来评估房地产业在投入方面的制约条件及其对房地产业发展空间的限制。

8) 价格指数分析法

随着房地产价格指数的日益完善,其在房地产市场分析中的作用也日趋重要。利用房地产价格指数的变化不仅可以判断房地产价格走势,而且可以分析不同区位、不同类型、不同档次物业的价格走势。

9) 房地产估价法

房地产估价法就是利用房地产估价原理和方法进行房地产商品的价格预测。常见的房地产估价法有市场法、成本法、收益法、假设开发法和基准地价法等。

4.3 房地产开发项目费用测算

4.3.1 房地产开发项目费用种类

房地产开发项目所需投入的各项费用主要包括土地费用、前期工程费用、房屋开发费用、管理费用、财务费用、销售费用、开发期税费、其他费用以及不可预见费等。

1. 土地费用

土地费用是指为取得房地产项目用地而发生的费用。房地产项目取得土地有多种方式,所发生的费用各不相同,主要有下列几种。

1) 土地征收拆迁费

土地征收拆迁费分为农村土地征收拆迁费和城镇土地拆迁费。

农村土地征收拆迁费主要包括土地补偿费、青苗补偿费、地上附着物补偿费、安置补助费、新菜地开发建设基金、征地管理费、耕地占用税、拆迁费和其他费用。

城镇土地拆迁费主要包括地上建筑物、构筑物、附着物补偿费,搬家费,临时搬迁安置费,周转房摊销以及对于原用地单位停产、停业补偿费,拆迁管理费和拆迁服务费等。

2) 土地出让地价款

土地出让地价款是指国家以土地所有者的身份将土地使用权在一定年限内让予土地使用者,并由土地使用者向国家支付土地使用权出让地价款。主要包括向政府缴付的土地使用权出让金和根据土地原有状况需要支付的拆迁补偿费、安置费、城市基础设施建设费或征地费等。例如,以出让方式取得城市熟地土地使用权,土地出让地价款由土地出让金加上拆迁补偿费和城市基础设施建设费构成。

土地出让地价款的数额由土地所在城市、地区、地段、土地的用途以及使用条件、合同条件等许多因素决定。许多城市对土地制定了基准地价,具体宗地的土地出让地价款要在基准地价的基础上加以适当调整确定。

3) 土地转让费

土地转让费是指土地受让方向土地转让方支付土地使用权的转让费。依法通过土地出让或转让方式取得的土地使用权可以转让给其他合法使用者。土地使用权转让时,地上建筑物及其他附着物的所有权随之转让。

4) 土地租用费

土地租用费是指土地租用方向土地出租方支付的费用。以租用方式取得土地使用权可以减少项目开发的初期投资，但在房地产项目开发中较为少见。

5) 土地投资折价

房地产项目土地使用权可以来自房地产项目的一个或多个投资者的直接投资。在这种情况下，不需要筹集现金用于支付土地使用权的获取费用，但一般需要对土地使用权进行评估作价。

2．前期工程费用

前期工程费用是指项目开工以前的一些前期准备费用，主要包括以下几点。

(1) 开发项目前期进行的规划、设计费，约为建筑安装工程费的 3%。

(2) 可行性研究的费用支出，占项目总投资的 1%～3%。

(3) 水文、地质勘测费用的支出，根据所需工程量，结合有关收费标准估算，一般为设计概算的 0.5%。

(4) "三通一平"等土地开发费，主要包括地上原建(构)筑物拆除费用，场地平整费用，通水、通电的费用。这些费用的测算，可根据实际工作量，参照有关计费标准估算。

3．房屋开发费用

房屋开发费用主要包括建筑安装工程费、公共配套设施建设费和基础设施建设费。

(1) 建筑安装工程费。是指建造房屋建筑物所发生的建筑工程费用、设备采购费用和安装工程费用等。

(2) 公共配套设施建设费。是指开发小区内为居民服务配套建设的各种非营利性的公共配套设施(又称公建设施)的建设费用，如居委会、托儿所、公共厕所、停车场等。一般按规划指标和实际工程量估算。

(3) 基础设施建设费。是指开发区内道路、供水、排水、排污、供电、供气、通信、照明、环卫等市政工程费和园林、绿化工程费。一般按实际工程量估算。

4．管理费用

管理费用是指开发企业的管理部门为组织和管理开发经营活动而发生的各种费用，包括管理人员工资、职工福利费、办公费、职工教育经费、社保费、差旅费、业务招待费、咨询费、审计费、诉讼费、技术转让费、技术开发费、折旧费、修理费以及其他管理费用。管理费用可按照项目总投资的 3%～5%估算。

5．财务费用

财务费用是指企业为筹集资金而发生的各项费用，主要包括借款和债券利息、金融机构手续费、代理费以及其他财务费用。利息参照市场利率和资金分期投入的情况按复利计算。利息以外的其他融资费用一般占利息的 10%。

6．销售费用

销售费用是指房地产开发企业在销售房地产开发产品中所发生的各项费用，以及专设销售机构或委托代理的各项费用，包括销售人员工资奖金、差旅费、广告宣传费、代理费、销售许可证申领费等。

7. 开发期税费

房地产开发项目投资估算中应考虑项目开发期所负担的各种税金和地方政府或有关部门征收的费用。

各项税费按照当地有关法规标准估算。这些税费主要包括固定资产投资方向调节税(投资总额的30%以下)、市政支管线分摊费、分散建设市政公用设施建设费、绿化建设费、电话初装费、建设发展基金、人防工程费等。本书第13章将对房地产开发中的税收进行详细介绍。

8. 其他费用

其他费用主要包括临时用地费、临时建设费、工程造价咨询费、合同公证费、招标管理费、竣工图编制费、保险费等杂项费用。这些费用一般按当地有关部门规定的费率估算。

9. 不可预见费

不可预见费根据项目的复杂程度和前述各项费用的准确程度，按上述各项费用之和的3%~7%估算。当房地产开发项目竣工后并不出售，而是采用出租或自营方式时，还应估算项目经营期间的运营费用。

4.3.2 房地产开发项目费用测算方法

在可行性研究阶段，房屋开发费尤其是建筑安装工程费的估算，主要有以下常见的方法。

1. 单位指标估算法

单位指标估算法是指以单位工程量投资乘以工程量得到单项工程投资的估算方法，常用来估算工程造价，也可以用来估算建筑安装工程造价和室外工程费用(包括燃气、热力、电信、道路、绿化、环卫、室外照明等的建设费用)。一般来说，土建工程、给排水工程、照明工程可按建筑平方米造价计算，采暖工程按耗热量指标计算，变配电安装按设备容量指标计算，集中空调安装按冷负荷量指标计算，热锅炉安装按每小时产生蒸汽量指标计算，各类围墙、室外管线工程按长度(m)指标计算，室外道路按道路面积指标计算等。

单位指标估算法计算简便，容易理解，是一种应用比较普遍的方法。但它是根据现有建筑物已知单方造价来估算的，没有考虑拟估算的建筑平面形状和层高的变化，而且需要根据现场条件、施工方法、施工材料、装修质量、设备数量和质量等因素进行修正。

2. 单元估算法

单元估算法是指以基本建设单元的综合投资乘以单元数得到项目或单项工程总投资的估算方法。如以每张病床的综合投资乘以病床数来估算一座医院的总投资。

建筑每单元的投资，一般参照最近同类型建筑物的单元综合造价修正而定。由于不同的建筑物在设计和施工方法上有较大的差异，因而此方法虽然快速实用，但比较粗略，无法做出精确的估算。一般可行性研究人员在对类似建筑物的施工和造价有足够经验的前提下，可以用这种方法进行建筑安装工程的总投资估算，以供投资机会分析及初步可行性研究之用。

3. 概算指标法

概算指标法是指采用综合的单位建筑面积或单位建筑体积等建筑工程概算指标来计算整个工程费用的估算方法。概算指标是用建筑面积或建筑体积，或万元造价为计量单位，以整个建筑物或构筑物为依据编制的人工、材料和机械台班消耗量标准及造价的指标。通常以100m^2建筑面积或1000m^3建筑体积为编制单位，规定人工、材料、机械设备消耗量及造价。估算公式为：

$$直接费 = 每百平方米造价指标 \times 建筑面积 \tag{4-5}$$

$$主要材料消耗量 = 每百平方米材料消耗量指标 \times 建筑面积 \tag{4-6}$$

4.4 房地产开发项目的财务评价

房地产开发项目的财务评价是依据国家现行财税制度、价格体系和项目评估的有关法规，从项目的财务角度出发，分析项目的盈利能力和清偿能力，进而判断项目的经济可行性的研究方法。

房地产开发项目的财务评价指标分为静态指标和动态指标。

4.4.1 盈利能力分析指标

1. 投资利润率

投资利润率是指工程项目达到设计生产能力时一个正常年份的年利润总额或项目经营期内年平均利润总额与项目总投资的比率。

$$投资利润率 = \frac{年利润总额或年平均利润总额}{项目总投资} \times 100\% \tag{4-7}$$

其中：

$$年利润总额 = 年销售收入 - 年销售税金及附加 - 年总成本费用$$

$$项目总投资 = 开发建设投资 + 经营资金$$

评价准则：当计算出的投资利润率大于或等于行业基准投资利润率时，认为该项目的方案是可行的，且投资利润率越高越好。

例 4-1 某投资项目现金流量如表 4-1 所示，试计算其投资利润率。

表 4-1 某项目现金流量　　　　　　　　　　　　　　　　万元

年序	0	1	2	3	4	5	6
投资	-100	-80					
利润			40	40	40	40	50

解：根据公式(4-7)有

$$投资利润率 = \frac{年平均利润总额}{项目总投资} \times 100\%$$

$$= \frac{40}{180} \times 100\% = 22\%$$

投资利润率指标的优点：计算简便，意义明确，能够直观地衡量项目的经营成果，适用于各种投资规模的投资项目。

投资利润率指标的缺点：该指标计算时没有考虑资金的时间价值，且难以确定正常年份的利润总额。

因此，投资利润率适用于早期阶段方案的评价与选择，不适用于作为项目的主要评价依据。

2. 静态投资回收期(P_t)

静态投资回收期是指不考虑资金时间价值的情况下，以项目的净收益收回全部投入资金所需要的时间。这里的全部投入资金既包括固定资产投资，又包括流动资金投资。

静态投资回收期的公式为

$$\sum_{t=0}^{P_t}(CI-CO)_t = 0 \qquad (4-8)$$

式中：P_t——静态投资回收期；
   CI——现金流入量；
   CO——现金流出量；
   $(CI-CO)_t$——第 t 年的净现金流量。

静态投资回收期可以从项目建设开始年计算(包括建设期)，也可以从项目建成投产年开始计算(不包括建设期)，但对于这种情况，需要加以注明，以防止两种情况的混淆。

评价准则：静态投资回收期 P_t 与所确定的基准投资回收期 P_c 相比，如果 $P_t \leqslant P_c$，则项目可以接受；如果 $P_t > P_c$，则项目不可行。

在具体计算静态投资回收期时有以下两种方法。

(1) 如果项目建成投产后各年的净现金流量均相等，则静态投资回收期的计算公式为

$$P_t = \frac{I}{A} \qquad (4-9)$$

式中：A——每年的净现金流量；
   I——全部投资。

例 4-2 某投资项目预估投资额为 500 万元，经估算，预计投产后其各年的净现金流量为 75 万元。试求该方案的静态投资回收期。

解：根据公式(4-9)有

$$P_t = \frac{I}{A} = \frac{500}{75} = 6.67(年)$$

(2) 如果项目各年的净现金流量不等，计算公式为

$$P_t = (累计净现金流量开始出现正值的年份 - 1) + \frac{上一年累计净现金流量绝对值}{出现正值年份的净现金流量} \qquad (4-10)$$

累计法常用表格形式进行计算。

例 4-3 某方案的现金流量如图 4-2 所示,试计算该项目的静态投资回收期。

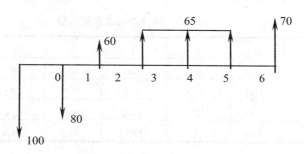

图 4-2 净现金流量图(单位:万元)

解:列出该投资方案的累计净现金流量情况(见表 4-2)。

表 4-2 累计净现金流量 万元

年 份	0	1	2	3	4	5	6
净现金流量	-100	-80	60	65	65	65	70
累计净现金流量	-100	-180	-120	-55	10	75	145

根据公式(4-10)有

$$P_t = 4 - 1 + \frac{|-55|}{65} = 3.84 (年)$$

静态投资回收期的优点:能够直观地反映总投资的回收时间,便于理解,计算简便。

静态投资回收期的缺点:未考虑资金的时间价值因素和投资回收以后的现金流量状况。

3. 动态投资回收期(P_t')

动态投资回收期与静态投资回收期相比,考虑了资金的时间价值。它表示从投资起始点算起,累计净现值等于零或出现正值的年份即为投资回收中止年份。动态投资回收期的计算公式为

$$\sum_{t=0}^{P_t'}(CI - CO)_t(1+i_c)^{-t} = 0 \quad (4-11)$$

式中:P_t'——动态投资回收期;

i_c——基准折现率。

采用以上公式计算动态投资回收期比较烦琐,因此在实际应用中往往是根据项目的现金流量表,用下列近似公式计算:

$$P_t' = (累计净现金流量现值开始出现正值的年份-1) + \frac{上一年累计净现金流量现值绝对值}{现值出现正值年份的净现金流量}$$

(4-12)

评价准则:动态投资回收期 P_t' 与所确定的基准投资回收期 P_c' 相比,如果 $P_t' \leqslant P_c'$,则项目可以接受;如果 $P_t' > P_c'$,则项目不可行。

例 4-4 对于例 4-3,如果设项目的基准折现率 $i_c=10\%$,累计净现金流量现值如表 4-3

所示,试计算该项目的动态投资回收期。

表 4-3　累计净现金流量现值　　　　　　　　　　　　　万元

年　份	0	1	2	3	4	5	6
净现金流量	-100	-80	60	65	65	65	70
累计净现金流量	-100	-180	-120	-55	10	75	145
净现金流量现值	-100	-72.7	49.6	48.8	44.4	40.4	39.5
累计净现金流量现值	-100	-172.7	-123.1	-74.3	-29.9	10.5	50.0

解：根据公式(4-12)有

$$P'_t = 5 - 1 + \frac{|-29.9|}{40.4} = 4.74 (年)$$

动态投资回收期是考察项目财务上投资实际回收能力的动态指标,它反映了等值回收而不是等额回收项目全部投资所需要的时间,因而,在应用上比静态投资回收期更具有实际意义。

4．净现值

净现值(NPV)是指用一个预定的基准收益率 i_c,分别把整个计算期间内各年所发生的净现金流量都折现到建设期初的现值之和。它是反映项目在整个计算期内盈利能力的动态评价指数。净现值 NPV 的计算公式为

$$NPV = \sum_{t=0}^{n}(CI-CO)_t(1+i_c)^{-t} \tag{4-13}$$

式中：NPV——项目的净现值；

$(CI-CO)_t$——第 t 年的净现金流量；

n——项目计算期；

i_c——折现率。

评价准则如下。

当 NPV>0 时,说明该方案除了满足基准收益率要求的盈利之外,还能得到超额收益,故该方案可行；

当 NPV=0 时,说明该方案基本能满足基准收益率要求的盈利水平,该方案勉强可行；

当 NPV<0 时,说明该方案不能满足基准收益率要求的盈利水平,该方案不可行。

例 4-5　对于例 4-3,设项目的折现率为 i_c=10%,净现金流量如表 4-4 所示,计算项目的净现值,并判断项目的可行性。

表 4-4　净现金流量　　　　　　　　　　　　　万元

年　份	0	1	2	3	4	5	6
净现金流量	-100	-80	60	65	65	65	70

解：依据公式(4-13),可以计算项目的净现值：

$$NPV = -100 - 80 \times (P/F, 10\%, 1) + 60 \times (P/F, 10\%, 2)$$
$$+ 65 \times (P/A, 10\%, 3) \times (P/F, 10\%, 2) + 70 \times (P/F, 10\%, 6) = 50(万元)$$

由于 NPV＞0，故此项目在经济效果上是可行的。

净现值指标的优点如下。

(1) 考虑了资金的时间价值，并全面考察了项目在整个计算期内的经济状况。

(2) 经济意义明确，能够直接以货币数量表示项目的盈利水平。

(3) 评价标准容易确定，判断直观。

净现值指标的缺点如下。

(1) 必须首先确定一个符合经济现实的基准收益率，而基准收益率的确定往往比较复杂。

(2) 在互斥方案评价时，如果互斥方案寿命不等，必须构造一个相同的研究期，才能进行各个方案之间的比选。

(3) 净现值不能反映项目投资中单位投资的使用效率，不能直接说明在项目运营期间各年的经营成果。

从净现值计算公式可以看出，对于具有常规现金流量(即在计算期内，方案的净现金流量序列的符号只改变一次的现金流量)的投资方案，其净现值的大小与折现率的大小有直接关系。如果已知某投资方案各年的净现金流量，则该方案的净现值完全取决于所设定的折现率的大小：折现率越大，净现值就越小；折现率越小，净现值就越大。净现值 NPV 与折现率 i 之间的关系一般如图 4-3 所示。

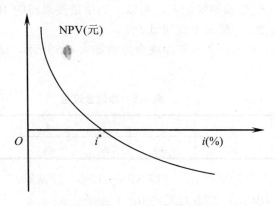

图 4-3 净现值与折现率的关系

从图 4-3 中可以发现，净现值 NPV 随着折现率 i 的增大而减小，在折现率为 i^* 处，曲线与横轴相交，说明如果折现率选定为 i^*，则 NPV 恰好等于零。在 i^* 的左侧，即 $i<i^*$ 时，NPV 为正值；在 i^* 的右侧，即 $i>i^*$ 时，NPV 为负值。由于 NPV=0 为净现值项目是否可行的一个临界点，因此可以将此时的折现率 i^* 理解为折现率的一个临界值，我们将其称作内部收益率(IRR)。

5．内部收益率

净现值等于零时的折现率称为内部收益率。也即在项目整个计算期内，各年净现金流量的现值累计等于零时的折现率。这是一个重要的经济评价指标，在经济评价中被广泛使

用。计算公式为

$$\sum_{t=0}^{n}(CI-CO)_t(1+IRR)^{-t}=0 \qquad (4-14)$$

式中：IRR——内部收益率。

评价准则：若 IRR$\geq i_c$，则方案可行；若 IRR$<i_c$，则方案不可行。

由内部收益率的计算公式可以看出，内部收益率的计算是求解一个一元多次方程的过程，要想精确地求出方程的解比较困难。在实际应用中，采用线性内插法来求解内部收益率的近似值，其基本步骤如下。

(1) 根据经验选定一个适当的折现率 i_1。

(2) 根据项目的现金流量情况，利用选定的折现率 i_1，求出方案的净现值 NPV(i_1)。

(3) 若 NPV(i_1)>0，则适当使 i_1 增大，确定另一个折现率 i_2，使 NPV(i_2)<0。

(4) 若有 NPV(i_1)>0，NPV(i_2)<0，则内部收益率就介于 i_1、i_2 之间。此时，采用线性插值公式求出内部收益率的近似解，其公式为

$$IRR = i_1 + \frac{NPV(i_1)}{NPV(i_1)+|NPV(i_2)|}(i_2-i_1) \qquad (4-15)$$

式中：NPV(i_1)——折现率为 i_1 处的净现值(正值)；

NPV(i_2)——折现率为 i_2 处的净现值(负值)。

需要说明的是，采用线性内插法计算 IRR 时，其计算精度与(i_2-i_1)的差值大小有关，因为折现率与净现值不是线性关系，i_2 与 i_1 之间的差距越小，则计算结果就越贴近真实值；i_2 与 i_1 之间的差距越大，结果偏差就越大。所以，为尽量使求得的 IRR 贴近真实值，i_2 与 i_1 之间的差距一般不超过 2%，最大不宜超过 5%。

例 4-6 仍以例 4-3 为例，其各年净现金流量如表 4-5 所示，试用线性内插法计算项目的内部收益率。

表 4-5 净现金流量　　　　　　　　　　　　　　　　　　　万元

年　份	0	1	2	3	4	5	6
净现金流量	-100	-80	60	65	65	65	70

解：(1) 首先确定 1 个折现率 i_1，使得 NPV(i_1)>0，经试算：

当 i_1=18%时，有 NPV(i_1)=2.72(万元)>0；

(2) 寻找第 2 个折现率 i_2，使得 NPV(i_2)<0，经试算：

当 i_1=19%时，有 NPV(i_2)=-1.98(万元)<0；

(3) 将以上已知数据代入线性内插法计算公式，计算内部收益率：

$$IRR = i_1 + \frac{NPV(i_1)}{NPV(i_1)+|NPV(i_2)|}(i_2-i_1) \approx 18.58\%$$

采用线性内插法计算内部收益率，只适用于具有常规现金流量的项目，即在计算期内各年净现金流量的正负号只变化一次，在开始一年或数年为负值，在以后各年为正值的项目；而对于具有非常规现金流量的项目，即在计算期内各年净现金流量的正负号的变化超过一次的项目，由于内部收益率的数量不唯一，因此这种方法就不太适用。

内部收益率指标的优点如下。
(1) 考虑了资金的时间价值,并全面考察了项目在整个计算期内的经济状况。
(2) 能够直接衡量项目的投资收益状况。
(3) 不需要事先确定基准收益率,知道基准收益率存在的大致范围即可。
内部收益率指标的缺点如下。
(1) 计算较复杂,需要试算多次才能确定满足公式的参数数值。
(2) 对于非常规投资项目来讲,其内部收益率往往不是唯一的,在某些情况下甚至不存在。

6．净现值率(NPVR)

净现值率是项目净现值与项目全部投资现值之比,它是在净现值的基础之上发展起来的,可以作为净现值的补充。

$$\text{NPVR} = \frac{\text{NPV}}{I_p} \tag{4-16}$$

式中：I_p——全部投资现值。

评价准则：NPVR≥0,方案可以接受；NPVR<0,方案不可行。

其经济含义是单位投资现值所带来的净现值的大小,是考察项目单位投资盈利能力的指标。净现值率小,投资项目的收益就低；净现值率大,投资项目的收益就高。

7．净年值(NAV)

净年值也可称为等额年值、等额年金,是以基准收益率将项目计算期内净现金流量等额换算成的等额年值,也是将项目的净现值换算为项目计算期内各年的等额年金。

计算公式为

$$\text{NAV} = \left[\sum_{t=0}^{n} (\text{CI} - \text{CO})_t (1+i_c)^{-t} \right] (A/P, i_c, n) \tag{4-17a}$$

或

$$\text{NAV} = \text{NPV}(A/P, i_c, n) \tag{4-17b}$$

评价准则：NAV≥0,方案可以接受；NAV<0,方案不可行。

净年值是项目计算期内每期的等额超额收益,反映项目或投资方案在计算期或寿命期内的平均获利能力的指标。

4.4.2 偿债能力分析指标

工程项目偿债能力是指项目偿还到期债务的能力。偿债能力是项目投资主体和债权人共同关心的问题,偿债指标的好坏已成为判断和评价项目经济效果的重要因素。

1．借款偿还期

借款偿还期,是指根据国家财税法规及工程项目的具体财务条件,以可作为偿还贷款的项目收益(利润、折旧及其他收益)来偿还项目投资借款本金和利息所需要的时间。它是反映项目借款偿债能力的重要指标。借款偿还期的计算公式为

$$I_d = \sum_{t=1}^{P_d} R_t \tag{4-18}$$

式中：P_d——借款偿还期(从借款开始年计算，当从投产年算起时，应予注明)；

I_d——建设投资借款本金和利息(不包括已用自有资金支付的部分)之和；

R_t——第 t 年可用于还款的资金。

在实际工作中，借款偿还期可直接根据资金来源与运用表推算，以年表示，其具体推算公式为

$$P_d = (借款偿还后出现盈余的年份数 - 1) + \frac{当年应偿还借款额}{当年可用于还款的资金额} \tag{4-19}$$

借款偿还期满足贷款机构要求的期限时，即认为项目是有借款偿债能力的。

借款偿还期适用于评价计算最大偿还能力、尽快还款的项目，不适用于预先给定借款偿还期的项目。对于预先给定借款偿还期的项目，应采用利息备付率和偿债备付率指标分析项目的偿债能力。

2．利息备付率

利息备付率指项目在借款偿还期内各年可用于支付利息的息税前利润与当期应付利息费用的比值。其计算公式为

$$利息备付率 = \frac{息税前利润}{当期应付利息费用} \tag{4-20}$$

式中：息税前利润=利润总额+计入总成本费用的利息费用；当期应付利息是指计入总成本费用的全部利息。

利息备付率表示用项目利润支付当期应付利息的保证程度。对于正常经营的企业，利息备付率应当大于 1。否则，表示项目的付息能力保障程度不足。利息备付率指标还需要进行企业横向比较，来分析决定本项目的指标水平。

3．偿债备付率

偿债备付率指项目在借款偿还期内，各年可用于还本付息的资金与当期应还本付息金额的比值。其表达式为

$$偿债备付率 = \frac{可用于还本付息的资金}{当期应还本付息金额} \tag{4-21}$$

式中：可用于还本付息的资金包括可用于还款的折旧、摊销、成本中列支的利息费用和可用于还款的税后利润等；当期应还本付息金额包括当期应还贷款本金及计入成本的利息。

偿债备付率表示可用于还本付息的资金偿还借款本息的保证程度。正常情况应当大于 1，且越高越好。当指标小于 1 时，表示当年资金来源不足以偿付当期债务，需要通过短期借款偿付已到期债务。

4.5 房地产开发项目的不确定性分析与风险分析

项目的投资决策是面向未来的，项目评价所采用的数据大部分来自估算和预测，有一定程度的不确定性与风险。为了尽量避免投资决策失误，有必要进行不确定性分析与风险分析。

4.5.1 盈亏平衡分析

盈亏平衡分析，主要是通过求取项目的盈亏平衡点，以说明项目的安全程度。

1．盈亏平衡点(BEP)

盈亏平衡点，又称保本点，是指开发项目的利润为零时的销售量和销售额指标。

$$Q^* = F_c / (P - V_c) \tag{4-22}$$

$$R^* = P \times Q^* \tag{4-23}$$

式中：Q^*——盈亏平衡点的销售量；

R^*——盈亏平衡点的销售额；

P——销售价格；

F_c——固定成本；

V_c——单位变动成本。

2．项目安全边际率(F)

项目安全边际率用于反映项目承受外部风险的能力，其计算公式为

$$F = \frac{Q - Q^*}{Q} \times 100\% \tag{4-24}$$

例 4-7 某开发项目预计平均售价为 6200 元/m²，单位变动成本为 2200 元/m²，开发商开发固定成本为 8000 万元，开发项目土地面积为 10 000 m²，容积率为 5，商品房得房率为 80%，试计算盈亏平衡点销售量并分析项目的安全性。

$$Q^* = \frac{8000 \times 10^4}{6200 - 2200} = 20\ 000\ \text{m}^2$$

$$F = \frac{10\ 000 \times 5 \times 80\% - 20\ 000}{10\ 000 \times 5 \times 80\%} \times 100\% = 50\%$$

以上结果说明该项目具备足够的风险承受能力。

4.5.2 敏感性分析

敏感性分析是通过研究在项目的主要不确定性因素发生变化时，项目经济效益指标发生的相应变化，找出项目的敏感因素，确定敏感程度，并分析敏感因素达到临界值时项目的承受能力。敏感性分析分为单因素敏感性分析和多因素敏感性分析。

1．敏感性分析的目的

敏感性分析主要有以下目的。

(1) 掌握各敏感因素对项目经济评价指标的影响程度，确定敏感因素的变化范围，以及在项目实施过程中对不确定性因素进行有效控制。

(2) 区分各方案不确定性因素的敏感性的大小，以便选出敏感性小、风险小的项目。

2．敏感性分析的步骤

敏感性分析的步骤如下。

(1) 选定需要分析的敏感性因素。
(2) 确定进行敏感性分析的经济评价指标。
(3) 计算不确定因素变动引起的评价指标的变动值。
(4) 计算敏感系数,并依据该系数对敏感因素进行排序。

敏感系数的计算公式为

$$\beta = \Delta A / \Delta F \tag{4-25}$$

式中:β——评价指标 A 对不确定因素 F 的敏感系数;

ΔA——不确定因素发生变化幅度 ΔF 时,评价指标的变化率;

ΔF——不确定因素 F 的变化率。

(5) 依据排序结果确定敏感因素,提出控制方案。

例 4-8 某房地产开发项目的基本投资方案如表 4-6 所示,试对其进行敏感性分析,其中 $i_c=10\%$。

表 4-6 某项目投资基本方案

影响因素	期初投资(万元)	租金收入(万元)	年经营成本(万元)	寿命期(年)
估算值	2000	700	400	18

解: (1) 选取净现值(NPV)指标作为评价指标。

(2) 选取期初投资、租金收入(价格)和经营成本为拟分析的不确定性因素。

(3) 计算预测水平下的净现值评价指标,有

$$NPV = -2000 + (700-400)(P/A, 10\%, 18)$$
$$= -2000 + 300 \times 8.2014 = 460.42(万元)$$

(4) 确定敏感性因素的变动幅度分别为 10% 和 20%,并计算变动后的评价指标值。根据期初投资、租金收入和经营成本的变动计算得到的评价指标分别如表 4-7 至表 4-9 所示。

表 4-7 期初投资敏感性分析

期初投资变动幅度	−20%	−10%	0	10%	20%
NPV(万元)	860.42	660.42	460.42	260.42	60.42

表 4-8 租金收入敏感性分析

租金收入变动幅度	−20%	−10%	0	10%	20%
NPV(万元)	−687.78	−113.68	460.42	1 034.52	1 608.62

表 4-9 经营成本敏感性分析

经营成本变动幅度	−20%	−10%	0	10%	20%
NPV(万元)	1 116.53	788.48	460.42	132.36	−195.69

确定不确定性因素的敏感度系数:

$$期初投资敏感度系数 = \left| \frac{(260.42-460.42)/460.42}{10\%} \right| = 4.34$$

$$\text{租金收入敏感度系数} = \left| \frac{(1034.52-460.42)/460.42}{10\%} \right| = 12.46$$

$$\text{经营成本敏感度系数} = \left| \frac{(132.36-460.42)/460.42}{10\%} \right| = 7.13$$

(5) 排序并确定敏感性因素。根据绝对判定法可知敏感性从大到小因素依次为：租金收入、经营成本、期初投资。

(6) 提出控制方案。方案的租金收入是最重要的敏感性因素，经营成本次之，最后是期初投资。因此，首先需要控制的是租金收入，考虑如何在较少增加期初投资的前提下较大程度地提高租金价格，使得整个项目的效益得到整体提高。

4.5.3 风险分析

1．风险的概念

风险，是相对于预期目标而言的，表示经济主体遭受损失的不确定性。风险的主要来源有市场风险、财产风险、责任风险、信用风险等方面。

2．风险分析方法

确定风险状况的主要方法为概率分析法。概率分析法有多种，常用的有期望值法和蒙特卡罗模拟法。

1) 期望值法

期望值法主要是计算开发项目净现值的期望值和净现值大于或等于零时的累计概率，并以此判定项目的可行性。

净现值的期望值是反映净现值取值的平均值，是以净现值各种取值的概率为权重的加权平均值。

项目净现值的期望值计算公式为

$$E(\text{NPV}) = \sum_{i=1}^{n} \text{NPV}_i P_i \tag{4-26}$$

式中：$E(\text{NPV})$——NPV 的期望值；

NPV_i——各种现金流量情况下的净现值；

P_i——对应于各种现金流量情况的概率值。

净现值的期望值在概率分析中是一个非常重要的指标，在对项目进行概率分析时，要计算项目净现值的期望值及净现值大于或等于零时的累计概率，累计概率与项目承担的风险成反比。

2) 蒙特卡罗模拟法

不确定性因素不可避免地存在着，但是通过模拟和大量统计试验，可以掌握它们的变化规律，从而预见其实际变化的情况。

蒙特卡罗模拟法一般有以下几个实施步骤。

(1) 通过敏感性分析，确定风险随机变量。

(2) 确定风险随机变量的概率分布。

(3) 通过统计和计算得出随机数，根据风险随机变量的概率分布模拟输入变量。

(4) 选取经济评价指标，如净现值、内部收益率等。
(5) 根据基础数据计算评价指标值。
(6) 整理模拟结果所得评价指标的期望值、方差、标准差和它的概率分布及累计概率，绘制概率图，计算项目可行性的概率。

4.6 房地产开发项目可行性研究报告的撰写

可行性研究报告作为房地产项目可行性研究的结果，是申请专项贷款和签订协议、合同时的必备材料。可行性研究报告可由开发商撰写，或委托房地产评估、咨询机构撰写。

可行性研究报告包括封面、摘要、目录、正文、附表和附图六个部分。

1. 封面

封面内容包括被评估项目的名称、送审单位、评估单位以及可行性研究报告撰写的时间。

2. 摘要

摘要是用简洁的语言介绍被评估项目所处地区的市场情况、项目本身的情况和特点以及评估的结论及建议。

摘要的读者对象是没有过多时间详细看报告但又对项目的决策起决定性作用的人，因此摘要的文字要简洁、明了。

3. 目录

如果可行性研究报告较长，需设置目录，以方便读者了解可行性研究报告所包括的具体内容以及前后关系，并快速找到其要阅读的部分。

4. 正文

正文是可行性研究报告的主体，按顺序从总体到细节循序行文。要注意的是，报告正文不要太烦琐。

可行性研究报告正文的具体内容有项目总说明、项目概况、投资环境研究、市场研究、项目地理环境和附近地区类似发展项目情况、规划方案与建设条件、建设方式与进度安排、投资估算与资金筹措、项目经济效益评价、不确定性分析、风险分析、结论与建议。

报告正文的内容，要视项目评估的目的和未来读者所关心的问题而定，没有固定不变的模式。

5. 附表

对于正文中不便于插入的较大型表格，为了便于读者阅读，通常将其按顺序编号附在正文的后面。

附表一般包括项目工程进度计划表、财务评估基本报表和辅助报表、敏感性分析表、投资环境分析、市场研究、投资估算等。

6. 附图

可行性研究报告中要附有项目位置示意图、项目规划用地红线图、建筑设计方案平面图、评估报告的数据分析图(直方图、饼图、曲线图)等,以辅助文字说明。

有时,报告中还要包括一些附件,如国有土地使用权证、建设用地规划许可证、建设工程规划许可证、施工许可证等,这些附件由开发商或委托评估方提供准备,与评估报告一起送达有关专家。

房地产可行性研究报告是集政策、环境、效益的内容于一身,全面反映了项目技术、经济、市场三方面情况的经济分析报告,内容必须符合多方面的需要。

案 例 分 析

在本章开始,提出这样一个引导案例:某房地产开发项目所在区域潜在需求较大,具备很好的市场机会。公司欲实施一个房地产开发项目,该项目可行性研究已完成市场分析、项目实施计划分析、投资估算与资金筹措等工作内容。通过本章内容的介绍,下面进行此项目的财务评价及不确定性分析,以评价该项目的可行性。

依据本章开篇引导案例的基础数据,可以通过 Excel 软件计算实现本项目在整个计算期内的经营状况,并得到各年的财务数据。依据计算得到的财务数据,可以进行项目的财务评价及不确定性分析。

1. 财务评价

1) 融资前财务评价

依据内部收益率的计算办法,由项目投资现金流量表中可以计算得到项目的财务内部收益率和净现值的指标数值,如表 4-10 所示。

表 4-10　项目融资前财务评价指标汇总表

指标名称	计算指标	评价标准	评价结果
项目投资财务内部收益率	12.01	>10	可行
项目投资财务净现值 NPV(万元)	1825.21	>0	可行
投资利润率	5.14%		偏低

2) 融资后财务分析(见表 4-11)

表 4-11　项目融资后财务评价指标汇总表

指标名称	计算指标	评价标准	评价结果
项目资本金财务内部收益率	13.76	>10	可行
项目资本金净财务现值 NPV(万元)	2615.07	>0	可行

3) 偿债能力分析(见表 4-12)

表 4-12　项目融资后财务评价指标汇总表

指标名称	第四年	第五年
利息备付率 ICR	13.09	28.59
偿债备付率 DSCR	1.42	1.64

从偿债能力计算指标结果可知，项目具备偿债能力。

2. 不确定性分析

1) 盈亏平衡分析

影响本项目税前利润的几个主要因素分别是总投资、住宅销售价格、销售率和贷款利率等。当上述因素向不利方向变动，直到项目的税前利润为零时，各因素的值即为项目盈亏平衡时的临界点值。

项目的总投资为 86 432.50 万元，销售税金率 α 为 5.55%，销售佣金率 β 为 1.5%，销售数量 Q 为 145 500 m^2，销售价格为 P。

(1) 计算销售价格的盈亏平衡点。

利用公式：利润＝销售收入－销售税金－销售佣金－总投资

当利润为零时：总投资＝销售收入×(1－销售税金率－销售佣金率)

$$销售价格的盈亏平衡点 = \frac{总投资}{销售数量 \times (1-销售税金率-销售佣金率)}$$
$$= 0.6387(万元)$$

即当房屋平均售价达到 6 387 元/m^2 时，项目不亏不赚。

(2) 计算销售率的盈亏平衡点。

利用公式：利润＝销售收入－销售税金－销售佣金－总投资

当利润为零时：总投资＝销售收入×(1－销售税金率－销售佣金率)

$$销售率的盈亏平衡点 = \frac{总投资}{销售收入 \times (1-销售税金率-销售佣金率)} \times 100\%$$
$$= 83.16\%$$

即当房屋销售率达到 83.16%时，项目不亏不赚。

2) 敏感性分析

(1) 选取销售收入与建设投资作为敏感性分析的不确定性因素。

(2) 选择内部收益率作为评价指标。

(3) 可由财务表格求出内部收益率在 12.01%时，不确定性因素变化对内部收益率的影响(见表 4-13)。

表 4-13　敏感性分析表

序　号	不确定因素	变化率/%	净现值
1	销售收入	10	7663.81
		5	4744.51
		0	1825.21
		−5	−1094.08
		−10	−4013.38
2	建设投资	10	−3852.75
		5	−1013.77
		0	1825.21
		−5	4664.20
		−10%	7503.18

(4) 计算敏感度系数。

敏感度系数是指项目评价指标变化的百分率与不确定性因素变化的百分率之比。敏感度系数高表示项目效益对该不确定性因素敏感程度高。

当销售收入变动 5% 时，敏感度系数为：

$$敏感度系数 = \left| \frac{(4744.51-1825.21)/1825.21}{5\%} \right| = 31.99$$

当建设投资变动 5% 时，敏感度系数为：

$$敏感度系数 = \left| \frac{(-1013.77-1825.21)/1825.21}{5\%} \right| = 31.10$$

由此可知，净现值对销售收入变动反应敏感。

本 章 小 结

房地产开发具有投资量大、涉及面广、风险高等特点，因此在投资前为了避免投资的盲目性，获取项目的最大效益，应该做好可行性研究工作。基于此种情况，本章在介绍了房地产开发项目可行性研究的内容与步骤的基础上，对房地产开发项目可行性研究的工作程序和依据、房地产市场调查与预测、开发项目投资成本费用的估算、财务评价及风险分析、可行性研究报告的基本构成和正文写作的要点进行了讲述，旨在使学生在以后的学习和工作中能够进行房地产开发项目的可行性研究，并能撰写可行性研究报告。

习 题

1. 房地产开发项目总投资由哪些费用项目组成？
2. 简述敏感性分析的步骤。
3. 盈利能力指标有哪些？
4. 简述净现值的优缺点。
5. 可行性研究报告的内容主要有哪些？

第 5 章 房地产融资

【学习要点及目标】
- 熟悉房地产融资的概念、原则、功能。
- 掌握房地产融资的主要方式。
- 掌握房地产融资的融资结构和成本分析。
- 掌握房地产融资的风险分析和风险管理方法。

【核心概念】

房地产融资；融资成本；融资结构；融资风险等

【引导案例】

某房地产开发项目需筹集资金 1000 万元，筹资方式有两种：一种方式是筹集借款 350 万元，优先股 100 万元，普通股 500 万元，留存利润 50 万元，其成本分别为 5.64%、10.50%、15.70%、15.00%；另一种方式是发行债券 500 万元，优先股 50 万元，普通股 300 万元，留存利润 150 万元，其成本分别为 10%、10.50%、15.70%、15.00%。

就该开发企业寻求融资成本最小的目的而言，上述两种筹资方式应选择哪种？最优筹资方式的判断标准是什么？下面，通过本章内容的介绍，来学习解决上面房地产项目融资决策问题的方法。

5.1 房地产融资概论

5.1.1 房地产融资的含义

房地产融资是房地产开发与经营活动中的一项重要工作。房地产融资是指房地产开发企业为了解决企业自身或项目的投资资金来源，或者为了调整企业或项目的资本结构而进行的筹集资金的活动。

资金是稀缺而特殊的资源，它反映了资源的配置过程，同时还能引导配置其他资源。一般来说，资源的使用是有偿的，其他资源必须经过与资金的交换才能投入生产运营。而且资金追求增值，其倾向于向较高收益方向流动，尽量使生产追求高效率。所以说，房地产开发项目以何种形式和渠道取得资金实际上反映了社会资源配置的效率。当房地产开发项目有助于经济发展，产出效率较高时，容易取得资金；而当房地产开发项目阻碍经济发展，产出效率较低时，会发生资金短缺，甚至会被淘汰。

5.1.2 房地产融资的原则

1. 恰当时机的原则

房地产开发企业在融资过程中，必须依据开发项目投资需求分阶段安排合理的融资时机。既要避免筹资过早，资金闲置，多付成本；也要避免筹资过迟，不利于项目开发。

2. 安全的原则

房地产开发企业在融资过程中，应合理衡量预期收益的偿债能力，确定合理的资本结构，控制企业资产负债率，减低财务风险。

3. 经济性的原则

对于房地产开发项目筹资而言，要充分考虑企业的筹资能力，确定合理的筹资期限，尽量降低筹资成本，合理配备项目的人财物等生产要素，合理地配比筹资数量，合理使用资金，降低资金使用成本。

4. 可行性的原则

融资过程中，要充分考虑政府的法律法规、财政税收制度和企业自身的实际筹资偿还能力、盈利能力，尽量使得筹资方式与企业目标相适应，实现企业开发目标。

5. 盈利的原则

融资过程中，应充分发挥财务杠杆的作用，提高企业市场竞争力和受益能力。

5.1.3 房地产融资的功能

1. 筹资功能

大型房地产开发项目，就投资规模来说，少则几千万元，多则几百亿元。投资者仅仅依靠自主投资是很难实现项目目标的。而且因其投资风险相对较大，也导致较难吸引投资。所以在房地产开发中，应采用合适的融资方式，顺利筹集所需资金，以实现房地产开发的目标。

2. 风险分担功能

房地产开发融资的风险分担功能和其他项目融资相同，是通过房地产开发项目筹集资金，在设计融资方案时，往往就已经明确了融资的参与者必须共同分担风险。这样做还能进一步提高参与者对房地产开发项目风险收益的关心，有利于项目开发。

3. 享受税收优惠功能

目前全世界上有许多国家负债融资是免税收的，这意味着合适的负债结构可以享受较多税收优惠，从而可以降低资金成本。

5.1.4 房地产融资的资金来源

1. 国家财政资金

新中国成立后较长时间以来，国家财政资金是房地产开发项目的主要资金来源。国家对房地产开发项目进行投资，以前主要是以财政拨款的方式投入，房地产开发所形成的资本金基本上是由财政拨款投资形成的。随着社会主义市场经济的建立和发展，以及房地产开发投融资主体多元化等的出现，财政经济建设职能已经发生转变。财政投融资逐步退出一般经营性和竞争性投融资领域，转向土地开发和基础设施建设工程项目方面。作为国家投资建房的福利性住房制度，抑制了其他房地产投资来源，导致供求矛盾等很多问题，现在已经退出历史舞台。

2. 银行信贷资金

银行对房地产开发项目的各种贷款，构成了开发项目资金的重要来源。银行一般分为政策性银行和商业性银行。前者主要是为特定项目提供政策性贷款。后者可以为各类房地产开发项目提供商业性贷款，银行信贷资金往往主要依靠企业存款、居民储蓄等作为经常性资金来源。贷款方式具有多样性，以适应各类房地产开发项目不同性质资金的需要。随着市场经济的不断深化，银行信贷资金作为房地产开发项目投融资的资金来源，越来越居于主体地位。

3. 非银行金融机构资金

非银行金融机构主要包括证券公司、信托投资公司、保险公司、租赁公司等。这些金融机构能为一些房地产开发项目提供部分资金或投融资服务。目前，这些非银行金融机构的资金实力较小，但发展前景较广。

4. 企业资金

在企业正常生产经营过程中，部分企业会存在资金短缺的情况，而另一部分企业往往又会形成闲置的资金，这样，在企业之间就可以采取入股、联营、购买债券等方式进行合理融资，互相调配使用。具有闲置资金的企业能对资金短缺企业的房地产开发项目进行投资，由此推动企业间的横向资金融通与联合。

5. 民间资金

随着经济水平的发展，人们的收入逐渐提高。城乡居民的收入除了用于生活消费外，开始逐渐积累节余。这部分结余资金除用于医疗保险、子女教育、退休养老等外，也需要寻找合适的融资机会使其增值。因此，可通过银行贷款、购买股票和债券等方式形成对房地产开发项目的资金投入，从而形成房地产开发项目融资资金的重要来源。

6. 企业内部资金

企业内部资金主要含计提折旧形成的临时沉淀资金、提取的公积金和公益金、未分配利润等。这是企业不用支付任何费用就可以得到的融资资金。伴随着企业经济效益的不断提高，企业内部资金的数量将会逐渐增加，这部分资金可用于房地产开发企业扩大再生产。

7. 外商资金

外商资金是指国外投资者投入的资金，是房地产开发项目通过利用外资获得的资金。利用外资的形式有很多种，包括外商的直接投资、间接投资等。随着我国对外经济交往程度的逐步加深和资本市场的发展和完善，外商资金作为房地产开发项目融资资金来源的数额也会增多。

5.2 房地产融资的主要方式

房地产开发项目投资决策阶段，开发商除需评价该项目投资经济效果，考虑用于该项目的投资资金来源外，还应合理地确定资金结构，制订资金筹集方案。房地产开发资金的筹集相对复杂，筹集资金有多种方式，通常有银行贷款、企业自有资金、发行股票和债券、吸收外资以及项目BOT等方式。实际在资金筹集过程中，往往是上述各种资金筹集方式的综合运用，下面具体介绍房地产开发项目资金筹集的几种主要方式。

5.2.1 银行贷款

房地产开发企业为进行房地产开发经营活动，向国家银行或其他金融机构借入资金的行为被称为向银行贷款，它是房地产开发企业筹集资金的重要方式。按其来源向银行贷款可分为专业银行贷款和其他金融机构借款。

1. 房地产开发企业向银行贷款按其使用用途分类

1) 房地产开发项目贷款

房地产开发项目贷款，是指开发企业根据有关部门批准的开发项目计划，为某一特定项目满足资金需要而向银行借入的资金。房地产开发项目贷款必须用于指定的项目，不能被其他项目挪用。本项贷款根据开发项目的开发生产工期及资金占用量核定贷款额度，并在开发项目竣工销售后才收回该项贷款。当其他开发项目需要贷款，开发企业须重新提出申请，银行重新核定贷款的期限和额度。

2) 抵押贷款

房地产抵押贷款是指以借款人或第三人的房地产或房地产权利作为抵押物而发放的贷款。根据我国关于房地产抵押办法的规定，下列房地产可设定抵押权：一是依法获得的土地使用权；二是依法获得的房屋期权；三是依法可以抵押的其他房地产；四是依法获得所有权的房屋，以及占有范围内的土地使用权。即只有经出让或转让方式取得的土地使用权才能设立抵押。土地使用权抵押时，其地上建筑物、其他附着物会随之抵押，即土地使用权、地上建筑物、其他附着物须同时抵押，房屋设定抵押权的，该房屋位置所占相应比例的土地使用权也随之抵押。

3) 房地产开发企业流动资金贷款

房地产开发企业流动资金贷款，是指企业根据年度开发计划以及核定的流动资金占用比例，确定企业或项目在正常开发经营情况下的流动资金占用比例、流动资金贷款的需要量、向银行申请贷款的数额。该项贷款主要用于垫付城市综合开发、商品房开发、旧城改造所需的生产性流动资金,其主要包括:房地产开发土地费用、前期工程费、基础设施费及公共配套设施费用所需资金等。

4) 商品房建筑材料贷款

商品房建筑材料贷款又被称为临时贷款,是房地产开发企业为解决开发项目季节性的超储备材料,或临时周转需要,而向银行申请的临时流动资金贷款。由于房地产开发项目通常建设周期长,生产经营活动受季节性影响较大,另外,某些建筑材料生产和运输的季节性变化,导致资金短期内不能灵活周转。因此,银行在信贷资金允许的情况下,给予临时贷款,以解决房地产开发企业资金临时性困难。一般情况下,该项贷款期限一般不会超过六个月,且只向能按期回收房款或已预收定金的开发企业发放。

2. 向银行申请贷款的程序

根据中国人民银行 1996 年起施行的《贷款通则》,我国实行贷款主办银行制度,借款人应与其开立基本账户的贷款人之间建立贷款主办行关系,办理"贷款证",一个借款人必须只能有一个贷款主办行,主办行的变更应由借款、贷款双方协商,且一年内只能变更一次。

目前,经工商行政管理部门批准的、有法人资格的房地产开发企业,申请贷款前或已与各行、部有借贷关系者,必须申领"房地产开发企业贷款证"。其申领时需要提供的文件有:企业法人营业执照正本复印件,并出具副本原件;企业注册资本验资报告复印件及其他证明材料;企业法人代表身份证复印件及证明材料;企业启用行政公章证明文件;中华人民共和国企业组织机构代码证复印件;企业商品房年度建设计划;企业年度财务报表审计报告。

向银行申请贷款的基本程序主要有以下几步:①向银行提出借款申请;②银行审核申请;③签订贷款合同;④企业取得借款;⑤归还借款。

3. 借款企业归还借款的方式

在现代货币市场条件下,借款方与银行事先约定还款的方式和期限有多种。

(1) 定期按等额还本利息照付方式。

例 5-1 某房地产开发企业向银行贷款 1000 万元,年利率为 10%,还款期为 5 年,还款方式既定,为定期按等额还本,利息照付方式,还本付息均在年末,则计算过程如表 5-1 所示。

表 5-1 定期等额还本利息照付方式还款表　　　　　　　万元

年份 项目	1	2	3	4	5	总　计	计算方法
(1)年初借款累计	100	80	60	40	20		上年的(5)
(2)当年还本付息	30	28	26	24	22	130	(3)+(4)
(3)当年还本	20	20	20	20	20	100	100/5
(4)当年付息	10	8	6	4	2	30	(1)×10%
(5)年末借款累计	80	60	40	20	0		(1)−(3)

从表 5-1 中可以看出，该企业还款总额为 1300 万元，其中利息总额 300 万元。并且每年等额还本 200 万元，但每年支付利息不等，逐年减少。

(2) 定期按等额还本付息方式。

此种还款方式的每期还本付息的金额相等，可看成是年金，根据年金计算公式确定还款金额：

$$A = P \times \frac{i(1+i)^n}{(1+i)^n - 1} = P(A/P, i, n)$$

$$= 1000(A/P, 10\%, 5) = 1000 \times 0.2638 = 263.80$$

式中：A——每期还本付息金额；

P——借款本金；

i——年利率；

n——还款期。

按上例的数据，还款方式为定期等额还本付息，则计算过程如表 5-2 所示。

表 5-2　定期等额还本付息表　　　　　　　　　　　　　　　　万元

年份 项目	1	2	3	4	5	总　计	计算方法
(1)年初借款累计	1000	836.20	656.00	457.80	239.80		上年的(5)
(2)当年还本付息	263.80	263.80	263.80	263.80	263.80	1319.00	$P(A/P, i, n)$
(3)当年还本	16.38	180.20	198.20	218.00	239.80	1000	(2)-(4)
(4)当年付息	100.00	83.62	65.60	45.80	24.00	319.00	(1)×10%
(5)年末借款累计	836.20	656.00	457.80	239.80			(1)-(3)

与第一种还款方式相比，表 5-2 显示，此种还款方式总的资金使用费较高，但前 3 年应偿还的债务额较低，这对于前期资金较为紧张的项目较为有利。

(3) 每期计息并付息一次，不还本金，本金到期一次还清方式。

仍然使用上例基本数据，此种还款方式的计算过程如表 5-3 所示。

表 5-3　每期付息一次，不还本金，本金到期一次付清计算表　　　万元

年份 项目	1	2	3	4	5	总　计	计算方法
(1)年初借款累计	1000	1000	1000	1000	1000		上年的(5)
(2)当年还本付息	100	100	100	100	1100	1500	(3)+(4)
(3)当年还本	0	0	0	0	1000	1000	本金到期一次付清
(4)当年付息	100	100	100	100	100	500	(1)×10%
(5)年末借款累计	1000	1000	1000	1000			(1)-(3)

表 5-3 显示，此种还款方式的资金使用费用较前两种方式都要高，但中前期财务费用较低，有利于项目的开发经营。

(4) 到期本金利息累计一次付清方式。该种借款方式下，所借款项从支用之日算起，每期只计息不付息，到期本金利息累计一次付清，到期还款总额 F 为

若按单利计息，$F=P(1+ni)=1000×(1+5×10\%)=1000×(1+0.5)=1500.00$
若按复利计息，$F=P(1+i)^n=1000×(1+10\%)^5=1610$

式中：P——借款本金；

i——年利率；

n——还款期。

此种还款方式在上述数据的前提下，还款总额：如按单利计息，为 1500 万元，如按复利计息，为 1610 万元。此种还款方式，还款集中，借款企业必须于借款到期之日前切实做好准备，以保证到期全部清偿借款。

4．借款合同

借款合同是规定借款参与当事人双方权利和义务的约定。借款人提出借款申请，经贷款银行审查批准之后，双方在平等互惠基础上签订借款合同。当事双方依法签订借款合同，其具有法律约束力，双方当事人须严格遵守合同条款，并履行合同规定的义务。

借款合同常采用条款式和表格式两大类。另外，双方当事人与借款有关的书面材料也是借款合同的组成部分。

5．银行长期借款和短期借款的优缺点

1) 银行长期借款的优缺点

银行长期借款是指房地产开发企业向银行借入的期限一年以上的各种借款的统称，这部分借款主要用于固定资产的投资、流动资产的长期使用。

银行长期借款的优点主要包括：①借款筹资快。与发行证券筹资相比较，银行长期借款所需时间较短。②借款成本相对较低。利用长期借款筹集资金，可在税前支付利息，因此可减少企业实际负担的资金成本，同时借款利率往往低于债券利率，另外，借款由企业与银行直接商定，银行长期借款筹资成本和交易成本相对较低。③借款灵活性较大。借款前，借款企业与银行商定贷款的期限、数额和利息。在借款期间，若企业财务状况发生变化，则可与银行协商，变更借款期限、数量、利息等条件。

银行长期借款的缺点主要包括：筹资数量多，筹资周期长，风险较大；限制性条款较多，可能会对企业后续的投资活动造成不利影响；借款规模受金融政策影响较大。

2) 银行短期借款的优缺点

银行短期借款是指银行流动资金借款，是房地产开发企业为解决短期资金不足而向银行申请借入的款项，是筹集短期使用资金的重要方式。按其参与企业资金周转时间长短和用途，银行短期借款分为生产周转借款、流动资金借款和临时借款。

银行短期借款的优点主要包括：银行资金实力雄厚，能及时为房地产开发企业项目提供较多的急需短期贷款。对于季节性、临时性的资金需求，采用银行短期借款比较方便；银行短期借款有较好的弹性，在资金需要增加时借入，可以很好地解决临时性资金不足的问题。

银行短期借款的缺点主要包括：与商业信用、短期融资券相比较，采用银行短期借款资金成本比较高；限制条件较多。一般来说，向银行贷款，银行对借款企业的财务经营详细调查后才能决定是否应该提供贷款，同时要求借款的房地产开发企业应把财务比率等维持在一定范围内。贷款发放之后，对借款企业执行借款合同的情况进行跟踪调查。

5.2.2 发行债券

债券是指企业为了筹集资金按照法定程序发行的，承诺按期向债权人支付利息，并偿还本金的一种有价证券。发行债券是企业为房地产开发筹集大笔长期资金的重要方式之一。

1．企业债券的种类和特点

根据我国《中华人民共和国公司法》和《企业债券管理条例》的规定，我国企业债券又可分为记名债券和无记名债券。记名债券是指在券面上记载持有人的姓名，此种债券只偿付给券面上的记名人，债券持有人也可以背书方式或其他方式转让。不记名债券是指券面上不记载持有人的姓名，还本付息以债券为凭证，债券持有人可在依法设立的证券交易所将该债券转让给受让人。

企业债券代表着一种债权债务关系。企业债券是通过规定的时间和办法等来确定债权人和债务人双方的权利和义务。因此债券具有分配上的优先权。债券持有人在企业资源分配的顺序上优于股东。尤其是在发行企业破产清算时，债券持有人的求偿要优于股东，因此债权投资的风险要小于股票，因此报酬也低于股票；债券持有人是企业的债权人，无权参与企业经营管理，对企业的经营状况不承担监督管理的责任；企业债券也可以抵押、转让和继承。

2．企业债券的发行

1）企业发行债券的条件

企业发行债券的条件主要包括：企业规模应达到国家规定的标准；企业具有符合国家规定的财务会计制度；具有一定的偿债能力；企业经济收益较好，企业前三年连续盈利；所筹资金的用途符合国家产业政策；企业发行债券所筹资金应按审批机关批准的用途，不得用于与本企业生产经营无关的风险性投资；企业发行债券总面额不得大于该企业的自有资产净值；企业债券的利率不高于银行同期居民储蓄定期存款利率的 40%；企业发行债券，应由证券经营机构承销。

一般来说，企业不得发行或再次发行债券的情况有：已发行债券但未募集足够资金；已发行的债券有违约的情况；近三年平均可支配利润不足以支付发行债券一年利息的情况。

2）企业债券的发行方式

企业债券的发行通常可分为公募和私募两种发行方式。

公募发行是指以不特定的多数投资者为募集对象公开发行债券。直接向公众公开募集的方式称为直接募集；如果债券发行人经由中介机构公开募集的方式则称为间接募集。我国《企业债券管理条例》规定，企业发行债券，须由债券机构承销，即采用间接募集的发行方式。

私募发行是指向特定的投资者发行债券。这里所谓特定的投资者，是指与债券发行企业有某种关系的对象：一类是个人投资者，如发行企业的产品消费者或发行企业的职工；另一类是机构投资者，如金融机构和与发行企业有密切关系的企业单位。

3. 企业债券的发行价格

企业债券的发行价格是指债券投资者认购新发行的债券时实际的支付价格。

企业债券的发行价格有溢价发行、折价发行和平价发行三种。溢价发行是指按照高于债券面值的价格发行债券；折价发行是指按照低于票面金额的价格发行债券；平价发行又称面值发行，是指按债券的面值出售债券。

债券发行价格往往与其面值不一致，而企业债券上标明的利率是固定的，无法改变，而从债券的印出至正式发行期间，市场利率会发生变化，所以要调整发行价格，目的是使投资者实际得到的利息率与市场利息率相等。债券发行价格的计算公式为

$$P_0 = \sum_{t=1}^{n} \frac{I/m}{(1+i/m)^{mt}} + \frac{F}{(1+i/m)^{mn}}$$

式中：P_0——债券的发行价格或称市场现价；

I——债券年利息(或利息收入)；

i——市场利率或到期收益率；

m——每年计息次数；

n——到期年限数；

F——债券面值；

t——年份数。

例 5-2 某房地产开发企业发行债券 1000 万元，单位面值 1000 元，共 1 万张，期限三年，年利率为 10%，现考虑付息方式为一年计息一次的情况下债券的发行价格。

若一年计息一次，即 $m=1$，分析如下。

(1) 若发行时市场利率为 8%，则发行价格：

$$P_0 = \sum_{t=1}^{3} \frac{1000 \times 10\%}{(1+8\%)^t} + \frac{1000}{(1+8\%)^3}$$

这时以溢价发行，总价格为 1 052 万元，单位面值为 1 052 元。

(2) 若发行时市场利率为 12%，则发行价格：

$$P_0 = \sum_{t=1}^{3} \frac{1000 \times 10\%}{(1+12\%)^t} + \frac{1000}{(1+12\%)^3}$$

这时以折价发行，总价格为 952 万元，单位面值为 952 元。

(3) 若发行时市场利率为 10%，则发行价格：

$$P_0 = \sum_{t=1}^{3} \frac{1000 \times 10\%}{(1+10\%)^t} + \frac{1000}{(1+10\%)^3}$$

这时以面值发售，总价格为 1000 万元，单位面值为 1000 元。

4. 企业债券筹资的优缺点

企业债券筹资的优点主要为：①资金成本较低。与股票发行相比较而言，发行债券成本较低，债券利息于税前支付。②具有保证控制权的优势。债券持有人无权参与企业经营管理决策，债券筹资，企业所有者不会降低其对企业的控制权。③还可发挥财务杠杆的作用。

企业债券筹资的缺点主要包括：①财务风险较高。债券到期日固定，需定期支付利息，

还需承担按期还本、付息的义务。在企业经营不善时，也须向债券持有人还本付息，会给企业造成较大的财务困难。②限制条件较严格。发行债券限制条件比其他方式都要严格。③筹资数量有限。根据国家的有关规定，企业发行债券总面额不得超过该企业的自有资金净值。

5.2.3 发行股票

发行股票是指股份有限公司通过发行股票，筹集企业新建、项目开发、扩大经营规模时所需的股本金，它是筹集各种用途资金的主要方式。

1. 股票的种类和特点

股票是股份公司为筹集自有资金发行的有价证券，股东按其所持有股份享有权利和承担义务责任的书面凭证。

1) 股票的种类

根据我国《股票发行与交易管理暂行条例》和《中华人民共和国公司法》等，目前我国股票的种类主要包括以下几个。

(1) 按股东享有权益和承担风险的大小，可分为优先股和普通股两大类。

优先股：优先股股东对公司经营管理决策无表决权，在公司利润分配方面有优先权。公司对优先权支付固定股息，按公司章程规定的利息率支付股息。公司进行清算时，优先股优于普通股获得公司的剩余财产。

普通股：普通股股东有权出席股东大会并对公司经营管理决策按持有额行使表决权。根据公司的盈利情况，公司对普通股分配红利。

(2) 按投资主体的不同可以划分为法人股、国家股、个人股和外资股。

法人股是指企业法人和具有法人资格的事业单位以其可支配的资产投入形成的股份；国家股是指有权代表国家投资的部门以国有资产投入形成的股份；个人股是指社会个人以个人合法财产投入形成的股份；外资股是指外国投资者(包括我国香港、澳门、台湾地区的投资者)购买的人民币特种股票。

(3) 按照股票票面是否记名来划分，可以分为记名股票、无记名股票。

记名股票是向国家授权投资的部门、法人及公司内部职工等发行的股票。记名股票全部使用股东本名，由持有人背书可以转让。无记名股票是指向社会个人等投资者发行的股票，其由持有人交付后即可转让。

2) 股票的特点

股票的特点主要包括：股东与股票的权利和义务是紧密联系的，股票转让意味着股东权利和义务的转移；股票是表明财产所有权的证书。

2. 发行股票的条件

发行股票的条件具体如下。

(1) 股份有限公司发行股票，应符合的条件是：生产经营符合国家规定的产业政策；发行普通股应同股同权；发起人认购的股本数额不低于公司拟发行股本总额的 35%；在公司拟发行股本总额中，发起人认购的数额原则上不低于人民币 3000 万元；向社会发行的股票不低于公司拟发行股本总额的 25%，其中公司职工认购的股票数额不能超过拟向社会发行的股本总额的 10%；公司拟发行股本总额超过 4 亿元人民币的，可降低向社会发行股票部分的比例，但是原则上不得低于公司拟发行股本总额的 10%；近三年内发起人没有重大违法行为等。

(2) 原有企业改组设立股份有限公司申请公开发行股票，还应满足下列条件：发行上一年，净资产在总资产中所占比例应高于 30%，无形资产在净资产中所占比例原则上应低于 20%，近三年连续盈利等。

对于国有企业改组设立股份有限公司公开发行股票募集资金的，国家拥有的股份在公司拟发行的股本总额中所占比例应由国务院按照相关部门规定执行。

(3) 股份有限公司增资申请公开发行股票的，除上述条件外，还应满足下列条件：上一次公开发行股票资金的使用效益良好；距离上一次公开发行股票的时间不低于 12 个月；从上一次公开发行股票到本次申请之间无重大违法行为；其他条件等。

(4) 定向募集公司申请公开发行股票的，除满足上述条件外，还应满足下列条件：定向募集所得资金的使用效益良好；离最近一次定向募集股份的时间要超过 12 个月；从最近一次定向募集到本次之间无重大违法行为；其他条件等。

(5) 股份公司申请股票上市交易必须满足下列条件：股票已经向社会公开发行；公司股本总额不低于人民币 5000 万元；经营时间在三年以上，近三年连续盈利；持有股票面值达 1000 元人民币以上的股东人数应不少于 1000 人，向社会公开发行的股份应达到公司股份总额的 25%以上；公司股本总额超过 4 亿元人民币的，向社会公开发行股份的比例应该在 25%以上；公司近三年内无重大违法行为，财务会计报告真实；其他条件等。

3．股票发行的程序

股份有限公司申请公开发行股票，应严格按照下列程序办理。

(1) 申请人聘请律师事务所、资产评估机构、会计师事务所等专业性机构，对其资产、财务状况、资信进行审定评估，再按隶属关系，向企业主管部门提出公开发行股票的申请。

(2) 在国家允许的发行规模内，地方政府对企业的发行申请进行审批；地方政府和中央企业主管部门应自收到发行申请之日起 30 个工作日内做出审批，然后抄报证券委。

(3) 被批准的发行申请需要送证监会复审；证监会自收到复审申请之日起 20 个工作日内出具复审意见，同时将复审意见书报送证券委；若证监会复审通过，申请方向证券交易所上市委员会提出进一步申请，经证交所上市委员会同意上市，才能够发行股票。

4．股票的发行与承销方式

一般来说，发行公司应根据自身的实际情况，正确选择合适的股票发行和承销方式。目前，我国股票的发行主要有公开发行、股东优先认购和定向募集三种方式。承销方式主要有包销和代销两种。

1) 股票的发行方式

(1) 公开发行。公开发行是指股份公司通过发行中介机构公开向社会公众发行股票。公开发行可在最大的范围内筹措资本；有利于实现股权分散化；也有利于提高发行的质量。所以，大多数有条件的公司发行股票均采用公开发行方式。

(2) 股东优先认购。股东优先认购是指发行公司按一定比例对原有股东优先认购。凡是发行新股时股东名册上记载的股东均能有优先认购新股的权利，股东可优先认购的股数与持股比例相同，股东若不想认购，则可转让其认购权。这种发行方式的特点是有利于维护股东在公司的原有地位，保障原有股东能按原比例保持对公司的控制，不会引起股权结构发生大的变化，但会降低股份公司的社会性。

(3) 定向募集。定向募集是指不向社会公众公开发行，除发起人认购以外，可向其他法人或公司内部职工发行股份的方式。定向募集可以采取公开发行方式。定向募集方式可防止股份过于分散，也可保证公司股权的相对集中。

2) 股票的承销方式

股票的公开发行一般是由证券经营机构承销，具体的承销方式包括包销和代销两种。

(1) 包销。股票发行的包销是指由股票发行与证券经营机构签署承销协议，并由证券经营机构代理股票的发售的方式。采用此种方式，由证券经营机构买进企业公开发行的全部新股，然后转销给公众，若实际招募额小于预定发行额，剩余数额由证券经营机构或投资银行全部承购，并由其来承担股票发行的风险。这种包销方式有利于企业及时筹集到资金，但可能会导致实际支付的发行费用较高，发行价格较低的情况。

(2) 代销。股票发行的代销是指由证券经营机构代理发行业务，当实际招募小于预定发行额时，未销售出部分应归还发行公司，发行风险由发行公司自己承担。

5. 股票筹资的优缺点

股票筹资的优点主要包括：普通股筹资没有固定的利息负担，公司可以根据盈利状况，结合企业自身的经营状况，灵活地分配股利；对于优先股筹资，股利的支付固定，但可有一定的灵活性。所以股票筹资相对于债券筹资，具有更大灵活性以及较小的财务风险；股本无固定的到期日，不用偿还本金，作为公司的永久性资本，除非公司清算才能予以偿还。

股票筹资的缺点主要包括：筹资成本往往高于债券筹资成本；增加新股东时，可能会导致公司控制权的分散；另外，新股东可分享公司积累盈余，会降低普通股的每股净收益；还可能导致公众对公司市值的低估。

5.2.4 自有资金筹集

企业或项目自有资金的筹集主要包括资本金筹集和公积金转增资本金。

1. 资本金筹集

根据国家法律、法规的规定，房地产开发企业资本金的筹集，可采取国家投资或者各方集资等方式。投资项目资本金可用货币出资，也可用实物，或土地使用权等无形资产出资。作为资本金实物和无形资产，须经过有资格的资产评估机构依照法律法规合理作价。

目前，我国实收资本金制度要求实收资本与注册资本相一致，规定开办企业应筹集最低资本金数额。根据住建部《城市房地产开发管理暂行办法》，若设立房地产开发公司，注册资本必须在 100 万元以上，且流动资金不得低于 100 万元。且根据《固定资产投资项目试行资本金制度》，房地产投资项目的资本金比例，保障性住房和普通商品住房项目维持 20%不变，其他项目由 30%调整为 25%。

对于房地产开发项目的资本金，房地产开发企业应根据法律和合同的规定一次认缴筹集，或者根据项目建设进度比例按要求逐年到位。一般情况下，一次性筹集的，从营业执照签发之日起于 6 个月内筹足；分期分批筹集的，最后一期出资须在营业执照签发之日起于 3 年内缴清，其中第一次筹集的出资比例不低于 15%，并在营业执照签发之日起于 3 个月内缴清。对于试行资本金制度的投资项目而言，在可行性研究报告中要对资本金筹措情况做出详细说明，对于使用商业银行贷款的投资项目，投资者应当将资本金按分年到位数额存入银行。银行承诺贷款后，需要根据投资项目建设进度以及资本金到位情况分年度发放贷款，有关部门需按国家规定对投资项目资本金到位和使用情况等进行监督和管理。

2．企业公积金转增资本金

企业公积金转增资本金主要包括资本公积金和盈余公积金两个部分。

(1) 资本公积金。资本公积金是指企业投入资本所引起的增值，是自有资本的构成内容之一。其主要来源有：股票溢价发行取得的公积金；法定资产重估增值；接受捐赠的财产。

(2) 盈余公积金。盈余公积金是企业按规定从税后利润留存中提取的，是所有者留存企业内部的资产或权益。提取盈余公积金是企业内部积累资金的主要形式，其能够用于弥补亏损、分配利息或追加投资，也能用于转增资本金。

盈余公积金分为法定盈余公积金和任意盈余公积金。法定盈余公积金是指国家有关法律法规中规定按税后利润扣除财物损失、支付各项税收的滞纳金及罚款、弥补企业前年度亏损后的 10%计提的金额。任意盈余公积金是指企业按照公司章程或者股东会议提取和使用的留存收益，用以对向投资者分配利润水平进行控制。

5.2.5 吸收外商投资

外商直接投资是指境外企业和经济组织或个人在我国境内开办外商独资企业，与我国境内企业共同举办中外合作经营企业、合资经营企业等。

外商投资的房地产开发企业，大多数形式为房地产项目公司。我国规定，这类房地产开发公司的设立应先取得土地使用权和房地产开发经营项目，然后按设立外商投资企业的相关规定，办理审批手续。

1．外商投资的方式

外商投资的方式有以下几种。

(1) 合作经营。合作经营也被称为契约式经营。中外合作者的投资或者合作条件可以是现金、实物、产权、非专利技术和其他财产权利。合作企业依照国家有关税收的规定缴纳税款享受减税、免税的优惠待遇等政策性照顾。中外合作者按合作企业合同的约定，共同承担风险和亏损，共同分配收益或者产品。

(2) 合资经营。合资经营是指由外国公司、外国企业经济组织或个人经我国政府批准以后，同我国的企业在境内举办的合营企业。合资经营企业的组成是由合营各方出资认股组成，各方出资多少协商确定，但外方合营者投资比例原则上不低于 25%。

(3) 外资独营。外资独营是指外国投资者独自投资和经营的企业形式。外资企业申请由国务院对外经济贸易主管部门或者国务院授权的机关审查批准，要求外资企业在核准的期限内在中国境内投资；逾期不给予投资的，工商行政管理机关有权吊销其营业执照。

2. 外商投资的审批程序

外商投资的审批程序具体如下。

(1) 项目建议书的编报。中方投资者编写好项目建议书后报审批机关审批。

(2) 企业名称登记的申请。项目建议书经批准后,中方投资者向工商行政管理机构申请企业名称登记。

(3) 编制可行性研究报告或合作合同。由投资双方共同编写可行性研究报告,起草合同,再报审批机关审批。一般来说,外商依法签订土地使用权有偿出让合同后,项目可行性分析即被视为批准可执行。

(4) 申请颁发批准证书。项目可行性研究报告和合同一经批准,由中方投资者向审批机构申请颁发批准证书。

(5) 申请领取营业执照。

(6) 办理税务登记,并在银行开户。

5.2.6 项目 BOT

1. BOT 方式的基本概念

BOT 方式又称为投资特许权方式,BOT(Build Operate Transfer)即建设—经营—移交,是利用私人资本投资于公益性基础设施的一种筹资方式。BOT 方式具体是指政府部门通过特许权协议,在规定期限内,将项目授予外商并设立项目公司,由项目公司负责该项目投融资建设、运营和维护。在特许期内,项目公司拥有项目设施的所有权,为项目进行投融资、工程设计、施工建设、运营管理等,并承担对特许权项目的设施进行保养维修的义务。政府部门具有对特许权项目监督、审查以及纠正不符合规定的行为并依法处罚的权利。特许期满,项目公司将特许权项目的设施无偿移交给政府部门。

BOT 方式包括 BOT(建设—经营—移交)、BOOT(建设—拥有—经营—移交)、BOO(建设—拥有—经营)等方式。这些方式都被统称为 BOT 方式。BOT 方式在实践中,由于地区项目条件不同,具体操作还可变换不同方式。

2. BOT 方式的基本特征

BOT 方式的基本特征具体如下。

(1) 项目所在国政府是 BOT 项目最重要的参与者和支持者,其首先要批准 BOT 项目,与项目公司签订特许权协议,并提供部分资金、信誉等方面的支持。

(2) BOT 方式为分散风险,将投资超支和工期延误等建设风险分散给工程承包商;经营风险分散给项目经营者;原材料采购及供应风险分散给供应商等。

(3) BOT 项目具有明确稳定的收益来源。

(4) 项目公司是 BOT 项目第二个必不可少的参与者和执行者。项目公司是由富有专业能力、较强资金实力和经验的一个或多个联营体组成的,这个联营集团可以是合营或私营企业,或是项目所在国政府。

(5) BOT 项目的资金筹集是将股本投资与项目融资结合在一起,多数情况下,股本投资占项目总投资的 1/4~1/3,其余资金主要来源于项目融资,因此项目公司必须与金融机构签订复杂的、相互制约的融资合同，以保护融资者的利益。

(6) BOT 项目的特许期结束后，要求移交给项目所在国政府，通常主要有所有权转让和经营权转让两种方式。"所有权"转让的内容是无偿转让还是象征性有偿转让，通常根据 BOT 项目所在国法律法规办理。

3．BOT 方式的融资结构和运行过程

一般 BOT 方式的运作过程应该包括以下内容：①项目筛选和决策；②用竞标方式选择投资者和项目公司主要负责方；③成立项目公司，建立授权关系；④项目融资；⑤项目建设；⑥项目经营；⑦项目移交转让。

4．BOT 方式的优缺点及发展前景

(1) BOT 方式是一种有效地吸引外资的手段，主要有以下优点。

① 对于 BOT 项目的贷款者而言，因能获得政府有效支持，在项目产品的销售方面有更可靠的保障，从而可以获得较有保障的投资回报。

② BOT 方式可转移债务负担给企业，转嫁项目的各种风险，由他们按有关协议或合同分散承担，从而减少了传统项目政府部门所要承担的各种风险。

③ 政府以潜在的巨额收益吸引社会闲散资金，通过采取企业筹资、建设、经营的方式投资基础设施项目，能够一定程度上减轻政府的财政负担。并且通过对基础设施的完善，进一步推动当地其他产业的发展，增加地区财政收入，进而促进当地的经济效益的全面提高。

④ 由于能吸引境外资金投资基础设施项目，项目所在国政府将会给予更多的政策性优惠。

⑤ 由于政府在法律和税负等方面具有一定的保障，可以最低限度地降低项目发起方投资的政治性风险。

(2) 由于 BOT 方式是政府与私人资本或境外资本相互结合的产物，因此存在以下不足。

① 由于 BOT 项目受特许权协议及其他协议的约束，因此应变能力较差。

② BOT 项目在政府特许之下才能运作，而其过程始终离不开政府的支持与监督，加上投资主体的多元化，会增加投资风险，加大投资成本。

③ 由于 BOT 项目投资额巨大，特许期限较长，因此对投资者来说，投资回收期也相对较长，投资回报率也较低。

④ BOT 项目的形成过程较复杂，融资成本较高，实际运作中难度很大。

5.2.7 房地产投资信托

1．房地产投资信托的概念

房地产投资信托(Real Estate Investment Trusts，REITs)是指按照投资信托原理设计、以发行收益凭证的方式公开或者非公开汇集多数投资者的资金交由专门投资机构经营的投资工具。

2．房地产投资信托的类型

按照基本组织形式划分，REITs 分为公司型 REITs 与契约型 REITs。

1) 公司型 REITs

公司型 REITs 设立一个具有独立法人资格的投资公司进行基金管理，其基本构成是由投资人、基金保管公司和 REITs 投资公司三方组成。投资公司的发起人向社会公开发行股票，并从广大投资者手中募集资金，成立专门从事投资的股份有限公司，进而从事与房地产相关的各种投资，并将因此获得的收益以红利或股息的形式分配返还给股东投资者。公司型 REITs 往往会委托专业的管理公司和独立投资顾问管理资产，同时还会委托保管机构保管资产。从信托关系上讲，公司作为委托人与保管机构签订信托协议，将公司资产转让给保管机构，使得保管机构成为资产名义上的所有人，同时作为收益人的公司会将资产产生的收益以分红的形式分配返还给股东。因此，公司型 REITs 中存在着一个信托法律关系，保管机构是受托人，投资公司是委托人和受益人的信托法律关系。通过购买投资公司股份的投资者成为股东，与投资公司之间构成了股东与公司的关系，两者间不存在信托关系，其权利义务完全由公司法设定。

2) 契约型 REITs

契约型 REITs 是指以信托契约为基础而形成的代理投资行为。其基本结构是由投资人、受托人和基金托管公司三方组成。受托人按信托契约将受益权进行分割并依据法律法规和信托契约的约定，负责 REITs 基金的经营和管理，同时委托基金托管公司负责保管基金和资产。契约型 REITs 本身不具有法人资格，但存在着两个信托法律关系，一个是投资人、REITs 基金管理公司之间的信托关系，另一个是 REITs 基金管理公司、基金托管公司之间的信托关系。因此实际上，REITs 基金管理公司同时具有委托人、受益人和受托人的三重身份，基金托管机构则是最终的受托人，而投资人是最终的受益人。

房地产投资信托是一种与房地产投资基金等相关的新型投资工具，为房地产开发项目资金筹集开拓了新的融资渠道和融资来源。其具有投资收益高于债券、无须纳税的优势，但也有不能进行资本积累等的局限性。

5.2.8 影响房地产融资方式选择的因素

房地产融资应通过采取有效的融资方式，尽可能降低成本，做到风险最小、成本最低，从而取得最大的经济收益。通过上述内容的介绍可知，房地产融资的方式比较多，每种方式都有其自身的特点。对房地产开发项目而言，具体选择融资方式时应考虑以下因素。

1. 融资成本

房地产开发项目进行融资，除了融资的风险因素以外，主要考虑的问题是融资成本。因为房地产开发项目不同，融资方式的组合会形成各种不同的融资结构，而不同的融资结构又会有不同的融资效果。因此在研究房地产开发项目融资成本时，应尽量使债券融资与股权融资实现最佳融资组合。

2. 房地产开发项目自身因素

1) 行业的因素

不同的行业因其资本规模、资产流动性及风险的不同形成了各种各样的行业资本结构。通常，较高的经营风险与较高的财务风险组合起来将会加大项目的总风险，因此，对高风险的行业来说，负债水平不应过高。高流动性的资产某种程度上可为高负债的风险提供保障，所以一般来说资产流动性较高的项目是具有较高负债的。资本规模较高的项目一定会负债经营，所以不同的资本规模将会形成不同的资本结构类型。

2) 经营风险

通常情况下，房地产开发项目总风险由投资风险和财务风险两部分组成，保持房地产开发项目总风险水平基本不变的前提条件下，若房地产开发项目投资风险加大，则应降低财务风险，即应降低房地产开发项目的负债比例；反之，房地产开发项目则应提高负债比例。这说明房地产开发项目只能在投资风险较小、投资效益良好的情况下才应考虑负债比例的提高。

3) 房地产开发项目规模

规模较大的房地产开发项目会比规模小的房地产开发项目负债比例大。因为大项目在实施多元化投资或一体化投资时能分散投资风险，降低市场的交易成本，以期获得稳定收益，提高整体收益水平。同时，大项目的信用一般要好于小项目，资本来源较广泛，也更有可能以发行债券的方式进行融资。

4) 房地产开发项目获利能力

盈利较好的项目能充分利用自身盈利资金，资金不足时才发行债券给予补充。而盈利较差的项目自身资金不足，更大程度上会依靠债券融资，从而导致负债比例较高。

5) 房地产开发项目成长性

处于成长期的房地产开发项目投资风险较小，也能承受较高的负债比例，既可发行股票融资，也可发行债券融资，其资金来源也较广。

3．制度环境因素

房地产开发项目选择融资方式应考虑宏观经济背景。

1) 税收及利润分配政策

国家不断调整各房地产开发项目之间的税利分配政策，这样很大程度上影响了融资方式。

2) 金融市场的成长情况

我国证券市场的低效率导致了房地产开发项目的外部资金主要依靠银行贷款，而股权融资和债务融资的数额有限。

5.3 房地产融资的成本管理

房地产开发项目融资是一种有目的的行为，是房地产开发项目为实现其目标而进行的资金的筹集和运用活动。项目的目标在于实现项目市场价值的最大化，实现项目目标的一个重要方面是在一定的风险约束条件下，进行融资成本管理，建立起融资成本最小化的融资结构。

5.3.1 房地产融资的融资结构

房地产开发项目的融资活动以一定的融资结构表现出来，项目的融资行为合理，可以形成合理的融资结构，而合理的融资结构又在很大程度上影响和制约着项目的融资决策。

就房地产开发项目融资的渠道而言,不同的资金在成本和效益方面有很大差异。项目要保证资金使用效率,就必须对资金的来源、成本、风险与效益进行核算和比较,选择最佳的融资方式和进行理想的融资方式组合,这就是项目的投资结构问题。衡量项目融资行为是否合理的重要标志,便是分析和观察当项目面对投资机会时,能否选择最佳的融资结构。

融资结构是指项目作为经济主体融通各种资本的构成和比例关系,即通过各种方式所筹措的资金,其不同来源渠道的有机配置以及这些资金在资金总量中所占的比例。具体地说,是指项目所有的资金来源在项目之间的比例关系,即自有资金与借入资金的构成状况。项目的融资结构不仅表现出项目资产的产权归属和债务保证程度,而且反映出了项目融资风险的大小。合理的融资行为必然形成优化的融资结构,有利于融资成本管理。

5.3.2 房地产融资的成本

1. 融资成本的概念

融资成本也称资金成本,是指为了筹集资金而付出的各种费用。融资成本作为筹集和使用资金的代价,从资金使用者角度来看,是项目为了获得资金所必须支付的最低价格;从资金所有者角度来看,是资金所有者提供资本时要求补偿的资本报酬率。因此,融资成本实质上是资金使用者支付给资金所有者的回报,它包括资金筹集费和资金使用费两部分。

如果房地产开发项目在融资时面临着多种融资方式可供选择,那么,融资成本常常是决定到底采用哪一种融资方式的最主要因素。

2. 融资成本的确定

由于在不同情况下筹集资金的总额不同,为了便于比较,融资成本通常用相对数来表示,即支付的报酬与提供的资本之间的比率,也称资金成本率(筹资费用与筹资总额的比),可用下列公式来计算:

$$K = \frac{C}{P-F} \times 100\% \quad \text{或} \quad K = \frac{C}{P(1-f)} \times 100\%$$

式中:K——融资成本率;

C——使用费;

P——筹资总额;

F——筹资费用;

f——筹资费用率。

按照资金成本的计算方式不同,可分为个别资金成本、加权平均资金成本和边际资金成本。

1) 个别资金成本

个别资金成本是指按照各种资金筹措方式计算确定的成本。由于影响资金成本的具体因素不同,采用不同筹资方式取得的资金,其成本也就高低不等。个别资金成本是比较不同筹资方式优劣的一个标准。下面介绍几种长期筹资方式下的个别资金成本。

(1) 企业债券成本。企业发行债券筹集资金所支付的利息,通常在税前支付,这样可少缴一部分所得税,因此企业实际负担的利息应为:债券利息×(1-所得税税率)。债券成本可按下列公式计算:

$$K_b = \frac{I(1-T)}{B(1-f_b)} \quad \text{或} \quad K_b = \frac{I_b(1-T)}{1-f_b}$$

式中：K_b——债券成本；

I——债券年实际利息；

I_b——债券利息率；

B——债券发行总额；

f_b——债券筹资费用率；

T——所得税税率。

例 5-3 某企业平价发行一笔企业债券，总面额为 500 万元，该债券票面利率为 10%，筹资费用率为 3%，所得税税率为 33%，则这笔债券成本为

$$10\% \times \frac{1-33\%}{1-3\%} = 6.91\%$$

计算长期负债的税后成本是以假设企业或项目有利润为前提的。如企业或项目没有利润，就不能享受支付利息方面的所得税利益，这时企业或项目长期负债的实际成本为其税前成本。

(2) 长期借款成本。向银行贷款，企业所支付的利息费用一般可作为财务费用，通常在所得税前扣除，这可使企业少缴一部分所得税，因此长期借款的成本计算公式可以写成

$$K_1 = \frac{I_1(1-T)}{1-f_1}$$

式中：K_1——长期借款成本率；

I_1——长期借款利率；

f_1——借款费用率；

T——所得税税率。

例 5-4 某房地产企业长期借款 500 万元，年利率为 10.5%，借款期限为 3 年，每年付息一次，到期一次还本，企业所得税税率为 33%，筹资费用忽略不计，则这笔长期借款的成本计算如下：

$$10.5\% \times (1-33\%) = 7.035\%$$

上述公式只适用于每年末支付利息、借款期末一次还本的情况。如果利息的支付采取贴现的形式，在借款中预先扣除，而不是在每期期末支付，则借款成本计算公式为

$$K_1 = \frac{I_1(1-T)}{1-I_1-f_1}$$

(3) 普通股的成本。由于普通股没有固定的股利，且要承受公司的兴衰，故其价格可能发生重大变动。现采用股利估价法来确定普通股成本。假定股票市价 P_0 等于未来各年股利 ($D_1, D_2, \cdots, D_\infty$) 的现值，以普通股权益报酬率即 K_S 为贴现率，则有

$$D_0 = \frac{D_1}{(1+K_S)} + \frac{D_2}{(1+K_S)^2} + \cdots + \frac{D_\infty}{(1+K_S)^\infty} = \sum_{t=1}^{\infty} \frac{D_t}{(1+K_S)^t}$$

假定股利增长率预计为 g，小于 K_S，则上式可变成

$$P_0 = D_0 \left[\frac{(1+g)}{(1+K_S)} + \frac{(1+g)^2}{(1+K_S)^2} + \cdots + \frac{(1+g)^\infty}{(1+K_S)^\infty} \right] = D_0 \sum_{t=1}^{\infty} \frac{(1+g)^t}{(1+K_S)^t}$$

该公式可简化为

$$P_0 = \frac{D_1}{K_S - g}, \text{也即：} K_S = \frac{D_1}{P_0} + g$$

例 5-5 假定某公司普通股的现行市价每股 30 元，第一年支付股利 D_1 为每股 1.6 元，预计每年股利增长率 g 为 5%，则普通股权益成本为

$$1.6 \div 30 + 5\% = 10.33\%$$

(4) 留存利润的成本。房地产开发企业的税后利润除用于支付股息外，一般都需留存一部分用于投资。企业留存利润是普通股股东对企业进行的追加投资。股东对于这一部分追加投资同以前缴纳给企业的股本一样，要求给予相应比例的报酬。所以企业或项目对这部分资金不能无偿使用，而应计算其资金成本。由于留存利润并不需要支付筹资费，其计算公式如下：

$$C_n = \frac{D_1}{P_0} + g$$

式中：C_n——留存利润的成本率；
　　　D_1——第一年股利；
　　　P_0——留用利润总额；
　　　g——股利年均增长率。

2) 加权平均资金成本

一般情况下，房地产开发企业通常是通过多种渠道，采用多种方式筹措长期资金。为确定最佳资本结构，还应测算企业或项目各种长期资金来源综合的资金成本，即以各种资金占全部资金的比重为权数，对各种资金的成本进行加权平均计算，它是由个别资金成本和加权平均数两个因素决定的，其计算公式如下：

$$K = \sum_{j=1}^{n} W_j K_j$$

式中：K——加权资金成本；
　　　W_j——第 j 种来源资金占全部资金的比重；
　　　K_j——第 j 种来源资金的成本。

3) 边际资金成本

个别资金成本和加权平均资金成本会发生变动，当某种方式的筹资超过一定数额时，个别资金成本会增加。若保持筹资结构不变，加权平均资金成本也会发生变动。因此企业或项目在筹措新资金时，应通过计算边际资金成本，了解资金成本的变动随筹资额变动的相互关系。边际资金成本是加权平均资金成本的一种形式，也按加权平均法计算，是企业或项目在追加筹资和投资中必须考虑的成本。

通常，确定边际资金成本可按如下步骤进行。

(1) 确定公司最优资本结构。

(2) 确定各种筹资方式的资金成本。

(3) 计算筹资总额分界点。筹资总额分界点是某种筹资方式的成本分界点与目标资本结构中该种筹资方式所占比重的比值，反映了在保持某资金成本的条件下，可筹集资金的总限度。其计算公式如下。

$$筹资总额分界点 = \frac{可用某一特定成本率筹集到的资金额}{该种资金在资本结构中所占的比重}$$

(4) 计算边际资金成本。根据计算出的分界点，可得出若干组新的筹资范围，对各筹资范围分别计算加权平均资金成本，即可得到各种筹资范围的边际资金成本。

例 5-6 某房地产开发企业现有资本金 100 万元，其中长期负债所占比例为 20%，优先股所占比例为 5%，普通股所占比例为 75%。在 30 000 元以内，相应的资金成本各为 6%、10%、14%。为满足追加投资的需要，拟筹措资金，请确定筹集新的资金的成本，见表 5-4。

表 5-4 企业的资金成本

%

筹资总额范围	资金方式	资本结构	资金成本	边际资金成本
30 000 元以内	长期负债	20	6	1.2
	优先股	5	10	0.5
	普通股	75	14	10.5

因此，30 000 元以内的边际资金成本为 12.2%。

5.3.3 房地产融资的成本管理

在房地产融资过程中，需进行合理的成本管理，以利于投资者投入的减少，还能够提高项目的整体经济效益。成本管理的主要工作重点是确定合理的融资结构，应考虑以下三个因素。

1. 考虑债务资金和股本资金的比例关系

融资项目的资金安排应尽可能地降低项目的资金成本。对于具体项目而言，在考虑到公司所得税的基础上，债务资金成本应比股本资金成本低得多。

从理论上讲，如果一个项目使用的资金构成可以完全是债务资金，它的资金成本应该是最低的，但是项目的财务状况和抗风险能力则会因承受如此高的负债率而变得相对脆弱起来；相反，如果一个项目使用的资金全部是股本资金，那么项目将会有一个非常稳固的财务基础，而且项目的抗风险能力也会由于减少了资金成本而得以加强，但这大大提高了资金使用的机会成本，从而使综合资金成本变得十分昂贵。因此，对于绝大多数的项目，资金构成和比例必须在以上两个极端中间合理选择。项目融资中的资金安排没有一个绝对的债务资金比率作为标准以供参考，确定一个项目债务资金与股本资金比例的主要依据是该项目的经济强度，且这个比例也会随着投资者状况、融资模式等因素的不同而变化，并在一定程度上反映出安排资金结构时借贷双方在谈判中的地位、金融市场上资金供求关系以及贷款银行承受风险的能力等。

2. 考虑项目资金的合理使用结构

确定项目资金的合理使用结构，须建立在债务资金与股本资金比例关系合理的基础之上，除此以外，还应考虑以下四个方面。

1) 资金需求准确的总量

制订项目的资金使用计划来确保项目资金的需求总量，是项目融资工作的基础。融资工作开始前，投资者必须周密地确定项目的资金使用计划并在计划中留有充分的余地。一个新建项目的资金计划至少包括以下三部分内容：项目资本投资；投资费用超支准备金，即不可预见费用；项目流动资金，这是为了保证项目生产经营活动的顺利开展而安排的资金。

2) 资金使用期限

投资者的股本资金是使用期限最长的资金，与项目的生命周期紧密联系。但项目资金结构中的债务资金大多数有固定的期限，这就要求投资者根据项目的现金流量特点、不同项目阶段的资金需求，采用不同的融资手段，安排不同期限的债务资金，以优化项目的债务结构。

3) 资金成本及其构成

项目的股本资金成本是相对意义上的成本概念，对投资者而言，它只是一种机会成本。在评价股本资金成本时，一方面要参照投资者获取该部分股本资金的实际成本。另一方面，要考虑当地的资本市场利率因素和在可供选择的投资机会之间存在比较利益和比较成本的相关投资利益。而项目的债务资金成本则是一种绝对成本，它主要是指项目贷款的利息成本。利息成本与利率风险紧密相关，在项目债务资金融通过程中，必须考虑利率风险的控制问题，应根据外部经济环境状况，采用固定利率、浮动利率或者两种利率相结合等手段，以降低利率风险。

4) 融资结构的合理确定

适宜的融资结构是保证项目资金使用结构合理的必要前提。对于大多数融资项目而言，混合结构融资是合理的选择。

3．考虑税务安排对融资成本的影响

在项目融资过程中，融资者在考虑项目的资金结构时应参照本国法律法规、国际惯例，运用各种手段，如避免双重征税、债务资金公众化等，将税务对融资成本的影响程度降到最小。

5.4 房地产融资的风险管理

5.4.1 房地产融资风险的识别

人们从事房地产融资活动会遇到风险。在融资的风险管理中，风险是指在一定条件和一定时期内可能发生的各种结果的变动程度。风险具有客观性、突发性、可测性、相对性和随机性等特征。

为了更好地了解项目融资活动中各参与方涉及的各种风险及其管理，先介绍项目融资一般风险的识别方法。

常见的项目融资风险识别方法有以下三种。

1．风险模拟法

风险模拟法是通过建立一定形式的模型来说明风险的影响因素以及同风险变化的关系，并在此基础上说明各种风险对项目的影响程度。风险模拟法一般通过数学公式、图表、曲线等手段对项目的未来状况予以描述，借以说明当某些因素变化时项目将面临哪些风险，

以及可能会出现的变化。

2. 风险调查法

风险调查法又称专家调查法。它是以专家为索取信息的重要对象,通过调查项目面临的风险种类以及每种风险对项目的影响程度,来充分了解项目融资风险的一种方法。风险调查法有头脑风暴法和德尔菲法两种主要形式。

头脑风暴法是以 5~10 人的小型会议方式进行,是一种刺激创造性,从而产生新思想的方法。会议的主持人应思想活跃,知识面广,而且他应尽可能地熟悉研究对象,善于启发引导,使会议气氛融洽,与会者可以广开思路,畅所欲言。会议主要讨论这样一些问题:项目存在哪些风险,引起风险的因素是什么,各种因素发生的概率有多大,对项目现金流量的影响有多大等。

德尔菲法是美国著名咨询机构兰德公司于 20 世纪 50 年代初发明的一种调查法。这种方法是由组织者将研究对象的问题和要求印成调查表,分别寄给有关专家,由专家独立地提出各种设想和建议,经整理分析后,归纳出若干较合理的方案和建议,然后整理分析,经过多次反复,最终得出评价结论。这种方法的特点是专家们彼此不见面,研究问题时间充裕,可以无顾虑、不受约束地从各种角度提出意见和方案。

3. 风险情报法

风险情报法是利用一些著名杂志、企业、机构等公开发表的报告来进行风险识别的方法。国际上一些著名杂志、机构、企业等都定期公布其随宏观经济形势的分析与预测结果,项目融资的各有关机构可以利用这些结果分析项目面临的政治和经济风险等。

5.4.2 房地产融资风险的种类

项目融资的有限追索限制了贷款人的追索程度和范围,如果项目风险太大或者对风险没有合适的处置方法,项目的贷款方不会积极参与到项目融资中,项目融资不可能成功。因此,研究项目融资中存在的风险以及对它们的分配与管理是项目融资中最重要的环节。因此,从以下几个角度对项目的风险进行分类。

1. 按照项目建设的进展阶段划分

按照项目建设的进展阶段划分,项目风险分为以下几类。

(1) 项目建设开发阶段风险。项目建设开发阶段风险是指从项目正式开始动工建设到项目竣工时所发生的风险。至于项目动工建设前所从事的项目规划、可行性研究、工程设计、地质勘探、矿产储量确定等一系列工作所带来的风险,通常由项目投资者承担,不包括在项目建设开发阶段风险中。

项目建设开发阶段,需要大量的资金购买建设用地、支付施工费用、购买项目所需设备,同时贷款利息也开始计入资金成本。随着项目的进展,投资的资金不断增加,项目的风险也随之增大,待项目建设进入后期,项目的风险也接近最高点。

可能产生的风险因素主要有四点:由于公共设计或技术方面的缺陷,或不可预见的因素而产生的风险;购置土地、建筑材料、燃料支持和承建商劳务支出等造成建设成本超支;

施工准备不足、组织施工缺陷以及其他不可抗力因素引起的风险；由于各种因素造成的竣工延期而导致的附加利息支出。

(2) 项目试生产阶段风险。项目试生产阶段风险，是从项目竣工到项目生产能力达到设计能力时止所发生的风险。

项目试生产阶段，是风险性仍旧很高的一个阶段，此时项目虽已经建成投产，但如果不能生产出合格的产品或达不到设计生产能力，就意味着对项目的现金流量的分析和预测是不准确的，项目就可能没有足够的能力支付生产费用和偿还债务。

为了规避项目试生产阶段的风险，贷款银行通常不把项目的建设结束作为项目完工的标志，而是按照商业完工标准来确定是否达到完工条件。商业完工是指贷款银行在项目融资文件中具体规定的项目完工指标以及达到这些指标的时间，只有项目在规定的时间内满足这些指标时，才被确认为正式完工。贷款银行规定的项目完工指标主要涉及项目的产量和产品的质量、原材料、能源消耗定额以及其他一些技术指标。这些指标的内容因具体项目的不同而不同。

(3) 项目生产经营阶段风险。项目生产经营阶段风险，是指项目满足商业完工标准，进入正常生产经营阶段发生的风险。项目生产经营阶段的风险主要有：生产经营风险、市场风险、政治风险、法律风险和环境保护风险等。

2．按照项目风险的可控性划分

从投资者是否能够直接控制项目风险的角度，项目风险分为两类：项目的核心风险和项目的环境风险。

1) 项目的核心风险

项目的核心风险也称为项目的可控制风险。它是指与项目建设和生产经营管理直接有关的风险。项目的核心风险主要包括以下几个。

(1) 生产风险。生产风险是指在项目试生产阶段和生产运行阶段中存在的技术、资源储量、能源和原材料供应、生产经营、劳动力状况等风险因素的总体。它是项目融资的另一个主要的核心风险。一般来说，生产经营风险主要有：技术风险；资源风险；能源和原材料供应风险；经营管理风险。

(2) 信用风险。信用风险是指项目参与方因故无法履行或拒绝履行合同所规定的责任与义务的可能性。

项目融资的信用风险贯穿于项目的始终，评价项目是否存在信用风险应综合考虑各种因素。主要因素有：项目借款人和担保人是否有担保或其他现金差额补偿协议；项目承包商是否有一定的担保来保证因未能履约造成的损失；项目发起人是否提供了股权投资或其他形式的支持；项目产品的购买者、原材料的供应者、技术和资金实力、管理水平等。

(3) 市场风险。项目投产后的效益取决于其产品在市场上的销售量和其他情况，市场风险是指产品在市场上的销售量和其他情况的变化。市场风险主要包括项目产品销售价格风险、竞争风险和需求风险。

(4) 完工风险。完工风险是指项目延期完工、完工后无法达到设计运行标准或无法完工等风险。项目的完工风险存在于项目的建设阶段和试生产阶段。完工风险是项目融资的核心风险之一，项目完工风险的主要表现形式为：项目竣工延期；项目建设成本超支；项目达不到设计规定的技术经济指标;特殊情况下,项目完全停工放弃。

(5) 环境保护风险。环境保护风险是指由于严格的环境保护立法而迫使项目降低生产效率、增加生产成本或者增加新的资本投入来改善项目的生产环境,甚至迫使项目无法继续生产下去的风险。

2) 项目的环境风险

项目的环境风险也称为项目的不可控制风险。它是指项目的生产经营由于受到超出企业控制范围的经济环境变化的影响而遭受损失的风险。项目的环境风险通常主要包括金融风险、政治风险和法律风险等。

(1) 金融风险。金融风险是由于一些项目投资者不能控制的金融市场的可能变化而对项目产生的负面影响。通常情况下,项目的金融风险主要表现在利率风险和外汇风险两个方面。利率风险是指项目在经营过程中,由于利率变动直接或间接地造成项目价值降低或收益受到损失。外汇风险通常包括三个方面:东道国货币的自由兑换、经营收益的自由汇出以及汇率波动所造成的货币贬值。

(2) 政治风险。政治风险是指因项目所在国家的政治条件发生变化而导致项目失败、项目信用结构改变、项目债务偿还能力改变等方面的风险。

(3) 法律风险。法律风险主要是指项目所在国的法律不完善以及法律变更所带来的风险。世界各国的法律制度不尽相同,经济体制也各有特色,跨国借贷可能因各国法律规定不同而面临风险。另外,有关环境、税收和收入的法律的调整和变更也会影响项目的资金运用,给项目带来一定程度的风险。

5.4.3 房地产融资风险控制与规避

在项目融资中,风险的合理分配与严格管理是项目成功的关键。目前,国际上已经逐渐形成了一些行之有效的降低和减少项目融资风险的做法。

(1) 降低完工风险的方法。从项目公司角度看,利用不同形式的项目建设承包合同,通过采取固定价格、固定工期的交钥匙合同和实报实销合同,以及介于两者之间的其他多种形式的合同,将部分风险转移给工程承包公司,使自己承担的风险减小到最低限度。

从贷款银行角度,设立商业完工标准,提供完工担保和保险,限制转移项目的完工风险。

(2) 降低生产风险的方法。项目生产风险的管理,通过降低生产技术风险、降低能源和原材料供应风险、降低经营管理风险来降低生产风险。

(3) 降低市场风险的方法。在项目筹划阶段,投资方应做好市场调研和预测,减少投资的盲目性。在项目融资过程中,防范项目市场风险须从产品的价格和市场销售量两方面入手。

(4) 降低环境保护风险的方法。控制项目的环境保护风险的措施:熟悉与环境保护有关的法律,制定针对污染的方法;拟定环境保护计划作为融资的前提,并在计划中预先考虑未来可能加强的环保管制,把环保评估纳入项目的监督管理范围内。

(5) 降低信用风险的方法。规避项目信用风险的措施是实地考察项目有关参与方的资信,并通过资金承诺函、支持函等文件获得保障。

(6) 降低政治风险的方法。通过政府书面保证、政治风险投保、引入多边机构、争取政府直接参与、合理安排现金流量、安排平行贷款等方式,降低项目的政治风险,降低可能带来的损失。

(7) 降低法律风险的方法。对项目发起方来说，在项目设计过程中就需要聘请法律顾问参与。因为项目的设计和项目融资及税务处理等，都必须符合项目所在国的法律要求。在项目融资中，有时候还需对可以预见的法律变动提前做好准备，使项目顺利度过法律上的转变阶段。应根据项目的特点，不同的项目签署不同的相互担保协议。

(8) 降低金融风险的方法。项目的金融风险分为利率风险和外汇风险。降低金融风险的方法分为降低利率风险和降低外汇风险。

项目利率风险管理的基本工具有利率期权、利率掉期、利率期货和远期利率协议等。随着我国金融市场的发展，这些金融衍生工具也被逐步地引入项目市场和原材料、能源价格风险的管理中，为项目融资的普遍运用提供了保证。

外汇风险的防范只能采取一些经营管理手段来降低外汇风险，其做法与利率风险管理方法大体一致。合理利用金融衍生工具，才能达到有效降低项目金融风险的目的。

本 章 小 结

本章介绍了房地产开发项目融资的基础知识，主要包括房地产融资概述、房地产融资的主要方式、房地产融资的成本分析和成本管理、房地产融资的风险管理。其中重点是通过核算不同融资方式下产生的不同融资成本，综合考虑融资风险因素后，进行融资决策，确定房地产开发项目采取何种融资结构，尽量使得融资成本最低，并对房地产融资风险进行规避。

习 题

1. 房地产开发融资的原则有哪些？
2. 房地产融资的功能有哪些？
3. 房地产融资的主要方式都有哪些？
4. 房地产融资成本的计算方法都有哪些？
5. 房地产融资成本管理怎样做？
6. 房地产融资风险都有哪些？
7. 房地产融资风险的管理该如何做？

第6章 房地产开发用地的取得

【学习要点及目标】

- 掌握土地、土地分类、土地制度的概念。
- 了解我国土地制度改革与演变。
- 掌握土地使用权的取得方式及其适用范围。
- 掌握协议、招标、拍卖、挂牌土地使用权出让的程序及操作流程。
- 掌握土地征收的概念、集体土地征收的程序,熟悉集体土地征收的适用条件和审批权限。
- 掌握集体土地征收的补偿。
- 了解国有土地上房屋征收程序、征收补偿、征收评估。
- 了解闲置土地的调查和认定、闲置土地的处置和利用。

【核心概念】

土地;土地制度;土地使用权划拨;出让;转让;拍卖出让;挂牌出让;土地征收

【引导案例】

近几年,全国各地土地市场"地王"频出,使得地王现象成为热议的话题。"地王现象"的不断上演,使得土地价格被不断刷新。土地价格的上涨又推高了房价。2013年11月30日,搜房网对全国重点45个城市的统计显示,2013年全国出现总价及单价地王共计67个。尤其是2013年9月份,地王更是高潮迭起,融创地产以7.3万元/平方米竞得北京农业展览馆北路8号0304-622地块,创下全国单价地王;新鸿基以217.7亿元,夺得上海"徐家汇中心项目"地块,成为全国总价地王。我们不禁会问,在当前严厉的房地产调控政策下,为什么"地王"频出?

原因很多,但是不可否认与土地的取得方式有紧密联系。目前,各地在土地出让方式上遵循统一的规则,就是"价高者得"。由此来看,高价"地王"一再出现的主要原因,与现行土地出让制度息息相关。当然,"招""拍""挂"土地出让制度的出现对规范各地出让土地、保护耕地、防治腐败起了巨大作用。但是,公开"招""拍""挂"也产生了推高地价、推高房价的负面作用。

6.1 土地管理制度及其演变

6.1.1 土地的概念与分类

1. 土地的概念

土地的定义分为广义的和狭义的两种概念。狭义的土地，仅指陆地部分，认为"土地是地理环境(主要是陆地环境)中互相联系的各自然地理成分所组成，包括人类活动影响在内的自然地域综合体"。广义的土地，不仅包括陆地部分，而且包括水面、地上空气层、地下矿产物以及附着在陆地上的阳光、热能、风力、地心引力、雨水等一切自然物和自然力。

2. 土地的分类

土地的分类方法主要包括以下三种。

(1) 按照土地的用途划分。根据《中华人民共和国土地管理法》规定，我国实行土地用途管制制度，将所有城乡土地按照用途划分为三大类，即农用地、建设用地和未利用地。

农用地是指直接用于农业生产的土地，包括耕地、林地、草地、农田水利用地、养殖水面等；建设用地是指建造建筑物、构筑物的土地，包括城乡住宅和公共设施用地、工矿用地、交通水利设施用地、旅游用地、军事设施用地等；未利用地指农用地和建设用地以外的土地。

(2) 按照对开发用地开发程度的不同划分，可划分为两大类，即生地、熟地。

① 生地，是指未形成建设用地条件的土地。一种是未经任何投资建设的自然地，它基本上属于农村土地，经征用变为国有土地后，可用于房地产开发。另一种是虽然进行过建设投资，但不能满足目前建设需要的城市土地。在对生地进行开发建设之前，需要完成房屋征收、拆迁、补偿与安置、基础设施建设等大量的前期工作。

② 熟地，是指已具备一定的供水、排水、供电、通信、通气、道路等基础设施条件和完成地上建筑物、构筑物拆迁、场地平整的形成建设用地条件的土地。它已经能满足开发前所确定的土地用途的建设要求。熟地是由生地经开发转变而来。

(3) 按照土地利用的性质和功能划分。根据《城市用地分类与规划建设用地标准》(GB 50137—2011)的规定，我国城市土地按照土地利用的性质和功能划分为以下几类。

① 居住用地，是指城市居民居住小区、单位内的职工生活区等各种类型的成片或零星用地。它主要用于普通住宅、别墅区、公寓、保障性住宅以及为居住服务的配套公共服务设施、附属道路、停车场、绿地等建设。

② 公共管理与公共服务用地，是指城市行政、文化、教育、体育、卫生等机构和设施的用地，不包括居住用地中的服务设施用地，可用于党政机关、社会团体、事业单位建设办公场所，公共图书馆、体育馆、博物馆、医疗保健设施、学校、福利院、外国驻华使领馆、宗教活动场所等的建设。

③ 商业服务业设施用地，是指商业、商务、娱乐康体等设施用地，不包括居住用地中的服务设施用地，可用于酒店、宾馆、娱乐中心、酒吧、银行、保险公司、广告传媒、剧院、游乐设施、赛马场、高尔夫、加油加气站等的建设。

④ 工业用地，是指工矿企业的生产车间、库房及其附属设施用地，包括专用铁路、码头和附属道路、停车场等用地，不包括露天矿用地。

⑤ 物流仓储用地，是指物流储备、中转、配送等用地，包括附属道路、停车场以及货运公司车队的站场等用地，可用于物流园区、专用仓库等的建设。

⑥ 道路与交通设施用地，是指城市道路、交通设施、公共停车场等用地，不包括居住用地、工业用地等内部的道路、停车场等用地，可用于城市道路、铁路客货运站、公路长途客货运站、港口客运码头、公交枢纽等的建设。

⑦ 公用设施用地，是指供应、环境、安全等设施用地。其中，供应设施是指供电、供水、供热、供燃气等设施；环境设施是指雨水、污水、固体废物处理和环境保护等公用设施及其附属设施；安全设施是指消防、防洪等保卫城市安全的公用设施及其附属设施。

⑧ 绿地与广场用地，是指城市的公园绿地、防护绿地、广场等公共开放空间用地。

6.1.2 土地管理制度

1. 土地管理的概念及指导思想

土地管理是国家为维护土地制度，调整土地关系，合理组织土地利用所采取的行政、经济、法律和技术的综合措施。一般而言，国家把土地管理权授予政府及其土地行政主管部门。因此，土地管理也是政府及其土地行政主管部门依据法律和运用法定职权，对社会组织、单位和个人占有、使用、利用土地的过程或者行为所进行的组织和管理活动。

土地是国民经济发展的重要物质基础，也是非常重要的生产资料。我国土地资源的基本国情具有人均占有耕地数量少，耕地总体质量差，生产力水平低，耕地退化严重，耕地后备资源匮乏几个方面的特点。随着我国粮食安全问题的日益突出，保护土地资源、节约和合理利用土地资源显得更加迫切。因此，我国土地管理的指导思想就是坚定不移地贯彻执行"十分珍惜、合理利用土地和切实保护耕地"的基本国策。

2. 土地制度的概念及内容

土地制度的概念有广义和狭义之分。广义的土地制度是指人们在一定社会经济条件下，因土地的归属和利用问题而产生的所有土地关系的总称，包括土地所有制度、土地使用制度、土地管理制度、土地征用制度、土地税收制度等。狭义的土地制度仅指土地所有制度、土地使用制度、土地管理制度。土地制度是反映人与人、人与地之间关系的制度。

我国现阶段的土地制度是以社会主义公有制为核心和基础的土地制度。我国土地的社会主义公有制的内容主要包括：①我国实行土地的社会主义公有制，即全民所有制和劳动群众集体所有制。全民所有制即国家所有，由国家代表广大劳动人民行使土地的使用、收益和处分的权利；劳动群众集体所有制由各农村集体经济组织代表该组织内的全体劳动人民行使土地的使用、收益和处分的权利。②城市市区的土地属于国家所有。农村和城市郊区的土地，除由法律规定属于国家所有的以外，属于农民集体所有；宅基地和自留地、自留山，属于农民集体所有。③国家依法实行国有土地有偿使用制度(国家在法律规定的范围内划拨国有土地使用权的除外)。④国务院土地行政主管部门统一负责全国土地的管理和监督工作。

3. 我国土地制度改革与演变

新中国成立后，我国确立了土地的社会主义公有制，而且《宪法》中明确规定"任何组织或者个人不得侵占、买卖、出租或者以其他形式非法转让土地"。这就形成了新中国成立初期的国有土地使用制度的主要特征，即土地无偿使用、无限期使用、不准转让。由于没有把土地的所有权和使用权分开对待，导致土地无偿占用、乱占的情况屡禁不止，造成了土地资源的极大浪费。

改革开放前，我国城镇国有土地实行的是单一行政划拨制度，国家将土地使用权无偿、无限期提供给用地者，土地使用权不能在土地使用者之间流转。1979年我国开始以场地使用权作为出资兴办中外合资企业或向中外合资企业收取场地使用费。土地使用权可作为合资企业的中方合营者的投资股本。

从20世纪80年代开始，我国开始新一轮土地管理制度的改革，主要包括两个方面：①土地行政管理制度的改革。1986年，国家通过了土地管理法，成立了国家土地管理局。②土地使用制度的改革，把土地的使用权和所有权分离，在土地使用权上，把无偿、无限期使用变为有偿、有限期使用，使土地真正按照其商品的属性进入市场。1982年，深圳经济特区开始按照城市土地等级的不同收取不同的使用费。1987年4月国务院提出使用权可以有偿转让，同年4月，第七届全国人民代表大会第一次会议修改了1982年通过并颁布的《中华人民共和国宪法》的有关条款，删除了土地不得出租的规定，规定"土地使用权可以依照法律的规定转让"。深圳在1987年9月在全国范围内率先试行了土地使用权有偿出让，揭开了国有土地使用制度改革的序幕。1987年11月国务院确定在深圳、上海、天津、广州、厦门、福州进行土地使用制度改革试点，按照土地所有权与使用权分离的原则，国家在保留土地所有权的前提下，通过协议、招标、拍卖、挂牌等方式将土地使用权以一定的年限、价格及规定用途出让给土地使用者，取得使用权后的土地可以依法出租、抵押、转让。1987年12月通过《土地管理法》的修改议案，规定"国家依法实行国有土地有偿使用制度"。从此，我国土地使用制度发生了根本性的改革，打破了过去土地长期无偿、无限期、无流动、单一行政手段的划拨制度，创立了以市场手段配置土地的新制度。

1990年5月，国务院发布了《城镇国有土地使用权出让和转让暂行条例》《外商投资开发经营成片土地暂行管理办法》和相应的有关文件，这标志着中国的土地市场走上了有法可依的轨道。1992年邓小平同志南方讲话和党的十四大确立了经济体制改革和土地市场培育的进程。党的十四届三中全会决定把土地使用制度的改革作为整个经济体制改革的重要组成部分，并且明确规定了规范和发展土地市场的内容和要求。通过市场配置土地的范围不断扩大，实行土地使用权有偿、有限期出让已扩展到全国各地。

1995年7月，国家土地管理局公布了《协议出让国有土地使用权最低价确定办法》，提出培育和发展土地市场的八项要求，主要是加强国家对土地使用权出让的垄断，坚持政府统一规划、统一征地、统一管理、集体讨论、"一支笔"审批土地；进一步扩大国有土地使用权出让范围，规范出让方式；逐步将用于经营的划拨土地使用权转为有偿使用等。

2008年10月12日，《中共中央关于推进农村改革发展若干重大问题的决定》（以下简称《决定》），标志着我国农村土地改革进入快速发展时期。这也被许多人誉为中国掀起了第三次土地制度大变革。《决定》指出，加强土地承包经营权流转管理和服务，建立健全土地承包经营权流转市场，按照依法自愿有偿原则，允许农民以转包、出租、互换、转让、股份合作等形式流转土地承包经营权，发展多种形式的适度规模经营。有条件的地方可以发展专业大户、家庭农场、农民专业合作社等规模经营主体。所谓土地流转，就是指在保持农村土地集体所有制和家庭承包制不变的基础上，农用地使用权的转移。其实质是除所有权外的其他产权主体的易位，不同产权主体通过产权调整，优化农用土地利用结构与农业生产结构，体现农用地的资产价值，实现农用土地资源的优化配置。土地流转不仅增加了农民的收入，使农民的收入趋于稳定，更重要的是有利于土地的规模经营和集约经营，实现了土地经营模式的又一次飞跃。它不仅有利于机械化耕作和新技术、新品种的引进，有利于促进农业科学技术的进步，大大提高了农业生产率，也推动了农业产业化经营的发展，加快了农村城镇化建设的进程。从近两年各地农村土地流转的实际情况看，土地流转的主要形式包括土地置换、承包户自主有偿或无偿转包、租赁、股份合作等。

6.2 房地产开发用地的取得方式

土地是房地产开发的基础性资源，也是基本生产要素之一。任何单位和个人进行建设，需要使用土地的，必须依法申请使用国有土地。根据《中华人民共和国城市房地产管理法》的规定，在城市规划区内进行房地产开发，须在国有土地上进行。城市规划区内的集体所有的土地用于房地产开发，须经依法征转为国有土地后，方可出让土地的使用权用于房地产开发。根据相关法律法规的规定，在我国国有土地上取得工程建设用地土地使用权的方式主要有四种：划拨、出让、转让、出租。

6.2.1 土地使用权划拨

土地使用权划拨是指经县级以上人民政府依法批准，在土地使用者缴纳补偿、安置等费用后将该幅土地交付其使用，或者将土地使用权无偿交付给土地使用者使用的行为。一般而言，划拨土地所指的无偿，是指不需要向政府缴纳土地出让金。以划拨方式取得的国有土地使用权，除法律、行政法规另有规定外，没有使用期限的限制，土地使用权不得转让、出租、抵押。无偿取得划拨土地使用权的土地使用者，因迁移、解散、撤销、破产或者其他原因而停止使用土地的，市、县人民政府要无偿收回其划拨土地使用权。

根据《中华人民共和国城市房地产管理法》的规定，下列建设用地，经县级以上人民政府依法批准，可以以划拨方式取得：①国家机关用地和军事用地；②城市基础设施用地和公益事业用地；③国家重点扶持的能源、交通、水利等基础设施用地；④法律、行政法规规定的其他用地。此外，根据《国务院关于解决城市低收入家庭住房困难的若干意见》《经济适用住房管理办法》的规定，廉租住房、经济适用住房建设用地实行行政划拨方式供应。

6.2.2 土地使用权出让

土地使用权出让是指国家将国有土地使用权在一定年限内出让给土地使用者，由土地使用者向国家支付土地使用权出让金的行为。土地使用权出让，必须符合土地利用总体规划、城市规划和年度建设用地计划。

通过土地使用权出让方式取得的土地是有期限的。《中华人民共和国城镇国有土地使用权出让和转让暂行条例》规定，土地使用权出让最高年限按不同用途分别确定，如表6-1所示。

表6-1 不同用途土地使用权出让最高年限

土地用途	出让年限(年)
居住用地	70
工业用地	50
教育、科技、文化、卫生、体育用地	50
商业、旅游、娱乐用地	40
综合或者其他用地	50

根据《中华人民共和国城市房地产管理法》《中华人民共和国城镇国有土地使用权出让和转让暂行条例》《招标拍卖挂牌出让国有土地使用权规定》的规定，土地使用权出让可以采取四种方式：协议、招标、拍卖、挂牌。

1. 协议出让

协议出让国有土地使用权是指国家以协议方式将国有土地使用权在一定年限内出让给土地使用者，由土地使用者向国家支付土地使用权出让金的行为。以协议方式出让国有土地使用权的出让金不得低于按国家规定所确定的最低价，低于时不得出让。协议出让最低价不得低于新增建设用地的土地有偿使用费、征地(拆迁)补偿费用以及按照国家规定应当缴纳的有关税费之和，有基准地价的地区，协议出让最低价不得低于出让地块所在级别基准地价的70%。国有土地使用权协议出让由市、县国土资源管理部门组织实施。

1) 协议出让国有土地使用权的一般程序

协议出让国有土地使用权的一般程序包括十个步骤：①公开出让信息，接受用地申请，确定供地方式。②编制协议出让方案。协议出让方案应当包括拟出让地块的位置、四至、用途、面积、年限、土地使用条件、供地时间、供地方式等。③地价评估，确定底价。协议出让底价不得低于拟出让地块所在区域的协议出让最低价。④协议出让方案、底价报批。协议出让方案、底价需由有批准权的人民政府批准。⑤协商，签订意向书。⑥公示。公示时间不得少于5日。⑦签订出让合同，公布出让结果。⑧核发《建设用地批准书》，交付土地。⑨办理土地登记。受让人按照《国有土地使用权出让合同》约定付清全部国有土地使用权出让金，依法申请办理土地登记手续，领取《国有土地使用证》，取得土地使用权。⑩资料归档。

2) 出让土地改变用途等土地使用条件的处理

协议出让土地申请改变用途等土地使用条件，经出让方和规划管理部门同意，原土地使用权人可以与市、县国土资源管理部门签订《国有土地使用权出让合同变更协议》或重新签订《国有土地使用权出让合同》，调整国有土地使用权出让金，但《国有土地使用权出让合同》、法律、法规、行政规定等明确应当收回土地使用权重新公开出让的除外。原土地使用权人应当按照国有土地使用权出让合同变更协议或重新签订的国有土地使用权出让合同约定，及时补缴土地使用权出让金额，并按规定办理土地登记。调整国有土地使用权出让金额应当根据批准改变用途等土地使用条件时的土地市场价格水平，按下式确定：

应当补缴的土地出让金额=批准改变时的新土地使用条件下土地使用权市场价格-批准改变时原土地使用条件下剩余年期土地使用权市场价格

2．招标出让

招标出让国有土地使用权是指市、县国土资源管理部门发布招标公告或者发出投标邀请书，邀请特定或者不特定的法人、自然人和其他组织参加国有土地使用权投标，根据投标结果确定土地使用者的行为。在选择土地使用权受让人时不仅要考虑报价的高低，还要考虑开发企业的信誉、资信状况、以往开发经验，最终择优选择土地开发人。

采用招标方式出让国有土地使用权的，应当采取公开招标方式。对土地使用者有严格的限制和特别要求的，可以采用邀请招标方式。市、县国土资源管理部门应当根据经批准的招标出让方案，组织编制国有土地使用权招标出让文件，再发布国有土地使用权招标出让公告。出让公告应当通过中国土地市场网和当地土地有形市场发布，也可同时通过报刊、电视台等媒体公开发布。出让公告应当至少在招标活动开始前 20 日发布，以首次发布的时间为起始日。

申请人应在公告规定期限内缴纳出让公告规定的投标保证金，并根据申请人类型，持相应文件向出让人提出竞投申请。出让人应当对出让公告规定的时间内收到的申请进行审查，符合规定条件的，应当确认申请人的投标资格，通知其参加招标活动。取得投标资格者不得少于 3 个。随后，整个招标投标活动按照投标、开标、评标、定标、发出中标通知书的流程实施，最终确定中标人。招标人应当根据评标小组推荐的中标候选人确定中标人或授权评标小组直接确定中标人。按照出价高者得的原则确定中标人的，由招标主持人直接宣布报价最高且不低于底价者为中标人。有两个或两个以上申请人的报价相同且同为最高报价的，可以由相同报价的申请人在限定时间内再行报价，或者采取现场竞价方式确定中标人。

3．拍卖出让

拍卖出让国有土地使用权是指市、县国土资源管理部门发布拍卖公告，由竞买人在指定时间、地点进行公开竞价，根据出价结果确定土地使用者的行为。拍卖确定的土地使用权受让人是按照"出价最高者得"的原则确定受让人的一种竞争方式。拍卖所体现的竞争是一种完全公开竞争机制，可以充分体现土地的商品属性，土地收益较高。

市、县国土资源管理部门应当根据经批准的拍卖出让方案，组织编制国有土地使用权拍卖出让文件，然后发布国有土地使用权拍卖出让公告，并按照出让公告规定的时间、地点组织拍卖活动。拍卖活动应当由土地拍卖主持人主持进行。

土地使用权拍卖会按下列程序进行：①拍卖主持人宣布拍卖会开始。②拍卖主持人宣布竞买人到场情况。设有底价的，出让人应当现场将密封的拍卖底价交给拍卖主持人，由其现场开启密封件。③拍卖主持人介绍拍卖地块的位置、面积、用途、使用年限、规划指标要求、建设时间等。④拍卖主持人宣布竞价规则，拍卖宗地的起叫价、增价规则、增价幅度及是否设有底价。拍卖中，拍卖主持人可根据现场情况调整增价幅度。⑤拍卖主持人报出起叫价，宣布竞价开始。⑥竞买人举牌应价或者报价。⑦拍卖主持人确认该竞买人应价或者报价后继续竞价。⑧拍卖主持人连续三次宣布同一应价或报价而没有人再应价或出价，且该价格不低于底价的，拍卖主持人落槌表示拍卖成交，宣布最高应价者为竞得人。成交结果对拍卖人、竞得人和出让人均具有法律效力。最高应价或报价低于底价的，拍卖主持人宣布拍卖终止。

确定竞得人后，拍卖人与竞得人当场签订《成交确认书》。《成交确认书》应包括拍卖人与竞得人的名称，出让标的，成交时间、地点、价款，以及双方签订《国有土地使用权出让合同》的时间、地点等内容。

4．挂牌出让

挂牌出让国有土地使用权是指市、县国土资源管理部门发布挂牌公告，按公告规定的期限将拟出让宗地的交易条件在指定的土地交易场所挂牌公布，接受竞买人的报价申请并更新挂牌价格，根据挂牌期限截止时的出价结果或现场竞价结果确定土地使用者的行为。

市、县国土资源管理部门应当根据经批准的挂牌出让方案，组织编制国有土地使用权挂牌出让文件，再发布国有土地使用权挂牌出让公告，并应按出让公告规定的时间、地点组织挂牌活动。挂牌活动应当由土地挂牌主持人主持进行。挂牌活动的组织实施过程如下。

(1) 公布挂牌信息。在挂牌公告规定的挂牌起始日，挂牌人将挂牌宗地的位置、面积、用途、使用年限、规划指标要求、起始价、增价规则及增价幅度等，在挂牌公告规定的土地交易地点挂牌公布。挂牌时间不得少于10个工作日。

(2) 竞买人报价。符合条件的竞买人应当填写报价单报价。报价有下列情形之一的为无效报价：①报价单未在挂牌期限内收到的；②不按规定填写报价单的；③报价单填写人与竞买申请文件不符的；④报价不符合报价规则的；⑤报价不符合挂牌文件规定的其他情形。

(3) 确认报价。挂牌主持人确认该报价后，更新显示挂牌价格，继续接受新的报价。有两个或两个以上竞买人报价相同的，先提交报价单者为该挂牌价格的出价人。

(4) 挂牌截止。挂牌截止应当由挂牌主持人主持确定。设有底价的，出让人应当在挂牌截止前将密封的挂牌底价交给挂牌主持人，挂牌主持人现场打开密封件。在公告规定的挂牌截止时间，竞买人应当出席挂牌现场，挂牌主持人宣布最高报价及其报价者，并询问竞买人是否愿意继续竞价。挂牌主持人连续三次报出最高挂牌价格，没有竞买人表示愿意继续竞价的，挂牌主持人宣布挂牌活动结束，并按下列规定确定挂牌结果：①最高挂牌价格不低于底价的，挂牌主持人宣布挂牌出让成交，最高挂牌价格的出价人为竞得人；②最高挂牌价格低于底价的，挂牌主持人宣布挂牌出让不成交。有竞买人表示愿意继续竞价的，即属于挂牌截止时有两个或两个以上竞买人要求报价的情形，挂牌主持人应当宣布挂牌出让转入现场竞价，并宣布现场竞价的时间和地点，通过现场竞价确定竞得人。

(5) 现场竞价。现场竞价应当由土地挂牌主持人主持进行，取得该宗地挂牌竞买资格的竞买人均可参加现场竞价。成交结果对竞得人和出让人均具有法律效力。最高应价或报价低于底价的，挂牌主持人宣布现场竞价终止。在现场竞价中无人参加竞买或无人应价或出价的，以挂牌截止时出价最高者为竞得人，但低于挂牌出让底价者除外。

(6) 签订《成交确认书》。确定竞得人后，挂牌人与竞得人当场签订《成交确认书》。《成交确认书》应包括挂牌人与竞得人的名称，出让标的，成交时间、地点、价款，以及双方签订《国有土地使用权出让合同》的时间、地点等内容。

综上，招标、拍卖、挂牌出让土地使用权这三种方式都引进了竞争机制，出让程序都包括11个步骤：①公布出让计划，确定供地方式；②编制、确定出让方案；③地价评估，确定出让底价；④编制出让文件；⑤发布出让公告；⑥申请和资格审查；⑦招标拍卖挂牌活动实施；⑧签订出让合同，公布出让结果；⑨核发《建设用地批准书》，交付土地；⑩办理土地登记；⑪资料归档。由于土地使用权出让形式的不同，具体操作时存在一定的差异。

6.2.3　土地使用权转让

土地使用权转让是指已经获得土地使用权的土地使用人将土地使用权再转让的行为，包括出售、交换和赠予。土地使用权转让需要签订转让合同。未按土地使用权出让合同规定的期限和条件投资开发、利用土地的，土地使用权不得转让。

土地使用权转让时，土地使用权出让合同和登记文件中所载明的权利、义务随之转移。土地使用权转让时，其地上建筑物、其他附着物所有权随之转让。地上建筑物、其他附着物的所有人或者共有人，享有该建筑物、附着物使用范围内的土地使用权。土地使用者转让地上建筑物、其他附着物所有权时，其使用范围内的土地使用权随之转让，但地上建筑物、其他附着物作为动产转让的除外。土地使用权和地上建筑物、其他附着物所有权转让，应当按照规定办理过户登记。土地使用权和地上建筑物、其他附着物所有权分割转让的，应当经市、县人民政府土地管理部门和房产管理部门批准，并依照规定办理过户登记。

土地使用者通过转让方式取得的土地使用权，其使用年限为土地使用权出让合同规定的使用年限减去原土地使用者已使用年限后的剩余年限。如果土地使用权转让价格明显低于市场价格的，市、县人民政府有优先购买权。土地使用权转让的市场价格不合理上涨时，市、县人民政府可以采取必要的措施。

土地使用权转让后，需要改变土地使用权出让合同规定的土地用途的，应当征得出让方同意并经土地管理部门和城市规划部门批准，依照有关规定重新签订土地使用权出让合同，调整土地使用权出让金，并办理登记。

根据《中华人民共和国城市房地产管理法》的规定，以出让方式取得土地使用权的，转让房地产时，应当符合下列条件：①按照出让合同约定已经支付全部土地使用权出让金，并取得土地使用权证书；②按照出让合同约定进行投资开发，属于房屋建设工程的，完成开发投资总额的25%以上，属于成片开发土地的，形成工业用地或者其他建设用地条件。此外，转让房地产时房屋已经建成的，还应当持有房屋所有权证书。以划拨方式取得土地使用权的，转让房地产时，按照国务院规定报有批准权的人民政府审批。有批准权的人民政府准予转让的，由受让方办理土地使用权出让手续，并依照国家有关规定缴纳土地使用权出让金。

6.2.4　土地使用权出租

土地使用权出租是指土地使用者作为出租人将土地使用权随同地上建筑物、其他附着物租赁给承租人使用，由承租人向出租人支付租金的行为。出租的主体是土地所有权人或取得土地使用权的使用人。政府可以直接出租国有土地，也可以由已取得土地使用权的使用者将土地使用权租赁给其他使用者。国有土地出租是国有土地有偿使用的一种形式，是出让方式的补充。未按出让合同规定的期限和条件投资开发、利用土地的，土地使用权不得出租。

土地使用权出租应当签订租赁合同。租赁合同不得违背国家法律、法规和土地使用权出让合同的规定。土地使用权出租后，出租人必须继续履行土地使用权出让合同。用于出租的地块必须符合有关法律规定的条件。以出让、转让等有偿方式取得的土地使用权，出租人对土地的开发达到法律规定的或土地使用权出让合同约定的标准的可以出租。划拨取得的土地使用权不得擅自出租，需要出租的，必须持有国有土地使用证以及地上建筑物、其他附着物产权证明等合法证件，向所在地的市、县人民政府土地行政主管部门提出书面申请，经批准后方可出租。承租人在租赁期限内有权使用土地，但无权处分，处分权仍归土地出租人享有。

6.3 开发建设中的土地征收

6.3.1 土地征收概述

1. 土地征收的概念

土地征收是指国家为了社会公共利益的需要，依据法律规定的程序和批准权限批准，并依法给予农村集体经济组织及农民补偿后，将农民集体土地所有权收归国有的行政行为。土地征收的主体必须是国家，只有国家才享有因国家建设的需要依法征收集体所有土地的权利。土地征收是国家授权的并依照法律规定的依据和程序所实施的行政行为，而非民事行为。

《中华人民共和国土地管理法》规定，除了乡镇企业、村民建设住宅、乡(镇)村公共设施和公益事业建设经依法批准可以使用农民集体所有的土地外，其他任何单位和个人进行建设，需要使用土地的，必须依法申请使用国有土地。

2. 集体土地征收应遵循的原则

集体土地征收应遵循以下原则。

(1) 贯彻十分珍惜、合理利用土地和切实保护耕地基本国策的原则。我国人口众多，解决老百姓的吃饭问题是关系社会稳定的大事，保护耕地事关中国农业稳定、粮食安全。因此，土地征用必须坚持严格管理，保护、开发土地资源，制止非法占用土地的行为。

(2) 妥善安置被征地单位和农民的原则。土地是农民赖以生存和发展的最基本的生产资料，是农业生产所必需的物质条件和自然基础，是农民生活的主要经济来源。土地被征用之后，意味着农民集体丧失了土地的所有权，失去了最稳定的生活来源。因此，在土地征用的过程中，应合理足额补偿被征地单位和农民，加大对被征地农民的职业技能培训力度，使其增强就业竞争力，提供完善的社会保障，妥善解决被征地单位和农民未来的生产与生活问题。

(3) 依法征地的原则。建设单位使用土地的，必须按照国家相关法律法规规定的征用程序和审批权限分别由省、自治区、直辖市人民政府或国务院批准，由县级以上地方人民政府予以公告并组织实施。不得越权审批，要依法办理征收手续。

6.3.2 集体土地征收的程序

根据《中华人民共和国土地管理法》《中华人民共和国土地管理法实施条例》《建设用地审查报批管理办法》的有关规定，我国集体土地征收的程序如下。

1．建设单位提出申请

使用土地的建设单位或个人，必须依法向县级以上人民政府土地行政管理部门提出使用国有土地的申请，并应当填写《建设用地申请表》。

2．拟定征收土地方案

对材料齐全、符合条件的建设用地申请，市、县人民政府土地行政主管部门应当受理，并在收到申请之日起 30 日内拟定征收土地方案。征收土地方案，包括征收土地的范围、种类、面积、权属，土地补偿费和安置补助费标准，需要安置人员的安置途径等。

3．审查报批

征收土地方案编制完成后，由有批准权的人民政府土地行政主管部门对农用地转用方案、征收土地方案进行审查，提出审查意见，且自收到上报的农用地转用方案、征收土地方案并按规定征求有关方面意见后 30 日内审查完毕，然后报有批准权的人民政府批准。

4．公告

征收土地方案经依法批准后，由被征收土地所在地的市、县人民政府组织实施，市、县人民政府应当自收到批准文件之日起 10 日内，将批准征地机关、批准文号，征收土地的用途、范围、面积以及征地补偿标准、农业人员安置办法和办理征地补偿的期限等，在被征收土地所在地的乡(镇)、村予以公告。被征收土地的所有权人、使用权人应当在公告规定的期限内，持土地权属证书到公告指定的人民政府土地行政主管部门办理征地补偿登记。

5．补偿

市、县人民政府土地行政主管部门根据经批准的征收土地方案，会同有关部门拟订征地补偿、安置方案，在被征收土地所在地的乡(镇)、村予以公告，听取被征收土地的农村集体经济组织和农民的意见。征地补偿、安置方案报市、县人民政府批准后，由市、县人民政府土地行政主管部门依照征地补偿、安置方案向被征用土地的农村集体经济组织和农民支付土地补偿费、地上附着物和青苗补偿费，并落实需要安置农业人口的安置途径。

6．建设单位取得土地使用权

经过以上五个环节，被征收土地的性质由集体土地变为国有土地。

以划拨方式取得国有土地使用权的，建设单位向所在地的市、县自然资源主管部门提出建设用地规划许可申请，经有建设用地批准权的人民政府批准后，市、县自然资源主管部门向建设单位同步核发建设用地规划许可证、国有土地划拨决定书。

以出让方式取得国有土地使用权的，市、县自然资源主管部门依据规划条件编制土地出让方案，经依法批准后组织土地供应，将规划条件纳入国有建设用地使用权出让合同。

建设单位在签订国有建设用地使用权出让合同后，市、县自然资源主管部门向建设单位核发建设用地规划许可证。

6.3.3 集体土地征收的审批权限

根据《中华人民共和国土地管理法》的规定：建设占用土地涉及农用地的，应当办理农用地转用审批手续。农用地转用和土地征收的审批权限集中于国务院和省级人民政府。依建设项目的性质，是否使用土地利用总体规划确定的城市和村庄、集镇建设用地范围内的土地来具体划分国务院和省级人民政府的审批权限。各省、自治区、直辖市、人民政府不得违反规定下放土地审批权。严禁规避法定审批权限，将单个建设项目用地拆分审批。

(1) 省、自治区、直辖市人民政府批准的道路、管线工程和大型基础设施建设项目以及国务院批准的建设项目占用土地，涉及农用地转为建设用地的，由国务院批准。

(2) 在土地利用总体规划确定的城市和村庄、集镇建设用地规模范围内，为实施该规划而将农用地转为建设用地的，按土地利用年度计划分批次由原批准土地利用总体规划的机关批准。在已批准的农用地转用范围内，具体建设项目用地可以由市、县人民政府批准。

(3) 在土地利用总体规划确定的城市和村庄、集镇建设用地规模范围以外的建设项目占用土地，涉及农用地转为建设用地的，由省、自治区、直辖市人民政府批准。

征收下列土地的，由国务院批准：①基本农田；②基本农田以外的耕地超过 35 公顷的；③其他土地超过 70 公顷的。除此外的土地征收，由省级人民政府批准并报国务院备案。

我国实行基本农田保护制度，下列耕地应当根据土地利用总体规划划入基本农田保护区，严格管理：①经国务院有关主管部门或者县级以上地方人民政府批准确定的粮、棉、油生产基地内的耕地；②有良好的水利与水土保持设施的耕地，正在实施改造计划以及可以改造的中、低产田；③蔬菜生产基地；④农业科研、教学试验田；⑤国务院规定应当划入基本农田保护区的其他耕地。

经国务院批准农用地转用的，同时办理征地审批手续，不再另行办理征地审批；经省、自治区、直辖市人民政府在征地批准权限内批准农用地转用的，同时办理征地审批手续，不再另行办理征地审批，超过征地批准权限的，应当由国务院审批。

6.3.4 集体土地征收的补偿

《中华人民共和国土地管理法》规定：征收土地的，按照被征收土地的原用途给予补偿。征收土地的补偿费用主要包括土地补偿费、安置补助费和地上附着物及青苗补偿费等。

1. 土地补偿费

土地补偿费是指因国家征收农民集体所有的土地对土地所有者和土地使用者的补偿。征收耕地的土地补偿费，为该耕地被征收前三年平均年产值的 6~10 倍。征收其他土地的土地补偿费标准，由省、自治区、直辖市参照征收耕地的土地补偿费的标准规定。

2. 安置补助费

安置补助费是指国家在征用土地时，为了安置以土地为主要生产资料并取得生活来源的农业人口的生活，所给予的补助费用。征收耕地的安置补助费，按照需要安置的农业人口数计算。需要安置的农业人口数，按照被征收的耕地数量除以征地前被征收单位平均每人占有耕地的数量计算。每一个需要安置的农业人口的安置补助费标准，为该耕地被征收前三年平均年产值的 4~6 倍。但是，每公顷被征收耕地的安置补助费，最高不得超过被征收前三年平均年产值的 15 倍。征收其他土地的安置补助费标准，由省、自治区、直辖市参照征收耕地的安置补助费的标准规定。

土地补偿费和安置补助费，尚不能使需要安置的农民保持原有生活水平的，经省、自治区、直辖市人民政府批准，可以增加安置补助费。但是，土地补偿费和安置补助费的总和不得超过土地被征收前三年平均年产值的 30 倍。另外，对于失去土地的农民，还需要支付养老保险补偿。

3．地上附着物及青苗补偿费

地上附着物及青苗补偿费是为了弥补农民地上建设物或者附着物及征用土地上栽种的作物的损失而支付的费用。由地上附着物补偿和青苗费补偿两部分组成。

地上附着物补偿是指在征用土地时对地上附着物的补偿费用，包括地上的各种建筑物、构筑物，如房屋、水井、道路、地上地下管线、水渠的拆和恢复费用；被征用土地上林木的补偿或砍伐费等。青苗费补偿是指农作物正处于生长阶段，因征用土地需要及时让出土地致使农作物不能收获而使农民造成损失，应当给予土地承包或土地使用者以经济补偿。青苗补偿费的标准，一般根据农作物的生长期按一季的作物产值，或按一季作物的一定比例予以补偿。多年生经济林木，可以移植的，由建设单位付给移植费；不能移植的，由用地单位给予合理补偿或作价收购。具体补偿标准由省、自治区、直辖市规定。

4．新菜地开发建设基金

新菜地开发建设基金是指为了稳定菜地面积，保证城市居民需求，加强菜地开发建设，土地行政主管部门在办理征用城市郊区连续三年以上常年种菜的集体所有商品菜地和精养鱼塘征地手续时，向建设用地单位收取的用于开发、补充、建设新菜地的专项费用。具体缴纳标准由省、自治区、直辖市规定。

6.4 国有土地上房屋征收

6.4.1 概述

近年来，因城镇房屋征收、拆迁引发的利益冲突和社会矛盾，已成为影响我国现代化、城镇化进程和社会稳定的突出问题之一。2011 年 1 月 21 日，国务院公布并施行了《国有土地上房屋征收与补偿条例》，之前施行的《城市房屋拆迁管理条例》同时废止。《国有土地上房屋征收与补偿条例》努力把公共利益同被征收人个人利益统一起来，通过保护被征收群众的利益、完善征收程序、加大公众参与、明确补偿标准、补助和奖励措施、禁止建设单位参与搬迁、取消行政机关自行强制拆迁的规定，充分显示了维护公共利益，保障被征收人的合法权益的鲜明特色，彰显了以人为本的立法精神，有利于推动和谐社会的建设。

我国实施房屋征收的原则是先补偿、后搬迁。被征收人在取得补偿后，应在补偿协议约定或者补偿决定确定的搬迁期限内完成搬迁。任何单位和个人不得采取暴力、威胁或者违反规定中断供水、供热、供气、供电和道路通行等非法方式迫使被征收人搬迁。严厉禁止建设单位参与搬迁活动。

6.4.2 国有土地上房屋征收程序

根据《国有土地上房屋征收与补偿条例》的规定，征收程序大体包括三个阶段：市、县级人民政府做出征收决定；征收补偿部门对被征收人进行补偿；搬迁。具体征收程序如下。

(1) 依建设单位申请，启动房屋征收程序。

(2) 审查拟征收房屋建设项目是否符合国民经济和社会发展规划、土地利用总体规划、城乡规划和专项规划。保障性安居工程建设、旧城区改建，应纳入市、县国民经济和社会发展年度计划。

(3) 房屋征收部门拟定征收补偿方案，报市、县人民政府。

(4) 市、县人民政府组织有关部门对征收补偿方案进行论证并公布，征求公众意见。征求意见期限不得少于30日。

(5) 市、县级政府将征求意见情况和根据公众意见修改的情况及时公布。其中，因旧城区改建，多数被征收人不同意征收补偿方案的，市、县人民政府应组织由被征收人和公众代表参加的听证会，并根据听证会情况修改方案。

(6) 市、县级政府按规定进行社会风险评估。房屋征收涉及人数数量较多的，应经政府常务会议讨论决定。

(7) 征收补偿费用应足额到位，专户存储、专款专用。

(8) 市、县政府做出征收决定，并及时公告，公告应当载明征收补偿方案和行政复议、行政诉讼权利等事项，同时收回土地使用权，并进行宣传、解释。

(9) 被征收人对征收决定不服的，可以依法申请行政复议，也可以依法提起行政诉讼。

(10) 房屋征收部门组织调查登记。应对房屋征收范围内房屋的权属、区位、用途、建筑面积等情况组织调查登记，并在房屋征收范围内向被征收人公布调查结果。

(11) 房屋征收范围确定后，不得在房屋征收范围内实施新建、扩建、改建房屋和改变房屋用途等不当增加补偿费用的行为。房屋征收部门向有关部门出具暂停办理相关手续的书面通知。暂停期限不超过1年。

(12) 评估被征收房屋的价值。由具有相应资质的房地产价格评估机构按照房屋征收评估办法评估确定。

(13) 对评估确定的被征收房屋价值有异议的，可以向房地产价格评估机构申请复核评估。对复核结果有异议的，可以向房地产价格评估专家委员会申请鉴定。

(14) 被征收人选择补偿方式。货币补偿与房屋产权调换二者择一。

(15) 签订补偿协议。支付搬迁费、安置费或提供临时周转房，造成停产停业损失的，支付补偿费用，同时对被征收人给予补助或奖励。补偿协议订立后，一方当事人不履行补偿协议的，另一方当事人可以依法提起诉讼。

(16) 搬迁。做出房屋征收决定的市、县级人民政府对被征收人给予补偿后，被征收人应当在补偿协议约定或者补偿决定确定的搬迁期限内完成搬迁。

(17) 在签约期限内达不成协议，或被征收房屋所有权人不明确的，市、县政府按照征收补偿方案做出补偿决定,并在房屋征收范围内予以公告。被征收人在法定期限内不申请行政复议或者不提起行政诉讼,在补偿决定规定的期限内又不搬迁的,由做出房屋征收决定的市、县级人民政府依法申请人民法院强制执行。

(18) 建立房屋征收补偿档案,将分户补偿情况在房屋征收范围内公布,审计机关加强监督并公布审计结果。

6.4.3 国有土地上房屋征收补偿

1. 征收主体

我国房屋征收与补偿工作是由市、县级人民政府负责,由市、县级人民政府确定的房屋征收部门组织实施。房屋征收部门可以委托房屋征收实施单位,承担房屋征收与补偿的具体工作。房屋征收实施单位不得以营利为目的。房屋征收部门对房屋征收实施单位在委托范围内实施的房屋征收与补偿行为负责监督,并对其行为后果承担法律责任。

2. 补偿对象与补偿方式

房屋征收的补偿对象为被征收房屋所有权人,包括国有土地上单位、个人。根据《国有土地上房屋征收与补偿条例》的规定,补偿方式包括两种:货币补偿和房屋产权调换。货币补偿指房屋征收部门将被征收人房屋的价值以货币结算的方式补偿给征收房屋所有权人。房屋产权调换是指房屋征收部门用拟建或购买的房屋产权与被征收人的房屋进行产权调换,并按被征收房屋的评估价和调换房屋的市场价进行差价结算的行为。产权调换的特点是以实物形态来体现房屋征收部门对被征收人的补偿。被征收人可以任选其中一种补充方式。

3. 补偿费用的确定

国有土地上房屋被征收人取得的补偿费用包括:①被征收房屋价值的补偿;②因征收房屋造成的搬迁、临时安置的补偿;③因征收房屋造成的停产停业损失的补偿。此外,市、县级人民政府应当制定补助和奖励办法,对被征收人给予补助和奖励。

被征收人选择房屋产权调换的,市、县级人民政府应当提供用于产权调换的房屋,并与被征收人计算、结清被征收房屋价值与用于产权调换房屋价值的差价。因旧城区改建征收个人住宅,被征收人选择在改建地段进行房屋产权调换的,做出房屋征收决定的市、县级人民政府应当提供改建地段或者就近地段的房屋。

因征收房屋造成搬迁的,房屋征收部门应当向被征收人支付搬迁费;选择房屋产权调换的,产权调换房屋交付前,房屋征收部门应当向被征收人支付临时安置费或者提供周转用房。对因征收房屋造成停产停业损失的补偿,根据房屋被征收前的效益、停产停业期限等因素确定。征收个人住宅,被征收人符合住房保障条件的,做出房屋征收决定的市、县级人民政府应当优先给予住房保障。对被征收房屋价值的补偿,不得低于房屋征收决定公告之日被征收房屋类似房地产的市场价格。房屋的价值由具有相应资质的房地产价格评估机构评估确定。

6.4.4 国有土地上房屋征收评估

国有土地上房屋征收评估是指评估国有土地上被征收房屋和用于产权调换房屋的价值，测算被征收房屋类似房地产的市场价格，以及对相关评估结果进行复核评估和鉴定的有关活动。为规范国有土地上房屋征收评估活动，保证房屋征收评估结果客观公平，2011年6月3日住房和城乡建设部发布并施行了《国有土地上房屋征收评估办法》。

1．房地产价格评估机构的确定

房地产价格评估机构由被征收人在规定时间内协商选定，如协商不成的，由房屋征收部门通过组织被征收人按照少数服从多数的原则投票决定，或者采取摇号、抽签等随机方式确定。同一征收项目的房屋征收评估工作，原则上由一家房地产价格评估机构承担。房屋征收范围较大的，可以由两家以上房地产价格评估机构共同承担。共同承担评估任务的房地产价格评估机构应共同协商确定一家为牵头单位；牵头单位应组织相关房地产价格评估机构就评估对象、评估时点、价值内涵、评估依据、评估假设、评估原则、评估技术路线、评估方法、重要参数选取、评估结果确定方式等进行沟通，统一标准。

2．被征收房屋价值的确定

被征收房屋价值是指被征收房屋及其占用范围内的土地使用权在正常交易情况下，由熟悉情况的交易双方以公平交易方式在评估时点自愿进行交易的金额，但不考虑被征收房屋租赁、抵押、查封等因素的影响。其中，不考虑租赁因素的影响是指评估被征收房屋无租约限制的价值；不考虑抵押、查封因素的影响是指评估价值中不扣除被征收房屋已抵押担保的债权数额、拖欠的建设工程价款和其他法定优先受偿款。

被征收房屋价值评估应考虑被征收房屋的区位、用途、建筑结构、新旧程度、建筑面积以及占地面积、土地使用权等影响被征收房屋价值的因素。被征收房屋室内装饰装修价值，机器设备、物资等搬迁费用，以及停产停业损失等补偿，由征收当事人协商确定；协商不成的，可以委托房地产价格评估机构通过评估确定。被征收房屋价值评估时点为房屋征收决定公告之日。用于产权调换房屋价值评估时点与被征收房屋价值评估时点一致。对评估确定的被征收房屋价值有异议的，可以向房地产价格评估机构申请复核评估。对复核结果有异议的，可以向房地产价格评估专家委员会申请鉴定。

6.5 闲置土地的处理

6.5.1 概述

闲置土地是指土地使用者依法取得土地使用权后，未经原批准用地的人民政府同意，超过规定的期限未动工开发建设的建设用地。1999年4月26日国土资源部发布了《闲置土地处置办法》(以下简称《办法》)，在2012年5月22日国土资源部第1次部务会议上进行了修订，修订后的《办法》自2012年7月1日起施行。

在《办法》中对闲置土地做出了明确界定：①闲置土地是指国有建设用地使用权人超

过国有建设用地使用权有偿使用合同或者划拨决定书约定、规定的动工开发日期满一年未动工开发的国有建设用地。②已动工开发但开发建设用地面积占应动工开发建设用地总面积不足 1/3 或者已投资额占总投资额不足 25%，中止开发建设满一年的国有建设用地，也可以认定为闲置土地。《办法》的颁布对于规范土地市场行为，促进节约用地，有效处置和充分利用闲置土地、打击土地炒买炒卖行为具有重要意义。

6.5.2　闲置土地的调查和认定

市、县人民政府土地行政主管部门负责组织实施本行政区域内闲置土地的调查认定和处置工作，发现有涉嫌闲置土地的，应当在 30 日内开展调查核实，向建设用地使用权人发出《闲置土地调查通知书》。国有建设用地使用权人应当在接到《闲置土地调查通知书》之日起 30 日内，按照要求提供土地开发利用情况、闲置原因以及相关说明等材料。

市、县国土资源主管部门在履行闲置土地调查职责时，可以采取下列几条措施。
(1) 询问当事人及其他证人。
(2) 现场勘测、拍照、摄像。
(3) 查阅、复制与被调查人有关的土地资料。
(4) 要求被调查人就有关土地权利及使用问题做出说明。

经调查核实，符合构成闲置土地规定条件的，市、县国土资源主管部门应当向国有建设用地使用权人下达《闲置土地认定书》。《闲置土地认定书》下达后，市、县国土资源主管部门应当通过门户网站等形式向社会公开闲置土地的位置、国有建设用地使用权人名称、闲置时间等信息；属于政府或者政府有关部门的行为导致土地闲置的，应当同时公开闲置原因，并书面告知有关政府或者政府部门。

6.5.3　闲置土地的处置和利用

市、县人民政府土地行政主管部门对其认定的闲置土地，应与国有建设用地使用权人协商拟定闲置土地处置方案，闲置土地设有抵押权的，还应书面通知相关抵押权人参与处置方案的拟定工作。处置方案经原批准用地的人民政府批准后实施。造成土地闲置的原因不同，处置方式也不同。

1. 政府、政府有关部门原因造成土地闲置的处置方式

由于政府、政府有关部门的行为造成土地闲置的，市、县国土资源主管部门可以与国有建设用地使用权人协商，选择下列方式之一进行处置。

(1) 延长动工开发期限。签订补充协议，重新约定动工开发、竣工期限和违约责任。从补充协议约定的动工开发日期起，延长动工开发期限最长不得超过 1 年。

(2) 调整土地用途、规划条件。按照新用途或者新规划条件重新办理相关用地手续，并重新核算、收缴或者退还土地价款。改变用途后的土地利用必须符合总体规划和城乡规划。

(3) 由政府安排临时使用。待原项目具备开发建设条件，国有建设用地使用权人重新开发建设。从安排临时使用之日起，临时使用期限最长不得超过 2 年。

(4) 协议有偿收回国有建设用地使用权。

(5) 置换土地。对已缴清土地价款、落实项目资金，且因规划依法修改造成闲置的，可

以为国有建设用地使用权人置换其他价值相当、用途相同的国有建设用地进行开发建设。涉及出让土地的,应当重新签订土地出让合同,并在合同中注明为置换土地。

(6) 市、县国土资源主管部门还可以根据实际情况规定其他处置方式。

2. 其他原因造成土地闲置的处置方式

除政府及政府有关部门的行为外原因造成土地闲置的,闲置土地按照下列方式处理。

(1) 未动工开发满1年的,由市、县国土资源主管部门报经本级人民政府批准后,向国有建设用地使用权人下达《征缴土地闲置费决定书》,按照土地出让或者划拨价款的20%征缴土地闲置费。同时,土地闲置费不能列入企业生产成本。

(2) 未动工开发满2年的,由市、县国土资源主管部门按照《中华人民共和国土地管理法》第三十七条和《中华人民共和国城市房地产管理法》第二十六条的规定,报经有批准权的人民政府批准后,向国有建设用地使用权人下达《收回国有建设用地使用权决定书》,无偿收回国有建设用地使用权。闲置土地设有抵押权的,同时抄送相关土地抵押权人。

国有建设用地使用权人在市、县国土资源主管部门做出征缴土地闲置费、收回国有建设用地使用权决定前拥有申请听证的权利。国有建设用地使用权人要求举行听证的,市、县国土资源主管部门应当依法组织听证。国有建设用地使用权人在收到《征缴土地闲置费决定书》的30日内,按照规定缴纳土地闲置费;自《收回国有建设用地使用权决定书》送达之日起30日内,到市、县国土资源主管部门办理国有建设用地使用权注销登记,交回土地权利证书。

3. 依法收回的闲置土地的利用

对依法收回的闲置土地,市、县国土资源主管部门可以采取以下几种方式利用。

(1) 依据国家土地供应政策,确定新的国有建设用地使用权人开发利用。
(2) 纳入政府土地储备。
(3) 对耕作条件未被破坏且近期无法安排建设项目的,由市、县国土资源主管部门委托有关农村集体经济组织、单位或者个人组织恢复耕种。

案 例 分 析

2006年10月甲公司以市政府公开拍卖方式竞得一宗出让国有土地使用权,用途为商业用地,使用年限40年,甲公司与国土资源管理部门签订了《国有土地使用权出让合同》,支付土地价款,缴纳了土地出让金,并进行了土地登记,国土资源管理部门为甲公司颁发了该宗以出让方式取得的《国有土地使用证》,土地交付甲公司使用。2007年6月甲公司取得土地使用权后未开发,就将该宗土地使用权转让给乙公司,甲公司与乙公司签订了《土地使用权转让合同》,乙公司按照合同的约定给甲公司支付了土地价款,甲乙公司持甲公司用地批文、国有土地使用证,申请办理土地使用权变更登记,国土资源管理部门以甲公司受让土地后未开发便转让土地的行为属于违法转让为由,对乙公司提出的登记申请,决定不予登记。我们在此讨论的问题是国土资源管理部门做出不予登记的决定是否正确?(资料来源:镇江市国土资源局网站)

本案涉及违法转让土地的界定和土地登记问题。《土地登记办法》(原国土资源部令第40号,以下简称40号令)在土地登记中设定了不予登记的条件。40号令第十八条规定:有下列情形之一的,不予登记:(一)土地权属有争议的;(二)土地违法违规行为尚未处理或者正在处理的;(三)未依法足额缴纳土地有偿使用费和其他税费的;(四)申请登记的土地权利超过规定期限的;(五)其他依法不予登记的。不予登记的,应当书面告知申请人不予登记的理由。由此可见,土地登记申请人必须对取得的土地使用权满足上述条件,才可以依法申请土地登记。甲公司的土地虽然属于依法取得,但在土地的转让上,也必须符合法律规定。《土地管理法》第二条第三款明确规定:任何单位和个人不得侵占、买卖或者以其他形式非法转让土地。《城镇国有土地使用权出让和转让暂行条例》(国务院令第55号,以下简称55号令)第十九条也明确了土地转让的含义,对土地转让限制了条件。55号令第十九条规定:土地使用权转让是指土地使用者将土地使用权再转移的行为,包括出售、交换和赠予。未按土地使用权出让合同规定的期限和条件投资开发、利用土地的,土地使用权不得转让。因为甲公司未按土地使用权出让合同规定的期限和条件投资开发、利用土地,违背了国家规定,所以,甲与乙公司签订的土地转让合同,甲公司收取乙公司土地价款,这种行为构成了违法转让土地行为。对甲公司违法转让土地的行为,国土资源管理部门尚未处理。根据40号令第十八条第(二)项,土地违法违规行为尚未处理或者正在处理的不予登记的规定,市国土资源局对乙公司提出的登记申请做出不予登记的决定是正确的,符合法律规定。

本 章 小 结

土地的取得是房地产开发的基础工作。本章主要介绍了土地的概念、分类,我国土地制度以及房地产开发用地的取得方式等内容,其中重点介绍了协议、招标、拍卖、挂牌四种土地使用权出让方式的程序及操作流程,还有集体土地征收的程序和补偿、国有土地上房屋的征收程序和补偿及闲置土地的处置和利用等问题。

习 题

1. 简述土地管理的概念及指导思想。
2. 何谓土地分类?我国土地分为哪几类?
3. 我国土地的社会主义公有制包括哪些内容?
4. 我国国有土地使用权的取得方式有哪些?
5. 土地使用权出让的方式有哪些?
6. 哪些建设用地可以通过土地使用权划拨方式取得?
7. 简述土地挂牌活动的组织实施过程。
8. 简述集体土地征收的程序。
9. 征收土地的补偿费用包括哪些?
10. 简述国有土地上房屋征收程序。
11. 如何确定被征收房屋的价值?
12. 国有土地上房屋被征收人取得的补偿费用包括哪些?

第 7 章　土地储备开发

【学习要点及目标】

- 了解我国土地储备制度及其发展过程，理解我国土地储备制度产生的原因，熟悉土地储备对象。
- 理解土地储备开发计划编制的指导思想与原则，熟悉土地储备开发计划的内容、编制与审查程序。
- 了解土地储备开发实施主体及其职责。
- 熟悉我国土地储备开发各项行政审批的主要内容及规定。
- 熟悉我国土地储备开发实施与交付过程的各项工作内容。

【核心概念】

土地储备；土地储备对象；建设项目用地预审；征地；强制拆迁

【引导案例】

《土地储备管理办法》从 2007 年出台到 2018 年的再次修订，尤其是在修订之后发生了明显的变化。以《土地储备管理办法》为分水岭，北京乃至全国土地储备模式发生了重大改变。

以北京为例，在 2008 年之前，北京的土地一级开发流行的是企业主导型模式，即通过授权或招标方式选择开发企业实施一级开发，招标底价包括土地储备开发的预计总成本和利润，利润率不高于预计成本的 8%。但《土地储备管理办法》赋予了各地土地储备中心向银行获得土地储备贷款的权力。2007 年之后，北京市主要采取"市、区联合储备"的模式，商业银行土地储备贷款对象即土地储备主体是北京市国土资源局下属的北京市土地储备整理中心，各区设有分中心，土地储备工作由市和区联合开展。区土地储备整理中心获得信贷资金后，作为事业单位无法直接进行一级土地开发工作，一般均须成立一家融资平台公司专门负责相关土地一级开发。平台公司将生地变为熟地，便可通过"招拍挂"方式将土地投入市场，拍卖所得收入直属市财政。可以说，目前的政策在大方向上是确保政府能垄断土地一级市场，不太鼓励企业参与到土地一级开发的过程中来。从 2009 年开始，包括北京、海南等省市都有意强化了政府收编土地一级开发权，使一般企业无法介入。因而，企业通过与政府收益分成而获得土地一级开发的超额收益的机会，实际上是越来越少了。

2018年修订之后，内容包括总体要求、储备计划、入库储备标准、前期开发、管护与供应、资金管理、监管责任7个部分，共26条。国土资发〔2012〕162号文件要求建立土地储备机构名录；财综〔2016〕4号文件规定土地储备工作只能由纳入名录管理的土地储备机构承担，城投公司等其他机构一律不得再从事新增土地储备工作。新《办法》再申国土资源主管部门对土地储备机构实施名录管理，列入全国土地储备机构名录的机构应按要求在土地储备监测监管系统中填报储备土地、已供储备土地、储备土地资产存量和增量、储备资金收支、土地储备专项债券等相关信息，名录外的机构不能使用专项债券资金，再次明确了融资平台不得承担土地储备职能。新《办法》要求"土地储备资金收支管理严格执行财政部、国土资源部关于土地储备资金财务管理的规定，土地储备资金通过政府预算安排，实行专款专用"，即土储机构不得新增土地储备贷款，强化债务风险防控，与中央近期关于禁止地方政府增加隐形债务的思路一致，保证了与前期各项地方政府债务管理规定相衔接。融资平台已经与储备土地彻底切割，以土地资产注入融资平台的地方债模式已告终结。2017年开始发行的土地储备专项债券实行专款专户专用，不会再像土地储备贷款一样，被轻易拿去用于城市建设或其他与土地储备业务无关的项目。在新修版《办法》确立的制度体系下，土地储备资金管理的各项制度全面、缜密，确保了专项债券运行安全规范、风险可控。

7.1 土地储备制度概述

7.1.1 土地储备的概念

土地储备是指各级人民政府依照法定程序在批准权限范围内，对通过收回、收购、征用或其他方式取得土地使用权的土地，进行储存或前期开发整理，并向社会提供各类建设用地的行为。我国《土地储备管理办法》规定，土地储备是指市、县人民政府国土资源管理部门为实现调控土地市场、促进土地资源合理利用目标，依法取得土地，进行前期开发、储存以备供应土地的行为。

7.1.2 土地储备制度及其发展过程

下面介绍土地储备制度的概念及其发展过程。

1. 土地储备制度的概念

土地储备制度是指城市土地储备中心通过征用、收购、置换、转制、定期回收等方式，从分散的土地使用者手中把土地集中起来，并由土地储备中心对收购的土地进行房屋拆迁、土地平整等一系列前期开发工作后，将土地储备起来，再根据城市规划和城市土地出让年度计划，通过招标、拍卖等形式，有计划地将土地投入市场的制度。土地储备制度的建立规范了土地市场行为；有利于增加城市政府收入，加快城市基础设施建设；有利于城市规划的实施，优化城市土地利用结构，提高城市土地资源的配置效益。

城市土地储备制度的运作主要包括土地收购、土地储备和土地供应三个环节。在城市土地征购中，土地储备中心通过征用、收购、置换、转制、回收等方式，把土地从分散的使用者手中集中起来，储备中心对收购的土地再进行开发，通过拆迁、平整后，将地块变成熟地，然后将这些地块编号、储备，准备投放市场。土地储备中心根据城市出让年度计划，通过招标、拍卖等方式将储备的土地有计划地供应给土地市场。

2. 土地储备制度的发展过程

20世纪90年代中期，国内部分城市开始试行了土地储备制度。1996年，上海市建立了我国第一家土地收购储备机构——上海市土地发展中心。1997年8月，杭州市成立了市土地储备中心。2001年，国务院下发了《国务院关于加强国有土地资产管理的通知》。2006年，国务院办公厅下发了《国务院办公厅关于规范国有土地使用权出让收支管理的通知》。2018年1月3日由国土资源部、财政部、中国人民银行联合中国银行业监督管理委员会制定发布了《土地储备管理办法》，有效期5年。《办法》(国土资发〔2007〕277号)同时废止，以"完善土地储备制度，加强土地调控，规范土地市场运行，促进土地节约集约利用，提高建设用地保障能力"。

2001年4月，国务院颁布的《关于加强国有土地资产管理的通知》中指出，"为增强政府对土地市场的调控能力，有条件的地方政府要对建设用地试行收购储备制度"。目前全国绝大多数市、县都在实施土地储备制度。城市土地储备制度的建立，对我国城市土地使用制度的改革产生了重要的影响。

土地储备制度产生的原因主要包括以下几个方面。

(1) 土地资源自身稀缺性与人类日益增长的经济需求之矛盾是催生土地储备法律规范的沃土。土地是人类得以生存与发展的物质载体，是"一切生产和一切存在的源泉"。然而，作为一种自然资源，土地具有稀缺性。所谓稀缺性，是指土地因其位置的固定性、面积的有限性而不可再生，不能为人类所无限度地利用的一种自然属性，是相对于人类无限之需求而言的。这样，土地资源自身的稀缺性与人类日益增长的经济需求之间就存在不可避免的矛盾。为了缓解这种矛盾，客观上要求在土地上建立一种行之有效的秩序性规范——法律规范，一方面以之确定土地权利之归属和流转；另一方面，据以规制各种对土地资源进行破坏与浪费的非理性行为，以期实现土地资源的最优化开发与利用。土地储备法律规范正是这种社会客观需要催生之必然结果。

(2) 国家对土地资源的宏观调控是土地储备法律制度产生的制度动因。土地储备制度产生极为重要的一个法律制度动因即是：顺应国家对土地资源进行宏观调控的需要，用制度的法律化规制土地市场，使土地资源发挥尽可能大的效用。

(3) 土地价值的可估算性及市场主体的逐利性是土地储备法律制度诞生的现实动因。随着科技的进步，现代人对土地的利用越来越趋向集约化，土地的价值总体上处于上升趋势。相应地，人们对土地价值的评估和测算也日趋精密与完善。正是土地价值的这种可估算性及人们利用土地创造财富的逐利心理，推动着土地储备法律制度这一调整市场主体合理、有序利用土地的规范的产生。

7.1.3 土地储备对象

下列土地可以纳入土地储备对象。

(1) 国有土地使用者未按照土地使用权出让合同支付土地使用权出让金，应依法收回的土地。

(2) 国有土地使用年限届满，被依法收回的土地。

(3) 被依法没收使用权的国有土地。

(4) 因用地单位搬迁、解散、撤销、破产，产业结构调整或其他原因调整出的国有土地，或者是经核准报废的交通设施、矿场用地。

(5) 交易价格偏低，政府应优先购买的土地。

(6) 依法分批次征用或农村集体经济组织全部成员转为城镇居民，原属于其成员集体所有的土地。

(7) 以出让方式取得土地使用权后，不能按合同的期限开发或无力继续开发且又不具备转让条件的土地。

(8) 其他需要进行储备的国有土地。

7.2 土地储备开发准备工作

7.2.1 土地储备开发计划编制与审查

土地储备开发计划是为了规范土地储备和一级开发行为，更好地实施城市总体规划和土地利用总体规划，确保有计划地供应"熟地"而编制的。土地储备开发计划应当依据国民经济和社会发展计划、城市总体规划、土地利用总体规划和近期城市建设规划、年度土地利用计划、年度土地供应计划编制。

1. 土地储备开发计划编制的指导思想与原则

现阶段，我国各地土地储备开发计划编制的指导思想是：深入贯彻落实科学发展观，严格执行中央宏观调控的决策、部署和措施，围绕当年政府工作目标，增强政府运用储备土地参与宏观调控的能力，充分发挥土地储备开发对城市发展的保障和引导作用，落实地方发展目标在空间安排上的实现，保障重点工程、民生工程用地，同时为城市建设提供资金保障，保证经济社会协调发展。

土地储备开发计划编制的主要原则如下。

(1) 规划先导原则。以土地利用总体规划、城市总体规划、城市近期建设规划为依据，围绕规划统筹安排，合理确定土地储备开发计划总体指标和筛选具体项目，优先储备城市发展的重点区域。以规划为先导，既保证了储备土地空间布局的优化，又能保证城市各项规划的落实，实现城市空间结构调整。

(2) 规模适度原则。综合考虑区域内人口资源环境承载能力和土地储备开发潜力，合理确定年度土地储备开发规模，保持年度土地储备开发总量动态平衡，抑制固定资产投资规模过快增长，保障土地市场平稳发展。同时适度控制建设用地占用农用地规模、城市拆迁规模，从而保证社会的稳定、和谐。

(3) 土地节约集约利用原则。优先储备长期闲置的土地、长期空闲的土地、长期低效利用的土地，优先盘活城市存量土地，尽量少占用农用地，原则上不占用基本农田，以达到城市土地利用的集约化。

(4) 效益优先原则。通过储备开发，努力降低土地储备开发成本，合理配置土地资源，实现政府收益最大化。同时，通过对储备土地的规划调整实现土地集约高效利用，提高其经济效益。在制订计划时，要考虑经济效益、社会效益和生态效益，以达到最优利用状态。

(5) 政府主导与市场化运作相结合原则。强调在土地储备开发中的政府主导作用，切实贯彻国家土地储备政策。建立市场机制，充分发挥土地储备机构和城市投资开发公司的作用，激发社会企业的积极性，引导企业参与土地储备开发工作。

2. 土地储备开发计划的内容

土地储备开发计划主要包括以下内容。
(1) 年度储备土地规模。
(2) 年度储备前期开发规模。
(3) 年度末结存土地储备规模。有关的计算公式如下：

年度末结存土地储备规模=年度储备土地规模-年度储备前期开发规模
(4) 年度储备土地供应规模。
(5) 年度储备土地临时利用计划。
(6) 资金估算。
(7) 计划执行安排。

3. 土地储备开发计划编制与审查程序

土地储备开发计划编制一般按照下列程序进行。

(1) 设区市由各区县政府、园区管委会、大型企业集团提出年度土地储备开发计划；不设区市或县，由各乡镇政府、园区管委会、大型企业提出年度土地储备开发计划。将上述计划在每年的下半年(一般在10月至11月)集中报县、市国土局。

(2) 国土局会同计划、规划、建设、财政、交通、环保及当地银行等部门提出计划草案和具体意见并反馈给上报计划单位。

(3) 原计划上报单位按照计划草案和具体意见要求调整计划，并报国土局汇总。

(4) 国土局征求相关部门意见并完善后与计划管理部门会同报县、市人民政府批准。

(5) 经批准的土地储备开发计划，由国土局下达给土地储备机构，非直辖市城市的土地储备开发计划同时报上级土地管理部门备案。

土地储备开发计划确需调整的，由国土局会同相关部门提出计划调整方案，与计划管理部门共同报同级人民政府批准。

7.2.2 土地储备开发实施方案编制与审查

1. 土地储备开发实施方案编制原则

土地储备开发实施方案应按照以下原则进行编制。

(1) 系统性原则。实施方案必须系统地考虑整个开发环节的科学设计与管理模式，统筹土地储备开发的各项工作与城市经济、功能、布局、产业和人口的关系，保证项目实施结果与城市规划相吻合。

(2) 效益性原则。土地储备开发实施方案必须考虑经济效益、社会效益和生态效益的结合，并在保证投资安全性的前提下追求效益最大化。

(3) 可行性原则。土地储备开发涉及政策、工程、财务、社会等各方面的专业要求，所以制订土地储备开发方案时必须从多个方面考虑项目的可行性，保证实施方案符合实际情况，以减少执行难度和资源浪费。

2. 土地储备开发实施方案编制与审查程序

土地储备开发实施方案的编制与审查程序主要有以下几个步骤。

(1) 准备工作阶段。此阶段的主要工作包括人员组织、工作计划制订、技术培训、基础资料搜集。其中基础资料包括土地利用现状调查资料、可开发土地资源调查资料，以及规划区内的自然、社会及经济状况。

(2) 调查分析阶段。在充分利用现状调查、土地储备开发规划等资料，并进行核实和现场调查的基础上，对项目现状、投入和效益进行全面的分析和评价，明确土地储备开发的区域优势和存在问题，通过对影响土地生产能力的自然状况和社会经济条件进行分析与评价，评定土地开发的适宜性和限制性，从而确定待开发土地的开发目标和开发利用价值。

(3) 方案编制阶段。第一，确定开发方向、目标和规模。根据待开发土地的评价结果和土地储备开发计划，参照当地的自然条件、经济水平和技术条件，确定土地开发的方向、目标、规模。第二，编制土地储备开发实施方案草案。依据土地储备开发计划和土地储备开发政策要求，在综合考虑待开发土地的开发方向、目标和规模的基础上，提出土地储备开发的内容和进度，并详细进行成本分析、财务分析和效益分析。第三，土地储备开发实施方案草案论证。可以通过协调会、技术分析会等，组织工程、估价、财务、规划等方面的人才对开发实施方案草案进行论证。第四，根据论证意见对开发实施方案草案进行修改，最终提出一个科学合理、切实可行、综合效益较好的方案作为土地储备开发实施推荐方案。

(4) 审查报批阶段。为了保证土地储备开发实施方案的质量，土地储备开发实施方案由土地储备机构报国土局，由国土局会同计划、建设、交通、环保等管理部门就土地、产业政策、城市规划、建设资质、交通及环保等条件提出原则意见。根据原则意见进行修改后的土地储备开发方案经再次审查通过后即可实施。

3. 土地储备开发实施方案的主要内容

土地储备开发实施方案主要包括项目基本情况、工作方案、开发进度、投资方案等。

(1) 项目基本情况。主要包括项目区域情况、土地利用现状分析、现状地上物状况、项目规划情况、项目背景等。

(2) 编制依据。分为法律法规依据和项目依据两大类，法律法规依据主要是国家各级政府及主管单位对土地储备开发及相关活动所制定的法律法规；项目依据主要是指各政府部门针对本项目所出具的一系列法律文件。

(3) 项目市场分析。主要包括宏观经济分析、房地产市场分析、土地市场分析、区域市场分析。

(4) 土地储备开发实施主要内容及开发进度。在此部分需要详细介绍项目开发所要完成的主要工作任务，如前期手续的办理、征地拆迁、市政建设等工作，这是项目实施目标的分解，也是后期委托开发中的委托事项依据。开发进度一般直接安排项目各项工作内容计划开工和结束时间,对于需要进行分期开发的大项目,还需要对各分期开发地块进行分期安排,然后针对每个地块所要完成的工作分解安排进度计划。

(5) 征地工作实施方案。主要包括被征收土地现状、征地补偿方案、征地补偿费用构成与测算、征地工作进度计划。征地工作涉及被征地农民的切身利益和长远生计,因此征地工作实施方案不仅要科学高效,更要严格按照国家的有关政策,在尊重和考虑被征地对象权益的前提下,制订完善的征地工作实施方案。

(6) 拆迁工作实施方案。包括现状调查统计、拆迁补偿方案、拆迁费用测算、拆迁工作进度计划。对于有回迁建设的项目,还需要编制回迁居民安置方案。

(7) 市政建设实施方案。主要包括市政规划说明、管线综合、实施要求、工程费用估算、开发进度计划。市政建设主要包括供水、排水、供电、供气、通信、道路、场地平整、围墙,供暖城市可能还需要建设供暖设施。

(8) 土地供应方案。主要包括土地供应模式、土地供应计划、土地储备开发深度、储备开发成本及入市交易底价的确定、资金回收计划。

(9) 投资方案。主要包括总投资估算、资金筹措方案、出让金估算、交易底价估算、土地销售收入估算、现金流量和财务指标分析。对于分期开发的项目,还要做项目分期投资平衡分析。现金流量需要结合开发进度、供地方案来安排投资进度,然后根据投资进度制定现金流量表,并根据现金流量表对项目进行财务指标的分析。

(10) 项目管理方案。主要包括建设计划管理、项目进度计划管理和项目管理。

(11) 重要事项说明。提出项目中工作重点、方案调整措施及可能造成方案变化的因素。一般来说,项目的工作重点是征地拆迁工作,造成方案变化的主要影响因素有市政设计变化、规划调整等。

7.2.3　土地储备开发实施主体的确定

土地储备开发方案通过审核的同时,由联席会议决定土地储备开发实施主体的确定方式。土地储备开发实施主体是整个土地一级开发实施的灵魂与核心,是关系到项目成败与否的关键环节。因此,无论采取哪种土地一级开发模式,都应当把开发主体的选择与确定作为所有工作的重中之重。

1. 土地储备开发实施主体的类型

土地储备开发实施模式有三种,具体如下。

第一种模式,是由政府组建的土地储备机构自行负责土地储备开发的具体实施,这种模式称为土地储备中心自主开发模式。具体来说,该种模式由政府组建的土地储备中心作为实施主体,储备开发所需的全部费用和风险均由政府承担,政府同时享受土地开发的所有收益。此种模式可以加强政府对城市规划和产业结构的调整,但不利于风险控制、成本控制、质量控制;由于土地储备机构本身是政府的一部分,双方不能形成良好的合同关系,这就不能很好地控制进度。对财政薄弱的地方政府来说,此模式还不利于资金的筹措。

第二种模式,是由政府出资,选择社会企业负责项目管理,这种模式称为社会企业项目管理模式。具体来说,该种模式由政府出资,委托社会企业负责土地储备开发项目实施管理。此模式适合缺乏土地储备开发项目管理经验的政府,通过合同关系约束,有利于成本控制、进度控制、质量控制。但此模式仍然由政府出资并承担项目风险，并且不适合资金紧张的地方政府。

第三种模式，是由政府和社会企业联合出资或单由社会企业出资，并由社会企业负责项目管理，这种模式又被称为社会企业带资开发模式。具体来说，该种模式部分或全部资金来源于社会企业，政府与企业共担风险、共享收益，由政府主导、企业负责建设管理。此模式可以很好地解决资金筹措问题，并能够很好地控制成本、进度、质量，可以高效地完成项目建设。

2. 土地储备开发实施主体的确定方式

以上三种模式会产生两种不同的土地储备开发实施主体，第一种模式的实施主体是土地储备开发中心，第二种与第三种模式的实施主体是社会企业，一般都是房地产开发企业。土地储备开发实施主体的确定方式主要有两种：第一种是直接委托，这种方式一般适用于第一种开发模式，偶尔也运用于第二种、第三种模式；第二种是招投标，这种方式广泛运用于第二种、第三种模式。

3. 土地储备开发实施主体的职责

土地储备开发实施主体的主要工作职责如下。

(1) 土地储备开发资金筹措。第一种和第二种开发模式，资金筹措的方式主要有政府投资、土地储备机构直接与金融机构签订借款协议两种。第三种开发模式，资金筹措的主要模式有：开发企业直接融资，由土地储备机构担任担保；土地开发企业完全融资及承担责任；开发企业专门成立项目公司，负责一级开发，由项目公司进行融资，开发企业担任担保。

(2) 土地储备开发手续办理。土地储备开发实施主体应向规划部门办理规划意见，向国土部门办理用地手续，向计划部门办理项目立项手续，涉及交通、园林、文物、环保和市政专业部门的，也应按照有关规定办理相应手续。

(3) 征地拆迁。在开发中，涉及集体土地征收或农用地转用的，必须办理征地和农用地转非农建设用地手续。涉及国有土地收回(收购)的，项目实施主体应当与原用地方签订国有土地收回(收购)协议书，对于需要没收的土地，则需协调土地管理部门办理土地没收手续。涉及地上物拆迁的，项目实施主体需要办理拆迁审批手续，并组织拆迁补偿安置工作。

(4) 基础设施建设。项目实施主体通过招投标方式确定建设施工单位、监理单位，负责办理建设报批手续，并组织建设施工。

(5) 竣工验收与成本核算。项目开发完成后，由项目实施主体向政府土地管理部门提出验收申请并组织项目成本分析，完成成本分析报告。

7.3 土地储备开发行政审批

7.3.1 建设项目用地预审

1. 建设项目用地预审的概念与内容

土地一级开发主体在获得授权后，首先要做的工作就是申报建设项目用地预审。《建设项目用地预审管理办法》于2009年1月1日正式实施，这是建设项目用地预审的标准依据。

建设项目用地预审是指国土资源管理部门在建设项目审批、核准、备案阶段，依法对建设项目涉及的土地利用事项进行的审查。建设项目用地预审的主要审查内容如下。

(1) 建设项目选址是否符合土地利用总体规划，是否符合国家供地政策和土地管理法律、法规规定的条件。

(2) 建设项目用地规模是否符合有关建设用地指标的规定。

(3) 建设项目占用耕地的，补充耕地初步方案是否可行。

(4) 征地补偿费用和矿山项目土地复垦资金的拟安排情况。

(5) 经省级以上人民政府批准的能源、交通、水利等基础设施建设用地需要改变土地利用总体规划的，规划的调整方案及其对规划实施影响评估报告等是否符合法律、法规的规定。

2. 建设项目用地预审的原则

建设项目用地预审的目的是保证土地利用总体规划的实施，充分发挥土地供应的宏观调控作用，控制建设用地总量。鉴于此目的，建设项目用地预审应当坚持以下原则。

(1) 符合土地利用总体规划。
(2) 保护耕地，特别是基本农田。
(3) 合理和节约集约利用土地。
(4) 符合国家供地政策。

7.3.2 项目立项

根据《国务院关于投资体制改革的决定》，在《政府核准的投资项目目录》内由企业投资建设实行核准制的项目，仅需向政府提交项目申请报告，不再经过批准项目建议书、可行性研究报告和开工报告的程序，对于《目录》以外的企业投资项目，实行备案制。

1. 项目立项申请材料

办理土地储备开发项目立项申请，应当提交下述材料。

(1) 由具备相应工程咨询资格的机构编制的项目申请报告一式五份。项目申请报告的主要内容包括项目申报单位情况、拟建项目情况、建设用地与相关规划、资源利用和能源耗用分析、生态环境影响分析、经济和社会效果分析。

(2) 城市规划行政主管部门出具的城市规划意见。

(3) 国土资源行政主管部门出具的项目用地预审意见。

(4) 环境保护行政主管部门出具的环境影响评价文件的审批意见。

(5) 市交通行政主管部门出具的交通流量评价通过的意见。

(6) 房地产行业主管部门实行资质管理的，应提供资质证明文件。

(7) 中外合营项目，合营各方签署的合作意向书。

(8) 需要经区县发展改革部门初审的，由项目所在地的区县发展改革部门出具关于项目核准的初审意见。

(9) 其他应提交的材料。

2. 项目审查的内容与程序

项目立项申请的主要审查内容如下。

(1) 项目申报内容是否符合国家法律、法规。

(2) 项目是否符合国家及本市国民经济和社会发展规划、城市总体规划、土地利用总体规划以及行业发展规划。

(3) 项目是否符合国家宏观调控政策、产业政策、行业准入标准。

(4) 项目是否符合本市区域布局和产业结构调整的要求。

(5) 项目是否符合土地、水、能源的合理开发和有效利用要求，有利于促进环境保护和改善生态环境。

(6) 项目是否符合自然文化遗产、文物保护的有关政策。

(7) 项目是否影响国家及本市经济安全。

(8) 项目是否符合社会公众利益，是否对项目建设地及周边地区的公众利益产生重大不利影响。

(9) 项目申请单位是否具有相应的房地产资质。

(10) 项目申报单位是否具有承担相应项目建设的能力。

对于土地储备开发项目，首先由实施主体委托有相应资质的工程咨询公司编制项目申请报告，整理申报材料报发展与改革委员会，发展与改革委员会通过审查后做出审查决定。对于不予通过的，以书面形式说明不予通过的理由；对于给予通过的，颁发项目核准批复。

需要注意的是，建设项目用地预审与项目立项申请是相辅相成的，在各自的申报材料要求中都需要对方的批复，在实际的操作过程中，一般是实施主体同时递交建设项目用地预审申请和项目立项申请，然后由发展与改革委员会向国土部门发送《项目办理用地预审告知单》，然后由国土部门对建设项目用地进行预审，并将预审结果告知发展改革委员会。

7.3.3 规划意见申报

规划意见申报主要有控制性详细规划调整和规划意见书办理两项工作。如果项目实施主体需要对开发计划进行调整，必须办理控制性详细规划调整手续，对于不需要进行控制性详细规划调整的项目，则可以直接办理规划意见书。

1. 控制性详细规划调整

根据《中华人民共和国城乡规划法》第四十八条的规定："修改控制性详细规划的，组织编制机关应当对修改的必要性进行论证，征求规划地段利害关系人的意见，并向原审批机关提出专题报告，经原审批机关同意后，方可编制修改方案。修改后的控制性详细规划，应当依照本法第十九条、第二十条规定的审批程序报批。控制性详细规划修改涉及城市总体规划、镇总体规划的强制性内容的，应当先修改总体规划。"

控制性详细规划(以下简称控规)调整的工作程序主要包括以下几个步骤。

(1) 申报材料准备。储备开发实施主体需要准备的申报材料有：用地权属材料(土地储备开发委托协议书等)、申请书、控规调整申报表、控规调整论证报告、图示展板，以及上述材料的电子材料和演示文件。

(2) 预审与公示。土地储备开发实施主体报送控规调整申报材料到规划管理部门，先由详细规划处进行预审，同时，按照《中华人民共和国城乡规划法》的规定，将申请事项公示以征求规划地段利害关系人的意见。详细规划处将预审意见及公示汇总进行意见整理。

(3) 控规调整审查与报批。通过预审和公示后的项目，由规划管理部门组织召开控规调整审查组审查会议对项目进行审查。审查通过的项目，由规划管理部门草拟会议纪要报人民政府批准，审查不通过的项目将予以退件。

(4) 控规调整审批通知书领取。规划管理部门在获得人民政府下发的批准文件后组织起草控规调整审批通知书，经规划管理部门内部批准后通知土地储备开发实施主体领取。

2. 规划意见书办理

规划意见书办理程序的主要步骤如下。

(1) 申报材料准备。申请人应当准备的申报材料包括申报委托书、《建设项目规划许可及其他事项申报表》、对项目的相关批复及规划文件、法律法规规定其他需要报送的材料。

(2) 申报受理。申请人报申报材料至规划管理部门，首先是由规划管理部门的受理科室对申报材料进行形式审查，主要是审查申报材料是否齐全、规范、有效，同时审查申请事项是否在本规划部门管理职责范围内。

(3) 审查与决定。申报受理后，首先由规划管理部门委托测绘部门进行钉桩、勘界，并由测绘部门出具钉桩勘界报告。然后由规划管理部门审查确定建设用地及代征城市公共用地范围和面积并提出规划设计要求，规划设计要求包括：规划土地使用要求(建筑规模、容积率、建筑高度、绿地率等)；居住建筑(含居住区、居住小区、居住组团)的公共服务设施配套要求；建设项目与退让用地边界、城市道路、铁路干线、河道、高压电力线等距离要求；建筑风貌的要求等。

通过审查的项目，由规划管理部门颁发《规划意见书》。

7.3.4 专业意见征询

专业意见征询事项包括交通影响评价、环境影响评价、林木处理意见、文物保护意见和市政综合咨询等内容。

1. 交通影响评价

交通问题已经成为影响城市发展的一个关键问题，为了加强交通管理，一般要求大型建设项目必须做交通影响评价。交通影响评价办理程序的主要步骤如下。

(1) 土地储备开发实施主体委托有资质的设计单位做出土地储备开发项目交通影响评价报告。交通影响评价报告的主要内容有：①项目的研究范围；②建设项目背景与现状交通分析；③建设项目交通量预测；④交通影响评价；⑤交通设施改进和相关措施；⑥结论和建议。

(2) 土地储备开发实施主体将交通影响评价报告交至规划管理部门。

(3) 规划管理部门将交通影响评价报告转到交通管理部门，由交通管理部门组织规划、公安、运输、路政等相关部门对交通影响评价报告进行评议。

(4) 交通管理部门将评价意见函告规划部门，再由规划管理部门将评价意见书通知土地储备开发实施主体。

2. 环境影响评价

城市建设活动会对周边环境产生影响，其影响程度取决于建设活动的规模和类别。房地产开发项目会对周边的土壤、水资源、空气等生态环境造成较大的影响，特别是位于水源地、生态保护区的项目，所以，在国内大部分城市都要求土地储备开发项目必须进行环境影响评价。然而，国家新颁布的《建设项目环境影响评价分类管理名录》未将土地储备开发类项目纳入，所以也有部分城市取消了土地储备开发项目的环境影响评价。

3. 林木处理意见

在土地储备开发项目中，经常会遇到古树名木或者需要占用林地，出于保护资源环境的考虑，此类项目均需要到园林部门办理林木处理意见。林木处理的方式一般包括迁移、避让、砍伐等，对于古树名木一般采用避让方式，在办理林木处理意见时必须填写《建设项目避让古树名木措施申请表》，并提交《避让保护实施方案》。对于其他树木能够采用迁移的尽量采用迁移，特别是对于老城区树龄较大的树木，在办理林木处理意见时必须填写《古树名木迁移申请表》，并提交《迁移方案》，在《迁移方案》中必须明确迁移目的地、施工队伍情况、保证被迁移古树名木成活措施等。

4. 文物保护意见

对于土地储备项目涉及文物保护问题的，必须在开发前向文物保护单位办理文物保护意见。文物保护的措施主要有文物迁移、原址保护。在申请文物保护意见前，如果项目涉及地下遗存的，还应先行办理考古勘探发掘手续。

5. 市政综合咨询

市政综合咨询工作包括道路、排水(雨水、污水、中水)、供水、燃气、供热、供电、电信、有线电视网等市政规划方案专业意见，并需要根据这些专业意见编制市政设施及管网综合规划方案。每个土地储备开发项目实施方案对项目市政建设要求各不相同，需要根据各自的实施方案办理市政规划方案，比如南方地区就不需要办理供暖。

土地储备开发实施主体将市政基础设施分别委托给市政专业设计部门(如自来水公司、排水公司、电力公司、市政设计院等)编制市政规划方案，将所有规划方案提交给市政规划部门，由市政规划部门进行市政综合和道路雨污初步设计。土地储备开发实施主体组织召开项目综合审查，由城市规划管理部门及各市政单位确定出综合市政方案，并将该方案综合返回给土地储备开发实施主体。经规划管理部门同意后，土地储备开发实施主体委托设计单位报装及进行施工图设计，设计单位将市政申报资料申报给规划管理部门并经过批准后，土地储备开发实施主体可取得市政规划许可证。

经过以上工作后，接着可以进行征地拆迁报批，此部分内容第 6 章已有介绍。

7.4 土地储备开发的实施与交付

7.4.1 征地的实施程序

1. 征地公告

土地储备开发实施主体在取得征地批复后，必须进行征地公告，征求公众意见。公告内容包括征地批复文号、内容，经批准的征地补偿安置方案，征求意见期限不得少于 30 日。

2. 征地补偿安置协议的签订

根据征地补偿安置方案，土地储备开发实施主体必须与被征地土地所有权人签订征地补偿协议书，同时与被补偿安置家庭以户口为单位签订补偿安置协议书。依照《国有土地上房屋征收与补偿条例》的规定，房屋征收部门与被征收人应就补偿方式、补偿金额和支付期限、用于产权调换房屋的地点和面积、搬迁费、临时安置费或者周转用房、停产停业损失、搬迁期限、过渡方式和过渡期限等事项，订立补偿协议。补偿协议订立后，一方当事人不履行补偿协议约定的义务的，另一方当事人可以依法提起诉讼。在实际操作中，也可以与被征地集体经济组织签订征地补偿一揽子协议，由被征地集体经济组织分别与被补偿安置家庭签订补偿安置协议。后一种方式一般称为包干征地。

房屋征收部门与被征收人在征收补偿方案确定的签约期限内达不成补偿协议，或者被征收房屋所有权人不明确的，由房屋征收部门报请做出房屋征收决定的市、县级人民政府依照《条例》的规定，按照征收补偿方案做出补偿决定，并在房屋征收范围内予以公告。被征收人对补偿决定不服的，可以依法申请行政复议，也可以依法提起行政诉讼。

3. 征地补偿安置费的支付

实施房屋征收应当先补偿、后搬迁。在签署征地补偿安置协议后，土地储备开发实施主体必须在约定的时限内向被征地集体经济组织拨付征地补偿安置费用，征收补偿费用应当足额到位、专户存储、专款专用。当地国土资源部门应配合农业、民政、劳动保障等有关部门对被征地集体经济组织内部征地补偿安置费用的分配和使用情况进行监督。

4. 地上物拆除与安置建设

完成征地补偿款发放后，在约定的时间内，被征收人应当在补偿协议约定或者补偿决定确定的搬迁期限内完成搬迁。任何单位和个人不得采取暴力、威胁或者违反规定中断供水、供热、供气、供电和道路通行等非法方式迫使被征收人搬迁。禁止建设单位参与搬迁活动。被征收人完成搬迁后，土地储备开发实施主体对被征地范围内的土地进行地上物拆除。按照补偿安置协议约定，如果需要提供安置建设的，比如征地农户回迁住房建设等，土地储备开发实施主体必须按照征地补偿安置协议约定时间在规划地址内进行安置房屋及各类设施建设。

5. 征地扫尾事项的办理

各级国土资源部门要对依法批准的征收土地方案的实施情况进行监督检查。因征地确实导致被征地农民原有生活水平下降的，当地国土资源部门应积极会同政府有关部门，切实采取有效措施，多渠道解决好被征地农民的生产生活，维护社会稳定。

在土地储备开发实施主体将征地补偿安置费用拨付给被征地集体经济组织后，土地储备开发实施主体及当地人民政府土地管理部门有权要求被征地集体经济组织在一定时限内提供支付清单，并督促集体经济组织将征地补偿、安置费用收支状况向本集体经济组织成员予以公布，以便被征地农村集体经济组织、农村村民或者其他权利人查询和监督。房屋征收部门应当依法建立房屋征收补偿档案，并将分户补偿情况在房屋征收范围内向被征收人公布。审计机关也应当加强对征收补偿费用管理和使用情况的监督，并公布审计结果。

在完成征地补偿安置和地上物拆除后,由土地储备开发实施主体申请征地结案,需要提交的材料如下。

(1) 国家建设用地征地结案申请表。
(2) 用地批准文件(复印件)。
(3) 征地补偿安置协议书(复印件)。
(4) 国家建设征收土地结案证明(村委会、乡政府出具)。
(5) 国家建设征收土地结案表。
(6) 征地补偿款交款凭证(复印件)。

经当地国土资源管理部门审查合格后,向土地储备开发实施主体颁发经批准的《国家建设征收土地结案表》。

7.4.2 征地补偿与安置的原则

在征地工作中必须遵循下述原则。

(1) 公开公正原则。征地事项及征地补偿安置方案、补偿安置款支付明细都应当进行公告,以听取被征地人的意见,通过事项公开来保证征地工作各个环节的公正。公开公正原则是征地工作顺利进行并维护被征地人合法权益、维护社会稳定的最重要保障。

(2) 切实维护被征地人合法权益原则。房屋征收部门可以委托房屋征收实施单位承担房屋征收与补偿的具体工作,但房屋征收实施单位不得以营利为目的。房屋征收部门对房屋征收实施单位在委托范围内实施的房屋征收与补偿行为负责监督,并对其行为后果承担法律责任。

(3) 被征地农民生活水平不降低,长期生活有保障原则。一方面,要按照土地管理法的相关规定,切实按照标准给予农民相应的补偿。另一方面,必须认真落实《国务院办公厅转发劳动保障部关于做好被征地农民就业培训和社会保障工作指导意见的通知》的规定,做好被征地农民就业培训和社会保障工作。被征地农民的社会保障费用,按有关规定纳入征地补偿安置费用,不足部分由当地政府从国有土地有偿使用收入中解决。社会保障费用不落实的不得批准征地。

(4) 征地工作跟踪检查原则。征收土地经依法批准后,省级国土资源管理部门要跟踪检查征地补偿安置方案的实施情况,督促市、县人民政府和有关部门、单位兑现补偿费用,落实安置措施。监察机关应当加强对参与房屋征收与补偿工作的政府和有关部门或者单位及其工作人员的监察。

7.4.3 拆迁的实施程序

1. 拆迁公告

拆迁管理部门在将拆迁许可证颁发给拆迁人的同时,由拆迁管理部门将房屋拆迁许可证中载明的拆迁人、拆迁范围、拆迁期限等事项以房屋拆迁公告的形式予以公布。

2. 拆迁补偿安置协议的签署与补偿安置到位

在拆迁公告公布后,拆迁人通过宣传和解释拆迁相关政策,根据拆迁补偿方案,与被拆迁人达成房屋拆迁补偿安置协议，并根据协议落实补偿款或安置房等。房屋拆迁管理部门代管的房屋需要拆迁的，拆迁安置补偿协议书须经公证机关公证，并办理证据保全。

3. 拆迁裁决

房屋征收部门与被征收人在征收补偿方案确定的签约期限内达不成补偿协议，或者被征收房屋所有权人不明确的，由房屋征收部门报请做出房屋征收决定的市、县级人民政府依照《国有土地上房屋征收与补偿条例》的规定，按照征收补偿方案做出补偿决定，并在房屋征收范围内予以公告。被征收人对补偿决定不服的，可以依法申请行政复议，也可以依法提起行政诉讼。

4. 强制拆迁

被征收人在法定期限内不申请行政复议或者不提起行政诉讼，在补偿决定规定的期限内又不搬迁的，由做出房屋征收决定的市、县级人民政府依法申请人民法院强制执行。任何单位和个人不得采取暴力、威胁或者违反规定中断供水、供热、供气、供电和道路通行等非法方式迫使被征收人搬迁。禁止建设单位参与搬迁活动。强制执行申请书应当附具补偿金额和专户存储账号、产权调换房屋和周转用房的地点和面积等材料。

5. 拆除和拆迁档案的整理归档

对于补偿安置完毕的单位，拆迁人可以委托拆除单位或自行对已补偿的房产进行拆除作业。但是，如果是居民楼，整栋楼房尚未补偿完毕并清空住户，不可以对该楼房进行拆除。

拆迁工作全部完成后，拆迁人或受托拆迁单位应及时将如下拆迁档案材料整理归档。

(1) 各被拆迁人拆迁补偿协议等相关材料。
(2) 申办拆迁许可证有关材料。
(3) 被拆迁房屋评估报告。
(4) 拆迁情况总结和拆迁结案表。
(5) 裁决、强制拆迁的有关文件。
(6) 其他材料。

拆迁人或受托拆迁单位在完成拆迁后向土地、房屋管理部门移交拆迁档案，同时将拆迁结案表报国土、房屋和拆迁管理部门。

7.4.4 拆迁工作的原则与方式

1. 拆迁工作的原则

拆迁工作应遵循以下几个原则。

(1) 维护社会稳定原则。拆迁工作涉及的民众范围较广，利益冲突尖锐，容易引发群体事件，危害社会稳定。拆迁工作必须严格遵循《国有土地上房屋征收与补偿条例》，公平合理地确定补偿安置条件，以维护社会稳定为第一原则。

(2) 符合城市规划原则。依法编制的城市规划是引导城市科学布局、合理发展的法律文件，它对建设功能完善、结构合理的现代化城市具有重要意义。制订国民经济和社会发展规划、土地利用总体规划、城乡规划和专项规划，应当广泛征求社会公众意见，经过科学论证。房屋及其附属物的拆迁应当符合城市规划要求。项目的建设选址、拆迁范围确定等工作都需严格按照城市规划要求执行。拆迁单位应在拆迁范围内实施拆迁，不得擅自扩大或缩小拆迁范围。

(3) 有利于城市旧区改造。城市的房屋拆迁是城市旧城区改造的重要手段。通过房屋拆迁，可以达到调整城市的用地结构与布局的目的，更好地建设城市。

(4) 有利于生态环境改善。生态环境是实现经济、社会可持续发展的前提条件，保护好生态环境是城市建设坚持的基本方针。房屋拆迁建设应当充分考虑对周围生态环境的影响，并采取相应措施保护和改善周围的生态环境。

2. 拆迁补偿的对象、范围与方式

拆迁补偿对象是被拆迁房屋及其附属物的所有人。拆迁补偿的范围是被拆迁的房屋及其附属物，且这些建筑物是经合法程序建成的。拆除违章建筑、超过批准期限的临时建筑不应给予补偿，拆除未超过批准期限的临时建筑应当给予适当补偿。这里的适当补偿为这些建筑在使用期限内的残余价值。

房屋拆迁补偿的方式有货币补偿和房屋产权调换。货币补偿是指在房屋拆迁补偿中，拆迁人以支付货币的形式来赔偿被拆迁人因拆除房屋及其附属物所造成的经济损失的补偿方式。房屋产权调换是指拆迁人用异地或者原地再建的房屋与被拆迁人的房屋按一定的核算标准进行交换，被拆迁人获得调换房屋产权的补偿安置方式。

7.4.5 市政基础设施建设

1. 市政基础设施建设开工准备

土地储备开发实施主体组织专业人员对市政建设进行施工预算，将预算结果作为招标的标底，通过招投标方式选择市政建设施工、监理单位。土地储备开发实施主体向建设管理部门申办市政工程开工许可证。

2. 临时"三通"建设

为了保证土地储备开发项目的实施，在正式开工建设前，必须先完成临时用路、电、水的临时"三通"设施建设。

(1) 临时用路。在土地储备开发的现场施工中，如果有可利用的道路，则对原有道路进行简单修整，以有利于机械进出场和施工方便。如果没有可利用的道路，则需要由初步开发实施主体负责修建临时施工道路。临时用路需要考虑能够使施工车辆最便捷地往返于工地、堆土场、取土区、材料供应地，但需要注意尽量避开居住区、生活道路。

(2) 临时用电。施工现场的用电，一般要根据附近的电源，建设专用的配电室，采用集中管理的办法，来保证施工现场的办公、施工及生活用电。一般来讲，所用电力根据电压的不同从配电室中被分为三路接出：一路作为办公、生活用电；一路作为拌和场的机械用电；另一路作为施工用电。

(3) 临时用水。临时用水一般就近选取市政供水管网铺设供水管线，但必须考虑周边用水单位的用水量，以防止影响周边用水单位用水。对于不在市政供水范围内的项目，土地

储备开发实施主体必须申报使用地下水并组织开挖水井,或者申报使用河、渠用水并建设临时用水设施。

3. 市政基础设施建设的实施

(1) 场地平整。在进行道路管线建设之前,必须先完成场地平整,包括地上物的拆除、高地铲平、低地填埋等。在施工中,尽量本项目渣土在本项目内使用,以减少渣土外运、外购的成本。

(2) 道路施工。道路施工在安排进度计划时必须兼顾路基、排水的各道工序以及结合周围环境。

(3) 管线施工。管线施工主要包括污水管线、雨水管线、供水管线、供气管线、供热管线、供电管线、通信管线、电视管线等工程的施工。管线工程多为地下工程,具有隐蔽性、交叉性、多专业施工性和后期维修的困难性等特点。在施工前,必须仔细审查施工图纸,把图纸中的内容与实际现状相对照,验证是否存在矛盾,并在规范许可的范围内尽可能提出一些切实可行的改进意见或建议,以加强图纸与实际场地、实际需求的吻合程度。合理安排施工顺序,原则上要求按先深后浅、先管后线、先暗后明的顺序进行,管线施工的先后顺序一般为:雨污水、煤气、热力管、自来水、污水管、供电线路、通信线路、电视及室外照明线路等。

7.4.6 土地储备开发项目的验收

1. 内部验收

项目完工后,施工单位自行对建设项目进行验收,以保证工完场清、资料齐全。

2. 监理验收

内部验收合格后,施工单位向监理单位和土地储备开发实施主体提出验收申请,监理单位和土地储备开发实施主体确认项目已经具备验收条件后,开展监理验收,严格检查项目质量,审查竣工资料,对发现的问题提出处理意见,并组织施工单位尽快落实解决。

3. 正式验收

在监理验收合格后,土地储备开发实施主体向土地储备开发主体提出验收申请。正式验收包括现场验收、权属验收、资料验收、成本验收。

(1) 现场验收是指土地储备开发主体在受理土地储备开发实施主体提出的正式验收申请后,组织国土、规划、建设、交通、市政等管理部门专家组成验收组进驻项目现场,对项目用地开发前后的面积、现状、平整、四至进行核实,对市政设施、配套设施、安置房等建设内容进行实地检查。

(2) 权属验收是指国土、房屋等管理部门对项目用地范围内土地、房产等权属资料进行查验,并对涉及的主要权利人进行走访与座谈,多方听取当事人意见,以保证项目用地权属清晰完善。

(3) 资料验收是指国土、规划、建设、交通、市政等部门对土地储备开发实施方案中明确需要由土地储备开发实施主体完成的申报文件进行查验,以保证申报事项全部完成,同时对土地储备开发中涉及的各类资料进行查验，保证资料的完备。

(4) 成本验收是指国土、财政等部门委托土地评估机构或审计机构对项目进行成本分析或审计，并组织专家组对成本分析报告或审计报告进行评审。

通过上述四项验收后，验收组出具验收意见，验收合格项目纳入土地储备库或直接组织入市交易；对于不合格项目，验收组提出问题及解决方案，并明确解决期限，待改进后重新组织验收。

纳入土地储备库的项目，由土地储备开发主体根据验收确认的土地储备开发成本及约定的开发利润向土地储备开发实施主体支付费用，土地储备开发实施主体向土地储备开发主体移交项目资料办理交付手续。直接入市交易项目，由获得土地使用权人与土地储备开发主体、土地储备开发实施主体签订三方合同，土地使用权人向土地储备开发实施主体支付土地储备开发成本及利润，土地储备开发实施主体向土地使用权人交付土地及资料。

本 章 小 结

我国绝大多数市、县都在实施土地储备制度。城市土地储备制度的建立，对房地产开发产生了重要影响。本章以土地储备开发程序为主线，介绍土地储备开发的相关知识。通过本章的学习，应当能够熟悉土地储备开发中的基本理论知识，掌握土地储备开发基本工作程序与内容。

习 题

1. 土地储备开发计划编制的原则是什么？
2. 土地储备开发计划的主要内容包括哪些？
3. 土地储备开发实施方案的主要内容包括哪些？
4. 土地储备开发实施的模式主要有哪几种？各种模式之间的差异有哪些？
5. 土地储备开发行政审批主要包括哪些内容？
6. 征地、拆迁工作的程序是什么？

第 8 章 房地产开发项目的规划设计

【学习要点及目标】

- 了解城市规划的概念和编制体系。
- 懂得居住区规划的具体内容。
- 懂得居住建筑节能节地的设计手段。
- 掌握对规划设计进行评价的方法。

【核心概念】

城市总体规划和详细规划；居住区规划；居住区用地组成；容积率；建筑密度；日照间距；规划方案的评价。

【引导案例】

某地产开发公司准备对某一地块进行商业开发，现有两个规划方案。方案一建筑容积率高，有较多的沿街商业设施，能带来较高的商业利润，但建筑形式比较单一，建筑识别度不高；方案二建筑形式独特，形成了围合式的院落，场所感强，但经济性不如方案一。在实际开发中，该选择哪个方案呢？

8.1 房地产开发项目的规划设计

8.1.1 城市规划的概念

根据国家标准《城市规划基本术语标准》(1998 年)，城市规划是"对一定时期内城市的经济和社会发展、土地利用、空间布局以及各项建设的综合部署，具体安排和实施管理"。城市规划的共同和基本的任务是通过空间发展的合理组织，满足社会经济发展和生态保护、文化传统保护等的要求。

现代城市规划既是一项社会实践活动，也是一项政府职能，同时也是一项专门技术，具有综合性、政策性、民主性和实践性的特点。

8.1.2 城市规划的编制体系

城市规划是城市政府为达到城市发展目标而对城市建设进行的安排,城市中的一切开发建设活动,都必须服从城市规划和规划管理。城市规划分为总体规划和详细规划,详细规划又可分为控制性详细规划和修建性详细规划。

1. 总体规划

编制城市总体规划应先编制总体规划纲要,作为指导总体规划编制的重要依据。城市规划纲要研究确定城市总体规划的重大原则,并作为编制城市总体规划的原则。

城市总体规划是在较长时期内,对整个城市的发展进行的综合部署,从宏观上控制城市土地合理利用和空间布局,指导城市协调发展。总体规划是编制城市近期建设规划、详细规划、专项规划和实施城市规划行政管理的法定依据。它的主要任务是:综合研究和确定城市性质、规模和空间发展状态,统筹安排城市各项建设用地,合理配置城市各项基础设施,处理好远期发展与近期建设的关系,指导城市合理发展。城市总体规划的期限一般为 20 年,同时应当对城市远景发展做出轮廓性的规划安排。

分区规划是在总体规划的基础上,具体地划分土地使用界限,对土地使用的进一步分类,对不同使用性质的位置和范围提出控制性要求。它的主要任务是:在总体规划的基础上,对城市土地利用、人口分布和公共设施、城市基础设施的配置做出进一步的安排,以便与详细规划更好地衔接。

2. 控制性详细规划

控制性详细规划是我国特有的规划类型,通过数据控制落实规划意图,具有法律效应。控制性详细规划以控制建设用地的性质、使用强度和空间环境,作为城市规划管理的依据,并指导修建性详细规划的编制。控制性详细规划是从战略性控制到实施性控制的编制层次。

控制性详细规划的内容包括:①详细规定所规划范围内各类不同使用性质用地的界线,规定各类用地内适建、不适建或者有条件地允许建设的建筑类型;②规定各地块建筑高度、建筑密度、容积率、绿化率等控制指标,规定交通出入口方位、停车泊位、建筑后退红线距离、建筑间距等要求;③提出各地块的建筑体量、体型、色彩等要求;④确定各级支路的红线位置、控制点坐标和标高;⑤根据规划容量,确定工程管线走向、管径和工程设施的用地界线;⑥制定相应的土地使用与建筑管理规定。

3. 修建性详细规划

修建性详细规划是按照城市总体规划、分区规划以及控制性详细规划的指导、控制和要求,以城市中准备实施开发建设的待建地区为对象,对其中的各项物质要素进行统一的空间布局。修建性详细规划具有实施性强、形象和编制主体多元化的特点。

修建性详细规划的内容包括:①建设条件分析及综合技术经济论证;②做出建筑、道路和绿地等的空间布局和景观规划设计,布置总平面图;③道路交通规划设计;④绿地系统规划设计;⑤工程管线规划设计;⑥竖向规划设计;⑦估算工程量、拆迁量和总造价,分析投资效益。

城市规划体系,具有从抽象到具体、从发展战略到操作管理、从宏观到微观、从概要说明到详细布局、从整体到局部、从远期目标到近期建设实施的特点,从而构成了完整的城市规划层次体系,是指导房地产开发的重要依据。

8.1.3 居住区规划

房地产开发涉及的规划,在实际中以居住区(居住小区)居多,因此,这里着重介绍有关居住区规划的内容。

1. 居住区的用地组成

根据居民社会生活活动的需求和居住功能的要求,居住区用地一般包括以下几种。

(1) 住宅用地。指建造住宅的用地,用地包括住宅建筑的基地、住宅之间的日照间距、宅前宅后必要的安全与卫生距离、住宅建筑入口的小路、宅旁绿化及底层杂物小院等。

(2) 公共服务设施用地。指居住区内公共建筑和公用设施的建设用地,包括公共建筑和公用设施的基地、附属用地(绿化、停车场、广场、活动场地等)及道路等。

(3) 道路用地。指居住区内的道路广场、停车场用地,包括居住区内的各级道路、广场、社会及居民停车场等,但不包括上述两类居住用地内的道路、广场和停车场。

(4) 公共绿地。居住区内的各类公共绿化用地,包括居住区公园、小游园、街头绿地、林荫道、宅间日照间距以外的绿地、活动场地及运动场等,不包括居住区内的各种专用绿地。

以上四种用地是居住区的主要组成用地,但在居住区中还有与居民关系密切的、互不干扰的小型工厂的工业用地,可以给居民提供就近就业场所的城市公共设施用地及市政设施等其他用地。

2. 居住区的规模

居住区的规模包括人口和用地两个方面,由于人口数量对于设施等的影响较大,因此,一般以人口规模作为标志,用地规模的大小是以人口规模的变化和城市功能的改变所形成的地域空间来划分。对居住区规模的影响因素是多方面的,但影响最大的主要有以下几个方面。

(1) 公共服务设施的经济性。居住区级的公共服务设施是依据该区居住人口的数量来配套设置的,要使公共服务设施达到满足居民日常生活所需的精神和物质要求,就需要设置较完备的商业服务、文化教育、医疗卫生等设施,同时设施要维持运转,还需要一定规模的人群来支撑,使设施被合理地使用,这个人群的规模要维持在50 000人以上。

(2) 公共服务设施的合理服务半径。居住区的公共服务设施的设置不仅要考虑其经济性,还要考虑其辐射的范围——服务半径。合理的服务半径是指居民到达居住区级公共服务设施的最大步行距离,一般为800~1000m,在地形起伏的地区可适当减少。居住区的地域空间规模受到了以经济性为下限,以服务半径为上限的约束。

(3) 城市道路交通与完整的地域单元。现代城市居住区的发展变化与机动车的发展关系十分密切。现代城市交通的发展要求城市干道之间要有合理的间距,以保证城市交通的安全、快速和畅通。一般认为居住区是被城市主干道和自然边界划分而成的完整的地域,城市干道的合理间距在 600~1000m。

居住区是城市空间的重要组成部分，在空间布局和功能布局上应充分考虑城市的整体性。综合上述因素，居住区的人口规模一般为 3 万~5 万人，用地规模为 40~100hm^2。

3. 居住区的布局结构和道路系统

在居住区规划的设计和实践中，逐步形成了"居住区——小区——组团"的城市居住区组织形式。居住组团是由若干栋住宅集中紧凑地布置在一起，在建筑上形成整体的、在生活上有密切联系的住宅组织形式，它是居住区中最基本的布局结构形式。若干住宅组团的有机结合构成居住小区，它是由城市道路以及自然界线(如河流)划分的完整居住地段。居住小区的再次组合就是居住区。表 8-1 所示为居住区分级控制规模的住户数量和人口数量指标。常见的居住区规划空间结构主要有内向型、开放型、自由型等。

表8-1 居住区分级控制规模指标

分级	居 住 区	小 区	组 团
户数(户)	10 000~16 000	3000~5000	300~1000
人口(人)	30 000~50 000	10 000~15 000	1000~3000

居住区内部道路是城市居住区的骨架，居住区道路不仅具有组织车行交通和人行交通的功能，同时也具有保持居住环境，避免穿越式交通，提供居民交往、休闲的功能，此外，还是市政管线敷设的通道。居住区原则上不允许过境交通穿过，不能有过多的车道出口通向城市交通干道，出入口间距应不小于 150~200m。

房地产开发的适宜规模是居住小区。居住区的布局结构往往通过其内部的道路系统分割而成。居住区的道路分为居住区道路、小区道路、组团道路和宅间小路四级。居住区级道路是居住区的主要道路，一般是城市的次干路或城市支路，既有组织居住区交通的作用，用以划分和联系各小区，也具有城市交通的作用，解决居住区的对外联系，道路红线宽度为 20~30m，车行道宽度不应小于 9m，人行道宽度为 2~4m 不等；居住小区级道路具有连接小区内外，组织居住组团的功能，一般不允许城市交通和公共交通进入，红线宽度一般为 10~14m，车行道宽度 6~8m，人行道宽 1.5~2m；组团级道路主要用于沟通组团的内外联系，以通行自行车和人行为主，宽度一般为 4~6m；宅间小路一般是进出庭院及住宅的道路，主要通行自行车和行人，但也要满足消防、救护、搬家、垃圾清运等汽车的通行，一般宽度不小于 2.6m。

道路的最小宽度，在较为理想的条件下，考虑到车辆的种类和设计车速，单车道宽度应在 3.5m 以上，双车道可为 6~7m。在《民用建筑设计通则》中规定：考虑机动车与自行车共用的通路宽度不应小于 4m，双车道不应小于 7m。《建筑设计防火规范》和《高层民用建筑设计防火规范》中规定，消防车道的宽度不应小于 3.5m。人行道宽度可视具体情况而定，设在车道两侧的人行道宽度一般不应小于 1.5m。

4. 住宅的规划布置

影响住宅组群布局的主要物质因素是地形地貌、建筑物、植物三大类。行列式、周边式和点群式是住宅群体组合中最常用的三种基本组织方式。此外，还有将三种基本方式综合运用的混合式,以及因地形地貌、用地条件的限制,因地制宜而形成的自由式。

1) 行列式

行列式是建筑按照一定的朝向和合理的间距成排布置的方式。这种布置方式能使绝大多数居室获得良好的日照和通风,利于管线敷设和工业化施工,是各地广泛采用的一种方式。但住宅群体和形成的空间形式单调,识别性差,易产生穿越交通。因此在规划布局时常利用建筑山墙错列、建筑单元错落拼接等方式来活跃空间气氛。常见的行列式布局形式见表 8-2、表 8-3。

表 8-2 行列式布局常见形式 1

基本形式	山墙错落前后交错	左右交错	左右前后交错

表 8-3 行列式布局常见形式 2

单元错开拼接 不等长拼接	等长拼接	成组改变朝向

2) 周边式

周边式是建筑沿街坊或院落周边围合布置的形式,形成的院落空间较为封闭,便于在其中组织公共绿化休息园地,对于寒冷和多风沙地区,可阻挡风沙和减少院内风雪,同时还可以节约建筑用地,提高建筑密度。周边式形成的内向集中空间,空间领域感和归属感较强。但其主要缺点是东西向的住宅比例较多,居室朝向差,不利于湿热地区使用,转角单元空间较差,有旋涡风、噪声及干扰较大,对地形适应性差,而且施工复杂、不利于抗震、造价高。常见的周边式布局形式见表 8-4。

表 8-4 周边式布局常见形式

单周边	双周边	自由周边

3) 点群式

点群式是由建筑基底面积较小的建筑相互邻近形成的散点状群体空间。点群式布置的住宅建筑一般为点式或塔式住宅，住宅日照和通风条件较好，对地形的适应能力强，但缺点是建筑外墙面积大，不利于节能，而且形成的外部空间较为分散，空间主次关系不够明确，视线干扰较大，识别性较差。

4) 混合式

混合式是以上三种布局方式的混合形式。较常用的是以行列式为主，以少量住宅、公共建筑沿道路或院落周边布局，或在用地边角处散点状布局，形成兼具封闭和开敞感的院落空间。这种布局方式可以保证大量住宅具有较好的朝向和日照，还可以形成一定的主次空间，空间的封闭感和开敞感均可以达到，而且易于与用地结合，因此在实际运用中具有较强的适应性。

5) 自由式

自由式是根据具体的地形特点，在考虑日照、通风技术要求的前提下，建筑成组成群、灵活自由地布置。

5. 住宅选型

住宅类型很多，如按层数划分，有低层住宅、多层住宅和高层住宅。1~3 层的住宅为低层住宅，4~6 层的为多层住宅，7~9 层的为中高层住宅，10 层以上为高层住宅。由于在居住小区开发中，有大量的建筑是住宅，因此，住宅选型是规划的主要内容，它直接影响土地的经济利用、住宅需求、建筑造价、景观效果以及施工的难易程度。

1) 低层住宅

低层住宅一般指 1~3 层的住宅建筑。随着城市的发展，城市建筑密度大大增加，使得多、高层住宅在城市住宅中所占的比例逐步增大，低层住宅主要存在于人口密度相对较低的城市郊区和小城镇。

低层住宅一般可分为以下两种类型。

(1) 城市集合型低层住宅。城市集合型低层住宅是指在城市范围内以集中形式建造的低标准低层住宅，适用于农业社会和农业社会向工业社会过渡的阶段。但随着社会经济的发展，这种比例逐步减小，除小城镇以外，一般只出现在占地较大的工矿企业或单位，或是在旧城保护区，以及新建住宅区的局部地段，多是为与多、高层住宅在空间和环境等方面相配合而修建的。

(2) 别墅。别墅的原本含义为："住宅以外的供游玩、休养的园林式住房。"是一种除"正宅"以外的"副宅"。随着城市环境质量的下降、交通和通信更为发达等原因，别墅的范围也开始涵括"正宅"的内容，既可以是住户休养的住所，也可以是常年栖居的生活用房。别墅可分为城市型别墅和郊野型别墅，近年还出现了商务型别墅、度假型别墅。

从建筑标准(主要指面积标准和建筑质量标准)上和环境标准(主要指住宅周围的环境及服务设施)上有一定的差别，别墅的标准较高，而城市集合型住宅的标准相对较低。低层住宅的低层数和小体量较易形成亲切的尺度，住户的生活活动空间接近自然环境，符合人类回归自然的心理需求；建筑造型较为灵活，有"前院后庭"的理想家园模式，使居民对住宅及居住环境有较强的认同感和归属感。但低层住宅也有一些缺点：不利于节约土地，密度较低，与多、高层住宅相比，底层和顶层面积较多，不够经济，道路、管网及其他设施的使用效率低。

2）多层住宅

多层住宅的平面类型较多，按交通廊的组织可分为梯间式、外廊式、内廊式、跃廊式；按楼梯间的布局可分为外楼梯、内楼梯、横楼梯、直上式、错层式；按拼接与否可分为拼联式与独立单元式(常称点式)；按天井围合形式可分为天井式、开口天井式、院落式；按照其剖面组合形式可分为台阶式、跃层式、复式、变层高式。

(1) 梯间式。由楼梯平台直接进分户门，一般每梯可安排 2～4 户。这种类型平面布置紧凑，公共交通面积少，户间干扰少而较安静，但往往缺少邻里交往空间，且多户时难以保证每户有良好的朝向。

(2) 外廊式。长外廊便于各户并列组合，对小面积套型较为适宜，一梯可服务多户，分户明确，每户有良好的朝向、采光和通风，外廊敞亮，有利于邻里交往和安全防卫，但公共外廊对户内有视线及音响干扰，在寒冷地区不易保温防寒，在气候温和地区采用较多。也可将拼联户数减少，形成短外廊式，既有长外廊某些优点而又较安静，且有一定范围的邻里交往。

(3) 内廊式。长内廊的两侧布置各户，楼梯服务户数增多，使用率大大提高，且房屋进深加大，用地节省，在寒冷地区有利于保温。但各户均为单朝向户，且内廊较暗，户间干扰也大，户内不能组织良好的穿堂风。可缩短内廊，形成短内廊式(内廊单元式)，保留了长内廊的一些优点，且居住较安静，在我国北方应用较广。由于中间的单朝向户通风不佳，在南方地区不宜采用。

(4) 跃廊式。跃廊式是由通廊进入各户后，再由户内小楼梯进入另一层。由于隔层设通廊，从而节省交通面积，增加服务户数，且又可减少干扰，每户有可能争取两个朝向。常在下层设厨房、起居室，上层设卧室、卫生间，套内如同低层住宅，居住较安静。在每户面积大，居室多时较适宜。

(5) 台阶花园式。住宅单元逐层错位叠加、层层退台，使每户都有独用的大面积平台，外形形成台阶形或金字塔形。室外环境有如低层住宅，为每户提供了休息和户外活动场所，相对来说也比较节约用地。但是要求每户有独立的室外入口，有两套垂直交通系统，在阶梯形住宅中央空间设置车库或其他公用设施。

(6) 跃层式。当套型面积较大、居室较多时，做成跃层式住宅可以上下层动静分区，将起居室、厨房、餐厅布置在下层，卧室布置在上层，居住较安静，车库放在底层，并在其屋顶作绿化和休息交往空间。在竖向组合中，也可以跃半层，使住户室内各部分处在不同的标高上，其优点在于可以结合地形，或利用底层的空间高差布置商店或贮藏，并有利于户内分区，但应注意结构和抗震等的处理。

(7) 复式。复式住宅是在住宅层高为 3.3～3.5m 的情况下，在内部空间中巧妙地布置夹层，形成空间重复利用。起居空间最高，不设夹层，其他空间则做夹层处理，从而大大提高了空间利用率。复式住宅在构造和施工上有一定的复杂性，且有些空间比较低矮狭小，使用不便。

(8) 变层高式。变层高式住宅根据不同的层高进行搭配，起居室较高，卧室次之，厨房和卫生间等服务空间则较低，既可以高效利用空间，又可以节约材料和用地。

3) 高层住宅

(1) 单元组合式高层住宅。以单元组合成为一栋建筑，单元内各户以电梯、楼梯为核心布置。单元组合式高层住宅平面形式很多，常见的有矩形、T形、十字形、Y形及Z形等，也有以电梯、楼梯间作为单元和单元组合之间的插入体。

(2) 长廊式高层住宅。长内廊高层住宅各户在内廊两侧布置，可以经济利用通道，使电梯服务户数增多。长内廊的过道通风条件很差，在发生火灾时不易排除烟热，常需设置机械通风设备。长外廊高层住宅一般都将外廊封闭，利用外廊作为安全疏散的通道。另外，还可以将外廊连成环形，形成大天井。

(3) 塔式住宅。塔式住宅是指平面上两个方向的尺寸比较接近，而高度又远远超过平面尺寸的高层住宅。这种类型住宅是以一组交通枢纽为中心，各户环绕布置，不与其他单元拼接，独立自成一栋。这种住宅的特点是能适应地段小、地形起伏复杂的基地。在住宅群中，与板式高层住宅相比，较少影响其他住宅的日照、采光、通风和视野，可以与其他类型住宅组合成住宅组团，使街景更为生动。塔式住宅内部空间组织比较紧凑，采光面多，通风好，目前我国许多城市都经常采用。

(4) 跃廊式高层住宅。跃廊式高层住宅每隔一到二层设有公共走道，由于电梯可隔一或二层停靠，从而大大提高了电梯的利用率，既节约交通面积，又减少了干扰。跃廊式的公共走廊可以是内廊也可以是外廊，跃层既可跃一层，也可以跃半层，也可以有的户是跃层，有的户不是跃层。

6．公共建筑规划布置

居住区公共服务设施(也称配套公建)，是指居住区内除住宅建筑之外的其他建筑，是为居民生活配套服务的建筑，是居民居住生活的重要物质基础，关系到居民生活的质量和方便程度。从公共服务设施的内容上看，分为教育、医疗卫生、文化、体育、商业服务、金融邮电、社区服务、市政公用和行政管理及其他等九类设施。居住区公共服务设施定额指标包括建筑面积和用地面积两个方面，公共建筑的规模一般以每千人拥有的各项公共服务设施的建筑面积和用地面积，称为"千人指标"。

居住区公共服务设施分为居住区、小区、组团三级，居住区级配套公建多属非经常使用的医院、文化中心、大型商业设施等，服务半径一般为800～1000m；小区级配套公建一般是经常使用的幼儿园、超市、银行、健身设施等，服务半径一般为400～500m；组团级配套公建主要是居委会、小型商业服务设施、垃圾收集、车库、市政公用设施，服务半径一般为150～200m。

居住区配套公共建筑的规划布置应按照使用的频繁程度分等级、与人口规模相适应、成套配置和集中与分散相结合的原则进行布置。居住区配套公共建筑的规划布置的基本原则如下：

(1) 各级公共建筑应有合理的服务半径，以便于居民使用。

(2) 应设置在交通较方便、人流较集中的地段，符合人流走向。

(3) 如为独立的工矿居住区或地处市郊的居住区，则应在考虑附近地区使用方便的同时，还要保持居住区内部的安宁。

(4) 各级公共服务中心宜与相应的公共绿地相邻布置，或靠近河湖水面等一些能较好体现城市建筑面貌的地段。

居住小区级公共服务设施分为商业服务设施和儿童教育设施两大类。根据居住区配套公共建筑的功能的不同，公共建筑可按照如下方式进行布置。

居住区文化商业服务中心的布置方式大致有三种：沿街线状布置、独立地段成片集中布置、沿街和成片集中相结合的布置方式。沿街线状布置是我国传统的布置方式，对改变城市面貌、丰富城市景观有显著的效果，特别是采用沿街住宅带底层商店的方式比较节约用地，但在使用和管理方面不如成片集中的方式有利。独立地段成片集中布置的形式对改变城市面貌方面不如沿街带状布置效果大，且用地偏多，但由于在独立地段建造，可充分满足各类公共服务设施的布置要求，方便使用和管理。沿街和成片集中相结合的布置方式，吸取了前两种的优点。居住区文化商业服务中心的布置具体采用什么形式，应根据居民生活习惯、气候条件、建设规模综合考虑。

居住区商业服务设施的基本布置方式有两种：一是设在住宅或其他建筑底层；二是独立设置。住宅底层设置商业服务设施是我国比较常见的布置方式。独立设置的商业服务设施可以布置在同一幢空间较大的建筑内，也可以由几幢建筑结合周围环境加以组合。在用地上比住宅底层商店多，优点是平面布置灵活，能统一柱网，简化结构。这种方式集中紧凑，便于居民使用。

中小学是居住小区级公共服务设施中占地面积和建筑面积最大的项目，直接影响居住区的规划结构。一般小学的服务半径为 500m 左右，中学为 1000m 左右。中小学的布置一般应设在居住区或小区的边缘，沿次要道路比较僻静的地段，不宜在交通频繁的城市干道或铁路干线附近布置，以免噪声干扰，同时应注意学校对居民的干扰，与住宅保持一定的距离。托幼最好布置在环境安静，接送方便的单独地段。

7．居住区绿地的规划布置

居住区绿地与居民生活关系密切，对改善居民的生活环境和城市生态环境发挥着重要的作用。居住区绿化系统包括公共绿地、公共建筑或公用设施附属绿地、宅旁和庭院绿地、街道绿化等。

居住区的绿地指标由平均每人公共绿地面积和绿地率所组成。根据我国现行《居住区绿地设计规范》(DB11/T 214—2016)规定，居住区内公共绿地的总指标应根据人口规模分别达到：住宅组团不少于 $0.5m^2$/人，居住小区(含组团)不少于 $1m^2$/人，居住区(含小区与组团)不少于 $1.5m^2$/人。对绿地率的要求新区不低于 30%，旧区改建不低于 25%。

居住区绿地规划的基本要求如下。

(1) 根据居住区的功能组织和居民对绿地的使用要求采取集中与分散，重点与一般及点、线、面相结合的原则，以形成完整统一的居住区绿地系统。

(2) 尽可能利用劣地、坡地、洼地进行绿化，以节约用地。充分利用建设用地中的原有绿化、河湖水面等自然条件。

(3) 注意美化居住环境。

(4) 以价廉、易管、易长为原则。在居住区的重要地段少量种植形态优美，具有色、香和地方特色的花木或大树，使整个居住区的绿化环境能保持四季常青的景色。

8. 居住区停车场规划设计

近年来，我国居民小汽车的拥有比例呈逐年提高的态势，小汽车的停放问题已成为居住小区的普遍问题。机动车停车场(库)的布局应考虑使用方便，服务半径不宜超过 150m。《城市居住区规划设计标准》(GB 50180—2018)对地面停车率的控制主要是出于对地面环境的考虑，控制地面停车数量，提出地面停车率不宜超过 10%的控制指标，停车率高于 10%时，其余部分可采用地下、半地下停车或多层停车库等方式。

一般小汽车的停车面积可按每个停车位 25～30m^2 来计算。地下停车场(库)及地面多层式停车场(库)，每个停车位面积可取 30～40m^2。在停车场边缘及转角处的停车位应比正常的更大一些，以保证车辆进出方便、安全，特别是在受到建筑物、车道或其他障碍物的限制时，更要考虑尺寸上的余地，一般端部的停车位应比正常的宽 30cm。在架空建筑物下面的停车位宽度应为 3.35m，净高应在 2.1m 以上，而且布置时应注意到柱子等对车辆进出的影响。

1) 停车方式及停车带和通道宽度

车辆的停放方式按其与通道的关系可分为三种类型：平行式、垂直式和倾斜式。

(1) 平行式即车辆平行于通道方向停放，这种方式所需停车带较窄，车辆驶出方便、迅速，但占地最大，单位长度内停放的车辆较少，较适宜于路边停车。

(2) 垂直式即车辆垂直通道方向停放，这种方式停车单位长度内停放的车辆数最多，用地比较紧凑，但停车带占地较宽，且在进出停车位时，需要倒车一次，因而要求通道至少有两个车道宽。可按两边停车，合用中间一条通道。

(3) 倾斜式即车辆与通道成角度停放，一般为 30°、45°、60° 三种角度停放。这种停车方式的停车带随车身长度不同而异，在场地受限制时采用。这种方式车辆出入及停车均方便，故有利于迅速停置和疏散。这种停车方式的缺点是停车位面积较上两种方式要多，用地较浪费，需要合理解决三角块用地的使用。

2) 常见的停车设施

(1) 停车场。地面停车是一种最常见也是最便捷的停车形式，可根据居住区交通的组织、道路系统和住宅系统的布局，利用路边、组团之间、宅间等零星的边角地段，布置形式灵活、多样的地面停车场。地面停车场在布置时应注意处理好车辆出入与人行走的关系；车辆出入的组织与相毗邻的道路交通方向一致，停车场内车辆应采用单向行驶路线。

对于地面的公共停车场，当停车位的数量大于 50 个时，须设置 2 个以上出入口。当停车位的数量大于 500 个时，出入口的数量不得少于 3 个；而且这时出入口之间的间距须大于 15m。

地下停车场，当车位数量大于 25 个时，应设置至少两个出入口。地面之上的多层停车场，当车位数小于 100 个时，可以设置一个双车道的出入口；当车位数大于 100 个时，应设置两个以上的出入口。地面的小汽车停车场出入口宽度不得小于 7m。

(2) 多层停车库。多层停车库按车辆进库就位的不同情况，可分为坡道式车库和机械化车库两类。坡道式车库又划分为直坡道式车库、错层式车库(半坡道式车库)、螺旋坡道式车库、倾斜楼板式车库和机械化车库。

① 直坡道式车库由水平停车楼面组成，每层间用直坡道相连，坡道可设在库内或库外。

这类车库布局简单整齐，交通路线比较明确，但用地不够经济，每车位占地面积较多。

② 错层式车库是直坡道式车库的发展，至少要由两个停车段组成，而且相互错半层，用短坡道相连。因坡道长度缩短，坡度也允许陡些。这类车库每车占用面积较小，用地较经济，若两错层间局部重叠用地更省。但交通线对部分车位有些干扰，外立面呈错层形式。

③ 螺旋坡道式车库与直坡道式车库相似，层间用圆形坡道联系(即螺旋式)，坡道可设单行或双行(双行时上行在外，下行在内)。这类车库布局比较简单整齐，交通路线明确，上下行坡道干扰少，车速较快。但螺旋式坡道造价较高，用地同样不够经济，每车位占地面积较多。

④ 倾斜楼板式车库由坡度很缓的连续倾斜停车楼面组成，通道同时也是坡道，无须再设专门的单独坡道，所以每车位占用面积比较少。但交通路线较长，对车位有干扰，外立面随楼板结构呈连续斜面。

⑤ 机械化车库是采用电梯(升降机)将车辆上下运送(亦有电梯兼做水平运行的)。其优点是节省用地，能在狭窄或不规则用地上建造，建筑费用较低。不过，这种车库使用效率往往受出入口限制，每车所占用的总平均面积与坡道式车库所占用面积几乎相同，且机械设备费用也较贵，故无法体现其优越性。

8.2 房地产开发项目规划设计方案的技术经济因素分析

在房地产开发项目中，规划设计方案的合理性直接关系到开发企业的投资效益。房地产开发项目规划设计方案的技术经济影响因素主要分为两类：一类是整个开发区规划设计方案的综合技术经济因素，另一类是单体建筑设计方案的技术经济因素。

8.2.1 住宅开发区规划的综合技术经济因素分析

居住区的技术经济指标一般由两部分组成：用地平衡及主要技术经济指标。用地平衡表的作用一般是对土地使用现状进行分析，作为调整用地和制订规划的依据之一；进行方案比较，检验设计方案用地分配的经济性和合理性；作为审批居住区规划设计方案的依据之一。

1. 用地容积率

用地容积率简称容积率(又称建筑面积密度)，指开发区内建筑面积与开发用地面积之比，或单位面积用地上所分摊的建筑面积。

$$容积率 = 总建筑面积 / 总用地面积$$

在规划方面，容积率用来控制土地的使用强度，即开发企业必须在控制性详细规划所提出的容积率范围内进行房地产开发活动。城市通过容积率控制的手段，来达到保护城市环境质量，保证基础设施合理运行的目的。

当容积率控制与开发项目功能存在矛盾时，开发企业可向城市规划管理部门申请增加容积率。

1) 容积率补偿

在开发建设中对已满足规划管理的各项经济技术指标要求，并为城市环境或公共事业做出贡献、符合下列情况之一的，可给予容积率补偿。

(1) 在开发建设用地范围内留出已满足规定指标外的公共用地，或建筑底层架空开敞用地，其目的是为城市提供公共绿地或公共活动场所的。提供的公共用地必须符合以下要求：任意方向净宽大于 10m，实际使用面积大于 $100m^2$；常年每天 24 小时敞开为公众开放活动，不得改变使用性质。

(2) 在开发建设用地范围内在满足规定指标的条件下，提供用地作为城市公共停车场。要求公共停车场设于地面且直接对外，停车位大于 20 泊位。

满足上述两项补偿容积率标准按每提供 $1m^2$ 开敞的城市公共活动空间、公共绿地和公共停车场，补偿 $1.5 \sim 2.5m^2$ 建设面积(旧城区取上限，新区取下限)。

2) 容积率转让

在相邻用地之间，其用地性质相同或性质相容的，可以转让容积率，转让数额不得大于用地中较小地块容积率的 10%。

3) 容积率提高

建设方面确因特殊需要，要求提高容积率和建筑高度的，需经规划管理部门审查并报市政府有关领导审批。获准后，按其超出规定指标的面积计算，由开发建设单位向政府缴纳超标增容费。

此外，有的城市在旧区开发中，对于拆迁户多、还建面积大的地段，考虑到开发企业的积极性，保证开发企业的基本利益，允许开发企业向规划管理部门申请无偿增容。

2．建筑密度

建筑密度是指在开发用地范围内，建筑物的基底面积总和与占用地面积之比，即建筑物的覆盖率，具体指项目用地范围内所有建筑的基底总面积与规划建设用地面积之比，它可以反映出一定用地范围内的空地率和建筑密集程度。计算公式如下：

建筑密度=建筑物基底面积总和/规划建设总用地面积

在居住区规划中，建筑密度一般指居住建筑密度，即住宅建筑净密度。计算公式如下：

住宅建筑净密度=住宅建筑基底总面积/住宅用地总面积

住宅建筑密度主要取决于房屋布置对气候、防火、防震、地形条件和院落使用等要求，因此住宅建筑净密度与房屋间距、建筑层数、层高、房屋排列方式等有关，在同样条件下，一般住宅层数越高，住宅建筑净密度越低。

3．平均层数

平均层数是指各种住宅的层数平均值。一般按各幢住宅楼各层建筑面积总和与基底面积之比进行计算。计算公式如下：

住宅平均层数=住宅总建筑面积/住宅基底总面积

例 8-1 已知各种层数住宅的建筑面积，一幢三层楼建筑面积 $3564.2\ m^2$，一幢四层楼建筑面积 $83\ 113.0\ m^2$，一幢五层楼建筑面积 $16\ 030.6\ m^2$，总建筑面积为 $102\ 707.8\ m^2$。试求其平均层数。

解：各种层数基底面积：

三层楼基底面积=3564.2/3=1188.1(m²)

四层楼基底面积=83 113.0/4=20 778.3(m²)

五层楼基底面积=16 030.6/5=3206.2(m²)

住宅基底总面积=1188.1+20 778.3+3206.2=25 172.6(m²)

平均层数=102 707.8/25 172.6=4.1(层)

容积率与建筑密度、平均层数的关系如下：

$$平均层数=容积率/建筑密度$$

由上式可知，当容积率一定时，平均层数越少，则建筑密度越高。房地产开发企业往往希望有较高的建筑密度，这样可以减少平均层数，使住宅建筑调整到经济层数上，从而降低建筑成本。但是，提高建筑密度则减少了空地，降低了建筑环境质量。因此，建筑密度指标是规划管理部门用来控制建筑基底面积，保证空地率的重要的规划控制指标。

4．建筑间距

建筑间距一般是指前后两排居住建筑之间的水平距离。建筑间距与建筑所在地区的日照、通风、防止噪声和视线干扰、防火、防震、绿化、管线埋设、建筑布局形式以及节地要求都有一定的关系，在设计中需要综合考虑确定。

1) 日照要求

日照要求是确定住宅建筑间距的主要依据。

每套住宅至少应有一个居住空间能获得日照；当一套住宅的居住空间超过四个时，其中宜有两个能获得日照。日照标准应符合《城市居住区规划设计标准》(GB 50180—2018)的规定。

住宅日照标准应符合表 8-5 的规定；对于特定情况还应符合下列规定。

(1) 老年人居住建筑日照标准不应低于冬至日日照时数 2h；

(2) 在原设计建筑外增加任何设施不应使相邻住宅原有日照标准降低，既有住宅建筑进行无障碍改造加装电梯除外；

(3) 旧区改建项目内新建住宅建筑日照标准不应低于大寒日日照时数 1h。

表 8-5　住宅建筑日照标准

建筑气候区划	Ⅰ、Ⅱ、Ⅲ、Ⅶ气候区		Ⅳ气候区		Ⅴ、Ⅵ气候区
城区常住人口(万人)	≥50	<50	≥50	<50	无限定
日照标准日	大寒日				冬至日
日照时数(h)	≥2		≥3		≥1
有效日照时间带(当地真太阳时)	8:00～16:00				9:00～15:00
计算起点	底层窗台面				

注：底层窗台面是指距室地坪 0.9m 高的外墙位置。

2) 节地措施

除了通过建筑单体设计外，还可以通过居住区建筑群体的规划布置来提高节约用地的效果。建筑群体组合的节地措施如下。

(1) 住宅底层布置公共服务设施。公共服务设施布置在住宅底层可以减少居住区公共建筑的用地。适宜布置在住宅底层的公共服务设施主要是一些对住户干扰不大，且本身对用房和用地无特殊要求的如小百货商店、居委会等设施。

(2) 合理利用住宅间用地。

第一，确定合理的日照间距系数，在满足卫生条件的前提下，尽量采用较小的间距系数，对于节地是很有意义的；可在总图布置时适当偏角，日照间距可以折减，可以节约用地。不同方位间距折减换算表见表8-6。

表8-6 不同方位间距折减换算表

方 位	0°～15°（含）	15°～30°（含）	30°～45°（含）	45°～60°（含）	>60°
折减值	1.00L	0.90L	0.80L	0.90L	0.95L

注：L 为住宅当地正南的标准日照间距。

第二，可以利用南北向住宅沿街山墙一侧的用地布置低层公共服务设施。这种布置方式既保证了住宅的良好朝向，又丰富了城市沿街面貌。其基本组合方式大致有如图8-1所示的几种。还可以在住宅间距内插建低层公共建筑或采用 Γ 型、Π 型、E 型、梳型等住宅，但这种方式对结构、施工、抗震等存在不利因素，一般不宜大量采用。

第三，可以通过巧妙的空间借用，在城市干道南侧布置高层，把日照间距用地纳入道路用地，使住宅北临或西临道路、绿地、河流等空间，可以适当提高层数，以达到在不增加用地和在不影响使用的情况下，提高建筑面积密度，但应注意与群体的统一协调。

第四，可以采用少量的东西向住宅。少量住宅东西向布置有利于组织院落，布置室外活动场地和小块绿地。东西向布置的住宅在南方地区为防止西晒，一般以外廊式为宜。

第五，可采用高低层住宅混合布置的方式，布置高层塔式住宅，不仅可以提高建筑密度，同时可以丰富群体面貌。

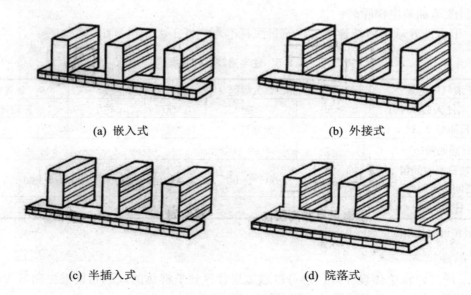

图8-1 住宅与公共建筑组合方式

(3) 利用地下空间和采用高架平台。

5．户室比

户室比是指各种户型住宅在总户数中所占的百分比，反映一定时期内社会对住宅需求的基本趋势和构成。在规划设计时，科学的户室比非常重要，直接决定了住房供给与需求的符合程度。在2006年5月24日，国务院九部委颁布的《关于调控房地产市场的六条政策》(业内称为"国六条")的文件中，第一条就明确规定要求切实调整住房供应结构。重点发展中低价位、中小套型普通商品住房、经济适用住房和廉租住房。各地都要制订和实施住房建设规划，对新建住房结构提出具体比例要求；$90m^2$以下住宅要占居住区开发住宅面积的70%以上。

我国各地住宅供需情况不尽相同，但户室比的变化总趋势呈"枣核状"，即两头小，中间大：一室户、三室户需求相对较少，二室户、二室半户需求多。另外，住房需求受经济收入、家庭人口结构、文化、习俗等多种因素的影响。因而，户室比呈"枣核状"普遍存在。

6．造价

造价是开发区规划设计方案最重要的经济技术指标，直接影响到开发企业的效益和住房需求者的购买能力。

8.2.2 住宅的技术经济因素分析

1．外墙周长系数

外墙周长系数是指每平方米建筑面积所分摊的外墙周长。

外墙周长系数=建筑物外墙周长(m)/建筑面积(m^2)

外墙周长系数是衡量外墙周长大小的参数，外墙周长系数越小，分摊在单位建筑面积的周长就小，则住宅建筑的单位造价就低；反之，外墙周长系数越大，则建筑的单位造价就高。一般建筑平面形状简单，它的外墙周长系数就小，单位造价就低(见表8-7)。在建筑面积一定时，合理地加大建筑物的进深，可以减少外墙周长系数。在间距和层数一定时，大进深、小面宽方案比小进深、大面宽方案明显节约用地。且当层数在6层以下时，每增加一层，每户基本用地的差别较明显，层数越低，差别越大，层数越高，差别越小。

表8-7 几种平面形状的建筑物的外墙周长系数

平面形状	10.95×10.95	8.00×15.00	8.00×15.50(带缺口)
建筑基地面积 $S(m^2)$	120	120	120
外墙周长 L(m)	43.8	46	51
外墙周长系数 L/S	0.365	0.383	0.425
变化率(%)	100	105	116

2. 平面系数

住宅建筑面积由居住面积、辅助面积和结构面积组成。居住面积指居室净面积，辅助面积指客厅、厨房、卫生间等室内空间的面积，结构面积为墙体和柱子等结构所占的面积。居住面积与建筑面积之比为平面系数。计算公式如下：

平面系数=居住面积/建筑面积×100%

一般用平面系数衡量建筑平面的经济合理性，平面系数越大，说明居住面积占建筑面积的比例越高。一般认为，平面系数达到 50%以上，辅助面积占建筑面积的 25%左右比较经济合理。结构面积系数越小，方案越经济。

3. 层高

降低层高对节约用地有不可忽视的意义。降低层高可以降低建筑物的总高度，从而减少建筑间的日照间距，以达到节约用地，节省造价的目的。以 6 层住宅为例，层高从 2.8m 降到 2.7m，间距系数按 1.76～2.04 计算，每公顷用地上可多建住宅 326～350m^2，对于小面积住宅，适当降低净高，能使空间比例更加恰当。

4. 层数

修建高层住宅能使居室获得良好的日照条件，获得更多的空地布置绿化和安排活动空间，改善了小区的室外环境，但建多层还是高层是一个复杂的技术问题，需要根据具体情况确定。

一般住宅建筑在 4 层以下时，增加楼层不影响其结构形式，单位建筑面积的造价可能会降低。如果高度超过 4 层时，结构形式需要改变成为框架结构或加厚承重墙截面。7 层以及 7 层以上住宅或住户入口层楼面距室外设计地面的高度超过 16m 以上的住宅，需要设置电梯。12 层及 12 层以上住宅应设不少于 2 台电梯，其中 1 台宜为可容纳担架的电梯。补充建筑设备，增加交通面积，增加结构强度，以抵御风荷载及地震荷载，从而增加了造价。

由表 8-8 可知，住宅用地节约额并非随层数递增而递增，由 1 层至 4 层时，节地效果显著，增至 8 层以后，基底面积在每户建筑面积中所占的比例减少，因而增加层数所产生的节约用地的效果下降。

表 8-8 住宅层数与相应的用地关系

层 数	一	二	三	四	五	六	七
每户住宅用地(m^2)	94.2	63.9	53.8	48.8	45.7	43.7	42.3
本类住宅每户比前一类住宅用地节约(m^2)		30.3	10.1	5.0	3.1	2.0	1.4

5. 单元组合

将住宅单元组合在一起，则组合部位的山墙减少，以至山墙的工程量按房屋长度分摊到单位建筑面积上的数量相应减少，同时变组合前的外山墙为组合后的内山墙，从而降低了住宅单位造价。但住宅单元组合过长时，需设置沉降缝或伸缩缝，设计成双墙，降低了经济效益，且对抗震不利。因此一般应少于 5 个单元。

6. 结构形式

住宅建筑的结构和构件，对住宅建筑的经济效果影响很大，因此，对基础、墙体、楼板、屋面等部位的构件设计，应进行技术经济分析，择优选择方案。

8.3 对房地产开发项目规划设计方案的评价

对房地产开发项目规划设计方案的评价，是房地产开发企业对项目进行管理的重要工作，是择优选择设计方案的前提。

8.3.1 房地产开发项目规划设计方案评价的特点

房地产开发项目规划设计方案评价，具有评价主体的多元性、评价目标的多样性、评价值的不确定性等特点。

1．评价主体的多元性

居住小区开发规划设计方案，评价主体除开发者(开发企业)本身外，还涉及使用者(城市居民)、管理者(城市规划管理部门)、设计者和施工者。不同的评价主体，对方案的评价目标与准则往往不尽相同，因而导致不同的评价结果。在评价者中，最主要的是使用者，开发商要尽其所能地为使用者提供物美价廉的住房产品和生活环境。其次，城市规划管理部门从城市社会公众利益出发，以城市建设必须服从城市总体规划为原则，尽可能照顾到局部的特点，来控制城市的建设活动。城市的开发建设必须经城市规划管理部门的审批后，才能实施。最后，设计者和施工者对设计方案的理解和看法也不容忽视。设计者通过构思，从开发项目的适用性、经济性和美观性等方面，表达开发者的意图；施工者从建设实施的角度，对开发项目的可能性、功效进行评价，这两者都直接关系到开发项目的效益。

在开发建设项目中，需要达到上述主体的一致结合点。在对规划方案进行评价时，不仅要注重开发企业的经济利益，还应该考虑项目的社会和环境效益，局部利益要服从全局利益。

2．评价目标的多样性

开发项目规划设计的目标不是单一的，而是多样的。

(1) 房地产开发的效益是综合性的。由于城市中存在着广泛的外部性，城市中各项开发建设活动客观上对城市会产生影响。为了提高房地产开发活动的效益和减少成本，城市规划主管部门必须在考虑经济效益的同时，保证土地开发的社会效益和环境效益。

(2) 房地产开发的多目标密切相关。开发项目的经济效益、社会效益和环境效益三者之间有密切的关系，既有矛盾的一面，更有统一的一面。如开发低档住房，虽然收益率较高档住房要低，但用户多，需求量大，风险小，因而仍然能取得良好的经济效益；小区的环境良好可增加对购房者的吸引力。

3．评价值的不确定性

房地产评价由于评价者的主观性和项目未来情况存在的不确定性，使得评价值存在不确定性。这是由于在房地产开发项目规划设计方案标准的评价指标体系中，有很多指标难以定量描述，只能根据主观的判断来确定，由于评价者的经验、价值观和专业水平存在着差异，因而对同一方案，评价结果不尽相同。另外，对规划设计方案的评价，实际上是对方案实施后取得的效益进行评估，由于设计方案未经实施，因而对未来情况难以准确描述，只能通过评价者对规划图纸、模型等来进行分析、设想，从而做出主观判断。综合上述两方面的原因，房地产的评价存在不确定性。

8.3.2 房地产开发项目规划设计方案评价的指标体系

(1) 住宅平均层数。计算公式如下：

$$住宅平均层数=住宅总建筑面积/住宅基底总面积(层)$$

(2) 住宅建筑净密度。计算公式如下：

$$住宅建筑净密度=住宅建筑基底总面积/住宅用地面积$$

(3) 住宅建筑面积净密度。计算公式如下：

$$住宅建筑面积净密度=住宅总建筑面积/住宅用地面积$$

(4) 住宅建筑面积毛密度。计算公式如下：

$$住宅建筑面积毛密度=住宅总建筑面积/居住用地面积$$

(5) 人口净密度。计算公式如下：

$$人口净密度=规划总人口/住宅用地总面积$$

(6) 人口毛密度。计算公式如下：

$$人口毛密度=规划总人口/居住用地面积$$

(7) 容积率(又称建筑面积密度、总建筑面积毛密度)。计算公式如下：

$$容积率=总建筑面积/总用地面积$$

(8) 住宅用地指标。

住宅用地指标取决于以下四个因素：①住宅居住面积定额(m^2/人)；②住宅居住面积密度(m^2/人)；③住宅建筑密度(%)；④平均层数。

$$平均每人住宅用地=平均每人居住面积定额/(层数×住宅建筑密度×平面系数)(m^2/人)$$

或：$$平均每人住宅用地=(每人居住面积定额×住宅用地面积)/住宅总居住面积(m^2/人)$$

8.3.3 房地产开发项目规划设计方案的评价方法

对房地产开发项目规划设计方案进行评价的主要方法有综合评分法和层次分析法等。综合评分法就是集众多专家的智慧对规划设计方案的各项评价指标进行评分，其中定性指标采用专家打分，定量指标则转化为相应的评分，最后将各项指标的得分累加，求出该方案的综合评分值。用层次分析法评价开发项目的规划设计方案的基本思路是：按照评价问题中各因素之间的隶属关系把它们排成从高到低的若干层次，建立不同层次元素之间的相互关系。根据对同一层次元素相对重要性比较的结果，决定层次各元素重要性的先后次序，以此来作为决策的依据。

在房地产规划方案评价实践中，还可以采用列表评分的办法进行评价。在评价表中列出评分项，同时给予每一评分项以不同的权重，逐条进行评分，最后通过加和得出方案的总分，作为评价的标准。这种评价方法具有综合评分法的集众多专家的智慧的优点：由专家确定合适的评分项；同时具有层次分析法的优点：按照重要程度进行排序，确定评分项不同的权重。这种评价方式不仅具有科学性，同时兼具直观、快捷的优点，方便操作。

建筑规划设计方案评价涉及诸多性能指标，详见表 8-9～表 8-14。

表 8-9　基本性能指标

序号	项目	性能要求	得分
1	符合规划	总建筑面积不少于设计任务书要求	
		满足建筑密度、容积率、间距、退缩、车位数、高度等要求	
		各类型建筑比例符合设计任务书要求，如商业、写字楼、多层住宅、小高层、中高层、高层、单体别墅、联排别墅、叠加别墅等的建筑面积	
2	满足规范	满足消防、民用建筑、住宅设计等规范要求	
3	面积合理	户建筑面积与户型配比符合目标客户的需求特征，一般小三房二厅(带主卫)105～120m^2、大三房二厅(主卫或带工人房)120～135m^2、三房二厅90～100m^2、二房二厅(大套)75～90m^2、二房二厅(小套)60～70m^2、一房二厅45～55m^2、单间公寓25～40m^2、四房二厅(双主卫、带工人房)150～180m^2、四房二厅(一主卫带工人房)135～150m^2、四房二厅(一主卫)125～150m^2、二房二厅(主卫或带工人房)85～95m^2	
4	功能齐备	卧室、客厅、餐厅、厨房、卫生间、储藏室(柜)等空间齐备	
5	四明户型	厅、房、厨、卫对外自然采光通风，无暗卫及暗厨，开口采光宽度不少于 2m，不宜采用采光井，卧室、起居室、书房、厨房迎光面窗地面积比不小于 1/6	
6	方正实用	实用率标准：(4～6)多层 90%、(7～9)中高层 88%、(10～12)小高层 85%、(13～18)高层 82%、(19～32)大高层(100m 内)80%；不低于标准 2%	
		厅房方正，不出现不规则形状，特别是出现尖角厅房	
7	动静分区	套内公共空间与私密空间分区，套内交通顺畅，不穿行客厅，卧室与卫生间联系不穿行其他功能空间，餐厅、厨房紧密协调	
8	朝向景观	应将多数户型布置在东南方向或朝自然景观或朝小区中心花园，西北户型宜将其客厅或主人房其中之一朝东南，西北方向无景观不布置三房二厅以上大户型	
9	日照充足	每套至少 1 个居住空间获得日照；当有 4 个居住空间时，有 2 个空间获得日照	
10	人车分流	车辆在小区外围进入地下室，并通过电梯或楼梯到达住宅	
11	建筑风格	建筑风格与外立面色彩符合目标客户需求特征，紧跟市场潮流	
		色彩搭配合理	
		建筑造型美观，裙楼与塔楼比例协调，阳台、屋顶、窗、装饰线条处理合理	
12	园林规划	组团式布局，利于布置园林空间，通过迂回设计丰富建筑外观	
		有中心园林，其面积与小区规模适应	
		小区入口位置合理，主入口设计能体现楼盘档次	
		有小区中轴线，注意中轴线园林布置与建筑外形	
		全部小区园林统一布局，浑然一体	
		着重水景观设计	

表 8-10 户型平面指标

序号	项目	性能要求	得分
1	优越性能	设置入户过渡空间(玄关)	
		设置书房(家庭办公)或多功能房空间	
		飘窗设计、主人房弧形落地窗或其他造型设计	
		整体装修一次到位(包括墙、地、天花、橱柜、炊具、洁具、衣柜等)	
2	起居厅	起居厅面积≥18m², 短边净宽不小于 3.9m	
		采用开间≥6m 的大开间, 易分隔结构体系	
		可用于布置家具的连续直线墙面长≥4.2m	
3	餐厅厨房	餐厅面积≥10m², 短边净宽不小于 2.1m	
		厨房面积≥6m²	
		厨房净宽≥1.8m	
		厨房操作台长延长线≥3m, 台高 0.8～0.85m, 排烟机底高 1.5～1.6m	
		厨房净高≥2.4m	
		厨房通道净宽≥1.0m, 转弯处满足轮椅最小回转宽度≥1.5m	
		具备通风、换气设施, 预留冰箱与其他厨房电器位置, 设置热水管道	
4	卫生间	双卫生间面积之和≥8m², 其中一边净长度≥1.6m	
		单卫生间面积≥4.5m², 其中一边净长度≥1.6m	
		卫生间净高≥2.2m, 卫生间门洞净宽≥0.8m	
		预留热水器位置, 并设置热水管道	
		洗衣机位置设置合理, 设有洗衣机专用水嘴和地漏	
		卫生间洗浴、便溺、洗盥三件设备齐全	
5	卧室	主卧室面积≥15m², 宽不小于 3.3m	
		次卧室面积≥10m², 宽不小于 2.7m	
		其他卧室≥8m², 宽不小于 2.4m	
		居室净高≥2.6m, 局部净高≥2.1m	
6	阳台	主阳台进深≥1.5m	
		服务阳台进深≥1.2m	
		有晾衣设备	
7	储藏	储藏室(柜)使用面积≥3m²	
8	通道	交通便捷, 套内通道面积不超过使用面积的 1/20	
		入户过道净宽≥1.2m	
		门廊设有坡道, 其坡度不大于 1/12	
		厨、卫通道净宽≥1m	
		在转弯处满足轮椅最小回转宽度≥1.5m	
9	楼梯	梯段净宽≥1.2m	
		平台宽度≥1.2m	
		踏步宽度≥260mm, 高度≤175mm	
10	电梯大堂	电梯门宜直接对采光窗	
		高层住宅低层设大堂≥36m²	

备注: 小二房二厅及以下建筑面积户型的开间尺寸可不套用以上标准。

表 8-11 住宅环境及其他性能指标

序号	项目	性能要求	得 分
1	绿化环境	小区内主要标识牌完善、醒目、美观、夜间可视	
		充分利用停车场、墙面(挡土墙)、平屋顶和阳台等部位进行绿化	
		木本植物种类不少于 48 种	
		植物随着季节更替呈现出具有观赏价值的色彩变化	
		有较好的灯光造型设计和夜景	
		公共设施有项目或公司标志	
2	室外噪音	临城市主干道户门窗采用隔音门窗与玻璃	
		室外等效噪声级白天≤50dB(A),夜间≤40dB(A),偶然噪声级≤55dB(A)	
3	环境卫生	小区内公共厕所设置数量为每 30 公顷 1 座以上,公共厕所达到一类标准	
		小区主要道路及公共活动场地均匀配置废物桶,其间距<80m,且废物桶用防雨、密闭、整洁、美观、耐腐蚀材料制作	
		住宅楼设置固定的垃圾袋存放处,并设置收集装置	
		小区内垃圾密闭	
		小区内设有垃圾分类收集设施	
4	公共服务设施	小区内设置商业服务设施	
		小区内设置教育设施	
		小区内设置医疗卫生保健设施	
		小区内有儿童游戏场和老人活动中心	
		小区内有网球、羽毛球、乒乓球等室内外体育场地	
		小区内有游泳池	
		小区内有餐厅	
		小区内有美容美发场所	
		小区内有会所等业主公众集会场所	
		小区内有壁球、攀岩或高尔夫练习设施	
		小区内无障碍设备齐全	
5	电气	每户用电负荷不少于:80m² 以下为 4kW,80m² 以上为 6kW,变压器负荷按建筑面积平均:高层 60W/m² 以上,多层 40W/m² 以上	
		户内配电箱有总漏电开关,照明、空调、厅房插座、厨卫插座分设回路	
		厅及主人房设有电视、电信插座并有两个以上电源插座,卧室、厨房、空调、排气扇均设电源插座,主人房或书房设电脑网络接口	
		电气线路采用防火的暗敷配线,入户电线截面不少于 16mm²,厨房、空调分支线不少于 4mm²;其余不少于 2.5mm²	
6	保温隔热	外墙:平均传热系数 K≤2.2W/m²;热惰性指标≤3.2	
		屋顶:平均传热系数 K≤1.5W/m²	
		窗户、阳台门:平均传热系数 K≤3.5W/m²	
		窗户:有遮阳措施	
7	隔音性能	满足规范要求	

表 8-12 住宅安全性能指标

序号	项目	性能要求	得分
1	建筑结构	结构设计、施工必须满足现行国家标准规范	
2	建筑防火	消防工程必须满足现行国家标准规范	
		耐火等级、防火分区满足现行国家标准规范	
		防火设施必须满足《高层民用建筑防火规范》	
		装修材料符合防火要求	
		燃气设计、施工安装必须满足现行国家标准规范	
3	防滑防坠落措施	阳台有防坠落措施	
		阳台栏杆有防止儿童攀登措施	
		阳台栏杆垂直杆间净宽不大于 0.11m，栏杆高度不小于 1.1m	
		外窗窗台距楼面的高度低于 0.8m，设落地窗时，应有防护措施	
		楼梯栏杆垂直杆件净宽不大于 0.11m	
		楼梯扶手高度不小于 0.9m	
		当楼梯水平段栏杆长度大于 0.5m 时，其扶手高度不小于 1.05m	
		上人屋面栏杆或女儿墙高度不低于 1.10m	
4	小区智能系统设施	设置可视对讲系统，并设有紧急按钮直通消防控制中心	
		组建小区局域网，并通过光缆并入公共网	
		智能化保安系统包含：电子巡更系统、出入口等红外线报警和电视监控系统	
		停车场自动管理	
		水、电、燃气三表户外自动抄表计量，电脑统计	
		物业管理网络化、电脑化	
		设置楼宇设备自控系统	
		设置有线电视网	
		卫星电视接入或提供交叉式数字视频服务	
		设置住户内安防与监控和紧急呼救报警系统	
		公共照明自动控制	
		煤气泄漏自动报警	
5			

表 8-13 建筑环境指标

序号	项目	性能要求	得 分
1	厅房	畸形角屋不可用作卧室	
		户型结构不是三角形	
		厅房无横梁压顶现象	
		户型前厅后卧，厅大卧小	
2	门窗	入户大门不正对长走廊、电梯、楼梯间门	
		入门先见厨厕是退运之宅，入户大门不正对厨房、厕所	
		入户大门不对阳台落地窗	
		主卧室内卫生间门没有对着床	
		门窗大小和个数比例合理(一间房不可有三个以上的门窗)	
		桥冲大门时时破财	
		内门不相冲	
3	环境围墙	住宅南北皆凹入官非灾病(官司不断，灾病连连)	
		墙如监狱日渐穷困，围墙一般以略高于人头为宜	
		围墙贴屋诸事不顺，围墙最少离房屋 2m 以上	
		厨房、卫生间没有设在室内中心十字线上	
4	楼梯走廊	回字形走廊对宅运不利	
		走廊切开屋子成两半，大凶	
		多层住宅楼梯没有设在室内中心	
5	家具	床不可对着门，睡觉时头脚皆不可朝着门	
		尽量不要三角形家具	
		少用金属家具	
6	厨卫	厨房不可设在卧室之间	
		厨房也不可盖在屋子前面，最忌炉火向外，否则家运中落	
		厨房不可对厕所	

表 8-14 住宅耐久性能指标

序号	项目	性能要求	得 分
1	结构构件	建筑设计使用寿命在 70 年以上且符合规范要求	
		砌体有防止温度收缩裂缝和防止墙体渗漏的措施	
		混凝土工程强度等级不低于 C20，侵蚀环境不低于 C30；结构无裂缝，屋面无渗漏	
		沉降观测记录，无明显不均匀沉降	
2	防水性能	屋面防水等级为Ⅱ级，耐久年限为 15 年，并有有效的保证措施(AA 级防水等级为Ⅲ级，耐久年限为 10 年)	

续表

序号	项目	性能要求	得分
2	防水性能	厨卫间防水施工质量验收合格，卫生间蓄水实验24小时，不出现渗漏现象，防水耐久年限为15年	
		穿屋面、楼板的处理：屋面节点防水材料具有质量合格说明文件，耐久年限为15年	
		污水排水横管宜设于本层，当必须敷设于下一层时，其清扫口应设在本层	
		地下室防水材料质量、构造方法和类型符合《地下防水工程施工及验收规范》的要求	
		户内供热水管道应有保温措施	
3	防腐性能	给水管材采用新型管材	
		热水管采用铜管或新型管材	
		燃气管干管采用防腐无缝钢管，支管采用新型管材或热镀锌管	
		排水管采用UPVC管材，有压部分采用防腐焊接管	
		电线套管采用阻燃塑料管或热镀锌管	
		门窗五金件为抗锈蚀材料或进行有效的防锈处理	
		墙体预埋金属件采用防腐蚀材料	
4	设备	电气开关、插座、各类信息接口质量符合国家标准规定	
		线路材料为铜材	
		厨房、卫生间水嘴采用陶瓷片密封水嘴	

在目前房地产规划评价的实践中，列表评价法也是经常使用的一种评价方法之一(见表8-9)。在实施列表评分法时，需要注意的是，表格中要求列出的评分项要细致，能够涵盖对规划、建筑进行评价的所有方面，权重的确定要合理。在使用这种评价方式时，设计合理的评分项和给每一评分项确定合适的权重，直接决定了这种评价方式的科学性。一份科学合理的评价标准，往往可以广泛地应用于类似项目的评价。

案 例 分 析

某地产开发公司准备对某一地块进行商业开发，现有两个规划方案。方案一建筑容积率高，有较多的沿街商业设施，能带来较高的商业利润，但建筑形式比较单一，建筑识别性不强；方案二建筑形式独特，形成了围合式的院落，场所感强，但经济性不如方案一。在实际开发中，该选择哪个方案呢？

评析：这是从两个规划方案中优选一个的实例。房地产开发项目规划设计方案评价具有评价主体的多元性、评价目标的多样性、评价值的不确定性的特点，关键是该开发公司确定目标为何，是考虑目前的经济效益，还是考虑建设有特色的建筑，追求广告效应和久远的市场影响力，这势必涉及公司的目前经济实力和今后发展规划。更重要的是，需要考虑城市综合因素，该地区的商业设施有没有持续发展的空间。虽然优缺点似乎已经明确，方案一突出了商业性(热闹、开放)特点,方案二突出了使用者的心理感受和安全(幽静、闭合)性;但是具体情况应做具体分析,在一定情况下,优势有可能转化为弱势,缺点也有可能转化为优点。因此目前能感觉得到的经济性(商业门店能以较高价格销售,或租赁或经营还能带来长久经济效益)也不是绝对的。可以应用列表评价法对规划设计方案打分,先经专家委员会评议确定各项量化指标及其分值而后抉择最终施行方案。

本 章 小 结

本章介绍了房地产开发项目的规划设计的内容及其评价方法,介绍了城市规划的概念和编制体系,介绍了居住区规划的具体内容,居住建筑节能节地的设计手段。重点学习了房地产开发项目规划设计方案的技术经济因素分析的各种指标,掌握房地产开发项目规划设计方案评价的指标体系及评价方法。

习 题

1. 居住区的用地组成有哪些?
2. 住宅群体组合的组织方式有哪些?
3. 简述常见的住宅类型及其特点。
4. 简述房地产开发的基本建设程序。
5. 在开发建设中,在何种情况下可给予容积率补偿?

第 9 章 房地产开发工程招标与投标

【学习要点及目标】

- 熟悉房地产开发工程招投标的概念、原则。
- 掌握房地产开发工程招投标的程序、方式。
- 熟悉房地产开发工程监理招标。
- 掌握房地产开发工程施工招标。
- 掌握房地产开发工程材料与设备购置的招标。
- 熟悉房地产开发工程勘察与设计招标。

【核心概念】

开发工程招投标；开标；评标；决标；标底；询价

【引导案例】

> 某市某房地产开发工程项目总建筑面积为 19 945m²，总造价预计为 7400 万元。该工程计划采用公开招标方式。但某公司总经理邢某得知该项目后，找到 4 家建筑公司挂靠参与投标，并拉拢该市评标处张某、李某，以请客送礼的方式套取招投标保密事项，使评标结果很不公正。后该省建设厅、纪委、监察厅通过联合调查发现此问题，即取消该工程项目招投标结果，依法重新招标。依据我国招投标法的规定，为保障当事双方合法权益和社会公共利益，房地产开发工程任务的归属，需经过公平、公正、合理的招投标程序来确定。

9.1 房地产开发工程招标投标概述

在国际上，招标和投标最初存在的主要原因是满足市场竞争条件下稀缺商品交易的公开公平性。改革开放以后，我国逐步引入招标投标，不断建立健全招标投标方面的法律法规，使其在工程建设项目、建筑工程设计、房屋建筑和市政基础设施工程施工、工程建设项目施工、房屋建筑和市政基础设施工程施工分包、工程建设项目货物等方面得到广泛应用。在招标与投标的具体执行过程中，由确定的一方(买主或卖主)设定标的，邀请多方(卖主或买主)通过不公开报价进行竞争，选择满意方与之签订交易合同，并按合同实现标的。其应用于房地产开发中，就开发企业而言，在不同项目的招标和投标中所扮演的角色不同，在工程招标与投标中为招标方，而在土地招标与投标中则为投标方。

9.1.1 房地产开发工程招标投标的概念

房地产开发工程招标是指开发企业将工程可行性研究内容、监理服务、勘察及设计要求、设备需求、拟建工程的建设要求等编制为招标文件，然后通过发布招标广告，向承包企业发出招标通知，邀请有能力的承包企业参加投标竞争，直到签订工程发包合同为止。

房地产开发工程投标是房地产开发工程招标的对称概念，是指具有合法资格和能力的承包企业在获得招标信息后，依据开发企业招标文件提出的各项条件和要求，经过初步研究，在指定期限内，结合自身能力，提出意向承包工程的条件和报价，供开发企业择优选择，并等候开标直到签订工程承包合同为止。

9.1.2 房地产开发工程招标投标的原则

根据《中华人民共和国招标投标法》第五条的规定，房地产开发工程招标投标应当遵循公开、公平、公正和诚实守信的原则。

(1) 公开原则。公开就是指招标投标活动应具有较高的透明度，具体表现为房地产开发工程招标投标的信息要公开，条件和要求要公开，程序和结果也应公开。

(2) 公平原则。招标投标实际上是一种民事法律行为，公平是民事主体的基本平等要求。所以应当制止一方把自己的意志强加给他方，招标时采取压价或者是签订合同前投标者恶意串通、提高标的价格保护利益方等违反公平平等原则的做法。

(3) 公正原则。招标投标公正是指按照招标投标法规文件中规定的标准，遵照事实进行评标和决标，绝不徇私舞弊，偏袒一方。

(4) 诚实守信原则。诚实守信原则也是我国民事活动所应当遵守的一项重要的基本守则。我国《民法通则》第四条规定："民事活动应遵循自愿、平等、等价有偿、诚实守信的原则。"同时，《合同法》第六条也有明确规定："当事人行使权利、履行义务应遵循诚实信用的原则。"招标投标活动作为订立合同的一种特殊形式、一种民事活动，也应遵循诚实守信的原则。例如，在招标投标过程中，一方不得发布虚假的招标投标信息，不得擅自变更中标结果。

9.1.3 房地产开发工程招标投标的作用

房地产开发工程招标投标是开发项目或设备供应走向规范化的重要举措，对控制房地产开发工程成本、监督廉政廉洁有着重要的作用。

(1) 房地产开发工程招标投标制的建立，形成了由市场定价的价格机制，使得房地产开发工程价格更合理。

(2) 房地产开发工程招标投标的本质是防止垄断、鼓励竞争，能够形成"多方竞争、共同发展"的格局，以利于促进工程承发包市场的健康发展。

(3) 房地产开发工程招标投标能够促进开发企业提高管理和技术水平，也能够促进工程评价指标的优化，以利于进一步取得良好的经济及社会效益。

(4) 房地产开发工程招标投标中，一方从参加投标的企业中选择最佳的承包者，有利于保证降低造价，还有利于工程工期和质量目标的实现。

9.1.4 工程招标的方式

为规范工程招标投标活动，保障招投标当事人的合法权益、社会公共利益和国家利益，《中华人民共和国招标投标法》第十条规定，招标有公开招标和邀请招标两种方式。

1. 公开招标

公开招标，即无限竞争性招标，是指招标一方按法定程序，从指定的报刊、电子媒介及其他媒介上发布招标公告，然后向社会公众公示招标要求，邀请投标方参加投标竞争，招标方再按照事先规定的办法和程序择优选择中标方的招标方式。这种方式主要是由开发企业(或专业的招标机构)通过各种媒介发布招标公告，公开邀请承包企业参与投标竞争，只要符合规定条件的企业都可自愿按要求参加投标。

公开招标是房地产开发工程招标中常用的方式之一，其具有选择余地大、可降低工程造价、保证工程质量的优点。但同时也因其工作程序复杂，所以具有招标时所需费用较高，花费时间较长的缺点。总体来说，这种方式有助于充分竞争，能促进承包企业努力提高工程质量。在国际上，公开招标应用非常广泛。在某种程度上，公开招标已经变为招标的代名词。

2. 邀请招标

邀请招标也称作选择性招标，是由采购人根据供应商或承包商的资信和业绩，选择一定数量的法人或其他组织(不能少于三家)，向他们发出招标邀请书，邀请他们参加投标竞争，从他们之中选定中标的供应商的招标方式。

此种方式是指一方向经过预先筛选的数目有限的承包商发出邀请函，邀请他们参加某项工程任务的投标竞争，而不是公开发布广告。被邀请者的数目往往在 3~10 个。被邀请参加竞争的投标者数目有限，不仅可以节省招标费用，而且能提高每个投标者的中标概率，因此对招标投标双方都非常有利。但这种招标方式限制了竞争范围，把很多可能的竞争者排除在外，通常被认为不完全符合机会均等、市场竞争的原则。

3. 公开招标与邀请招标的区别

公开招标与邀请招标的主要区别如下。

(1) 发布信息的方式不同。公开招标采用公告的形式发布，而邀请招标采用投标邀请书的形式发布。

(2) 选择的范围不同。公开招标使用的是招标公告的形式，所以其针对的是一切潜在的对招标项目感兴趣的法人或者其他组织，因此招标人事先不知道投标人的数量，而邀请招标针对已经了解的法人或者其他组织，招标人事先知道投标人的数量。

(3) 竞争的范围不同。因为公开招标允许所有符合条件的法人或者其他组织参加投标，竞争范围较广，竞争性体现得比较充分，招标人拥有很大的选择余地，从而较容易获得最佳招标效果。而邀请招标中投标人的数量有限，因此竞争的范围有限，招标人拥有的选择余地相对较小，有可能提高中标的合同价，也有可能将某些在技术或报价方面更有竞争力的供应商或者承包商遗漏。

(4) 公开的程度不同。公开招标要求所有的活动都必须严格按照预先指定并为大家所知的程序和标准公开进行,从而大大降低了作弊的可能性,相比而言,邀请招标的公开程度稍逊一筹,产生不法行为的机会就会多一些。

(5) 时间和费用不同。邀请招标不发公告,招标文件只送几家,因此整个招标时间大大缩短,招标所需费用也相应减少,而公开招标的程序相对较复杂,从发布公告、投标人做出反应、评标到签订合同,有很多时间上的要求,需准备许多文件,耗时较长,费用也较高。

9.1.5 房地产开发工程招标投标文件的内容

1. 招标文件的内容

招标文件包括以下内容。
(1) 房地产开发工程综合说明。
(2) 房地产开发工程必要的设计图纸和技术资料。
(3) 房地产开发工程量清单。
(4) 由银行出具的开发资金证明和工程款的支付方式,以及预付的百分比。
(5) 主要材料与设备的供应方式及加工订货情况和材料、设备差价的处理方法。
(6) 特殊工程的施工要求以及采用的技术规范。
(7) 招标书的编制要求以及采用的技术规范。
(8) 投标、开标、评标、定标等活动的日常安排。
(9) 房地产开发工程施工合同条件及调整要求。
(10) 应缴纳的投标保证金额度以及其他需要说明的附件。

2. 投标文件的内容

投标文件包括以下内容。
(1) 投标书、开标一览表、投标价格一览表、投标分项报价表。
(2) 材料说明一览表、供货范围清单、规格技术参数偏离表。
(3) 资格证明文件:关于资格的声明函、投标人的资格声明和法人营业执照及税务登记证、法人代表人授权书。
(4) 投标人提交的其他文件:组织机构代码证、质量控制体系认证、财务报表及纳税证明等。

9.1.6 房地产开发工程招标投标的程序

房地产开发工程招标投标必须按照严格规范的程序进行。按照《中华人民共和国招标投标法》的规定,一个完整的招标投标程序应包括招标、投标、开标、评标、中标和签订书面合同六个环节。

1. 招标

招标是招标人按照国家规定履行项目审批手续,落实资金来源,依法发布招标公告或者投标邀请书,编制并发布招标文件等具体环节。根据项目特点和实际要求,部分招标项目还会委托招标代理机构组织现场踏勘,进行招标文件的修改等。这些为招标投标活动的开始程序,招标项目条件、投标方资格条件、评标标准和方法、合同条款等各项实质性条件都是在招标环节确定的,因此对整个招标投标具有本质影响。其操作的合法性、科学性影响整个招标投标的效果。

2. 投标

投标是投标方根据招标文件要求编制并提交投标文件,参与招标活动。投标方参与竞争并进行一次性投标报价,在投标截止时间之后,招标方不能接收新的投标文件,投标方也不能再修改投标报价及其他实质性内容。所以投标情况决定了竞争结果,对决定投标方能否中标及招标方能否实现投标目的起了关键作用。

3. 开标

开标是招标方按招标文件确定的日期和地点,邀请全部投标方到场,公开投标方提交的投标文件,公布投标方名称、投标报价及投标文件中的主要内容。开标最基本的特点是公开,能够保证所有投标方的知情权,能够维护各方的合法权益。

4. 评标

招标人依法组建评标委员会,根据招标文件中的规定,对投标文件进行评审,决定中标候选人。评标是审定中标方的必要程序。对于依法必须招标的项目,招标方必须根据评标委员会提出的书面评标文件推荐的中标候选方决定中标方。所以评标的合法、规范、公正、公平决定着招标的结果和效果。

5. 中标

中标指招标方从评标委员会推荐的中标候选方中确定中标方,并向中标方发出中标通知书,将中标结果通知其他未中标的投标方。中标是竞争的初步确定结果。

6. 签订书面合同

中标通知发出后,招标方和中标方应按招标文件和中标方的投标文件在规定时间内签订书面合同,中标方按合同约定履行义务,完成中标项目。依法必须进行招标的项目,招标方应从确定招标方之日起 15 日内,向其行政监管部门提交招标投标情况说明的书面报告。

9.2 房地产开发工程监理招标

9.2.1 房地产开发工程监理招标的必要性

房地产开发工程监理实行招标投标,能够起到提高工程质量、监督建设全过程、控制造价等作用。其存在的必要性如下。

(1) 有利于开发企业获得高质量的监理服务,同时也能保证房地产开发工程质量。
(2) 有利于提高房地产开发工程投资决策科学化。
(3) 有利于规范房地产开发工程建设各方的建设行为。

(4) 有利于促使科学监管，保证房地产开发工程质量及其日后的使用安全。
(5) 有利于实现房地产开发工程投资效益的最大化。

9.2.2　房地产开发工程监理招标的分类

房地产开发工程监理招标，按照招标项目的范围可分为三种：全过程监理招标、设计监理招标、施工监理招标。

1. 全过程监理招标

全过程监理招标是指从开发项目立项开始到建成交付的全过程的监理。设计施工全过程监理最大的优点是监理工程师可以全面了解设计过程、熟悉设计内容，对于协调设计以及施工关系，处理施工中的设计问题极其有利。这种招标对投标方的要求很高，不仅需要会设计懂施工的监理人才，还需要有能力从事建设前期服务的高级咨询人才。目前，全过程监理招标在我国较少。

2. 设计监理招标

设计监理招标是指招标方仅仅是将房地产开发工程设计阶段的监理服务发包，对于设计监理投标人，一般都要求其拥有设计方面的经验。如果前段的监理服务让业主很满意，有的设计监理中标人在完成设计监理任务后还会被邀请参加施工监理投标。

3. 施工监理招标

施工监理是在施工阶段对施工项目所进行的监理，其主要目的在于确保施工安全、质量、投资和工期等目标方面满足业主的要求。施工监理是我国在推行建设监理制过程中，实施最为普遍且最早的监理工作，同时施工监理招标在建设监理招标中也是开始最早的。随着施工监理市场竞争的不断演进，在施工阶段监理委托中施工监理招标被广泛采用。

9.2.3　房地产开发工程监理招标文件的主要内容

为指导监理投标方正确编制投标文件，监理招标文件中应包括以下内容和资料。

(1) 投标人须知。包括答疑、投标、开标的时间和地点，投标时限，投标书编写要求，封装要求，招标文件、投标文件修改的时限规定等。

(2) 工程项目简介。包括开发项目名称、地点和规模、工程等级、总投资、现场条件、计划开竣工日期等。

(3) 委托监理任务的范围和工作任务大纲。监理任务包括监理内容和目标，其明确了监理方的职责和权利。

监理内容是在监理过程中的具体工作安排，例如协助业主进行设计、施工招标、确定分包商、工程进度审批、工程合同款支付签证、质量事故鉴定和处理等；监理目标主要是安全目标、投资目标、工期目标以及质量目标等；另外，还包括业主授权，主要是指设计变更审批、停复工令、采购及支付审批等权利。

监理工作任务大纲是监理投标单位制订监理规划、确定监理报价的依据，其主要内容有监理工作纲要和目标，总监理工程师及监理人员，监理工作计划，安全、投资、进度、质量控制方法，合同管理和信息管理方法，监理工作报告等。

(4) 合同条件。一般采用监理合同标准文本内容，主要内容包括工程概况，合同文本内容(含中标函或委托书、监理投标函、通用条件、专用条件)，双方承诺等。

(5) 评标标准、原则和方法。评标标准就是投标方自身实力和报价的一种综合能力的体现，目的是使招标方能在投标方能力和报价中取得一种平衡，以便做出合理的选择。确定评标标准之前必须先有评价指标、评价的内容，评价指标应包括投标方能力、投标方在本监理项目上的投入及监理报价三个方面的内容。

评标原则除了应遵循公平、公正、客观、科学等评标最基本的原则外，还应遵循依招标的目标而定的其他原则。监理招标标的是"监理服务"，与工程项目建设中其他各类招标的最主要区别在于监理单位不承担工程生产任务，只受招标方委托对生产建设过程提供管理、监督、咨询等服务。鉴于标的具有一定的特殊性，招标方选择中标方的原则是"基于能力的选择"。所以，根据招标项目和投标方的不同，也可以采用不同的评标原则，例如可选择最优秀的监理中标人，也可选择收费最低的监理中标人，还可选择在监理能力和监理费用中取得平衡的最合适的监理中标人。

(6) 招标方可向监理方提供的条件。包括监理方办公、住宿、生活、交通、通信等条件。

(7) 监理投标报价方式及费用构成。编制监理投标报价书，明确监理投标报价方式是按照效益分的盈利价或保本价，还是按照性质分的风险价或保险价。还需明确其费用构成。

(8) 项目的有关资料。包括项目名称及性质、开发建设地点、计划工期、招标范围、工程质量要求、勘察设计要求、施工要求等基础资料。

(9) 投标文件的格式要求。标准的投标文件包括投标函及投标函附录、投标报价汇总表、法定代表人身份证明、授权委托书、投标保证金、已标价工程量清单、施工组织设计、项目管理机构、拟分包项目情况表、资格审查资料等格式要求。

9.2.4　房地产开发监理招标的开标、评标与定标

1. 开标

开标需按招标文件规定的时间、地点进行。通常应邀请监督部门对开标进行监督。开标时，招标单位应首先与投标方代表共同检查投标文件的密封性和完整性，并签字确认。根据招标文件要求，由招标单位启封核查投标人提交的证件及其他资料，并进一步审查投标文件的签署、投标保证金的交付等，但对于逾期送抵的投标文件，以及已提交了"撤回"通知的投标文件不予启封。开标时必须做开标记录，并请公证人签字予以确认。开标后，按招标文件规定的方法由招标委员会进行秘密评标。

2. 评标

评标是指由评标委员会按照招标文件中规定的内容和方法进行评定。

1) 评标内容

监理单位执行监理任务的好坏对项目建设和开发的成败起着举足轻重的作用，因此评标过程中更侧重于能力的评定，辅以报价的审查。

为客观独立地进行监理能力的评审，通常情况下，评标分为技术建议书评审和财务建

议书评审两阶段进行。只有经过技术评审认定符合要求后，才会进行第二阶段的评审启封该投标单位的财务建议书。技术建议书评审主要包括以下几点：监理公司的经验、资质、人员配备方案、所编制的监理大纲以及社会信誉；财务建议书的评审主要包括以下几点：取费项目及费率、"附加监理内容"的补偿计算，以及要求业主提供设施和服务的条件等。

2) 评标方法

常用的评标方法有最低评标价法、评议法及综合评分法。

(1) 最低评标价法。当招标的监理项目较小、施工简单、技术含量低，且监理投标人的资信能力也一般时，可选用此方法。

(2) 评议法。这种方法是由评标委员会集体讨论达成一致，并进行表决，取多数来确定中标方的方法。当监理项目较小、技术难度及复杂程度低，且投标方比较适合时，可选用此法。

(3) 综合评分法。是由评标委员会先设置评价指标的程度得分和各指标相对的权重，然后对各投标人满足评价指标的程度给出评分，再考虑预先确定的各指标相对的权重得到综合分值。比较各投标方的得分，给出得分较高者，然后结合监理的实际情况，选定中标候选人。

3. 定标

评标委员会按照"评标办法"规定的方法、评审因素、标准和程序，对投标文件进行评审推选中标候选方。招标方根据评标委员会的报告，结合项目自身的情况做出判断，确定中标人。对于需要履行审批手续的开发工程，应报送审批部门，获得批准后，再公开定标结果。

9.3　房地产开发工程施工招标

《中华人民共和国招标投标法》规定：在我国境内进行大型基础设施公共事业等关系社会公共利益、公共安全的项目；全部或部分使用国有资金投资或者国家融资的项目；使用国际组织或者外国政府贷款援助资金的项目进行施工时必须招标。此外，对房地产开发工程项目施工实行招标投标，将有利于开发企业筛选优良的施工承包企业，同时也符合政府的相关规定和要求。房地产开发工程施工招标应采取竞争招标方式，特别是公开招标方式。

9.3.1　房地产开发工程施工招标的概念

房地产开发工程施工招标是指对房地产开发工程中施工项目的招标活动。房地产开发工程施工建设项目的特殊性，因此必须进行科学合理的招标。

9.3.2　申请施工招标的条件

申请施工招标的工程应具备下列条件：概算已经批准；房地产开发工程项目已列入当地计划管理部门制订的年度开工建设计划；有合格资质的设计单位负责设计的施工图纸，

或有能满足标价计算要求的设计文件；已取得《建设工程规划许可证》；施工用地的征用工作已经完成；建设资金、主要建筑材料和设备供应均已落实等。

房地产开发工程项目具备上述必要的条件后，招标人可向当地行政主管部门或其招标办事机构提出招标申请，经审查批准后，方可展开招标活动。

9.3.3 房地产开发工程施工招标的程序

房地产开发工程施工招标往往采用竞争性招标方式，因此这里主要介绍工程施工公开招标的程序。

1. 工程项目报建

工程项目的立项批准文件或年度投资计划下达后，应根据相关规定，按照报建内容、范围和程序向建设行政主管部门报建备案。

2. 审查建设单位资质

我国《招标投标法》规定，招标方具有编制招标文件和组织评标能力的，可自行办理招标事宜。开发企业自行招标的，应具备招标条件，不具备招标条件的开发单位和个人，必须委托招标代理机构来进行招标，因此，需对开发单位资质进行审查。

3. 招标申请

招标单位应填写"工程施工招标申请表"，凡是招标单位有上级主管部门的，需经该主管部门批准同意后，连同"工程施工项目报建登记表"报招标管理机构审批。

该招标申请的主要内容应包括：开发企业的基本情况；负责组织招标的人员的基本情况；拟招标的房地产开发工程已具备的条件；拟采用的招标方式；对投标企业的要求等。开发企业的招标申请经招标投标管理机构核准后，才可实施招标。

4. 组建评标委员会，制定评标、决标方法

评标委员会主要由开发企业的相关专业人员组成，并且一般是法人代表主持，可邀请有关部门的代表或专家参加。评标委员会组员资格一般应报到招标投标管理机构审查核实。招标的评标、决标方法都由评标委员会制定，方法确定后，在评标时不得修改，其原则应该写入招标文件中。

5. 工程招标文件和标底的编制，并报招标投标管理机构审定

招标文件是招标的重要书面文件，它展示了开发企业向投标承包单位工程情况说明和招标要求。它提供了投标工程的主要的合同条款、主要技术要求、评标的标准和方法以及开标、评标、定标的程序等内容。它是签订工程承包合同的基础，也是承包企业投标报价和开发企业评标的主要依据。招标文件的编制须遵守相关规定。

招标控制价是招标工程施工建设的预期价格，同时也是拟招标工程建筑安装造价的表现形式之一。制定招标控制价可以使开发企业提前明确自身在拟建工程上应该承担的财务义务，同时也提供了评价的尺度和衡量承包企业标价的准绳。

招标工作委员会的重要工作是编制招标文件和招标控制价。招标应同时编制招标文件

和招标控制价，编制完成后，按照相关规定应由当地招标投标管理机构审定核准该招标事项。

6. 发送招标通知书或发布招标广告

使用有限招标方式时，由开发企业向预先选定的承包企业发送招标通知书。这种方式下招标文件一般随函附寄。招标通知书应包括以下主要内容：开发企业的名称和地址，招标工程的名称和地址，招标工作联系人的姓名和电话，招标工程的主要内容、承包方式、建设工期、质量要求等。

使用公开招标方式时，应视工程性质和规模在媒介上发布招标广告。招标广告与招标通知书的主要内容基本相同。

7. 对申请投标的单位进行资质审查

在公开招标时，对拟承建单位的资质审查，通常在分发招标文件之前进行。审查合格者才允许领取招标文件，故此类资质审查被称为资格预审。在邀请投标的情况下，则可在评标的同时进行资质审查。资质审查的目的在于了解承包企业的技术和管理经验及财务方面的实力，使得不符合要求的企业不会盲目地参加投标，并将审查结果作为决标的参考。

(1) 在进行资质审查时，可要求申请工程承包的企业向招标小组提交企业技术等级、资质情况等相关材料。

(2) 对承包企业的资质审查，主要是审查其承包本招标工程的实际施工能力、完成该项工程的潜力、以往的经验。审查的具体内容包括：承包企业承建过的同种或类似工程管理经验、达到工程质量等级、特殊工程的施工经验等，除了应实地考察承包企业的在建工程外，还应研究承包企业提供的文件；承包企业以往合同的履行情况，如实际工期、按设计图要求进行施工、是否遵守有关规定和安全记录等。一般采用逐个项目计分法的审查方法评定结果。这种方法的原理是：先拟定审查的项目，然后逐个项目给出相应得分标准，最后给各申请投标的承包企业进行评分。规定资质审查合格的分数线标准。若某承包企业的得分达到或超过合格分数线，则可允许其继续参加投标，达不到合格分数线者则遭淘汰。

招标委员会的审查工作完成后，应将审查结果以书面形式通知各申请投标的承包企业。

8. 分发招标文件、技术资料和全套施工图纸

在公开招标时，经过资质审查，对审查合格的承包企业分发招标文件、全套施工图纸和资料，并收取投标保证金。该保证金一般应在中标企业签订承包合同后退还承包企业，对没有中标企业应在决标后退还招标文件、全套施工图纸和资料。

9. 组织投标单位踏勘现场，并对招标文件答疑

在招标工作委员会发出招标文件之后，各投标单位应组织工作人员认真踏勘建设现场，熟悉现场地形、道路和周围环境，了解一切可能影响投标报价的资料。之后，招标委员会邀请各承包企业的代表召开会议，解答招标文件、施工图纸和资料中关于影响工程报价的疑点，并提出对投标书的要求事宜。一般情况下，承包企业对招标文件中的疑问应提前以书面形式提出，在答疑会上招标委员会对所提疑问应一律公开解答，并以书面纪要方式印发给各投标企业，其作为投标文件的补充，与招标文件具有同等法律效用。应值得注意的

是，在开标之前，招标委员会不应该与任何投标方的代表单独接触并个别解答任何问题，以示公正。

10. 开标、评标和决标

开标、评标和决标的具体内容分别介绍如下。

(1) 开标和审查投标标书。开标是在投标截止之后，在招标文件中规定的地点和时间，在各投标企业、有关部门和工程招标投标管理机构代表在场的情况下，公开打开标箱，由工作人员对经监督人员检查并确认密封完好、封套书写符合统一规范的标书逐一拆封的过程。开标由开发企业主持，投标文件拆封后，工作人员应宣读其中的主要内容，并在提前准备的表册上逐项登记，同时公布合理标底和评标、决标方法。登记表册由唱标人、登记人和监督人签名，作为开标的正式记录由开发企业保存。投标书不合格的视为无效标书。

开标后，如所有投标企业的报价都超出标底过多，经重新核实标底合理无误，开发企业可宣布投标无效，可邀请协商或另行组织公开招标。低于合理标底过多也不可取，除非有科学合理的、切实可行的组织措施和施工方案，能确保质量和工期不会受到影响，这种情况可优先中标。若采用招标控制价时，投标报价高于招标控制价的投标不能被接受。

(2) 评标。评标往往由评标委员会负责。评标委员会由招标企业的代表和有关技术、经济等方面的专家组成，成员人数为 5 人以上的单数，其中技术、经济等方面的专家不得少于成员总数的 2/3。这些专家应当从事相关领域工作满 8 年，并具有高级职称或具有同等专业水平，由招标企业从国务院有关部门或省、自治区、直辖市人民政府有关部门提供的专家名册或招标代理机构的专家库内以随机抽取的方式确定，任何单位和个人不得以明示、暗示等任何方式指定或变相指定参加评标委员会的专家成员。依法必须进行招标的项目，招标企业非因招标投标法规定的事由，不得更换依法确定的评标委员会成员；若确需更换的，专家人员也应当以随机抽取的方式确定。评标委员会成员的名单在中标结果确定前应当保密。

开标后，由评标委员会的专家从财务和工程技术的角度审查评议有效标书，此过程称为评标。评标工作应在招标投标管理机构参与的情况下进行，以便实施监督。评标工作可在开标的现场进行，也可在随后进行。一般不能以最低报价作为中标的唯一评标标准。评标的标准是综合性的，应以经审核的招标控制价为依据，对投标企业的综合实力进行全面审查。这里所说的综合性标准一般包括以下几个方面：①承包企业的经验，包括以往的施工经验和业绩；②承包企业完成招标工程的潜力，包括机构装备、施工方案、技术水平、各种保证措施和管理制度；③承包企业所报施工工期；④承包企业投标标价。

标书经审定后，评标小组应写出评标报告，并根据综合评分值确定候选的中标单位。在实际工作中，有些承包企业为使自己的报价处于较低水平，往往在正式报价额之外提出一些隐含的费用项目。对于这种情况，开发企业应注意审核其报价是否确定为工程实际报价，即为投标文件中的报价加上投标文件所隐含的而又需要支付的各项费用总和。

(3) 决标。决标指开发企业对投标企业进行全面审查，最后选定中标者的过程。通常不太复杂的工程可在开标时当场由评标委员会成员投票决定中标企业。对于规模较大且很复杂的工程，则应由招标决策人分别对候选的中标企业进行全面调查和磋商、综合衡量，最后选择优秀的企业作为中标企业，此时开发企业采用的是混合型招标方式。

自开标到决标的期限通常不超过 15 天。按各地具体规定，决标后由招标人报投标招标办事机构审核批准，向中标者发出中标通知书。中标通知书发出之后，开发企业与中标的承包企业在约定的期限内进行磋商，签订工程承包合同。国内工程的承包合同应采用"建设工程施工合同示范文本"，也可采用工程所在地建设主管部门制定的当地工程承包合同标准文本。

除此以外，对参加投标但未中标的投标企业，由开发企业书面通知，未中标的投标企业退回招标文件及有关材料，开发企业则退还其保证金，一般还需付给其一定的标书编制补偿费。如果由于中标企业的责任，没有在限定时间内签订工程施工承包合同，中标企业所缴保证金一般不予退还，开发企业应取消中标企业对该工程的承包权。在施工招标决标后，开发企业应以中标标价的一定比例向招标投标管理机构缴纳招标投标管理费。

9.3.4 房地产开发工程施工招标文件和标底或招标控制价的编制审查

1. 施工招标文件的内容

施工招标文件的内容主要包括以下几项。

(1) 招标公告或招标邀请书。相关内容前面已经介绍。

(2) 投标须知。投标须知是指导承包企业正确履行投标手续的文件，其内容一般包括：投标单位填写标书、装订密封、投送标书应遵守的事项；投送标书、开标、决标的时间等。

(3) 投标书文本或编制要求。投标书的内容一般包括：投标书综合说明；按工程量清单计算的单价、单项造价、工程总价及"三材"用量等。投标书一经送达招标单位，不得更改和撤回。开标前，标书不得启封。另外，应明确标书的有效期。

(4) 中标通知书。中标通知书是由开发企业签发的通知中标企业中标的证明书。中标企业应持此通知书于要求的时间内与开发企业签订工程承包合同。

(5) 主要合同条款和合同文本。将主要的合同条款和合同文本列入招标文件，是为了事先使投标企业对应承担的义务、责任及享有的权利有明确的理解。合同的主要条款和合同文本包括房地产开发工程承包合同，施工合同，勘察、设计、监理合同条款和文本。

(6) 工程综合说明。招标工程的综合说明包括：工程概况，含工程名称、性质、工程所在地、建筑面积、结构形式等；开发企业法人代表及联系人姓名、地址、电话、账号；工程设计单位；工程规划许可证编号、建设资金来源说明等；发包范围；现场的环境、交通条件及施工条件；招标方式；要求开工和竣工时间；对投标企业的资质等级要求等。

(7) 各种附件。包括全套施工图纸、地质勘查报告、设计说明书、工程量清单等。作为招标文件的附件，施工图纸、地质勘查报告、设计说明书应能满足投标报价的要求。而工程量清单则是承包企业计算标价和开发企业评标的依据。它通常以每一单体工程或分部分项工程为对象，按分部分项列出工程数量，然后由承包企业填列单价和总价。工程量清单由封面、内容目录和工程量表三部分组成。招标企业应对项目的技术要点以及设备、材料的采购供应方式做必要说明，便于承包企业正确估算工程量。

(8) 其他文件。如企业调查表，它是帮助开发企业了解承包企业实力和经验的文件，其内容构成应能满足开发企业对承包企业进行资质审查的要求。

在实际工作中，上述全部文件内容是统一的整体，开发企业根据上述内容整理为一份完整的招标文件。招标文件编制完成后,须报经当地招标投标管理部门核准后,方能生效,否则不得发送投标企业。招标文件一经批准,一般不能修改;在招标文件发出后,如出现补充、修改招标文件的情况,须报原招标投标管理部门再次核准后,在投标截止日期一周内以正式函件送达所有投标企业。

2. 招标工程标底和控制价的编制与审查

1) 标底和控制价的概念及区别

(1) 标底的含义及作用。标底是由业主组织专门人员为准备招标的那一部分工程或(和)设备计算出的一个合理的基本价格。标底由招标人自行编制或委托经建设行政主管部门批准具有编制标底能力的中介机构代理编制。标底是招标单位的绝密资料,不能向任何无关人员泄露。招标项目设有标底的,招标人应当在开标时公布。标底只能作为评标的参考,不得以投标报价是否接近标底作为中标条件,也不得以投标报价超过标底上下浮动范围作为否决投标的条件。

标底的参考作用主要体现在:可以用于发现低于成本报价的参考线索;可以用来协助分析发现不平衡、不合理甚至串通的报价;能够帮助招标人主动发现和纠正招标文件中的差错。

(2) 招标控制价的含义及作用。招标控制价是招标人根据国家或省级、行业建设主管部门颁发的有关计价依据和办法,以及拟定的招标文件和招标工程量清单,编制的招标工程的最高限价。国有资金投资的工程建设项目应实行工程量清单招标,并应编制招标控制价。招标控制价应在招标时公布,不应上调或下浮,招标人应将招标控制价及有关资料报送工程所在地工程造价管理机构备查。招标控制价超过批准的概算时,招标人应将其报原概算审批部门审核。投标人的投标报价高于招标控制价的,其投标应予拒绝。

招标控制价的作用有:①可使招标人有效控制项目投资,防止恶性投标带来的投资风险;②增强招标过程的透明度,有利于正常评标;③利于引导投标方投标报价,避免投标方无标底情况下的无序竞争;④招标控制价反映的是社会平均水平,为招标人判断最低投标价是否低于成本提供参考依据;⑤可为工程变更新增项目确定单价提供计算依据;⑥作为评标的参考依据,避免出现较大偏离;⑦投标人根据自己的企业实力、施工方案等报价,不必揣测招标人的标底,提高了市场交易效率。

(3) 标底与最高投标限价的区别。国有资金投资的工程进行招标,根据《中华人民共和国招标投标法》的规定,招标人可以设标底。当招标人不设标底时,为有利于客观、合理地评审投标报价和避免哄抬标价,造成国有资产流失,招标人应编制招标控制价。《中华人民共和国招标投标法实施条例》第二十七条规定,招标人可以自行决定是否编制标底。一个招标项目只能有一个标底。标底必须保密。由以上内容可见,标底和招标控制价的主要区别在于:标底在开标前保密,控制价在开标前公开;标底对评标有参考作用,控制价作为最高限价,对超过控制价的投标报价可直接否决。

2) 编制标底和控制价的依据

编制标底和控制价的依据具体如下。

(1) 招标文件的商务条款。

(2) 工程施工图纸、工程量计算规则、工程量清单。

(3) 施工现场地质、水文、地上情况的有关资料。

(4) 施工方案或施工组织设计。

(5) 现行工程预算定额、工期定额、工程项目计价类别及取费标准、国家或地方有关价格调整文件规定；招标时建筑安装材料及设备的市场价格等。

在编制招标控制价时，尤其要注意采用现行的《建设工程工程量清单计价规范》规定的方法和格式进行编制。

3) 标底价格的编制原则

标底价格的编制原则具体如下。

(1) 根据国家公布的统一工程项目划分、统一计量单位、统一计算规则以及施工图纸、招标文件，并参照国家制定的基础定额和国家、行业、地方规定的技术标准规范，以及生产要素市场的价格确定工程量编制标底价格。

(2) 标底的计价内容、计价依据应与招标文件的规定完全一致。

(3) 标底价格作为招标单位的期望计划价，应力求与市场的实际变化吻合，要有利于竞争和保证工程质量。

(4) 标底价格应由成本、利润、税金等组成，一般应控制在批准的总概(预)算及投资包干的限额内。

(5) 标底应考虑人工、材料、设备、机械台班等价格变化因素，还应包括不可预见费(特殊情况)、预算包干费、措施费(赶工措施费、施工技术措施费)、现场因素费用、保险以及采用固定价格的工程的风险金等。工程要求优良的还应增加相应的费用。

(6) 一个工程只能编制一个标底。

(7) 标底编制完成后，应密封报送招标管理机构审定。审定后必须及时妥善封存，直至开标时，所有接触过标底价格的人员均负有保密责任，不得泄露。

4) 标底和招标控制价的计价方法和需要考虑的因素

(1) 标底和招标控制价的计价方法。根据我国现行的工程造价计算方法，又考虑到与国际惯例靠拢，所以在工程量清单的组价上常采用的方法有如下两种。

一是工料单价。具体做法是根据施工图纸及技术说明，按照预算定额规定的分部分项工程子目，逐项计算出工程量，再套用定额单价(或单位估价表)确定直接费，然后按规定的费用定额确定其他直接费、现场经费、间接费、计划利润和税金，还要加上材料调价系数和适当的不可预见费，汇总后即为工程预算，也就是标底的基础。

工料单价法实施中，也可以采用工程概算定额，对分项工程子目做适当的归并和综合，使标底价格的计算有所简化。采用概算定额编制标底，通常适用于技术设计阶段即进行招标的工程。在施工图阶段招标，也可按施工图计算工程量，按概算定额和单价计算直接费，既可提高计算结果的准确性，又可减少工作量，节省人力和时间。

二是综合单价。综合单价法编制标底的各部分项工程的单价，应包括人工费、材料费、机械费、其他直接费、间接费、有关文件规定的调价、利润、税金以及采用固定价格的风险金等全部费用。综合单价确定后，再与各部分项工程量相乘汇总，即可得到标底价格。招标控制价都采用综合单价法进行编制。

(2) 编制标底或招标控制价与编制工程概算或施工图预算需要考虑的不同因素。编制招标工程的标底或招标控制价大多是在工程概算定额或预算定额基础上做出的，但它不完全等同于工程概算或施工图预算。编制合理可靠的标底或招标控制价还必须考虑以下因素。

第一，标底或招标控制价须适应目标工期的要求，对提前工期因素应有所反映：实际上招标工程的目标工期往往不能等同于国家颁布的工期定额，而需要缩短工期。承包人此时要考虑相应的施工措施，增加人员和设备数量，加班加点，付出比正常工期更多的人力、物力、财力，这样就会提高成本。因此，编制招标工程的标底或招标控制价时，必须考虑这一因素，将目标工期比对工期定额，按提前天数给出必要的赶工费和奖励，列入标底或招标控制价。

第二，标底或招标控制价须适应招标方的质量要求，对高于国家验收规范的质量因素应有所反映：标底或招标控制价中对工程质量的反映，应按国家相关的施工验收规范的要求作为合格的工程产品，按国家规范来检查验收，但招标方往往还要提出要达到高于国家验收规范的质量要求，承包人为此要付出比合格水平更多的费用。例如，据某些地区测算，建筑产品从合格到优良，其人工和材料的消耗要使成本相应增加3%～5%，因此，标底或招标控制价的计算应体现优质优价。

第三，标底或招标控制价必须适应建筑材料采购渠道和市场价格的变化，考虑材料差价因素：目前，由于材料的价格不统一，编制标底或招标控制价时所用的有变化的价格，应列出清单，随同招标文件、图纸发给投标人，供报价时参考。委托投标人办理的材料，须按市场价格，并将差价列入标底或招标控制价。

第四，标底或招标控制价必须合理考虑本招标工程的自然地理条件和招标工程范围等因素：将地下工程及"三通一平"等招标工程范围内的费用正确地计入标底或招标控制价的价格。由于自然条件导致的施工不利因素也应考虑，计入标底或招标控制价。

5) 标底和招标控制价的编制与审查程序

编制标底和招标控制价的主要程序如下。

(1) 确定标底或招标控制价的计价内容及计算方法，编制总说明、施工方案或施工组织设计，编制(或审查确定)工程量清单、临时设施布置、临时用地表、材料设备清单，补充定额单价、钢筋铁件调整、预算包干、按工程类别的取费标准等。

(2) 确定材料设备的市场价格。

(3) 采用固定价格的工程，应测算施工周期内的人工、材料、设备、机械台班价格波动风险系数。

(4) 确定施工方案或施工组织设计中的计费内容。

(5) 计算标底或招标控制价的价格。

(6) 标底或招标控制价送审。

(7) 标底或招标控制价审定交底。

标底或招标控制价的审查内容如下。

(1) 当采用工料单价计价方法时，主要审查内容包括：标底计价内容，预算内容，预算外费用。

(2) 当采用综合单价计价方法时，主要审查内容包括：标底或招标控制价计价内容，工程单价组成分析，设备市场供应价格、措施费(赶工措施费、施工技术措施费)、现场因素费用等。

9.4　设备、材料采购的招标

依据《招标投标法》的要求，建设工程项目中的重要材料和设备，如建筑钢材、水泥、各类墙体材料、预拌混凝土及外加剂、建筑门窗、配电设备(含电线电缆及开关)、防火消防设备、锅炉暖通及空调设备、给排水设备、防盗设备等都必须进行招标。

9.4.1　设备、材料采购的招标方式

设备、材料采购的招标方式主要有公开招标、邀请招标及其他方式三种。

1. 公开招标

设备、材料采购的公开招标是由招标单位通过报刊、广播、电视等媒体公开发布招标公告，在尽量大的范围内征集供应商。公开招标的主要优点是：①可使符合资格的供应商在公平竞争条件下，以合适的价格获得供货机会；②可使设备、材料采购者以合理价格获得所需的设备和材料；③可促使供应商进行技术改造，以降低成本、提高质量；④可基本防止徇私舞弊的产生，有利于采购的公平和公正。公开招标的缺点是因涉及环节众多，故所需工作时间较长，成本较高。

2. 邀请招标

设备材料采购的邀请招标是指由招标单位向具有设备、材料制造或供应能力的单位直接发出投标邀请书，邀请他们参加投标竞争的活动。这种方式也称有限竞争性招标，适用范围为合同金额不大，或所需货物的供应商数目有限，或需要尽早交货等情况。

3. 其他方式

其他招标方式还有询价方式和直接订购方式等。

(1) 询价方式。即设备、材料的采购者对国内外几家供货商的报价进行比较后，选择其中一家签订供货合同的采购方式。该种方式适用对象为现货采购或价值较小的标准规格产品。

(2) 直接订购方式。直接订购方式又称非竞争性采购方式，即设备、材料的采购者直接与供货商联系，签订采购合同的方式。该种方式适用于为增购与现有采购合同类似货物而且价格也较低廉；保证设备或零配件标准化，以便适应现有设备的需要；要求从指定的供货商采购关键性货物以保证质量等情况。

9.4.2　材料采购的询价

材料采购的公开招标与邀请招标方式与前面介绍的工程招标过程类似，故不再详细介绍。下面就材料采购通常采用的询价采购方式进行简要介绍。

询价采购方式采用询价—送审和认可—实际采购的程序。

1. 询价

开发工程招标的询价是指采购方在采购材料之前，要研究和选择询价对象，主要是材

料厂商和代理商，对其进行多渠道调查，以确保询价对象有充足的货源且方便运输，价格优惠、真实，能够及时交货。询价对象一般选择 3~5 家即可。

询价的目的可能是承包企业为了投标，也可能确系工程实际需要，因此询价结束后，并不意味着必须立即签订合同。实践中，对于前者，应向卖方说明情况，在工程材料中标后再签合同；如果是后者，可要求卖方报送样品或样本，在获得开发企业委托的监理工程师确认后签订供货合同。有关要求内容在招标文件或施工合同中都会明确。

2. 材料的送审和认可

为了保证工程所用材料确实符合合同文件和技术规范的要求，为了使监理工程师保留一定的样品，以便在工程建设过程中与实际使用的材料进行对比，防止承包企业以劣充优，对于永久性工程中的材料，按要求，承包企业必须向监理工程师提供样品试验和鉴定结果，其产生的样品费用及其试验费均由承包企业负担。凡是未经试验和鉴定认可的材料不允许在工程中使用。通常情况下，承包企业根据材料进货的先后次序，送审样品或样本。如果得到监理工程师认可，则发出书面认可证明；如果有条件地认可，则应指出样品须改进的缺点和不足之处，或允许先小范围试用，以便做出最终决定；如果拒绝认可，则应指出样品存在的缺陷。

3. 材料的实际采购

进行材料询价和取得样品认可后，即可进行实际订货采购工作。通常订货合同包括以下条款内容：材料的品名、型号、规格或性能、数量、单价和总价；交货日期、地点、方式；付款方式；包装和保险要求，质量检验；索赔条款、仲裁条款等；双方公司全名、地址、电话、法人代表姓名、银行账户等。一般来说，若材料为批量购进，且供应为当地货源，则应与卖方订立连续供货合同、签订总量，并付一定金额预付款。为保证正常供货，可要求供货方提供履约保证金，其金额应大于预付款金额。而对于零购材料，承包企业安排专门人员负责零购，要求零购人熟悉当地的市场网点，能够及时取得临时短缺的材料。

9.4.3　工程设备购置的招标

房地产开发工程所用设备的招标工作，可以委托相关的设备经营单位来进行。受委托的招标承办单位应具备下列条件：有组织工程设备供应工作的经验；具有法人资质；有相应的专业技术人员；有一定的经济管理人员；具有编制招标文件的能力；具有对投标单位进行资格审查的能力；具有组织评标的能力。招标承办单位应全面负责招标设备供应过程中的协调工作及服务工作。如果开发企业有能力，也可自行组织招标。房地产开发工程设备购置招标的过程如下。

1. 编制招标文件

和施工招标相同，设备招标文件同样是投标和评标的主要依据。其内容应完整准确。设备招标文件主要有下列几个部分。

(1) 招标书及招标说明，包括工程名称、招标单位和简介等。
(2) 投标须知，包括对投标文件和投标者的基本要求及有关格式等。

(3) 招标设备清单、图纸和技术要求。
(4) 主要合同条款，包括价格计算及交货条件、付款方式等。
(5) 其他与设备招标有关的条件和要求。

2. 确定设备标底

由招标承办单位会同开发企业及有关单位共同协商确定设备标底，设备标底价格以招标当年现行价格为基础，生产经济寿命较长的设备应考虑价格变化因素。

3. 发出招标公告或邀请投标函

由招标承办单位确定招标方式，根据招标方式，发出招标公告，或者投出邀请投标函。

4. 审查投标单位资格

由招标承办单位对招标人提供的资质证明文件和业绩等情况进行审查，但招标人不得以不合理的条件限制或者排斥潜在的投标人。

5. 发送招标文件

发送招标文件和与其有关的技术资料，也可在邀请招标时随函附寄。此外，还需进行技术交底，对投标单位提出的有关招标文件的疑问进行解答。

6. 组成评标机构，制定评标的原则、内容和程序

评标要求按照严肃认真、公平公正、科学合理、客观全面、竞争优选、严格保密的原则进行，以此保证全部投标方的合法权益。招标方应采取必要的方式，确保评标能秘密进行，公开中标方前，关于投标书的审查、评价和比较及有关授予合同的信息，都不能向投标任何一方或第三者泄露。同时，任何单位和个人不得干预投标。如果投标方和第三者在投标过程中弄虚作假，则可视为中标无效，将按情节依法受到惩处。

评标过程通常包括投标文件的基本鉴定、技术评估、商业评估、投标文件澄清、综合评价与比较、编制评标报告等内容。

通常情况下，评标只评审有效投标。评标程序遵循"两段三审"，其中两段是指初审和终审；三审是指符合性评审、技术性评审和商务性评审。

7. 限定时间、规定地点接收投标文件

投标文件是评标的重要依据之一，应符合招标的基本要求。《中华人民共和国招标投标法》规定，投标文件应在招标文件中规定的截止时间前送达投标地点，在截止时间后送达的投标文件，投标人应拒收。所以，以邮寄方式送交设备投标文件的，投标方应留出足够的邮寄时间，以保证投标文件在截止时间前送达。此外，如发生地点方面的错送、误送，其后果皆由投标人自行承担。投标方对投标文件的补充、修改、撤回通知，也必须在所规定的投标文件的截止时间前送达规定地点。

8. 开标

开标是指投标截止后，招标方按招标文件所规定的时间和地点，开启投标方提交的投标文件，公开宣布投标方的名称、投标价格及投标文件中的其他主要内容的活动。

9. 评标

评标就是依据招标文件的规定和要求,对投标文件所进行的审查和比较。评标由招标人组建的评标委员会负责。根据招标文件的规定,以及投标文件所提供的内容,评标委员会对投标方进行审核评议,并确定中标企业。评审的标准是综合性的,最低价不是中标唯一标准,评审也不受设计单位推荐的设备制造厂意见的限制。评标工作通常不超过30天。

10. 定标

评标委员会可在评标报告中推荐1~3个中标候选人,由招标方确定中标方。在得到招标方授权的情况下,评标委员会可在评标报告中直接确定中标方。但若经评审,评标委员会认为所有投标都不符合招标文件要求,可否决所有投标。这时强制招标的设备应重新进行招标。

11. 中标

《中华人民共和国招标投标法》规定:中标方确定后,招标方应向中标方发出中标通知书,并同时将中标结果通知所有未中标的投标方。发出中标通知后30日内,开发企业和中标企业应签订书面订货合同。

中标企业若撤回其投标,可视为违约,应没收其保证金,一般情况下,不超过标价的2%。合同生效后,招标组织单位可向中标企业收取服务费,金额一般不超过中标设备金额的1.5%。

9.4.4 设备与材料采购招标的资格审查

资格审查是指投标前招标方对潜在投标方投标资格进行审查,资格审查不合格的不得参加投标。材料与设备购置招标方应当对投标方进行资格审查,资格审查分为资格预审和资格后审,主要内容包括:营业执照、注册地点、主要营业地点、资质等级(包括联合体各方);管理和执行本合同所配备的主要人员资历和经验情况;拟分包的项目及拟承担分包项目的企业情况;银行出具的资信证明等。

9.5 房地产开发工程勘察与设计招标

9.5.1 工程勘察设计招投标的概念

工程勘察设计招投标,指招标单位就拟建工程项目的勘察和设计任务,在当地公共交易平台发布公告,依照法定的方式,以公平、公正的原则,吸引多方勘察单位或设计单位共同竞争,经招标单位审查获得投标资格的勘察、设计单位,按照招标文件的要求,在规定的时间内向招标单位填报投标书,招标单位从中择优确定中标单位,完成工程勘察或设计招标工作。此方式有利于公平竞争,能提高开发工程质量水平,缩短建设时间,控制建设投资。所以几乎全部房地产开发工程项目勘察与设计工作任务都采用招标方式。

9.5.2　房地产开发工程勘察招标

房地产开发工程勘察招标工作可由开发企业主持，也可委托具有法人资格、符合专业要求的招标代理、监理公司代办。勘察任务的发包可采取竞争招标方式(公开招标和邀请招标)或协商方式。不过，由于工程勘察任务量相对施工任务量而言很小，从目前情况看，一般多采取协商方式，尽管政府一直在提倡采取竞争招标方式。

采用竞争招标方式发包工程的勘察任务时，需按以下程序进行：①向招标管理机构办理招标登记；②组织招标文件工作机构或委托专业机构代理招标事宜；③组织评标小组；④编制招标文件；⑤发布招标公告或邀请投标函；⑥接受投标报名；⑦对申请投标者进行资质审查；⑧向合格的投标单位分发招标文件；⑨组织投标单位勘察现场和进行答疑；⑩投标单位向招标单位缴纳招投标保证金；⑪投标单位编制投标文件，招标单位或招标代理单位接受标书；⑫开标、评标、决标，确定中标的勘察企业；⑬招标单位发出中标通知书，与中标企业签订勘察合同。

勘察合同是委托方与承包方为完成一定的勘察任务，明确双方权利义务关系而达成的协议。房地产开发工程勘察合同的委托方即房地产开发企业或房地产开发工程总体承包单位；而承包方是持有国家认可的勘察资质证书，并在当地注册的勘察单位。合同签订生效后，按规定，委托方应付给承包方定金。定金交付后合同才能成立。定金一般为勘察合同额的 20%。合同履约后，定金抵作勘察费。委托方如不履行合同，无权要求返回定金。勘察费用计取依据和标准要按国家现行规定计算，允许在一定范围内浮动，结算方式可以依具体情况双方商定。合同须报管理部门审核登记。

9.5.3　房地产开发工程设计招标

房地产开发工程设计的招标，应尽量采用竞争性招标方式。

1. 工程设计招标的程序

工程设计招标的程序具体如下。

(1) 组织招标工作小组。

(2) 编制招标文件。其内容应当包括以下几方面：工程名称、项目地址、用地面积、建筑规模等；已批准的项目建议书或者可行性研究报告；工程经济技术要求；城市规划管理部门确定的规划控制条件和用地红线图；可供参考的水文地质、工程测量等建设场地勘察成果报告；供水、供电、供气、通信、供热、环保、市政道路等方面的基础资料；招标文件答疑、踏勘现场的时间和地点；投标文件编制要求及评标原则；投标文件送达的截止时间；拟签订合同的主要条款；未中标方案的补偿办法等。

(3) 发布招标广告或发出邀请投标函。邀请招标须邀请三个以上单位。有条件的项目，应邀请不同地区、不同部门的设计机构参加。所有投标设计机构必须具备法定从业资格。

(4) 对投标设计机构进行资格审查。

(5) 向合格的投标者发售或发送招标文件。

(6) 组织投标者踏勘工程现场，解答投标者提出的问题。

(7) 接受投标者的标书。

(8) 开标、评标、决标。自发出招标文件至开标，一般不超过 3 个月；开标、评标、确定中标单位的时间，一般不超过 1 个月。开标前应组织好评标小组，评标小组主要由房地产开发企业的专业人员和有关专家组成。评标小组须根据设计方案的优劣、拟定的设计团队投入产出效率高低、设计进度快慢、设计单位的资历和社会信誉、设计收费金额高低等因素综合评审，提出综合评标报告，并根据综合评分值或其他约定方式，确定候选的中标单位。决标则是由开发企业根据评标结果做出决策，最终择优选定中标单位。决标也可由评标小组表决。

(9) 签订设计承包合同。决标后，开发企业应立即向中标单位发出中标通知书，中标单位应在规定时间内与开发企业签订设计合同。对参加投标而未中标的单位，由开发企业通知其领回标书及有关资料，同时付给其一定的补偿费，开发企业若采用非中标单位的设计成果，应实行有偿转让，在招标文件中对此都应有说明。按规定，合同履行后定金抵作设计费。设计取费，应按质论价，经双方协商可以在规定标准上下浮动，但幅度一般不超过15%。按规定，设计合同须报管理部门审核登记。

设计单位应根据设计基础资料，按国家行业主管部门颁发的设计标准、技术规范、规程、定额等进行设计，并应按合同规定的进度和质量要求提交设计文件(包括概预算文件、材料设备清单)。

2．工程设计投标的内容

持有当地建设工程设计证书的当地设计单位和取得有当地许可证的外省市设计单位，都可以在批准的业务范围内参加当地的房地产开发工程设计投标，参加设计投标的单位可以独立，也可联合申请参加投标。

投标单位的投标文件应按照招标文件规定的内容编制，一般包括以下几个方面。
(1) 综合说明书。
(2) 方案设计图纸：总平面图、单体项目的平面图和立面图、主要部位的剖面图、鸟瞰图、透视图等效果图和相应模型主体、居住小区须有的规划模型、采光分析文件等。
(3) 主要的施工技术要求。
(4) 工程投资估算、经济分析和主要材料用量、设备要求。
(5) 设计质量达到的等级和设计周期及其保证设计进度的措施、建设工期。
(6) 设计收费金额等。

投标文件的说明书、图纸和模型一律不用图签及其他任何标识，不注明单位名称、不署名，而另行备文加盖公章及法人代表印章，一并密封后送交开发企业，最后由开发企业统一编号，以确保投标活动公正性。

本 章 小 结

本章介绍了房地产开发项目在工程建设阶段的招标投标业务知识，主要包括房地产开发工程监理招标、施工招标、设备与材料购置招标、工程勘察与设计招标等招标投标工作的程序与方式。

习 题

1. 开发工程监理招标的分类有哪些?
2. 申请施工招标应具备哪些条件?
3. 为什么要对申请投标的单位进行资格审查?
4. 如何编制施工招标工程的标底?
5. 设备购置招标的程序是什么?
6. 开发企业具备什么条件才能进行详细勘察任务的发包?
7. 开发工程设计招标的条件包括哪些方面?
8. 开发工程设计招标的程序是什么?

第 10 章　房地产开发合同

【学习要点及目标】

- 掌握房地产开发合同的概念。
- 了解房地产开发合同的审批流程。
- 了解房地产开发合同的类型。
- 了解工程建设实施类合同的特征。
- 掌握建设工程施工合同的概念及主要内容。
- 掌握建设工程施工合同示范文本的组成。
- 了解勘察、设计合同的主要内容。
- 了解监理合同的主要内容。

【核心概念】

房地产开发合同；示范文本；建设工程施工合同；勘察；设计合同；监理合同等

【引导案例】

2012年8月，某市A房地产开发公司通过合法方式，在该市城市规划区内，取得了一块土地的使用权，出让合同约定由A公司进行住宅小区的建设，并缴纳土地出让金。该项目计划总投资9600万元，建设工期为16个月。A房地产开发公司通过招标方式，选择了B施工单位，工程合同价为6000万元。同时通过招标方式，选择了C监理单位。请问：A房地产开发公司要分别与参与方签订哪些合同？在签订合同的过程中双方需注意哪些事项？

10.1　概　　述

10.1.1　房地产开发合同的概念

房地产开发合同是指在房地产开发的全过程中，当事人就房地产开发用地的取得和工程项目建设以及房屋销售服务等相关事宜的设立、变更、终止权利义务关系而达成的协议。

房地产开发合同包括合同的主体、客体和内容三个要素。

1. 合同的主体

合同的主体是指参加合同法律关系，依法享有权利、承担义务的当事人。房地产开发合同的主体可以是平等的自然人、法人及其他组织。由于房地产开发活动过程的复杂性，法律法规对具体的房地产开发合同主体的资格有严格的要求，只有具备了相应的资质条件，才能成为房地产开发合同的主体。

2. 合同的客体

合同的客体是合同主体即签约当事人权利和义务所指向的对象，又称标的。在法律关系中，主体之间的权利义务之争总是围绕着一定的对象开展，没有一定的对象，也就不存在权利和义务之分。房地产开发合同的客体是房地产开发工程项目。

3. 合同的内容

合同的内容是合同签约当事人之间的权利和义务。权利是指权利主体依据法律规定和合同约定，有权按照自己的意志做出某种行为，同时要求义务主体做出某种行为或者不得做出某种行为，以实现其合法权益。义务是指义务主体依据法律规定和权利主体的合法要求，必须做出某种行为或不得做出某种行为，以保证权利主体实现其权益，否则要承担法律责任。合同当事人的权利和义务建立在双方协商和平等互利的基础上，不存在一方强加于另一方的特权。合同一经签署，则合同中规定的当事人权利和义务受法律保护，当事人必须全面履行合同，任何一方不得擅自变更或解除合同。

10.1.2 房地产开发合同审批流程

房地产开发合同审批可以保证房地产开发合同内容满足国家法律、法规和政策的要求，贯彻平等互利、协商一致和等价有偿的原则。同时，最大限度降低企业的各种风险。

本节从企业的角度说明房地产开发合同的审批流程。

房地产开发合同审批共包括七个环节：编制房地产开发合同文本、审核业务风险、审核法律风险、审核财务风险、审批、确认及签署房地产开发合同、登记存档。

1. 编制房地产开发合同文本

编制房地产开发合同文本是指根据双方协商的结果及相关资料起草房地产开发合同文本的过程。只有采用非标准样本的房地产开发合同需要缮制房地产开发合同文本。

1) 收集相关信息

在编制非标准房地产开发合同文本之前，公司相关人员必须收集相关信息，包括业务协商的结果、公司以前的房地产开发合同样本、类似房地产开发合同的标准样本等，作为起草房地产开发合同文本的基础，同时将相关资料作为房地产开发合同附件。

2) 制定房地产开发合同框架

根据房地产开发合同的价格条款、交易方式等条件，同一类型的房地产开发合同也具有不同的框架体系。因此，在起草非标准房地产开发合同文本之前，必须先确定房地产开发合同的框架体系，根据价格条款、交易方式确定应包括的房地产开发合同类型。

3) 起草房地产开发合同文本

对于房地产开发合同框架中的非标准房地产开发合同,房地产开发合同文本的起草必须遵循《中华人民共和国民法通则》及《中华人民共和国房地产开发合同法》等相关法律、法规的规定,保证条款的合法性、严密性和可行性。对于关键条款,如数量条款、质量条款、价格条款、付款方式、付款时间、违约条款等,必须向公司的法律顾问咨询,保证用词准确,没有歧义,同时还必须对房地产开发合同的盈亏状况进行预测。

4) 上报房地产开发合同

在起草完房地产开发合同文本之后,相关业务人员必须仔细检查房地产开发合同的各项条款,保证内容完整,用词准确,没有文字错误。并将检查过的房地产开发合同文本及盈亏预测等相关附件上报上级主管部门。

2. 审核业务风险

审核业务风险主要是评价房地产开发合同的业务前景、业务利润和风险控制措施。

1) 评价业务前景

公司的部门主管在拿到业务员缮制的房地产开发合同文本后,首先需要对业务的发展前景进行评估。对于有发展潜力的业务,可以考虑适当增加优惠条款,以维护双方的长期合作关系;对于临时性和没有发展潜力的业务,必须对其他业务风险进行严格审核,并提出修改建议。

2) 评价业务利润

在确定了业务的发展前景之后,部门主管需要根据业务发展前景来确定房地产开发合同的利润水平,同时将房地产开发合同的盈亏预测与相应的利润水平做对比。如果满足利润要求,则签字同意,否则提出修改建议。

3) 评价风险控制措施

在房地产开发合同满足了业务发展需求和利润要求之后,还必须对房地产开发合同中的风险控制措施进行评估,检查房地产开发合同条款是否对可能出现的风险采取了恰当的规避措施。如果规避措施得当,则签字同意,否则提出修改建议。

3. 审核法律风险

审核法律风险是对房地产开发合同的合法性、严密性、可行性进行审核。这项工作由公司的法律顾问全面负责。只有非标准样本房地产开发合同需要进行法律风险审核。

其工作内容主要包括审核其合法性、严密性及可能性,并严格根据审核结果对房地产开发合同文本进行修改。

4. 审核财务风险

审核财务风险是评价房地产开发合同的资金调拨、付款条件和财务费用。

其工作内容主要包括评价房地产开发合同的资金调拨和评价房地产开发合同的营利性。

5. 审批

审批是指公司最高管理层对房地产开发合同做出最后的决策。

其工作内容主要是公司最高管理层在业务风险评价表和财务风险评价表的基础上,根据对业务特点及公司资金状况的了解，对房地产开发合同的业务风险和财务风险做出综合评价。若同意部门主管对业务风险和财务风险的评价，则签字认可，否则提出审批意见。

6. 确认及签署房地产开发合同

签署房地产开发合同也就是使房地产开发合同具备法律效力的过程。

1) 确认房地产开发合同

在房地产开发合同完成公司内部的审批过程之后，应尽快组织、协调房地产开发合同相关单位(主要包括用户、供应商、运输单位、保险公司以及房地产开发合同中所涉及的必须签章的单位和部门)完成房地产开发合同在相关单位的确认过程。

2) 签署房地产开发合同

在房地产开发合同完成内部审批和外部审批过程之后，公司必须至少准备 4 份房地产开发合同正本(其中 3 份供公司内部相关部门使用)，由公司最高管理层和房地产开发合同相关方的法定代表共同签字、盖章，使房地产开发合同生效。

公司管理层可亲自签署房地产开发合同，也可签署授权书，由授权人签字，完成房地产开发合同的签署过程。

7. 登记存档

房地产开发合同的登记存档是公司档案管理的重要内容。

10.1.3　房地产开发合同的类型

1. 按阶段划分的三种类型

根据房地产开发进程的阶段划分，可以将房地产开发合同分为以下三种类型。

1) 前期工作类合同

这类合同主要是指未进入施工阶段的合资、合作、土地取得或土地补偿等房地产开发前期过程中订立的相关合同，具体包括：国有土地使用权出让合同、国有土地使用权转让合同、集体土地征用补偿合同、城市房屋拆迁安置补偿合同等。

2) 工程建设实施类合同

这类合同主要是指房地产开发工程建设活动中，以完成开发项目的设计与建设为目的，依法确定相互的民事权利和义务所签订的合同。具体包括：勘察、设计合同，施工合同，监理合同等。

3) 房屋销售服务类合同

这类合同主要是指当事人以房地产商品进行的转让和租赁等活动中订立的合同。主要包括：房屋买卖合同、商品房预售合同、房地产租赁合同、物业管理委托合同等。

2. 两类特殊合同

1) EPC 工程总承包合同

EPC(Engineering Procurement Construction)是指公司受业主委托，按照合同约定对工程建设项目的设计、采购、施工、试运行等实行全过程或若干阶段的承包。通常公司在总价合同条件下，对所承包工程的质量、安全、费用和进度负责。在 EPC 模式中，Engineering

不仅包括具体的设计工作,而且可能包括整个建设工程内容的总体策划以及整个建设工程实施组织管理的策划和具体工作;Procurement 也不是一般意义上的建筑设备材料采购,而更多的是指专业设备、材料的采购;Construction 应译为"建设",其内容包括施工、安装、试车、技术培训等。EPC 总承包模式在实践中的几种合同结构形式为:①交钥匙合同;②设计—采购总承包;③采购—施工总承包;④设计—施工总承包;⑤建设—转让等相关模式。

国际咨询工程师联合会(FIDIC)在《设计采购施工/交钥匙工程合同条件》适用于项目建设总承包的合同,也是由通用条件和专用条件两个部分组成。通用条件条款的标题分别为:一般规定,雇主,雇主的管理,承包商,设计,员工,生产设备、材料和工艺,开工、延误和暂停,竣工试验,雇主的接收,缺陷责任,竣工后试验,变更和调整,合同价格和付款,由雇主终止,由承包商暂停和终止,风险与职责,保险,不可抗力、索赔、争端和仲裁,共 20 条 166 款。

2) 合作开发房地产合同

(1) 合作开发房地产合同的概念。

合作开发房地产合同是指当事人订立的以提供出让土地使用权、资金等作为共同投资,共享利润、共担风险合作开发房地产为基本内容的协议。

(2) 合作开发房地产合同的特征。

合作开发房地产合同具有三个基本特征,即共同投资、共享利润、共担风险。

① 共同投资即指合作各方分别投入合法的出让土地使用权、资金、技术、管理等合作开发房地产所必需的要素。

② 共享利润是指房地产合作开发的各方共同分享房地产开发成果,分配比例由各方协议约定,分配方式可以是资金、房地产实物、经营权以及其他经济利益表现形式。

③ 共担风险是指合作各方对房地产合作开发失败,或没有完全达到预期目标而导致的现实损失或预期损失进行分担。分担的比例和方式由各方自行约定。

(3) 合作开发房地产合同的分类。

在实践中根据房地产开发的主体,可以将其分为以下两类。

一是以开发商的名义进行建设,房屋建成后,按照约定将部分房屋所有权转移给土地使用权人,同时土地使用权人也要把开发商应分得的房屋所占用土地使用权转让给开发商。

二是以土地使用权人的名义进行开发,待房屋建成后,按照约定将开发商应分得的房屋及相应的土地使用权一并转让给开发商。

(4) 合作开发房地产合同的主要内容。

合作开发房地产合同一般包括以下主要内容:合作的基本原则;合作的目的;合作的方式;供地方的权利与义务;非供地方的权利与义务;风险分担方式;利益分配方式;房屋销售;物业管理;违约责任;变更和终止;其他必要内容。

房地产合作开发行为能够在一定程度上降低房地产开发的难度,根据合作开发当事人各自的资源情况取长补短,达到共同营利的目的。在此过程中,合作开发当事人可以将各自投资的现金、技术、设备等以合同或者其他约定形式加以确定,但是项目开发本身具有风险,加之市场环境是在不断地变化,因此最后盈利的多少也具有不确定性。不管盈利与否,合作各方都要为其过程中的风险予以共担,具体分担多少,可视实际情况而定,比如投资的形式、利润分享的比例等，以体现权利与义务对等的原则。这些都是房地产合作开发的基础条件。

房地产合作开发实际上是一种对土地、技术、资金等房地产要素的调整配合，是合作开发主体为完成房地产项目的开发、经营目标而通过合同的方式将各个要素有机地结合到一起的行为。在我国，房地产合作开发模式起步较晚，但是发展迅速，这种模式强调的是共同投资、共享利润与共担风险，这就使房地产开发各方的抗风险能力增强，并促使企业价值要素发挥最大功效，因此合作开发已成为我国众多房地产企业的重要战略选择。

目前房地产开发合同的类型没有统一的划分标准，本节根据房地产开发进程的阶段划分为三种类型：前期工作类合同、工程建设实施类合同与房屋销售服务类合同。此外简要介绍两种特殊的合同类型：EPC 工程总承包合同与合作开发房地产合同。在本章节的内容中，主要掌握工程建设实施类合同。

10.1.4　工程建设实施类合同

1. 工程建设实施类合同的特征

工程建设实施类合同除具有一般经济合同的法律特征外，还具有以下几个特征。

1）合同标的的固定性和完整性

房地产开发工程项目以土地和房屋为主要对象，土地和房屋不可移动，具有固定性。并且房地产开发工程项目是一个不可分割的整体。即使一个工程项目中的某些单项工程和专项工程可以分开施工，但也是为了实现项目的整体功能而存在的。因此拟定合同要注意其完整性，一个项目由多家承包企业独立承包，房地产开发企业与这些承包企业分别签订承包合同时，要注意项目划分合理、责任明确，且便于协调，不能出现含糊不清、甚至漏项的情况。

2）合同履约方式的连续性和阶段性

房地产开发项目是一个整体，同时房地产开发项目的实施是分阶段进行的，前者决定了工程建设实施类合同的连续性，后者则体现合同的阶段性。

工程建设实施类合同的连续性和阶段性首先表现在合同系列履约的连续性和阶段性。一个房地产开发项目往往分为勘察、设计和施工等阶段，相应地，房地产开发企业与有关单位签订的合同有勘察、设计合同和工程施工承包合同。由于房地产开发的各阶段工作是相互联系着的，前者制约后者。因此，与之相应，分阶段发生的一系列合同也应该是连续的，即房地产开发合同系列具有连续性和阶段性。

其次，工程建设实施类合同的连续性和阶段性表现在其主要合同，即施工承包合同履约方式的连续性和阶段性。一般货物贸易合同的履约方式，是当事人通过交货和付款结清双方权利和义务，这种结算方式可以是一次进行或分数次进行，对于货物质量买方只需一次验收确认即可。或者说，货物贸易合同的履约方式，是一次集中结算或分数次结清当事人的权利和义务。

房地产开发工程的施工承包合同履约方式则不同。房地产开发项目投资额大、工期长、隐蔽工程多，项目的施工是循序渐进的过程。据此特点，房地产开发项目的施工承包合同的履约方式应具有连续性和阶段性，即将工程的实施过程分为若干个阶段，当事人双方根据合同规定的工程进度，分阶段结算款项；对于工程质量，要分阶段检查确认，特别是对隐蔽工程更要加强质量监督检查。工程质量的检查内容包括施工材料和永久性设备、施工程序和规范、施工方式以及设计要求等，最后还要进行全面的竣工验收。直到各方面质量都满足了设计要求，承包方履行的义务才算完成。

3) 合同履约的期限性和风险性

房地产开发项目的建设过程也就是实现标的、履行合同的过程。一个项目建设周期往往较长，一般需要 1～3 年，因而履约具有风险性。例如施工承包合同的签订是在项目建设实施前进行的，其中有些条件是当事人无法估算的，如货币贬值、主要建筑材料和设备的价格上涨等，直接影响着承包方的盈亏，施工承包企业担负着较大的风险，并且项目的建设期越长，其风险性可能越大。施工承包合同履约的风险性不仅存在于承包方，发包方(房地产开发企业)也承担着风险。

(1) 由开发企业所选择的承包企业的信誉直接影响着工程的顺利实施，如有的承包企业的信誉不好，偷工减料，则工程质量得不到保证，给开发工程留下许多隐患。住建部颁发的《城市房地产开发管理暂行办法》规定："房地产开发项目的质量责任由房地产开发企业承担。房地产开发企业与设计、施工单位的质量责任关系，按照有关法律、法规的规定执行。"

(2) 在合同条款中明确指定的不可抗力，包括一切非人力所能控制的危险或意外事件，如战争、地震、洪水、海啸等。一旦不可抗力事件发生，承包方则可免除对开发企业所承担的履约义务，由此给开发企业带来的损失将由开发企业自负。

(3) 由于开发企业经验不足，签订了对己不利且风险大的条款。

2. 工程建设实施类合同的作用

1) 组织和协调作用

房地产开发项目的实施涉及多个方面，如勘察、设计、施工和安装等。任何一方面出现问题都将影响项目的顺利实施。房地产开发工程承包合同的一个重要作用就是组织和协调与开发项目有关的各个方面，这种组织与协调以合同中所规定的当事人必须履行的权利和义务为保证。合同一经当事人签订，当事人各方就建立起以开发项目为中心、以合同为依据的相互关系，这种关系是一种法律关系。也就是说，开发项目组织与实施中各个环节的协调是以法律为依据的，从而使开发项目顺利实施有了保证。

2) 监督作用

合同是当事人的行为准则，无论是作为业主的开发企业，还是作为承包商的施工企业，其一切行为和工作都以合同为依据。因为合同所签订的是双方的法律行为，因而双方都要受法律约束。在开发项目实施过程中，当事人是否履行合同中规定的权利和义务，则以合同为依据进行监督。监督方式如下。

(1) 行政监督。指国家和地方各级经济委员会、工商行政管理部门和有关主管部门，根据行政程序，审批和鉴证合同的内容，监督合同的履行，有权对合同纠纷实行调解和仲裁，有权对合同的违法行为依法惩处。

(2) 公证监督。指国家机关为保障双方合法利益，加强法律监督，对合同合法性的一种证明。

(3) 银行监督。指银行通过信贷管理和划拨结算，对经济合同的履行实行监督。

3) 惩罚作用

经当事人双方签订的合同，双方必须按合同规定的条款履行义务。如要变动合同或修改合同和内容，必须经双方同意；否则，任何一方擅自变更或修改合同均属无效。若任何一方不履行合同，或不完全履行合同的义务，都要按合同中的要求或有关规定受到惩罚，违约方要承担由此而造成的损失。

4) 解决双方纠纷的凭据

在合同的执行过程中，由于种种原因，当事人之间往往会出现这样或那样的争执和纠纷。有些纠纷通过当事人双方的协商可以解决，有些纠纷在协商后仍无结果，则需要提请合同管理部门或经济法庭调解或仲裁，甚至提起诉讼。对于在执行合同中所产生的纠纷，无论是请第三者调解或仲裁，都必须以合同为凭据。

10.2 勘察、设计合同

10.2.1 合同的概念

建设工程勘察、设计合同，简称勘察、设计合同，是指委托方与承包方为完成一定的勘察设计任务，明确双方权利义务关系的协议。委托方指建设单位(开发企业)，承包方指持有勘察、设计证书的勘察、设计单位。

10.2.2 合同的内容

勘察、设计合同应包括如下主要条款。

(1) 建设工程名称、规模、投资额、建设地点；

(2) 委托方提供资料的内容、技术要求及期限，承包方勘察的范围、进度和质量，设计的阶段、进度、质量和设计文件份数；

(3) 勘察、设计取费的依据，取费标准及拨付办法；

(4) 违约责任。

10.2.3 订立合同应具备的条件

订立合同应具备以下两个条件。

(1) 勘察、设计合同当事人双方应具有法人资格。作为委托方，必须是有国家计划管理部门批准的建设项目，落实投资的企业事业单位、社会组织；作为承包方应当是具有国家批准的勘察、设计许可证，具有经有关部门核准的资质等级的勘察、设计单位。

(2) 勘察、设计合同的订立必须符合工程项目建设程序，应以国家批准的设计任务书或其他有关文件为基础。

10.2.4 勘察合同中发包人、勘察人的责任

1. 发包人责任

在勘察合同中，发包人应承担以下责任。

(1) 发包人委托任务时，必须以书面形式向勘察人明确勘察任务及技术要求，并按第二条规定提供文件资料。

(2) 在勘察工作范围内，没有资料、图纸的地区(段)，发包人应负责查清地下埋藏物。若因未提供上述资料、图纸，或提供的资料图纸不可靠、地下埋藏物不清，致使勘察人在勘察工作过程中发生人身伤害或造成经济损失时，由发包人承担民事责任。

(3) 发包人应及时为勘察人提供并解决勘察现场的工作条件和出现的问题(如：落实土地征用、青苗树木赔偿、拆除地上地下障碍物、处理施工扰民及影响施工正常进行的有关问题、平整施工现场、修好通行道路、接通电源水源、挖好排水沟渠以及水上作业用船等)，并承担其费用。

(4) 若勘察现场需要看守，特别是在有毒、有害等危险现场作业时，发包人应派人负责安全保卫工作，按国家有关规定，对从事危险作业的现场人员进行保健防护，并承担费用。

(5) 工程勘察前，若发包人负责提供材料的，应根据勘察人提出的工程用料计划，按时提供各种材料及其产品合格证明，并承担费用和运到现场，派人与勘察人员共同验收。

(6) 勘察过程中的任何变更，经办理正式变更手续后，发包人应按实际发生的工作量支付勘察费。

(7) 为勘察人的工作人员提供必要的生产、生活条件，并承担费用；如不能提供时，应一次性付给勘察人临时设施费。

(8) 由于发包人原因造成勘察人停、窝工，除工期顺延外，发包人应支付停、窝工费；发包人若要求在合同规定时间内提前完工(或提交勘察成果资料)时，发包人应按每提前一天向勘察人支付加班费。

(9) 发包人应保护勘察人的投标书、勘察方案、报告书、文件、资料图纸、数据、特殊工艺(方法)、专利技术和合理化建议，未经勘察人同意，发包人不得复制、不得泄露、不得擅自修改、不得传送或向第三人转让或用于本合同外的项目；如发生上述情况，发包人应负法律责任，勘察人有权索赔。

(10) 本合同有关条款规定和补充协议中发包人应负的其他责任。

2. 勘察人责任

在勘察合同中，勘察人应承担以下责任。

(1) 勘察人应按国家规范、标准、规程和发包人的任务委托书及技术要求进行工程勘察，按本合同规定的时间提交质量合格的勘察成果资料，并对其负责。

(2) 由于勘察人提供的勘察成果资料质量不合格，勘察人应负责无偿给予补充完善，使其达到质量合格；若勘察人无力补充完善，需另委托其他单位时，勘察人应承担全部勘察费用；或因勘察质量造成重大经济损失或工程事故时，勘察人除应负法律责任和免收直接受损部分的勘察费外，并根据损失程度向发包人支付赔偿金，赔偿金由发包人、勘察人商定，按实际损失的百分比计算。

(3) 在工程勘察前，提出勘察纲要或勘察组织设计，派人与发包人的人员一起验收发包人提供的材料。

(4) 在勘察过程中，根据工程的岩土工程条件(或工作现场地形地貌、地质和水文地质条件)及技术规范要求，向发包人提出增减工作量或修改勘察工作的意见，并办理正式变更手续。

(5) 在现场工作的勘察人的人员，应遵守发包人的安全保卫及其他有关的规章制度，承担其有关资料保密义务。

(6) 本合同有关条款规定和补充协议中勘察人应负的其他责任。

10.2.5 设计合同中发包人、设计人的责任

1. 发包人的责任

在设计合同中，发包人应承担以下责任。

(1) 发包人在规定的时间内向设计人提交基础资料及文件，并对其完整性、正确性及时限负责。发包人不得要求设计人违反国家有关标准进行设计。

发包人提交上述资料及文件超过规定期限 15 天以内，设计人按合同规定的交付设计文件时间顺延；发包人交付上述资料及文件超过规定期限 15 天以上时，设计人有权重新确定提交设计文件的时间。

(2) 发包人变更委托设计项目、规模、条件或因提交的资料错误，或所提交资料做较大修改，以致造成设计人设计返工时，双方除另行协商签订补充协议(或另订合同)、重新明确有关条款外，发包人应按设计人所耗工作量向设计人支付返工费。

在未签订合同前发包人已同意，设计人为发包人所做的各项设计工作，发包人应支付相应设计费。

(3) 在合同履行期间，发包人要求终止或解除合同，设计人未开始设计工作的，不退还发包人已付的定金；已开始设计工作的，发包人应根据设计人已进行的实际工作量支付设计费，不足一半时，按该阶段设计费的一半支付；超过一半时，按该阶段设计费的全部支付。

(4) 发包人必须按合同规定支付定金，收到定金作为设计人设计开工的标志。未收到定金，设计人有权推迟设计工作的开工时间，且交付文件的时间顺延。

(5) 发包人应按本合同规定的金额和日期向设计人支付设计费，每逾期支付一天，应承担应支付金额千分之二的逾期违约金，且设计人提交设计文件的时间顺延。逾期超过 30 天以上时，设计人有权暂停履行下阶段工作，并书面通知发包人。发包人的上级或设计审批部门对设计文件不审批或本合同项目停缓建，发包人均应支付应付的设计费。

(6) 发包人要求设计人比合同规定时间提前交付设计文件时，须征得设计人同意，不得严重背离合理设计周期，且发包人应支付赶工费。

(7) 发包人应为设计人派驻现场的工作人员提供工作、生活及交通等方面的便利条件及必要的劳动保护装备。

(8) 设计文件中选用的国家标准图、部标准图及地方标准图由发包人负责解决。

(9) 承担本项目外国专家来设计人办公室工作的接待费(包括传真、电话、复印、办公等费用)。

2. 设计人的责任

在设计合同中，设计人应承担以下责任。

(1) 设计人应按国家规定和合同约定的技术规范、标准进行设计，按投标书中设计人向发包人交付的设计文件、份数、地点及时间规定的内容向发包人交付设计文件(出现规定有

关交付设计文件顺延的情况除外),并对提交的设计文件的质量负责。

(2) 设计合理使用年限。

(3) 负责对外商的设计资料进行审查,负责该合同项目的设计联络工作。

(4) 设计人对设计文件出现的遗漏或错误负责修改或补充。由于设计人设计错误造成工程质量事故损失,设计人除负责采取补救措施外,应免收受损失部分的设计费,并根据损失程度向发包人支付赔偿金,赔偿金数额由双方商定按实际损失的一定比例计算。

(5) 由于设计人原因,延误了设计文件交付时间,每延误一天,应减收该项目应收设计费的千分之二。

(6) 合同生效后,设计人要求终止或解除合同,设计人应双倍返还发包人已支付的定金。

(7) 设计人交付设计文件后,按规定参加有关上级的设计审查,并根据审查结论负责对不超出原定范围的内容做必要的调整、补充。设计人按合同规定时限交付设计文件一年内项目开始施工,负责向发包人及施工单位进行设计交底、处理有关设计问题和参加竣工验收。在一年内项目尚未开始施工,设计人仍负责上述工作,可按所需工作量向发包人适当收取咨询服务费,收费额由双方商定。

10.3 施 工 合 同

10.3.1 概述

1. 施工合同的概念

施工合同即建设工程施工合同,又叫建筑安装工程承包合同,是发包人和承包人之间为完成具体建设工程项目的建筑施工和设备安装等工作,明确当事人双方权利和义务的协议。即根据施工合同规定,承包人应当完成具体建设工程项目的建筑施工、设备安装、设备调试、工程保修等工作内容,发包人应及时提供必要的施工条件并支付工程价款。

当建设单位将全部工程发包给一个施工企业承建时,所签订的合同为总承包施工合同;由于工程规模较大或者专业复杂,建设单位将工程分别发包给几个施工企业承建,则建设单位与各施工企业分别签订的合同为分包施工合同。

2. 施工合同的特征

建设工程施工合同具有以下几个特征。

第一,建设工程施工合同的标的具有特殊性。建设工程施工合同是从承揽合同中分化出来的,也属于一种完成工作的合同。与承揽合同不同的是,建设工程施工合同的标的为不动产建设项目。也正因为如此,使得建设工程施工合同又具有内容复杂、履行期限长、投资规模大、风险较大等特点。

第二,建设工程施工合同的当事人具有特定性。作为建设工程施工合同当事人一方的承包人,一般情况下只能是具有从事施工资格的法人。这是由建设工程合同的复杂性所决定的。

第三,建设工程施工合同具有一定的计划性和程序性。建设工程施工合同与国民经济建设和人民群众生活都有着密切的关系,因此该合同的订立和履行,必须符合国家基本建设计划的要求，并接受有关政府部门的管理和监督。

第四，建设工程施工合同是要式合同。建设工程施工合同应当采用书面形式。法律、行政法规规定合同应当办理有关手续的，还应当符合有关规定的要求。

3. 施工合同的种类

可以根据不同的标准对施工合同进行分类。

(1) 建设工程施工合同根据建设工程的种类不同，可分为土建工程施工合同、设备安装工程施工合同、管线工程施工合同与装饰装修工程施工合同。在这里不做详细介绍。

(2) 建设工程施工合同根据合同联系结构不同，可分为总承包合同与分别承包合同，还可分为总包合同与分包合同。

① 总承包合同与分别承包合同。

总承包合同是指发包人将整个建设工程承包给一个总承包人而订立的建设工程承包合同。总承包人就整个工程对发包人负责。

分别承包合同是指发包人将建设工程的勘察、设计、施工工作分别承包给勘察人、设计人、施工人而订立的勘察合同、设计合同、施工合同。勘察人、设计人、施工人作为承包人，就其各自承包的工程勘察、设计、施工部分，分别对发包人负责。

② 总包合同与分包合同。

总包合同是指发包人与总承包人或者勘察人、设计人、施工人就整个建设工程或者建设工程的勘察、设计、施工工作所订立的承包合同。总包合同包括总承包合同与分别承包合同，总承包人和承包人都直接对发包人负责。

分包合同是指总承包人或者勘察人、设计人、施工人经发包人同意，将其承包的部分工作承包给第三人所订立的合同。分包合同与总包合同是不可分离的。分包合同的发包人就是总包合同的总承包人或者承包人(勘察人、设计人、施工人)。分包合同的承包人即分包人，就其承包的部分工作与总承包人或者勘察、设计、施工承包人向总包合同的发包人承担连带责任。

上述承包方式，均受我国法律所承认和保护，但禁止建设工程的肢解承包、转包以及再分包。

4. 施工合同的内容

根据我国《建筑工程施工合同(示范文本)》的要求，施工合同一般应具备以下主要内容。

(1) 工程范围。

(2) 建设工期。

(3) 中间交工工程的开工和竣工时间。一项整体的建设工程，往往由许多的中间工程组成，中间工程的完工时间，影响着后续工程的开工，制约着整个工程的顺利完成，在施工合同中需对中间工程的开工和竣工时间做明确约定。

(4) 工程质量。

(5) 工程造价。工程造价因采用不同的定额计算方法，会产生巨大的价款差额。在以招标投标方式签订的合同中，应以中标时确定的金额为准；如按初步设计总概算投资包干时，应以经审批的概算投资中与承包内容相应部分的投资(包括相应的不可预见费)为工程价款；如按施工图预算包干，则应以审查后的施工图总预算或综合预算为准。在建筑、安装合同中,能准确确定工程价款的,需予以明确规定。如在合同签订当时尚不能准确计算出工程价款的,尤其是按施工图预算加现场签证和按时结算的工程,在合同中需明确规定工程价款的计算原则,具体约定执行的定额、计算标准,以及工程价款的审定方式等。

(6) 技术资料交付时间。工程的技术资料,如勘察、设计资料等,是进行建筑施工的依据和基础,发包方必须将工程的有关技术资料全面、客观、及时地交付给施工人,才能保证工程的顺利进行。

(7) 材料和设备的供应责任。

(8) 拨款和结算。施工合同中,工程价款的结算方式和付款方式因采用不同的合同形式而有所不同。在一项建筑安装合同中,采用何种方式进行结算,需双方根据具体情况进行协商,并在合同中明确约定。对于工程款的拨付,需根据付款内容由当事人双方确定,具体有如下四项:预付款;工程进度款;竣工结算款;保修扣留金。

(9) 竣工验收。对建设工程的验收方法、程序和标准,国家制定了相应的行政法规予以规范。

(10) 质量保修范围和质量保证期。施工工程在办理移交验收手续后,在规定的期限内,由于施工、材料等原因造成的工程质量缺陷,要由施工单位负责维修、更换。国家对建筑工程的质量保证期限一般都有明确要求。

(11) 相互协作条款。施工合同与勘察、设计合同一样,不仅需要当事人各自积极履行义务,还需要当事人相互协作,协助对方履行义务,如在施工过程中及时提交相关技术资料、通报工程情况,在完工时及时检查验收等。

此外,关于索赔、专利技术使用、发现地下障碍和文物、工程分包、不可抗力、工程保险、合同生效与终止等也是施工合同的重要内容。

10.3.2 施工合同的签订

1. 签订施工合同应具备的条件

签订施工合同应具备如下条件。
(1) 初步设计和总概算已经批准。
(2) 工程项目已经列入年度建设计划。
(3) 有能够满足施工需要的设计文件和有关技术资料。
(4) 建设资金和主要建筑材料设备来源已经落实。
(5) 建设场地、水源、电源、气源及运输道路已具备或在开工前完成。
(6) 招投标工程,中标通知书已经下达。

2. 施工合同的签订程序

一般经济合同的签订主要有两个步骤,即提出要约与承诺。所谓提出要约,是指当事人一方向另一方表示签订合同的愿望,并提出订立合同的主要条件。提出要约的一方称为要约人。要约是一种法律行为,要约人在一定期限内受其要约条件的约束,对方若同意接收要约条件,则要约人应与对方签订合同,否则应承担法律责任,赔偿由此给对方造成的经济损失。所谓承诺,是指当事人另一方同意接受要约人提出的要约内容。接受方称为受要约人,要约一经受要约人接受,合同即告成立。

在实际的合同签订过程中,合同的成立并不是要约人提出要约,然后受要约人承诺这样一个简单过程,而是经过双方讨价、还价,多次谈判,最后达成一致意见的复杂过程。要约与承诺是相对的,如发包方提出要约,承包方的承诺对发包方可能是要约,须经发包方再承诺。在招标投标工程中,从建设单位分发招标文件、承包单位提出投标报价,到建设单位发出中标通知书的过程,就是发包方与承包方分别提出要约和承诺的过程。因此,中标通知书发出后,中标的施工企业应与建设单位及时签订合同。依照《工程建设施工招标投标管理办法》的规定,中标通知书发出后30天内,中标单位应与建设单位依据招标文件、投标书等签订施工合同。投标书中已确定的合同条款不得更改,合同价应与中标价相一致。如中标企业拒绝与建设单位签订合同,则建设单位可不退还其投标保证金。

3. 公证与鉴证

签订合同必须以遵纪守法为原则,为了保证合同的合法性,应对双方当事人签订的合同进行公证或鉴证。

所谓公证,是指国家公证机关对合同合法性的一种证明。一般是根据合同当事人的申请,就合同签订的目的、内容等合法性和真实性以及执行的可能性进行审查,认为可以证明的,即签名盖章予以证明,否则不予公证。

所谓鉴证,是指合同管理机关(工商管理部门)对当事人之间所签订的合同进行审查、鉴定并给予证明,确保合同的合法性。合同鉴证的内容为:当事人的合法资格;合同内容的合法性;业务范围;双方履约能力;是否符合平等互利、协商一致、等价有偿原则;条款是否齐全;责任是否明确;文字是否清楚;手续是否完备等。

经公证和鉴证的合同,都具有法律效力,但公证与鉴证是两个不同的概念。合同公证是国家公证机关对合同生效进行的法律监督,不负责监督履行,也不亲自调解仲裁;合同鉴证是合同管理机关对合同进行的行政监督,并有权监督合同履行,负有调解和仲裁的责任。

10.3.3 《建筑工程施工合同(示范文本)》概述

为了指导建设工程施工合同当事人的签约行为,维护合同当事人的合法权益,依据《中华人民共和国合同法》、《中华人民共和国建筑法》、《中华人民共和国招标投标法》以及相关法律、法规,住房和城乡建设部、国家工商行政管理总局对《建设工程施工合同(示范文本)》(GF-2013-0201)进行了修订,制定了《建设工程施工合同(示范文本)》(GF-2017-0201)(以下简称《示范文本》)。

1.《示范文本》的组成

《示范文本》由合同协议书、通用合同条款和专用合同条款三部分组成。

1) 合同协议书

《示范文本》合同协议书共计13条,主要包括:工程概况、合同工期、质量标准、签约合同价和合同价格形式、项目经理、合同文件构成、承诺以及合同生效条件等重要内容,集中约定了合同当事人基本的合同权利义务。

2) 通用合同条款

通用合同条款是合同当事人根据《中华人民共和国建筑法》、《中华人民共和国合同法》等法律、法规的规定,就工程建设的实施及相关事项,对合同当事人的权利义务做出的原则性约定。

《建设工程施工合同(示范文本)》(GF-2017-0201)的通用合同条款共计20条，具体条款分别为：一般约定、发包人、承包人、监理人、工程质量、安全文明施工与环境保护、工期和进度、材料与设备、试验与检验、变更、价格调整、合同价格、计量与支付、验收和工程试车、竣工结算、缺陷责任与保修、违约、不可抗力、保险、索赔和争议解决。前述条款安排既考虑了现行法律、法规对工程建设的有关要求，也考虑了建设工程施工管理的特殊需要。

3) 专用合同条款

专用合同条款是对通用合同条款原则性约定的细化、完善、补充、修改或另行约定的条款。合同当事人可以根据不同建设工程的特点及具体情况，通过双方的谈判、协商对相应的专用合同条款进行修改补充。

由于合同标的的内容各不相同，工程造价也就随之变动，承发包双方的自身条件、能力、施工现场的环境和条件也都各异，双方的权利、义务也就各有特性。因此，通用合同条款也就不可能完全适用于每个具体工程，需要进行必要的修改、补充，故配以专用合同条款。专用合同条款是为通用合同条款的修改补充提供一个协议的格式，承发包双方针对工程的实际情况，把对通用合同条款的修改、补充和不予采用的一致意见按照专用合同条款的格式形成协议。通用合同条款和专用合同条款就是双方统一意见的体现，成为合同文件的组成部分。

在使用专用合同条款时，应注意以下事项。

(1) 专用合同条款的编号应与相应的通用合同条款的编号一致。

(2) 合同当事人可以通过对专用合同条款的修改，满足具体建设工程的特殊要求，避免直接修改通用合同条款。

(3) 在专用合同条款中有横道线的地方，合同当事人可针对相应的通用合同条款进行细化、完善、补充、修改或另行约定。

2. 《示范文本》的性质和适用范围

《示范文本》为非强制性使用文本。《示范文本》适用于房屋建筑工程、土木工程、线路管道和设备安装工程、装修工程等建设工程的施工承发包活动，合同当事人可结合建设工程具体情况，根据《示范文本》订立合同，并按照法律、法规规定和合同约定承担相应的法律责任及合同权利义务。

3. 2017版与2013版《示范文本》新旧对比

2017版《建设工程施工合同(示范文本)》是在2013版《建设工程施工合同(示范文本)》的基础上进行修订，2017版示范文本依然由合同协议书、通用合同条款和专用合同条款三部分组成，文本目录也与2013版示范文本完全一致。2017版示范文本主要对缺陷责任期、质量保证金条款进行修改，同时纠正了2013版示范文本专用条款个别与通用条款表述不一致的地方。此次修改，主要是因为住房和城乡建设部、财政部于2017年6月20日发布了《关于印发建设工程质量保证金管理办法的通知》(建质〔2017〕138号)，对建质〔2016〕295号《建设工程质量保证金管理办法》进行了修订。2017版示范文本根据前述办法在质量保证金比例(3%)、预留、抵扣、缺陷责任期的起算及责任期内不履行修复义务的处理等，作了相应的调整。建设工程施工合同(GF-2013-0201)与(GF-2017-0201)对比，如表10-1所示。

表 10-1　建设工程施工合同

(GF-2013-0201 与 GF-2017-0201 对比)

页码	条款	2013 版	2017 版
P47	通用条款	15.3 质量保证金 经合同当事人协商一致扣留质量保证金的，应在专用合同条款中予以明确	15.3 质量保证金 经合同当事人协商一致扣留质量保证金的，应在专用合同条款中予以明确。 在工程项目竣工前，承包人已经提供履约担保的，发包人不得同时预留工程质量保证金
P48	通用条款	15.3.2 质量保证金的扣留 质量保证金的扣留有以下三种方式： (1)在支付工程进度款时逐次扣留，在此情形下，质量保证金的计算基数不包括预付款的支付、扣回以及价格调整的金额； (2)工程竣工结算时一次性扣留质量保证金； (3)双方约定的其他扣留方式。 除专用合同条款另有约定外，质量保证金的扣留原则上采用上述第(1)种方式。 发包人累计扣留的质量保证金不得超过结算合同价格的5%，如承包人在发包人签发竣工付款证书后28天内提交质量保证金保函，发包人应同时退还扣留的作为质量保证金的工程价款	15.3.2 质量保证金的扣留 质量保证金的扣留有以下三种方式： (1)在支付工程进度款时逐次扣留，在此情形下，质量保证金的计算基数不包括预付款的支付、扣回以及价格调整的金额； (2)工程竣工结算时一次性扣留质量保证金； (3)双方约定的其他扣留方式。 除专用合同条款另有约定外，质量保证金的扣留原则上采用上述第(1)种方式。 发包人累计扣留的质量保证金不得超过工程价款结算总额的 3%。如承包人在发包人签发竣工付款证书后 28 天内提交质量保证金保函，发包人应同时退还扣留的作为质量保证金的工程价款；保函金额不得超过工程价款结算总额的3%。 发包人在退还质量保证金的同时按照中国人民银行发布的同期同类贷款基准利率支付利息
		15.3.3 质量保证金的退还 发包人应按 14.4 款(最终结清)的约定退还质量保证金	15.3.3 质量保证金的退还 缺陷责任期内，承包人认真履行合同约定的责任，到期后，承包人可向发包人申请返还保证金。 发包人在接到承包人返还保证金申请后，应于 14 天内会同承包人按照合同约定的内容进行核实。如无异议，发包人应当按照约定将保证金返还给承包人。对返还期限没有约定或者约定不明确的，发包人应当在核实后 14 天内将保证金返还承包人，逾期未返还的，依法承担违约责任。发包人在接到承包人返还保证金申请后14 天内不予答复，经催告后 14 天内仍不予答复，视同认可承包人的返还保证金申请

续表

页码	条款	2013 版	2017 版
P72	专用条款	15.3 质量保证金 关于是否扣留质量保证金的约定：_____。	15.3 质量保证金 关于是否扣留质量保证金的约定：_____。 在工程项目竣工前，承包人按专用合同条款第3.7条提供履约担保的，发包人不得同时预留工程质量保证金
	附件	附件3：工程质量保修书 三、缺陷责任期 工程缺陷责任期为___个月，缺陷责任期自工程竣工验收合格之日起计算。单位工程先于全部工程进行验收，单位工程缺陷责任期自单位工程验收合格之日起算。 缺陷责任期终止后，发包人应退还剩余的质量保证金	附件3：工程质量保修书 三、缺陷责任期 工程缺陷责任期为___个月，缺陷责任期自工程通过竣工验收之日起计算。单位工程先于全部工程进行验收，单位工程缺陷责任期自单位工程验收合格之日起算。 缺陷责任期终止后，发包人应退还剩余的质量保证金

10.4 监理合同

10.4.1 合同的概念

工程监理作为工程建设不可缺少的一项重要制度，在我国已实施二十多年。一大批基础设施项目、住宅项目、工业项目，以及大量的公共建筑项目按国家规定实施了强制监理。多年来的实践证明，工程监理对于控制建设工程质量、进度和造价，加强施工单位安全生产管理，提高建设投资效益发挥了十分重要的作用，已得到社会的广泛认可。

建设工程监理合同简称监理合同，是工程项目建设实施阶段房地产开发企业与监理机构所签订的对其他合同的履行过程进行监督、管理和协调的工作，保证其顺利实施而签订的明确双方权利、义务关系的协议。根据所签订的监理合同，监理工程师在授权范围内代表房地产开发企业对工程质量、工期、资金使用等方面实施合同履行过程的监督，为房地产开发企业提供服务。

10.4.2 合同的特征

房地产开发企业与工程监理单位所签订的监理合同与其他房地产开发工程承包合同的最大不同点在于合同的标的。勘察设计合同、施工合同等合同的标的是产生新的物质成果或信息成果，而监理合同的标的是服务。服务的主要内容是控制工程建设的投资、质量、工期；进行工程建设合同管理，协调有关单位间的工作关系。

在监理过程中涉及三个方面的主体：房地产开发企业、承包单位和监理单位。房地产开发企业和监理单位签订监理合同，监理单位通过提供服务来获取酬金，不是建筑产品的直接经营者，不承包工程造价，对工程质量的缺陷问题也不负直接责任，仅是对工程质量进行控制和检验。在施工合同中承包单位是建筑产品的直接经营者，在生产建筑产品过程中通过管理、技术手段来获取利润。监理合同是房地产开发企业和监理单位之间所签订的明确双方权利、义务的协议，监理工程师通过在监理合同中所授权的范围，对工程的投资、工程质量等进行控制和监督，并提出合理化建议。该合同不对承包商产生直接约束。监理单位与承包单位之间虽没有直接的合同关系，但监理单位与承包商之间却存在监理与被监理的关系。

因此，监理合同具有服务性、非承包性、非经营性和授权性等特点。

10.4.3 建设工程监理合同示范文本的组成

我国于1995年由建设部和国家工商行政管理局联合发布了《建设工程委托监理合同(示范文本)》(GF-95-0202)。1999年10月1日我国正式实施《中华人民共和国合同法》后，由国家建设部对示范文本进行了修改，并与国家工商行政管理局在2000年2月重新发布了《建设工程委托监理合同(示范文本)》(GF-2000-0202)。在2012年由住房和城乡建设部再次进行了修改，并与国家工商行政管理总局在3月重新颁布了《建设工程委托监理合同(示范文本)》(GF-2012-0202)。这个示范文本由以下三个部分和附录A、B组成。

第一部分是协议书。

这一部分是本合同的核心部分，也是总协议、纲领性文件。主要内容包括双方当事人确认的委托监理工程的概况(包括工程名称、地点、规模和工程概算总投资额或建筑安装工程费)；总监理工程师(包括姓名、身份证号码、注册号)；签约酬金(包括监理酬金和相关服务酬金)；监理期限及其相关服务期限；双方承诺；合同订立的时间、地点；双方自愿履行约定各项义务的表示以及合同文件的组成等。除此之外还应包括：

(1) 协议书；
(2) 中标通知书(适用于招标工程)或委托书(适用于非招标工程)；
(3) 投标文件(适用于招标工程)或监理与相关服务建议书(适用于非招标工程)；
(4) 专用条件；
(5) 通用条件；
(6) 附录，即

附录A　相关服务的范围和内容；

附录B　委托人派遣的人员和提供的房屋、资料、设备。

建设工程监理合同是标准合同格式文件，双方需在有限的空格内填写具体内容并签字盖章后，即发生法律效力。

第二部分是建设工程监理合同的通用条件。

这一部分是监理合同的共性条款或通用条款，适用于各类建设工程项目监理。其内容包括合同中所用词语定义，解释，签约双方的义务、违约责任，支付，合同生效、变更、暂停、解除和终止，争议的解决以及其他一些情况。监理合同的双方当事人都应当遵守。

第三部分是建设工程监理合同专用条件。

每个具体的工程项目都有其自身的特点和要求，通用条件虽然可以适用于各类建设工程基础上的监理，但不能满足每个具体的工程项目监理的需要，因此还专门设置了专用条件，可以根据建设工程项目监理的需要对通用条件的某些条款进行补充、修正。

附录A是相关服务的范围和内容。

由于 2007 年 5 月 1 日正式施行的《建设工程监理与相关服务收费管理规定》，首次提出了"建设工程监理与相关服务"，相关服务是相对于建设工程监理而言的。这一部分包括在勘察阶段、设计阶段、保修阶段及其他一些有关该工程项目的服务范围和内容。

附录 B 是委托人派遣的人员和提供的房屋、资料、设备。

10.4.4 2012 版与 2000 版监理合同对比

近年来，随着我国国民经济的快速发展、城镇化进程的加快推进，固定资产投资持续较快增长，民生工程、基础设施等建设任务繁重，一些工程项目的技术难度越来越大，标准规范越来越严，施工工艺越来越精，质量要求越来越高。社会经济环境已发生改变，所依据的有关法律、法规和标准也在不断修订调整，2000 版示范文本已不能准确涵盖现阶段工程监理与相关服务实践中的复杂情况，难以满足工程监理与相关服务的相关各方的实际操作需要和诉求。

2000 年以来，国家先后颁布《建设工程质量管理条例》《建设工程安全生产管理条例》《民用建筑节能条例》等法规，明确规定工程监理单位和监理工程师应当按照法律、法规和工程建设强制性标准实施监理，对建设工程的质量、安全生产和建筑节能承担监理责任。这些法规虽已实施，但并未在 2000 版示范文本中明确体现出来，影响了工程监理合同内容的全面性和准确性。

在工程监理承担着确保建设工程的投资效益和质量安全的艰巨任务及重要责任的情况下，尽快修订 2000 版示范文本，在合同中进一步明确工程监理的职责、内容、程序和方法，对于规范工程监理行为，严格要求工程监理单位和监理人员依法监理，认证履行监理职责，全面提升工程监理工作水平将会发挥重要作用。

本次修订和调整的主要内容包括：合同文件的名称、合同文件的组成和合同文件的内容。

1. 合同文件的名称

将《建设工程委托监理合同(示范文本)》修改为《建设工程监理合同(示范文本)》，主要考虑与国内其他合同示范文本名称的确立原则相一致，而且也符合国际通行做法。

2. 合同文件的组成

2000 版示范文本由"建设工程委托监理合同""标准条件""专用条件"三部分组成，造成标准格式的"建设工程监理委托合同"与总的合同用词重复，容易导致概念混淆。修订后的合同文件包括"协议书"、"通用条件"、"专用条件"、附录 A 和附录 B 五部分，不仅在格式上与其他相关合同示范文本相一致，而且与国际惯例相协调。

3. 合同文件的内容

1) 通用条件

考虑到 2000 版示范文本已应用十多年，委托人与监理工程师均很熟悉，本次修订尽可能保留了原有适用的条款。通用条件中修改和增加的条款主要体现在以下方面。

(1)"定义与解释"中，明确说明了合同中重要的用词和用语，避免产生矛盾或歧义。

修改后的示范文本对 18 个专用词语进行了定义，比 2000 版示范文本中的定义增加 7 个专用词语，包括"监理""相关服务""酬金""不可抗力"等。

（2）将 2000 版示范文本中的"权利、义务、职责"调整为"义务、责任"两部分，避免了原示范文本中监理人相对于委托人的合同权利与委托人授予监理人可行使权利之间的概念冲突。

（3）将 2000 版示范文本中的"附加工作"和"额外工作"合并为"附加工作"。虽然"附加工作"与"额外工作"的性质不同，附加工作是与正常服务相关的工作，额外工作是主观或客观情况发生变化时监理人必须增加的工作内容，但二者均属于超过合同约定范围的工作，且补偿的原则和方法相同。为便于合同履行中的管理，修改后的示范文本将二者均归"附加工作"。

（4）依据工程监理相关法规，明确了工程监理的基本工作内容，列出 22 项监理人必须完成的监理工作，包括：审查施工承包人提交的施工组织设计；检查施工承包人工程质量；安全生产管理制度；审核施工承包人提交的工程款支付申请；发现工程质量、施工安全生产存在隐患的，要求施工承包人整改并报委托人；验收隐蔽工程、分部分项工程；签署竣工验收意见等。如果委托人需要监理人完成更大范围或更多的监理工作，还可在专用条件中补充约定。

（5）2000 版示范文本中未规定合同文件出现矛盾或歧义时的解释顺序，修改后的示范文本不仅调整了合同文件的组成，而且明确了合同文件组成部分的解释顺序。

（6）增加更换项目监理机构人员的情形。修改后的示范文本中明确了六种更换监理人员的情形，如：有严重过失行为、有违法行为不能履行职责的、涉嫌犯罪的、不能胜任岗位职责等。此外，委托人与监理人还可在专用条件中约定可更换监理人员的其他情形。

（7）明确了监理人的工作原则，增加了"在工程监理与相关服务范围内，委托人和承包人提出的意见和要求，监理人应及时提出处置意见。当委托人与承包人质检发生合同争议时，监理人应协助委托人、承包人协商解决"的规定。

（8）依照《合同法》关于违约赔偿的规定，取消了原示范文本中监理人员因过失对委托人的最高赔偿原则是扣除税后的全部监理费用的规定，体现委托人和监理人的权利公平原则。

（9）增加了协议书签订后，因有关的法律法规、强制性标准的颁布及修改，或因工程规模或范围的变化导致监理人合同约定的工作量增加或减少时，服务酬金、服务时间应做相应调整的条款，体现委托人与监理人的权利平等原则。

（10）2000 版示范文本中有关时间的约定无一定规律，如 30 日、35 日等，参照国际惯例，修改后的示范文本中的时间均按周计算，即 7 天的倍数，不仅增强了科学性，也便于使用者掌握。

（11）新增合同当事人双方履行义务后合同终止的条件，使合同管理更趋规范化。

2) 专用条件

2000 版示范文本中，合同当事人就委托工程监理的所有约定均置于专用条件中，导致实践中很多内容约定得不够全面、具体，修改后的示范文本针对委托工程的约定分为专用条件、附录 A 和附录 B 三部分。

专用条件留给委托人和监理人以较大的协商约定空间，便于贯彻当事人双方自主订立合同的原则。为了保证合同的完整性，凡通用条件条款说明需在专用条件约定的内容，在专用条件中均以相同的条款序号给出需要约定的内容或相应的计算方法，以便于合同的订立。

10.4.5 建设工程监理合同的主要内容

建设工程监理合同的主要内容如下。
(1) 词语定义；
(2) 解释；
(3) 双方当事人的义务；
(4) 双方当事人的违约责任；
(5) 合同的生效、变更、暂停、解除与终止；
(6) 支付；
(7) 争议的解决；
(8) 其他规定。

10.4.6 建设工程监理合同中的监理人、委托人的义务

1. 监理人的义务

1) 监理的范围和工作内容
(1) 监理范围在专用条件中约定。
(2) 除专用条件另有约定外，监理工作包括以下内容。

① 收到工程设计文件后编制监理规划，并在第一次工地会议 7 天前报委托人。根据有关规定和监理工作需要，编制监理实施细则；熟悉工程设计文件，并参加由委托人主持的图纸会审和设计交底会议。

② 参加由委托人主持的第一次工地会议；主持监理例会并根据工程需要主持或参加专题会议；审查施工承包人提交的施工组织设计，重点审查其中的质量安全技术措施、专项施工方案与工程建设强制性标准的符合性。

③ 检查施工承包人工程质量、安全生产管理制度及组织机构和人员资格；检查施工承包人专职安全生产管理人员的配备情况。

④ 审查施工承包人提交的施工进度计划，核查承包人对施工进度计划的调整；检查施工承包人的试验室；审核施工分包人资质条件；查验施工承包人的施工测量放线成果；审查工程开工条件，对条件具备的签发开工令。

⑤ 审查施工承包人报送的工程材料、构配件、设备质量证明文件的有效性和符合性，并按规定对用于工程的材料采取平行检验或见证取样方式进行抽检。

⑥ 审核施工承包人提交的工程款支付申请，签发或出具工程款支付证书，并报委托人审核、批准。

⑦ 在巡视、旁站和检验过程中，发现工程质量、施工安全存在事故隐患的，要求施工承包人整改并报委托人；经委托人同意，签发工程暂停令和复工令。

⑧ 审查施工承包人提交的采用新材料、新工艺、新技术、新设备的论证材料及相关验

收标准；验收隐蔽工程、分部分项工程。

⑨ 审查施工承包人提交的工程变更申请，协调处理施工进度调整、费用索赔、合同争议等事项；审查施工承包人提交的竣工验收申请，编写工程质量评估报告。

⑩ 参加工程竣工验收，签署竣工验收意见；审查施工承包人提交的竣工结算申请并报委托人；编制、整理工程监理归档文件并报委托人。

(3) 相关服务的范围和内容在附录 A 中约定。

2) 监理与相关服务依据

(1) 监理依据

① 适用的法律、行政法规及部门规章；

② 与工程有关的标准；

③ 工程设计及有关文件；

④ 本合同及委托人与第三方签订的与实施工程有关的其他合同。

双方根据工程的行业和地域特点，在专用条件中具体约定监理依据。

(2) 相关服务依据在专用条件中约定。

3) 项目监理机构和人员

(1) 监理人应组建满足工作需要的项目监理机构，配备必要的检测设备。项目监理机构的主要人员应具有相应的资格条件。

(2) 本合同履行过程中，总监理工程师及重要岗位监理人员应保持相对稳定，以保证监理工作正常进行。

(3) 监理人可根据工程进展和工作需要调整项目监理机构人员。监理人更换总监理工程师时，应提前 7 天向委托人书面报告，经委托人同意后方可更换；监理人更换项目监理机构其他监理人员，应以具有相当资格与能力的人员替换，并通知委托人。

(4) 监理人应及时更换有下列情形之一的监理人员。

① 有严重过失行为的；

② 有违法行为不能履行职责的；

③ 涉嫌犯罪的；

④ 不能胜任岗位职责的；

⑤ 严重违反职业道德的；

⑥ 专用条件约定的其他情形。

(5) 委托人可要求监理人更换不能胜任本职工作的项目监理机构人员。

4) 履行职责

监理人应遵循职业道德准则和行为规范，严格按照法律法规、工程建设有关标准及本合同履行职责。

(1) 在监理与相关服务范围内，委托人和承包人提出的意见和要求，监理人应及时提出处置意见。当委托人与承包人之间发生合同争议时，监理人应协助委托人、承包人协商解决。

(2) 当委托人与承包人之间的合同争议提交仲裁机构仲裁或人民法院审理时，监理人应提供必要的证明资料。

(3) 监理人应在专用条件约定的授权范围内，处理委托人与承包人所签订合同的变更事宜。如果变更超过授权范围，应以书面形式报委托人批准。

在紧急情况下，为了保护财产和人身安全，监理人所发出的指令未能事先报委托人批准时，应在发出指令后的 24 小时内以书面形式报委托人。

(4) 除专用条件另有约定外，监理人发现承包人的人员不能胜任本职工作的，有权要求承包人予以调换。

5) 提交报告

监理人应按专用条件约定的种类、时间和份数向委托人提交监理与相关服务的报告。

6) 文件资料

在本合同履行期内，监理人应在现场保留工作所用的图纸、报告及记录监理工作的相关文件。工程竣工后，应当按照档案管理规定将监理有关文件归档。

7) 使用委托人的财产

监理人无偿使用附录 B 中由委托人派遣的人员和提供的房屋、资料、设备。除专用条件另有约定外，委托人提供的房屋、设备属于委托人的财产，监理人应妥善使用和保管，在本合同终止时将这些房屋、设备的清单提交委托人，并按专用条件约定的时间和方式移交。

2. 委托人的义务

委托人应履行以下义务。

1) 告知

委托人应在委托人与承包人签订的合同中明确监理人、总监理工程师和授予项目监理机构的权限。如有变更，应及时通知承包人。

2) 提供资料

委托人应按照附录 B 约定，无偿向监理人提供与工程有关的资料。在本合同履行过程中，委托人应及时向监理人提供最新的与工程有关的资料。

3) 提供工作条件

委托人应为监理人完成监理与相关服务提供必要的条件。

(1) 委托人应按照附录 B 约定，派遣相应的人员，提供房屋、设备，供监理人无偿使用。

(2) 委托人应负责协调工程建设中所有外部关系，为监理人履行本合同提供必要的外部条件。

4) 委托人代表

委托人应授权一名熟悉工程情况的代表，负责与监理人联系。委托人应在双方签订本合同后 7 天内，将委托人代表的姓名和职责书面告知监理人。当委托人更换委托人代表时，应提前 7 天通知监理人。

5) 委托人意见或要求

在本合同约定的监理与相关服务工作范围内，委托人对承包人的任何意见或要求应通知监理人，由监理人向承包人发出相应指令。

6) 答复

委托人应在专用条件约定的时间内，对监理人以书面形式提交并要求做出决定的事宜，给予书面答复。逾期未答复的，视为委托人认可。

7) 支付

委托人应按本合同约定,向监理人支付酬金。

10.4.7 建设工程监理合同中的监理人、委托人的违约责任

1. 监理人的违约责任

监理人未履行本合同义务的,应承担相应的责任。

(1) 因监理人违反本合同约定给委托人造成损失的,监理人应当赔偿委托人损失。赔偿金额的确定方法在专用条件中约定。监理人承担部分赔偿责任的,其承担赔偿金额由双方协商确定。

在专用条件中规定监理人赔偿金额按下列方法确定:

赔偿金=直接经济损失×正常工作酬金÷工程概算投资额(或建筑安装工程费)

(2) 监理人向委托人的索赔不成立时,监理人应赔偿委托人由此发生的费用。

2. 委托人的违约责任

委托人未履行本合同义务的,应承担相应的责任,具体规定如下。

(1) 委托人违反本合同约定造成监理人损失的,委托人应予以赔偿。

(2) 委托人向监理人的索赔不成立时,应赔偿监理人由此引起的费用。

(3) 委托人未能按期支付酬金超过28天,应按专用条件约定支付逾期付款利息。

在专用条件中规定委托人逾期付款利息按下列方法确定:

逾期付款利息=当期应付款总额×银行同期贷款利率×拖延支付天数

3. 除外责任

由于非监理人的原因,且监理人无过错,发生工程质量事故、安全事故、工期延误等造成的损失,监理人不承担赔偿责任。

因不可抗力导致本合同全部或部分不能履行时,双方各自承担其因此而造成的损失、损害。

本 章 小 结

在房地产开发过程中,合同是不可忽视的重要部分,它规范了合同签订双方的权利与义务。本章主要介绍房地产开发合同的相关内容,包括房地产开发合同的概念、法律规范、审批流程以及类型,并对工程建设实施类合同做了重点介绍。本章需重点掌握房地产开发合同的概念、建设工程施工合同以及建设工程监理合同示范文本的组成。

习 题

一、简答题

1. 简述房地产开发合同的概念及类型。

2. 简述工程建设实施类合同的特征及作用。
3. 工程建设实施类合同主要有哪几种合同？
4. 简述施工合同、监理合同的概念。
5. 简述施工合同的主要内容。
6. 建设工程施工合同示范文本的组成有哪些？
7. 什么是公证与鉴证？两者之间有什么区别？

二、材料分析题

某施工单位(乙方)于某年某月某日与某建设单位(甲方)签订了建造 2000 平方米的两层厂房的固定价格施工合同，该合同工期为 8 个月。甲方在乙方进入施工现场后，因资金紧缺，口头要求乙方暂停施工一个月。乙方亦口头答应。工程按合同规定期限验收时，甲方发现工程质量有问题，要求返工。两个月后，返工完毕。结算时甲方认为乙方迟延交付工程，应按合同约定偿付逾期违约金 15 000 元。乙方认为临时停工是甲方要求的，乙方为抢工期，加快施工进度才出现了质量问题，因此迟延交付的责任不在乙方。甲方则认为临时停工和不顺延工期是当时乙方答应的，乙方应履行承诺，承担违约责任。

问题：

(1) 该工程采用固定价格合同是否合适？

(2) 该施工合同的变更形式是否妥当？此合同争议依据合同法律规范应如何处理？

第 11 章 房地产开发项目的工程建设管理

【学习要点及目标】
- 了解房地产开发工程建设的组织方式与管理模式。
- 熟悉房地产开发工程建设各阶段的管理控制原理。
- 熟悉房地产开发项目的控制对象和控制依据。
- 掌握房地产开发项目的进度控制。
- 掌握房地产开发项目的投资控制。
- 掌握房地产开发项目的质量控制。
- 熟悉开发过程中索赔与反索赔程序。

【核心概念】

工程建设的组织方式与管理模式；管理控制原理；进度控制；投资控制；质量控制；索赔与反索赔程序；横道图；网络图等

【引导案例】

某市楼盘 2~11 幢楼，为框架小高层 13 层。招标工期为 400 天，投标工期 380 天。在施工过程中开发商、监理、施工方共同采取技术措施：使用混凝土早强剂等。采用组织措施：安排工人 3 班作业。采用合同管理措施：按照优质优价原则，评上市优奖励总造价的 1.5%，评上省优奖励总造价的 2%。采用经济措施：工期每提前一天奖励 1000 元。通过高效的工程建设管理以及质量、成本、进度等控制管理措施使该工程在 365 天内通过了竣工验收。

11.1 房地产开发项目工程建设的组织与管理方式

房地产开发项目工程建设管理，从广义上来讲，是指从项目决策到项目建成交付使用的全过程管理。从狭义上来讲，房地产开发商的建筑安装工作是委托承包给施工单位来完成的，因此其实质是房地产开发公司对施工单位在工程施工建造阶段的技术经济活动进行监督管理。在此阶段不仅可以实现项目的经济效益，而且可以实现其社会效益和环境效益。有效地实施工程建设管理也是合理节约开支、提高房地产开发项目投资效益的关键环节。本章是就狭义角度而言的。

房地产开发项目的工程建设阶段是房地产开发中的一个重要管理阶段，其目的是高效、优质、低耗、安全地完成房地产开发项目。在此阶段，开发者的目标将得以实现，设计的蓝图将变成现实。虽有资料表明对房地产开发项目经济效益影响最大的是项目的策划、可行性研究、决策及设计等前期工作，但开发项目总投资的 70%以上是在工程建设阶段投入的，工程质量也是在此阶段形成的，其投资成本、工程质量、建设工期将直接影响到该项目投资目标的实现。因此，必须对房地产开发项目的工程建设管理给予高度重视。

11.1.1　房地产开发项目工程建设的组织方式

1. 自建

所谓自建，是指房地产开发企业自己组织施工队伍，自己配备或租用施工机械、采购材料，自己组织施工完成开发项目的工程建设。这种方式的优点是有利于开发企业对项目开发全过程实行统一领导，对工程建设的质量、投资、工期的控制比较主动，易于管理。缺点是需要开发企业投入大量的财力、物力来装备施工队伍，消耗大量的精力来管理施工队伍，对于经营管理型的开发企业并非易事，且不值得。加之开发项目的个体差异性、开发类型的多变性，施工力量和施工任务常常不足，技术装备与技术水平难以与之相称，因而无法借助专业化施工、社会化运作的优势，常常导致施工成本上升，施工质量下降。因此，自建方式适用于兼营房地产开发业务的建筑企业。这类企业通常具有自建开发项目的能力，经济上合算。

2. 委托施工

委托施工是开发企业将拟建工程通过招标、协商等办法委托给具有一定资质的建筑安装企业。委托的方式有完全委托和部分委托，即习惯上所称的工程总承包和工程部分承包。

1) 工程总承包

工程总承包是开发企业把开发项目工程设计文件所包含的全部内容一起委托给建筑承包商去完成，包括建筑材料和设备的采购工作。这种承包方式可以减少开发企业的具体事务和工作。开发企业的工程建设施工管理重心可放在检查监督上，因而减少管理力量的投入。这在国际上是最常用的工程施工组织方式之一。但在当前的中国建筑市场，各行为尚不规范，工程一旦总承包给一家建筑承包商之后，工程可能被肢解分包，可能出现材料设备以次充好，以劣代优，导致工程质量和工期失控的问题。

2) 工程部分承包

我国建筑市场上的工程承包大多是指工程部分承包，这是一种承包内容比较灵活的承包方式：可以只承包基础工程，也可以承建主体结构工程、安装工程或装修工程；可以包工不包料，也可以包除主材之外的所有工料。这种委托施工方式使开发企业具有较大的主动权，可视条件灵活处理，把影响质量的关键要素控制在自己手中。但队伍之间、工种之间争议多，协调的工作量大，材料设备采购不仅工作量大，而且专业要求也高，往往给开发企业的工程建设管理工作增加了难度。采用工程部分承包方式在我国建筑市场中最为普遍。

11.1.2 房地产开发项目工程建设阶段的管理模式

房地产开发项目进入工程建设阶段后,开发企业对项目的管理有两种模式:自行管理和委托管理。

1. 自行管理

房地产开发企业自行组织工程建设管理班子进驻施工现场,直接行使业主的全部职权,对开发项目的施工质量、工程进度、建设投资进行控制,有时还负责主材和房屋设备的采购工作。这种模式在我国房地产开发中采用得较为普遍,其原因有三个:首先,我国许多房地产开发企业组建于计划经济时代,当时房地产开发工作立项照计划,分配按计划,只有工程建设过程的管理是重头戏。因此,这些企业一开始就配备了较强的专业技术力量对工程建设过程进行管理。其次,一些房地产开发企业认为自己聘请专业技术人员进行工程建设过程管理比较经济、比较放心。最后,我国工程建设咨询服务业以及工程总承包都起步较晚,其作用显露还需待时日。

2. 委托管理

委托管理是国际上工程建设中惯用的管理模式。我国工程建设监理制的推行为委托管理模式的发展提供了保证。开发项目工程建设阶段的委托管理是把已经取得开工许可证的工程委托给有资格的工程建设咨询管理公司(我国称为工程建设监理公司)对工程建设过程实施管理。从施工管理有效性的角度,这种委托应含施工招标;从工程建设管理有效性的角度,这种委托应始于设计招标;从项目投资管理有效性的角度,这种委托应包括项目策划、可行性研究、设计管理及施工管理。

11.1.3 房地产开发项目工程建设阶段的管理控制原理

1. 控制的目的和过程

控制被定义为对公司的生产经营活动、技术开发活动、管理活动进行检查、衡量和纠正,以确保目标得以实现的基本管理职能。控制作为一项基本管理职能,几乎渗透到企业管理的各个领域和各个层次。

控制的目的在于发现和查明偏离计划的偏差及其成因,采取正确的措施来纠正这些偏差,以确保计划的实施及计划目标的实现。控制过程大致分为计划与标准的制定、成效与实绩的评定、偏差纠正三个主要步骤。

2. 控制系统

控制系统是指由人、机构、制度和必要设备组成的,主要从事管理控制职能的系统。这种系统,由于其接收信息及实施控制职能间的关系,可分为反馈控制、前馈控制及防护性控制三类。

1) 反馈控制

管理控制通常是一个反馈控制系统,如图 11-1 所示。

由如图 11-1 所示的控制过程可看出,反馈控制系统的最大优点是始终伴随控制对象的运动过程而工作,系统的效益与效率很高。缺点是时间的滞后性。应采取措施加速信息采集和分析的速度,建立有效的早期预警系统,改善决策程序与方法,加快决策的速度。

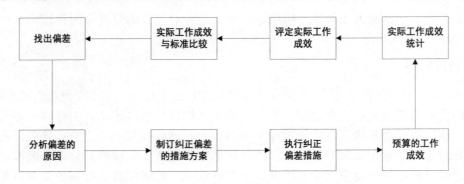

图 11-1　反馈控制系统控制过程

2) 前馈控制

前馈控制是面向未来的控制,即未来导向的控制。前馈控制是依据对未来事物发展的预测来实施的控制。因而前馈控制往往在偏差出现之时就实行了有效的控制,彻底解决了反馈控制的滞后性问题。前馈控制的基本依据是对未来事态发展的预测,因而信息的收集和处理就显得尤为重要。前馈控制应用的最重要的控制工具就是预测技术和网络计划技术。

3) 防护性控制

防护性控制是指在计划实施过程中采取的控制手段,例如通过岗位责任制、承包责任制等组织手段,以及建立互相制约、互相监督的约束制度来分解与核实目标责任;通过定期检查、报告、评审、审计等管理措施所形成的检查与审核职能,对计划执行情况进行防护性控制。显然,防护性控制其实是上述两种控制系统在控制手段与手法上的补充。对于复杂项目的控制,如大型项目投资控制,它并不能独立形成一个有效的控制系统。

3. 房地产项目控制

项目控制是指针对一个项目来实施、以项目计划为标准实行的管理控制。总任务是保证预定项目计划的实施,保证项目总目标任务的顺利完成。房地产项目开发,从立项决策、投资实施、市场营销到交付使用后的物业管理,涉及投资商、开发商、运营商、承包商、消费者,还有政府机构、中介组织等,各种各样的组织机构,都从不同的角度参与或影响到项目开发过程。在所有的组织机构中,开发商作为投资商的代理,是项目开发的主体,对项目过程起主导和控制作用。

11.1.4　房地产项目的控制对象和控制依据

1. 房地产项目的控制对象

房地产项目控制贯穿于项目整个寿命周期,早在投资前期的项目策划、目标设计阶段,就对各阶段性的工作成果,通过审核、检查、评估等各种手段进行控制。控制措施越早实施,控制效果就越好。

1) 项目投资前期的控制对象

项目投资前期尚未明确项目的规模、性质、计划,也无法提出各种控制指标或标准,缺乏足够的控制依据，因而人们常常疏于项目的前期控制，这是很自然的，但通常也是十分危险的。而且在这一阶段出现决策错误，会带来无法估量的损失。项目前期的控制工作，主要是企业管理决策层和项目上层的任务，主要内容表现为与项目有关的市场研究以及项目的性质、地址、环境评价；项目的市场定位、构思、方案策划、可行性研究或成果的审核、检验、评价及批准工作。

2) 项目投资实施期的控制对象

项目实施阶段的投资方案已经定型，项目有关的各种计划、方案、指标、合同等内容已全部确定，控制目标乃至各种控制标准均已确定，项目控制作为项目管理的重要职能清晰而明确。

(1) 项目投资实施阶段的各参与方。

房地产项目投资实施期涉及政治、经济、法律、社会各个领域，关联政府、社团、企业、公众各个层面，投资环境复杂多变，涉及项目投资的所有利害关系者共同构成了项目投资实施期的控制对象。

① 咨询部门——由各类专业人员构成，提供信息和决策意见。
② 承包商——由各种专业公司提供设计施工等专业服务。
③ 供应商——提供原材料和设备订购服务。
④ 金融机构——银行、基金等金融机构，提供项目融资服务。
⑤ 公众——社会大众及其相应团体，关注项目的社会效益与环境效益。
⑥ 中介组织——提供市场调查、市场营销等中介服务。
⑦ 政府机构——为项目提供立法、审批、指导服务，关注项目社会与环境效益。
⑧ 劳动力——由社会各种专业人士、专门人才提供的劳动力。
⑨ 内部各部门——公司内部各部门专家，关注管理资源、信息资料、业务经验。

(2) 项目投资实施阶段的各个结构层次和各生产要素。

为了满足各层次控制内容和深度上的需要，应当把作为项目控制对象的项目结构，划分为各种不同层次的单元，如项目、子项目、单位工程、分部工程、分项工程等。一般来说，越是高层，控制对象所涉及的层次越高，范围越广，内容越抽象；越是低层，控制的对象所涉及的层次越低，范围越小，内容越具体。比如，公司决策层控制对象一般只到项目或子项目层面；公司中层(业务主管)和项目管理层控制对象将涉及项目的单位工程或分部工程；项目管理机构的中层(项目业务主管层)的控制对象将直接深入分项工程(即具体的工作面)。

项目的各种生产要素(劳动力、材料、设备、资金等)，都是项目投资实施的关键因素，自然也成为项目实施阶段的重要控制对象。所有的项目，都必须制定相应的标准(如针对劳动效率的劳动定额，针对材料性能的强度指标、硬度标准，针对设备使用效果的使用率、完好率等质量指标等)、制度(如考勤制度、质量检验制度等)、程序和方法，对各生产要素实施有效控制。

(3) 项目投资实施阶段的各种考核与评估指标。

项目投资实施阶段的实施效果，是通过一系列指标体现的，这些指标便成为项目控制的主要对象。如反映项目投资经济性的指标(投资额、成本等)；反映项目质量状况的指标(优良率、合格率及各种具体的质量数据)；反映项目进度状况的指标(完工率、延误日期等)；反映项目合同执行情况的指标(合同履约率、索赔金额等)；反映项目安全性、稳定性、风险性的各类指标等。

(4) 项目投资实施阶段的各控制点。

控制点是指为了实施有效控制，在项目投资实施阶段的各环节、各部位、各场所设置的需重点加强监控的部位。如整个项目投资实施过程中的各关键性的阶段转换点(重要的分部工程、分项工程、单位工程竣工、验收等)，对工程质量有重大影响的活动(如材料进场检验、混凝土灌注、强度检验、隐蔽工程验收等)，对项目投资成本有重大影响的事项(如合同签约、竣工验收、采购、市场营销、促销等)。

3) 项目经营使用期的控制对象

房地产项目的经营使用期主要是物业管理，也有些自营租赁经营的项目，在其经营使用期还涉及经营成本、经营管理方面的控制对象(财务、人员、服务等)。作为物业管理的控制对象，主要是业主，以及为业主提供的各种服务(服务质量、业主沟通、业主投诉等)。此外，还有房屋、设备及各种配套设施与设备。

2. 房地产项目的控制依据

凡是界定项目的有关文件均可成为项目控制的依据，如与项目有关的法律、法规文件、项目报批的有关文件、项目设计文件、项目预算及施工组织设计文件、项目合同文件等。由于项目控制目的、任务和内容不同，其所依据的资料也有所不同。

11.2　房地产开发项目工程建设进度控制

11.2.1　进度控制的概念

进度控制是指对房地产开发项目工程建设阶段的工作内容、工作程序、持续时间和衔接关系进行计划编制，并将该计划付诸实施，在实施的过程中经常检查实际进度是否按计划要求进行，对出现的偏差分析其原因，采取补救措施或调整、修改原计划，直到工程竣工，交付使用的过程。进度控制的最终目的是确保项目进度目标的实现，进度控制的总目标是建设工期的顺利完成。

由于项目的工程建设具有庞大、复杂、周期长、相关单位多等特点，因而影响进度的因素很多。可归纳为人的因素，技术因素，材料、设备与构配件因素，机具因素，资金因素，水文、地质与气象因素，环境、社会因素以及其他难以预料的因素等。其中人的因素影响最多，如计划不周导致停工，材料和相关作业脱节，工程无法正常进行；图纸供应不及时、不配套或出现差错等。进度控制人员必须首先对各种影响进度的因素进行分析，预测它们对工程进度的影响程度，确定合理的工程进度控制目标，编制可行的进度计划，并针对变化采取对策，定期地、经常地调整进度计划。

11.2.2　进度控制的计划系统及表示方法

1. 进度控制的计划系统

1) 开发项目前期工作计划

开发项目前期工作计划是指对可行性研究、设计任务书及初步设计的工作进度进行安排，使建设前期的各项工作相互衔接，使进度得到控制。前期计划见表 11-1。

表 11-1 前期工作形象进度计划表

项目名称	建设性质	建设规模	可行性研究		设计任务书		初步设计	
			进度要求	负责单位负责人	进度要求	负责单位负责人	进度要求	负责单位负责人

2) 开发项目工程建设总进度计划

开发项目工程建设总进度计划是在初步设计被批准后，编制年度计划以前，根据初步设计，对工程项目从开始建设至竣工交付使用进行全过程的统一部署，以安排各单项工程和单位工程的建设进度，合理分配年度投资，组织各方面的协作，保证初步设计确定的各项建设任务的完成。它是编制年度计划的依据。

其内容包括：文字部分、工程项目一览表(见表 11-2)、工程项目总进度计划表(见表 11-3)、投资计划年度分配表(见表 11-4)、工程项目进度平衡表(见表 11-5)。

表 11-2 工程项目一览表

工程编号	单项工程和单位工程名称	工程内容	概算数/千元						备注
			合计	建筑工程费	安装工程费	设备购置费	工器具购置费	工程建设其他费用	

表 11-3 工程项目总进度计划表

工程编号	单位工程和单位工程名称	工程量		××××年				××××年				备注
		单位	数量	一季	二季	三季	四季	一季	二季	三季	四季	

表 11-4 投资计划年度分配表

工程编号	单项工程名称	投资额	投资分配/万元				
			年	年	年	年	年
	合计： 其中：建安工程投资 　　　设备投资 　　　工器具投资 　　　其他投资						

表 11-5 工程项目进度平衡表

工程编号	单项工程和单位工程名称	开工日期	竣工日期	要求设计进度			要求设备进度			要求施工进度			道路、水、电接通日期				
				交付日期		设计单位	数量	交货日期	供应单位	进场日期	竣工日期	施工单位	道路通行日期	供电		供水	
				技术设计	施工图	设备清单								数量	日期	数量	日期

在此基础上，分别编制综合进度控制计划、施工进度计划、验收和交付使用进度计划。

3) 开发项目年度计划

年度计划既要满足工程建设总进度的要求，又要与当年可能获得的资金、设备、材料、施工力量相适应。年度计划包括文字部分、年度计划形象进度表(见表 11-6)、年度竣工投产交付使用计划表(见表 11-7)、年度建设资金平衡表(见表 11-8)、年度设备平衡表(见表 11-9)。

表 11-6 年度计划形象进度表

工程编号	单项工程名称	开工日期	竣工日期	投资额	投资来源	年初已完			本年计划				建筑面积			年末形象进度	建设条件落实情况		
						投资额	其中建安工程投资	其中设备投资	投资			建筑面积					施工图	设备	材料	施工力量
									合计	其中建安工程投资	其中设备投资	新开工	续建	竣工				

表 11-7 年度竣工投产交付使用计划表

工程编号	单项工程名称	总规模				本年计划完成				
		建筑面积	投资额	新增固定资产	新增生产能力	竣工日期	建筑面积	投资额	新增固定资产	新增生产能力

表 11-8 年度建设资金平衡表

工程编号	单项工程名称	本年计划投资	动员内部资金	为以后年度储备	本年计划需要资金	资金来源			
						预算拨款	自筹资金	基建贷款	……

表 11-9 年度设备平衡表

工程编号	单项工程名称	设备名称规格	要求到货		利用库存	自 制		已 订 货		采购数量
			数量	时间		数量	完成时间	数量	完成时间	

项目计划之间是相互关联的,应视为一个系统来看待,即项目进度控制的计划系统。计划系统的思想应贯穿在计划的编制、执行和调整的全过程中。计划系统的思想还表现在,项目其他参与各方(设计单位、施工单位、监理单位、材料物资供应单位等),围绕开发企业的进度计划,分别编制本单位的各种计划,并按各自计划实施。因而,各单位进度计划的控制实施必须是相互衔接和联系的,这样才能保证进度控制总目标的实现。

2. 进度计划的表示方法

进度计划的表示方法主要有两种:横道图和网络图。

1) 横道图

横道图是指计划任务中各个项目均以一条横道表示的进度图表。如图 11-2 所示,即为分成两个施工段的某一基础工程施工的、用横道图表示的进度计划。

施工过程	工作日														
	1	2	3	4	5	6	7	8	9	10	11	12	13	14	15
挖基槽	1			2			2								
作垫层				1				2							
作基础							1					2			
回填										1					

图 11-2 用横道图表示的进度计划

2) 网络图

网络图是由箭线和节点组成的,用来表示工作流程的有向、有序网状图形。按照表示工作的符号不同,网络图分为双代号(箭线式)和单代号(节点式)网络图两种。

(1) 双代号网络图,是以箭线或其两端节点编号表示工作的网络图。若工作的持续时间以数字形式标注在箭线下面,被称为双代号时标网络图,如图 11-3 所示。

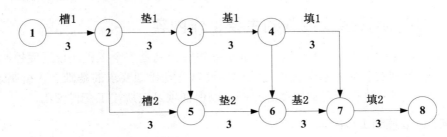

图 11-3 双代号时标网络图

(2) 单代号网络图,是以节点或节点编号表示工作的网络图,如图 11-4 所示。

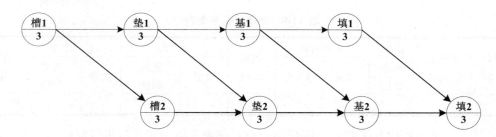

图 11-4　单代号网络图

横道图虽简单明了，容易理解、绘制，但不能很清晰、严格地反映出各个工作之间相互依赖、相互制约的逻辑关系，且不能确定计划的关键工作、关键线路与时差，难以适应大的进度网络计划。网络图则可以实现，并可使用计算机来进行绘制、计算、优化、调整，目前是一种先进的、通用的进度控制技术。

3. 网络计划的优化

网络计划的优化是在一定的约束条件下，按既定的目标对网络计划进行不断检查调整和完善的过程。网络计划的优化分为工期优化、费用优化和资源优化。

1) 工期优化

工期优化是压缩计算工期，以达到要求的工期目标，或在一定的约束条件下，使工期最短的过程。工期优化一般是通过压缩关键工作的持续时间来实现的。

2) 费用优化

费用优化又叫时间成本优化，是寻求最低成本时的最短工期安排。

网络计划的总费用由直接费用和间接费用组成。直接费用随工期的延长而减少；间接费用随工期的延长而增加。这样网络计划的总费用在一定范围内会随工期的延长而减少，当超过某一界线后，又会随工期的延长而增加。因而必定有一个总费用最少的工期，这就是费用优化所寻求的目标。

3) 资源优化

资源是为完成任务所需的人力、材料、机械设备和资金等的统称。完成一项工程任务所需的资源量基本上是不变的，难以通过资源优化将其减少。资源优化是通过改变工作的开始时间，使资源按时间的分布符合优化目标。通常资源优化主要有"资源有限，工期最短"优化和"工期固定，资源均衡"优化两种。

11.2.3　施工阶段进度控制的主要工作内容

施工阶段是工程实体的形成阶段，对其进度进行控制是整个工程建设进度控制的重点。施工阶段进度控制的总任务就是在满足工程建设总进度计划要求的基础上，编制或审核施工进度计划，并对其执行情况加以动态控制，以保证项目按期竣工交付使用。

1. 施工进度控制工作内容

施工进度控制从审核承包单位提交的施工进度计划开始，直至工程项目保修期满为止。其工作内容主要包括：①编制施工阶段进度控制工作细则。②编制或审核施工进度计划。

施工进度计划的编制和实施的责任在承包商。但经审核确认后，即应当视为合同文件的一部分。③按年、季、月编制工程综合计划。着重解决各承包单位施工进度计划之间、施工进度计划与资源保障计划之间及外部协作条件的延伸性计划之间的综合平衡与相互衔接问题。④下达工程开工令。⑤协助承包单位实施进度计划问题。特别是协助解决承包单位无力解决的内外关系协调问题。⑥监督施工进度计划的实施，这是施工阶段进行进度控制的经常性工作。⑦组织现场协调会解决工程施工过程中的相互协调配合问题。⑧签发工程进度款。⑨审批工程延期。⑩督促承包单位整理技术资料。⑪办理竣工验收。⑫处理争议和索赔。⑬整理工程进度资料。⑭工程移交。

2．施工进度的检查与监督

施工进度的检查方式包括：定期、经常地收集由承包单位提交的有关进度报表资料；由驻地人员现场跟踪检查工程项目的实际进展情况。施工进度检查的主要方法是对比法。

3．施工进度计划的调整

通过检查分析，如果发现原有进度计划已不能适应实际情况时，为了确保进度控制目标的实现或需要确定新的计划目标，就必须对原有进度计划进行调整。调整方法主要有两种。

(1) 压缩关键工作的持续时间。压缩关键工作的持续时间需要采取一定的措施来达到目的，具体措施包括：①组织措施。增加工作面，组织更多的施工队伍；增加每天的施工的时间(如采用三班制)；增加劳动力和施工机械的数量。②技术措施。改进施工工艺和施工技术；采用更先进的施工方法；采用更先进的施工机械。③经济措施。实行包干奖励；提高奖金数额；对所采取的技术措施给予相应经济补偿。④管理措施。改善外部配合条件；改善劳动条件；实施强有力的调度。

(2) 组织搭接作业或平行作业。组织搭接作业或平行作业，是在条件允许时部分作业间相互交错或平行作业时的有效措施。

4．工程延期的控制

发生工程延期事件，不仅影响工程的进展，而且会给开发企业带来损失。因此应加强工程延期的控制。

(1) 申报工程延期的条件。由于以下原因导致工程拖期，承包单位有权提出延长工期的申请。①工程变更而导致工程量增加。②合同中所涉及的任何可能造成工程延期的原因，如延期交图、工程暂停等。③异常恶劣的气候条件。④开发企业造成的任何延误、干扰或障碍。⑤除承包单位自身以外的其他任何原因。

(2) 工程延期的审批原则。①合同条件。任何工程延期必须符合合同条件。②关键线路。发生延期事件的工程部位，必须在施工进度计划的关键线路上，才能批准工程延期。

(3) 实际情况。工程延期必须符合实际情况，承包单位应提交详细的申述报告(延期理由及依据)，开发企业应对施工现场进行详细考察和分析，并做好有关记录。

5．工期延误的制约

如果由于承包单位自身的原因造成工期拖延，又未按要求改变延期状态时，通常可以采用下列手段予以制约：①停止付款；②误期损失赔偿；③终止对承包单位的雇佣。

6. 物资供应的进度控制

物资供应是实现项目三大目标控制的物质基础。正确的物资供应渠道与合理的供应方式可以降低工程费用，有利于投资目标的实现；完善合理的物资供应计划是实现进度目标的根本保证；严格的物资供应检查制度是实现质量目标的前提。

11.3 房地产开发项目工程建设投资控制

投资控制是指在开发项目工程建设的全过程中，根据项目的投资目标，对项目实行经常性的监控，针对影响项目投资的各种因素而采取一系列技术、经济、组织等措施，随时纠正投资发生的偏差，把项目投资的发生额控制在合同规定的限额内。

11.3.1 项目投资失控的原因

项目投资失控的原因具体如下。

(1) 项目可行性研究的深度不够。

在进行项目可行性研究时，收集的基础数据不足或不准确，采用的分析方法和计算方法不恰当，导致项目可行性研究的可靠性不足。这样在项目实施后势必造成被动和投资失控，这是项目决策阶段的问题。因而应提高项目可行性研究的科学性和可靠性，使项目的投资概算比较准确，为日后的投资控制提供保证。

(2) 在各设计阶段所做的投资计算突破投资计划目标。

在项目规划方案设计、初步设计和施工图设计过程中，设计人员对项目布局、建筑造型、结构形式、材料及设备选择等方面，不注意经济性设计，而开发企业又缺乏对设计过程的审核，常常导致项目计划投资额的增加。

(3) 在开发项目工程建设期间社会物价水平的上涨。

房地产开发项目一般规模较大，所需的建设时间较长，因此会受到社会物价水平上涨的影响。若上涨幅度超过预期的水平，就会使项目投资额突破计划值。

(4) 项目的设计变更引起费用增加。

开发企业要求改变原有项目的使用性质功能，或是提高项目装修设计和设施、设备水准，或是扩大原有项目的建设规模工程量，都会引起项目建设费用的提高。

(5) 项目实施过程中不可预见因素的发生。

由于房地产开发周期长，涉及面广，开发企业要面临一系列千变万化的不可预测因素的影响。诸如气候变化，产生不可抗拒的自然灾害，与勘察报告不同的地质条件引起地基处理费用的增加等，都会导致项目的计划投资失误。

(6) 项目施工不能顺利进行而引起费用增加。

如果项目施工不能顺利进行，就会增加项目的建设成本，使项目建设投资额增加。有较多因素可能妨碍项目施工的顺利进行，如设计师不能按时提交施工图样；交通运输、供水供电等条件没有事先摸清，结果不能满足项目施工要求；开发企业自身没能及时做出必要的决策，地方建管部门、监督机构拖延审批时间等。

(7) 其他原因。如政治事件、发生战争、人事纠纷、工程事故等，增加项目成本，引起计划投资额增加。

以上是对项目投资失控主要原因的分析，将有助于开发企业采取针对性措施控制项目投资。

11.3.2 工程建设投资控制的方法与步骤

1. 编制投资控制规划

投资控制规划根据项目的工程建设进度和项目的投资目标而确定。

投资目标是开发项目预计的最高投资限额，是进行投资控制的最基本依据，因而投资目标的确定应具有严谨性和科学性。投资控制目标应随工程建设过程的进展而分阶段地设置，即投资估算应是设计方案选择和初步设计阶段的投资控制目标；设计概算应是技术设计和施工图设计阶段的投资控制目标；施工图预算或工程承包合同价格是施工阶段建安工程的投资控制目标。各阶段目标之间是由略到详，前者控制后者，后者补充前者的有机联系的整体。

2. 费用比较

所谓费用比较，是指投资计划值与实际值的比较。在项目实施的各个阶段，应及时收集、汇总费用支出的实际值，要不断与计划值进行费用比较。在项目施工阶段，主要是实际投资与合同价的比较。在具体工作汇总时，应注意实际投资与实际支出费用的区别。另外，实际投资与合同价在构成方面也可能存在差异，如实际投资可能会增添一些合同价以外的费用，如技术措施费、索赔费等。

3. 未完工程投资预测

所谓未完工程投资预测，是指在施工过程中，根据已完工程实际投资的情况以及对偏差原因的分析，对预测时间点以后各期和全部未完工程所需要的投资进行的估计和测算。这样做可以及时了解整个项目以后各期和最终所需要的投资数额，并了解是否会超过原定项目投资目标。

4. 纠偏

所谓纠偏，是指对系统实际运行状态偏离标准状态的纠正，以使实际运行状态恢复到或保持在标准状态。纠偏的措施可归纳为组织、经济、技术、合同四个方面。

11.3.3 工程价款的结算

1. 我国现行工程价款结算的主要方式

我国现行工程价款结算的主要方式有四种，分别为按月结算、竣工后一次结算、分段结算、结算双方约定并经开户银行同意的其他结算方式。

2. 工程款的计量支付

1) 工程计量的一般程序

通过计量来控制项目投资支出是投资抑制的一个重要环节。对于采用单价合同的项目，工程量的大小对项目投资的控制有很重要的影响。工程计量的一般程序是承包方按协议条款约定的时间，向甲方代表提交已完工程量的报告，甲方代表接到报告后 3 天内按设计图纸核实已完工程数量，并在计量 24 小时前通知承包方，承包方必须为甲方代表进行计量提供便利条件并派人参加，予以确认。承包方无正当理由不参加计量，由甲方代表自行进行计量，计量结果仍然视为有效，作为工程价款支付的依据。如果甲方代表在收到承包方报告 3 天内未进行计量，从第四天起，承包方报告中开列的工程量即视为已被确认，可作为工程价款支付的依据。因此，无特殊情况，对工程计量不能有任何拖延。另外，甲方代表在计量时必须按约定时间通知承包方参加，否则计量结果按合同规定视为无效。

2) 合同价款的复核与支付

承包方根据协议所规定的时间、方式和经甲方代表签字的计量表，按照构成合同价款相应项目的单价和收费标准提出付款申请，申请由甲方代表审核签字后，由甲方予以支付。承包方提出的付款申请除了对所完成的工程要求付款以外，一般还包括工程变更费用、索赔、价格调整的费用等，必须予以严格审核。

3. 工程价款的动态结算

所谓动态结算就是结算时要考虑到货币的时间价值，考虑通货膨胀等动态因素的影响。实行项目投资的动态结算并完善其方法是尤为必要的，要把各种动态因素渗透到结算过程中，使结算大体能反映实际的费用。常用的动态结算方法有实际价格结算法、按调价文件结算法、调值公式法三种方法。

11.3.4 工程变更的控制

工程变更可能有许多方面的原因，工程变更包括设计变更、进度计划变更、施工条件变更和新增工程等。变更内容一般包括：增减合同中约定的工程数量；更改有关工程的性质、质量、规格；更改有关部分的标高基线、位置和尺寸；增加工程需要的附加工作，即改变有关工程的施工时间和顺序等。一般来说，适当及时的变更可以弥补前期工作的不足。但是，过于频繁或失去控制的变更会给项目带来重大损害甚至导致项目失败。因此，应严格控制工程变更。

1. 正常和必要的工程变更

由于项目的实施过程是个开放系统，受到很多因素的影响和干扰，并非所有事件都能预见到，实施过程本身是对项目的不断完善和修正的过程。因此，对工程项目的实现来说，工程变更的发生是不可避免的。从对项目目标的影响来说，有些变更是有利于项目目标实现的积极变更；有些变更虽对项目的实现有影响，但不变更则可能使目标无法实现，变更则可避免更大的损失。这就是正常的和必要的工程变更。

2. 失控的工程变更

在项目实施过程中，经常出现人为随意改变设计、变动施工计划和安排等情况。虽然其根本原因在于投资体制的不足，但反映到项目上来，就是失控的工程变更。包括前期工作的误差引起的实施中的变更，对项目目标无益又不会影响项目实现的变更，以及未经充分协商一致，又非处在特别紧急情况下做出的变更等。这些变更往往导致项目受损或导致项目实施过程出现困难和障碍。

3. 工程变更的控制原则

工程变更的控制原则包括：尽量减少不必要的工程变更；协商一致的原则；必要变更尽量提前的原则；变更信息及时沟通的原则。

4. 工程变更的控制程序

工程变更的控制程序如下。

(1) 提出工程变更。工程变更可以由合同的任何一方提出。

(2) 审查工程变更。为有效控制投资，无论任何一方提出的工程变更，均应由甲方委托的代表(项目控制人员)予以审查批准。

(3) 编制工程变更文件。①工程变更令。其内容为变更项目、理由及详细说明承包单位、甲方代表的意见，业主审批意见及附件等。②工程量清单。③设计图样。

11.3.5 索赔

索赔是指当事人一方由于另一方未履行合同所规定的义务而遭受损失时，通过合法的途径和正常的程序，向对方提出补偿损失或额外消耗的行为。索赔具有必然性、合理性、客观性和合法性特征。索赔按提出方的不同分为施工索赔和业主索赔。

1. 施工索赔

施工索赔指由于发包方或其他有关原因，使承包方在工程施工过程中增加了额外费用而向发包方提出的索赔。

1) 施工索赔的内容

施工索赔的内容包括两个方面，即工期索赔和款项索赔，这两者往往是互相包含的。索赔成立的最终点是发包方向承包方赔偿工程款项。包括：①设计差错和工程变更索赔。②现场条件变化索赔。③缩短工期索赔。④延误工期索赔。

2) 施工索赔的依据

施工索赔的依据包括工程资料、施工合同和有关法规。工程资料是核实和审查各有关索赔事件发生的依据，在工程资料中，最为重要的是施工记录，因此做好施工记录，对承包方能否取得索赔补偿起决定性作用；施工合同和有关法规是索赔裁决的依据，因此在签订合同时，应考虑到索赔的可能性，并且要熟悉合同中的条款以及有关法规。

3) 施工索赔的程序

施工索赔的程序通常为：提出索赔要求，提供索赔的证明材料，核实索赔的依据以及索赔的协商与裁决等。

(1) 提出索赔要求。在引起索赔的事件出现后，承包方要及时向发包方提出索赔要求，尤其是对一些隐蔽工程的索赔，如不及时提出，事后处理则难度较大，并且易起争端。

(2) 提供索赔的证明材料。在向发包方提出了索赔要求的意向后，承包方随即收集索赔的有关证明资料，如合同、有关法律和地方规章以及施工记录等，这些索赔依据是否充分是索赔成立与否的关键因素。因此,承包方在施工过程中,应做好详细的施工记录,保管好与工程项目有关的各种文件资料。在承包方向发包方提供索赔证明材料的同时还应提出索赔的额度和要求延展的工期。

(3) 核实索赔的依据。发包方在接到承包方的索赔要求和索赔的有关证明材料后,应及时组织有关人员,收集自己方所掌握的材料,并与对方材料进行对比分析,一方面核实对方的索赔是否成立,依据是否充分;另一方面,对不合理的索赔(包括索赔的理由不足和索赔的额度不合理)要研究对策,收集反索赔的依据。

(4) 索赔的协商与裁决。双方当面就索赔问题进行协商,力争通过协商、谈判达成谅解,顺利解决索赔问题。尽量避免用仲裁或诉讼办法解决索赔争端,因为在工程项目实施过程中,双方的整体利益往往建立在双方良好的合作关系上,只要双方实事求是、公平、合理、合法地处理索赔问题,索赔是可以顺利解决的,并且不影响双方的良好关系。经协商后发包方认可的索赔,则办理相应的索赔手续;若双方意见不统一,承包方可向合同管理机关申请仲裁,也可向人民法院起诉,或放弃索赔。

2. 业主索赔

业主索赔是指由于承包方不履行或不完全履行约定的义务,使发包方受到损失时向承包方提出的索赔。业主索赔的主要内容有以下几个方面。

1) 拖延工期的索赔

出于承包方的原因,工程不能按合同规定的时间竣工验收,对此,发包方提出索赔,要求承包方补偿拖延工期给发包方带来的损失。

拖延工期索赔的计算方法通常有两种:一是按清偿损失计算,即先在合同中确定拖延工期的日清偿损失额,拖延工期的总清偿损失额则为日清偿损失额与承包方引起的工期拖延日数的乘积;二是按拖延工期的实际损失额计算,拖延工期引起发包方的实际损失包括发包方的营业收入损失、扩大工程管理费用开支、额外支付贷款利息、使用设施的机会丧失等。

2) 工程质量缺陷的索赔

工程质量不符合合同规定,发包方有权要求承包方修理或返工,由此发生的一切费用由承包方自行负担。并且,由于修理或返工造成工期延误,承包方还要按合同规定偿还逾期违约金。

3) 不合格材料的索赔

承包方采购到不合格材料,发包方有权要求承包方调换,由此发生的运输费和其他有关费用由承包方负担。

4) 保险费用的索赔

为了减少工程施工过程中的风险,由合同订立了保险条款,即在施工场地的承、发包方人员应办理生命财产保险,费用由各方自负。如果承包方未能按照合同条款进行投保,发包方可以投保并保证保险有效,由此支付的保险费可在应付给承包方的款项中扣回。

5) 承包方不正当地放弃工程的索赔

若承包方不合理地放弃工程,则发包方有权要求承包方补偿由此给发包方带来的损失。

3. 索赔控制

作为发包方的开发企业或建设单位，要对承包方提出的索赔进行反驳，找出理由和证据否定对方提出的索赔，以推卸或减轻自己的责任，使自己不受或少受经济损失；并应加强对可能引起索赔的事件的预见，采取预防措施，减少索赔的发生。在处理索赔时，应注意以下两点内容。

(1) 核实索赔事件的真实性。要确认对方所提出的索赔事件是否确实存在和真实，虚假事件无法提出索赔。

(2) 反驳索赔依据的充分性。索赔是否成立，关键是看索赔的法律依据是否充分，即能否在合同中找到依据，即使有依据也要找到对对方不利的条款，不轻易承认赔偿。

通常，下列索赔是不成立的。

① 索赔依据的法律效力不足。
② 片面证据。
③ 索赔超过时效期。
④ 非承包方不能控制的原因。
⑤ 非双方原因以及不可抗力以外的原因。

4. 审查索赔值的合理性

当难以从根本上否定对方的索赔时，则要花费精力审查索赔值的合理性，力争将索赔值降至最低限度。所谓索赔值是否合理是指索赔值的计算方法是否恰当，计算数据是否准确。审查时应核实对方的数据是否与己方的有关工程的实际记录一致，其计算方法是否与合同报价中规定的方法一致。对对方在工程报价时未注意到工程量复杂程度、质量标准、工程范围而造成的错误报价，或出于投标策略降低报价所造成的损失不予补偿，应在索赔总额中扣除。

11.4 房地产开发项目工程建设质量控制

工程建设质量是房地产开发项目建设的核心，是决定项目成败的关键。它对提高房地产开发项目的经济效益、社会效益和环境效益均具有重大意义，它直接关系着国家财产和人民生命安全，也关系着我国房地产事业的发展。

11.4.1 质量控制概述

1. 质量

质量是指产品、过程或服务满足规定或潜在要求(或需要)的特性和特征的总和。中国质量管理协会对产品质量的定义是："产品质量是满足使用要求所具备的特性，即适用性。一般包括性能、寿命、可靠性、安全性、经济性等。"

从定义上看，产品或服务的特性和特征的总和构成了产品或服务的质量，而这些特性和特征又必须具备满足明确和隐含需要的能力。换句话说，产品或服务必须是符合其特性和特征要求的产品，即应具有符合性，同时其特性和特征又必须满足需求，即具有适用性，产品的符合性和适用性从两个角度全面反映了质量的含义。

2. 工程项目质量

房地产开发项目可归为工程项目的一个种类，工程项目的质量也就包含了房地产开发项目的质量。

工程项目质量是国家现行的有关法律、法规、技术标准、设计文件及工程合同中对工程的安全、使用、经济、美观等特性的综合要求。工程项目一般都是按照合同条件承包建设的，因此工程项目质量是在合同环境下形成的。合同条件中对工程项目的功能、使用价值及设计、施工质量等的明确规定都是业主的需要，因而都是质量的内容。

从功能和使用价值来看，工程项目质量又体现在适用性、可靠性、经济性、外观质量与环境协调等方面。工程项目是根据开发企业的要求而兴建的，不同的开发企业也就有不同的功能要求，因此，工程项目的功能与使用价值的质量是相对于业主的需要而言的，并无一个固定和统一的标准。

工程项目质量也包含工作质量。工作质量是指参与工程建设者，为了保证工程项目质量所从事工作的水平和完善程度。工作质量包括：社会工作质量，如社会调查、市场预测、质量回访和保修服务等；生产过程工作质量，如政治工作质量、管理工作质量、技术工作质量和后勤工作质量等。工程项目质量的好坏是决策、勘察、设计、施工等单位各方面、各环节工作质量的综合反映，而不是单纯靠质量检验检查出来的。要保证工程项目的质量，就要求有关部门和人员精心工作，对决定和影响工程质量的所有因素严加控制，即通过提高工作质量来保证和提高工程项目的质量。

3. 工程项目质量形成过程

工程项目质量是按照工程建设程序，经过工程建设系统各个阶段而逐步形成的，是决策阶段工作质量、设计阶段工作质量、施工阶段工作质量和竣工验收阶段工作质量递阶影响形成的综合质量。其形成的系统过程如图 11-5 所示。

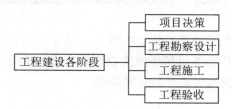

图 11-5 工程建设各阶段质量形成的系统过程

(1) 项目决策阶段工作质量(决策质量)。项目决策是在项目可行性研究及策划研究的基础上，就项目的投资规模、经营形式、开发方案、投资方案、资金筹措，以及市场定位、价格定位、营销策略等一系列重大问题所做的决策。决策质量关系着项目投资的成败，直接影响项目投资目标的实现，是质量控制的关键环节。决策质量的好坏，既取决于前期工作质量(信息是否掌握、问题是否研究透彻)，又取决于决策者的素质水平。

(2) 项目设计阶段的工作质量(设计质量)。项目设计是将项目可行性研究和项目策划中所提出的规划设想、使用功能，项目决策所提出的投资目标和投资方案等具体化的过程。

房地产投资项目设计既包括整个项目的规划设计，也包括个别建筑物的建筑设计、结构设计等。项目设计质量直接关系到项目建成后的使用功能和使用价值。设计质量形成于项目设计的全过程，涉及参与项目设计的各专业、各层次的设计人员。

(3) 项目实施阶段的工作质量(施工质量)。项目实施阶段有两项工作。其一是从投资者或建设者角度看待的实施过程，主要的工作是项目工程的发包、工程施工的监理、资金筹措以及项目开发建设过程中的协调、管理工作。其二是工程施工的承包者对项目施工的组织与管理工作，这一阶段的项目质量主要是施工质量。因而，又称项目实施阶段的质量为施工质量。施工质量是质量管理的主要环节。施工质量影响因素复杂，几乎参与工程施工的所有条件(4M1E)，即人(Man)、机械(Machine)、材料(Material)、方法(Method)、环境(Environment)都是质量控制的对象。

(4) 项目竣工验收阶段质量(竣工验收质量)。工程项目竣工验收阶段，就是对项目施工阶段的质量进行试车运转、检查评定，考核质量目标是否符合设计阶段的质量要求。这一阶段是工程建设向生产转移的必要环节，影响工程能否最终形成生产能力，体现了工程质量水平的最终结果。因此，工程竣工验收阶段是工程质量控制的最后一个重要环节。

因为本章是针对房地产开发项目的工程建设阶段而言，所以，项目质量控制只围绕项目施工阶段和竣工验收阶段阐述。

4. 工程项目质量控制

工程项目质量控制是指致力于满足工程质量要求，也就是保证工程质量满足工程合同、规范标准所采取的一系列的措施、方法和手段。工程质量要求主要表现为工程合同、设计文件、技术规范标准规定的质量标准。

工程项目质量控制按实施者不同，包括以下三个方面。

1) 业主的质量控制

业主的质量控制可以通过社会监理来实现，是指监理单位受业主委托，为保证工程合同规定的质量标准对工程项目进行的质量控制。其目的在于保证工程项目能够按照工程合同规定的质量要求达到业主的建设意图，取得良好的投资效果。其控制依据除国家制定的法律、法规外，主要是合同文件、设计图纸。在设计阶段及其前期的质量控制以审核可行性研究报告及设计文件、图纸为主，审核项目设计是否符合业主要求。在施工阶段进驻现场实地监理，检查是否严格按图施工，并达到合同文件规定的质量标准。

2) 政府的质量控制

政府的质量控制主要是以法律、法规为依据，通过工程报建、施工图设计文件审查、施工许可、材料和设备准用、工程质量监督、重大工程竣工验收备案等主要环节进行的。

3) 承包单位的质量控制

承包单位的质量控制是以工程合同、设计图纸和技术规范为依据，对施工准备阶段、施工阶段、竣工验收交付阶段等施工全过程的工作质量和工程质量进行的控制，以达到合同文件规定的质量要求。

11.4.2 施工阶段的质量控制

工程施工是使业主及工程设计意图最终实现并形成工程实体的阶段，也是最终形成工程产品质量和工程项目使用价值的重要阶段。因此，施工阶段的质量控制历来都是工程项目质量控制的重点。

1. 项目施工质量控制过程

项目施工阶段的质量控制，是一个从对投入原材料的质量控制开始，直到完成工程质量检验、合格验收为止的全过程的系统控制过程。具体过程如图 11-6 所示。

工程项目一般由分项工程、分部工程和单位工程所组成，任何项目的建设都是通过一道道工序来实现的。所以，项目施工的质量控制又是工序质量控制、分项工程质量控制、分部工程质量控制、单位工程质量控制和项目质量控制的系统控制过程。具体过程如图 11-7 所示。

图 11-6　施工质量控制过程 1　　　　图 11-7　施工质量控制过程 2

2. 项目施工质量控制方法

项目施工质量控制的方法分为文件审核与现场质量检验两类。

1) 文件审核

文件审核就是对项目有关质量的技术文件、报告、报表的审核，文件审核是项目质量控制的重要手段。其具体内容主要有如下几项。① 审查进入施工现场的分包单位的资质证明文件，控制分包单位的质量；②审批施工承包单位的开工申请书，检查、核实与控制其施工准备工作质量；③审批施工承包单位提交的施工方案、质量计划、施工组织设计或施工计划，控制工程施工质量有可靠的技术措施保障；④审批施工承包单位提交的有关材料、半成品和构配件质量证明文件(出厂合格证、质量检验或试验报告等)，确保工程质量有可靠的物质基础；⑤审核承包单位提交的反映工序施工质量的动态统计资料或管理图表；⑥审核承包单位提交的有关工序产品质量的证明文件(检验记录及试验报告)、工序交接检查(自检)、隐蔽工程检查、分部分项工程质量检验报告等文件、资料，以确保和控制施工过程中的质量；⑦审批有关工程变更、图纸修改和技术核定书等，确保设计及施工图纸的质量；⑧审核有关应用新技术、新工艺、新材料、新结构等的技术鉴定书，审批其应用申请报告，确保新技术应用的质量；⑨审批有关工程质量事故或质量问题的处理报告，确保质量事故或质量问题处理的质量；⑩审核与签署现场有关的质量技术签证、文件等；⑪检查施工承包单位的技术交底、施工日志等记录资料和文件，督促施工单位落实施工要求。

2) 现场质量检验

现场质量检验的内容包括开工的检验；工序交接检验；隐蔽工程检验；停工后复工前的检验；分项、分部工程完工后的验收；成品保护检验；原材料质量检验；设备运行质量检验。

常见的现场质量检验的方法有目测法、实测法和试验法三种。①目测法：通过看、摸、敲、照等人工作业直观检查施工质量的方法。②实测法：人工或借助工具、仪器、设备检测质量数据，通过将实测数据与施工规范及质量标准所规定的允许偏差相对照，来判别质量是否合格的方法。③试验法：借助于仪器设备，通过试验手段对质量进行判断的检查方法。如对桩或地基的静载试验，确定其承载力；对钢结构进行稳定性试验，确定是否产生失稳现象；对钢筋对焊接头进行拉力试验，检验焊接的质量等。

3. 项目施工的工序质量控制

工序质量控制，就是对工序活动条件和工序活动效果的质量控制。工序质量控制通常采用控制图等统计分析工具，通过对工序子样检验的数据进行统计、分析，来判断整道工序的质量，进而实现对工序质量的控制。

1) 工序质量控制的主要控制步骤

工序质量一般按如下步骤实施控制：①量测。通过检测工具和检测手段，对工序子样进行质量检验，获取质量数据。②分析。对检验所得的数据通过统计分析工具进行分析，找出这些数据所遵循的规律。③判断。根据数据分布规律分析的结果，对整个工序的质量状况进行判断，从而确定该道工序是否达到质量标准。若出现异常情况，即刻寻找原因，采取对策和措施加以预防，以便达到控制工序质量的目的。

2) 工序质量控制的主要内容

工序质量控制主要包括以下四个方面的内容：①控制工序工艺和工序规程。②控制工序活动条件。工序活动条件的控制是工序质量控制的主要内容。工序活动条件主要是指影响工序质量的五大因素，即人、材料、机械设备、方法和环境。只要将这些因素切实有效地控制起来，就能使工序处于被控制状态，以保证质量正常和稳定。③控制工序活动效果。工序活动效果是评价工序质量是否符合标准的依据。为此，必须加强质量检验工作，对其质量状况进行综合统计与分析，及时掌握质量动态。当处于异常状态时，就必须停止进行下一道工序，采取措施纠偏。④设置工序质量控制点。质量控制点是指为了保证工序质量而对某些需要重点控制的关键部位、薄弱环节予以标记，设置重点防范、加强观测和控制的内容和程序，从而在一定时期内、一定条件下强化质量管理，使工序处于质量控制状态。

3) 质量控制点的设置

质量控制点的设置应根据工程特点，视其重要性、复杂性、精确性、质量标准和要求而定。质量控制点的设置位置，可能是结构复杂的某一工序或部位，也可能是技术要求高、施工难度大的某一结构构件或分项、分部工程，还可能是影响质量关键的某一环节中的某一工序或若干工序，主要视其对质量特征影响的大小及危害程度而定。经常要考虑下列因素：人的行为因素、物的状态因素、材料和设备因素、操作技术因素、质量因素。

4) 工序的质量检验

工序的质量检验就是利用一定的方法和手段，对工序操作及其完成的产品质量进行测定、检查和验收，并将所测得的结果同该工序的操作规程及形成质量特性的技术标准进行比较，从而判断其是否合格的过程。工序质量检验也是对工序活动效果的评价。工序质量检验工作的主要内容包括：①设定标准。把设计要求、技术标准、工艺操作规程等转换成该工序具体而明确的质量要求，并在质量检验中正确执行这些要求。②进行度量。对工序的质量特性进行检测。其中包括检查人员的感观度量、机械器具的测量和仪表仪器的测试，以及化验与分析等。通过度量，提供工序的质量特征值数据。③比较判定。把度量出来的质量特征值同该工序的质量技术标准进行比较，以发现差异。根据比较的结果来判断工序的质量是否符合规程、标准的要求，从而对该工序的质量状况做出判断。④做出处理。根据判定的结果，对合格的工序质量予以验收，对不合格的，则要查找原因，采取措施予以调整、纠偏或返工。⑤记录。把度量出来的质量特征值、质量分析、判断、评估与处理过程完整、准确、及时地记录下来，以备查用。

11.4.3　施工质量验收

工程施工质量验收是工程建设质量控制的一个重要环节，它包括工程施工质量的中间验收和工程的竣工验收两个方面。通过对工程建设中间产出品和最终产品的质量验收，从过程控制和终端把关两个方面进行工程项目的质量控制，以确保达到业主所要求的功能和使用价值，实现建设投资的经济效益和社会效益。工程项目的竣工验收，是项目建设程序的最后一个环节，是全面考核项目建设成果，检查设计与施工质量，确认项目是否投入使用的重要步骤。顺利并尽快完成竣工验收，标志着项目建设阶段的结束和生产使用阶段的开始，对促进项目的早日投产使用，及早发挥投资效益，有着非常重要的意义。

建筑工程施工质量验收统一标准、规范体系由《建筑工程施工质量验收统一标准》(GB 50300—2013)和各专业验收规范共同组成。统一标准是规定质量验收程序及组织的规定和单位(子单位)工程的验收指标；各专业验收规范是各分项工程质量验收指标的具体内容。因此应用标准时必须相互协调，同时满足二者的要求。

此外，验收统一标准及专业验收规范体系的落实和执行，还需要有关标准的支持，如建筑施工所用的材料及半成品、成品，对其材质及性能要求，要依据国家和有关部门颁发的技术标准进行检测和验收。工程质量验收规范体系如图 11-8 所示。

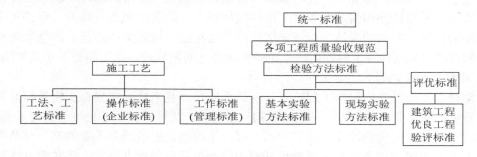

图 11-8　工程质量验收规范体系

11.4.4　工程质量事故的分析及处理

凡工程质量不符合规定的质量标准或设计要求，即称为工程质量事故。由于工程项目在施工过程中影响质量的因素较多，也易产生系统因素变异，因此，不可避免地会出现工程质量事故。

1. 工程质量事故的特点

通过诸多工程事故案例调查、分析表明，建筑工程质量事故具有复杂性、严重性、可变性和多发性的特点。

(1) 复杂性。施工项目质量问题的复杂性，主要表现在引发质量问题的因素复杂，从而增加了对质量问题的性质、危害的分析、判断和处理的复杂性。例如建筑物的倒塌，可能是未认真进行地质勘查，地基的容许承载力与持力层不符；也可能是未处理好不均匀地基，产生过大的不均匀沉降；或是盲目套用图纸，结构方案不正确，计算简图与实际受力不符；或是荷载取值过小，内力分析有误，结构的刚度、强度、稳定性差；或是施工偷工减料、不按图施工、施工质量低劣；或是建筑材料及制品不合格，擅自代用材料等原因所造成。由此可见，即使同一性质的质量问题，原因有时截然不同。

(2) 严重性。工程项目一旦出现质量事故，轻者影响施工顺序进行、拖延工期、增加工程费用，重者则会留下隐患成为危险的建筑物，影响使用功能或不能使用，更严重的还会引起建筑物的失稳、倒塌，造成人民生命、财产的巨大损失。所以对建设工程质量问题和质量事故均不能掉以轻心，必须给予高度重视。

(3) 可变性。许多工程的质量问题出现后，其质量状态并非稳定于发现的初始状态，而是有可能随着时间而不断地发展、变化。例如，混凝土结构出现的裂缝可能随环境温度的变化而变化，或随荷载的变化及负担荷载的时间而变化等。因此，有些在开始阶段并不严重的质量问题，如不能及时处理和纠正，有可能发展成一般质量事故，一般质量事故有可能发展成为严重或重大质量事故。所以，在分析、处理工程质量问题时，一定要注意质量问题的可变性，应及时采取可靠的措施，防止其进一步恶化而发生质量事故。

(4) 多发性。施工项目中有些质量问题为质量通病，如屋面、卫生间漏水，抹灰层开裂、脱落，排水管道堵塞，预制构件裂缝等；另有一些同类型的质量问题，一再重复发生。因此，总结经验，吸取教训，采取有效措施加以预防十分必要。

2. 工程质量事故处理的依据

工程质量事故发生的原因是多方面的，有技术上的失误，也有违反建设程序或法律法规的问题；有些是设计、施工的原因，也有些是由于管理方面或材料方面的原因。引发事故的原因不同，事故责任的界定与承担也不同，事故的处理措施也不同。总之，对所发生的质量事故，无论是分析原因、界定责任，以及做出处理决定，都需要以切实可靠的客观依据为基础。

进行工程质量事故处理的主要依据有三个方面：质量事故的实况资料；具有法律效力的、得到有关当事各方认可的工程承包合同、设计委托合同、材料或设备购销合同以及监理合同或分包合同等合同文件；有关的技术文件、档案和相关的建设法规。

3. 工程质量事故分析、处理的程序

工程质量事故分析、处理的程序，一般可按图11-9所示进行。

事故处理的目的是消除隐患，保证结构安全可靠，保证施工顺利进行。因此，事故处理基本要求是：安全可靠，不留隐患，满足建筑功能和使用要求，技术可行，经济合理，处理方便。

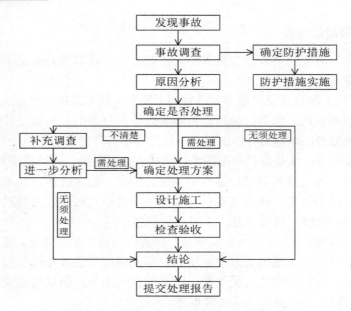

图 11-9　工程质量事故的分析、处理程序图

11.4.5　质量管理的数理统计方法

1. 排列图

排列图又称主次因素排列图。其作用是寻找主要质量问题或影响质量的主要原因，以便抓住提高质量的关键，取得好的效果。

排列图是由一个横坐标，两个纵坐标，n 个直方形和一条折线所组成。横坐标表示影响质量的各个因素，按影响程度大小从左至右排列，左边纵坐标表示影响因素的频数、右边纵坐标表示累积频率，直方形高度表示因素影响的程度，由各影响因素累积百分数连成的折线称为排列图曲线或巴雷特曲线。图 11-10 是根据表 11-10 画出的排列图。

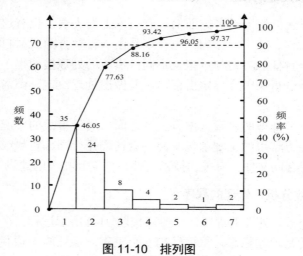

图 11-10　排列图

表 11-10　柱子不合格点频数频率统计表

序号	项目	容许偏差(mm)	不合格点	频率(%)	累积频率(%)
1	轴线位移	5	35	46.05	46.05
2	柱高	±5	24	31.58	77.63
3	截面尺寸	±5	8	10.53	88.16
4	垂直度	5	4	5.26	93.42
5	表面平整度	8	2	2.63	96.05
6	预埋钢板中心偏移	10	1	1.32	97.37
7	其他	—	2	2.63	100.00
合计			76	100.00	

在分析排列图时，一般将其中的累积频率分为 3 类：0～80%为 A 类，是主要影响因素；80%～90%为 B 类，是次要影响因素；90%～100%为 C 类，是一般影响因素。

2. 因果分析图

因果分析图，按其形状又可称为鱼刺图或树枝图，也叫特性要因图。所谓特性，就是施工中出现的质量问题。所谓要因，就是对质量有影响的因素或原因。

因果分析图是由原因和结果两部分组成，结果是具体的质量问题，原因即影响质量的因素。一般有人、机器设备、工艺方法、原材料和环境五大原因，每一大原因又可分为中原因、小原因等。因果分析图满足寻找影响质量特性的大原因、中原因和小原因的需求。找出原因后便可以有针对性地制定相应的对策加以改进。

3. 频数分布直方图

频数分布直方图，是用于整理质量数据，并对质量波动分布状态及其特征值进行判断的图示方法。所谓频数，是在重复试验中，随机事件重复出现的次数，或一批数据中某个数据(或某组数据)重复出现的次数。

产品在生产过程中，质量状况总是会有波动的。为了解各因素对产品质量的影响情况，现场随机实测一批产品，得出相关数据，并将数据分组整理，统计每组出现的频数。然后在直角坐标系的横坐标轴上自小至大标出各分组点，在纵坐标轴上标出对应的频数，得到高度值为频数值的一系列直方形，即为频数分布直方图。

频数分布直方图的作用是，通过对数据的加工、整理、绘图，掌握数据的分布状况，从而判断加工能力、加工质量，并估计产品的不合格率。频率分布直方图是控制图产生的直接理论基础。

本 章 小 结

房地产开发项目的工程建设阶段是房地产开发中一个重要的管理阶段。在这个阶段，开发者的意图将得到实质性的实施，设计的蓝图也随着工程的实施而逐渐变为现实。开发企业要想实现其预定的经济效益目标，必须非常重视这个阶段。需要根据经济、政治、法律、自然等外部环境条件，结合企业自身的实力、经验、开发经营计划，选择合适的组织机构形式，并在进度控制、质量控制、投资控制方面制订合理计划，实行动态控制，发现偏差及时采取措施或适当调整计划，以便于实现项目的预期经济效益。另外，开发企业还应做好合同管理和安全管理工作，按照要求进行项目竣工验收。

习　题

一、简答题

1. 房地产开发项目建设工程的组织方式有哪些？
2. 房地产开发项目工程建设阶段的管理模式有哪些？
3. 什么是进度控制？影响进度的因素有哪些？
4. 投资控制的方法和步骤是怎样的？
5. 质量的内涵和质量控制的含义是什么？

二、案例分析题

某建筑公司负责修建某学校学生宿舍楼一幢，双方签订建设工程合同。由于宿舍楼设有地下室，属隐蔽工程，因而在建设工程合同中，双方约定了对隐蔽工程(地下层)的验收检查条款。规定：地下室的验收检查工作由双方共同负责，检查费用由校方负担。地下室竣工后，建筑公司通知校方检查验收，校方则答复，因校内事务繁多，由建筑公司自己检查，出具检查记录即可。其后15日，校方又聘请专业人员对地下室质量进行了检查，发现未达到合同所定标准，遂要求建筑公司负担此次检查费用，并返工地下室工程。建筑公司则认为，合同约定的检查费用由校方负担，本方不应负担此项费用，但对返工重修地下室的要求予以认可。校方多次要求公司付款未果，诉至法院。试分析该项检查费用应由哪方承担。

第 12 章　房地产营销

【学习要点及目标】
- 了解市场营销的概念。
- 了解营销观念的发展过程。
- 掌握房地产营销的含义和特点。
- 了解房地产营销理论。
- 掌握项目市场细分的概念、特点、依据和原则。
- 掌握目标市场选择理论。
- 学会房地产多种营销策略。
- 掌握房地产收益获取方式。

【核心概念】

市场营销；房地产营销；房地产营销理论；项目市场细分；目标市场选择；营销策略；房地产收益获取方式等

【引导案例】

某房地产商在市北郊开发了一块生地，项目定位为高品质生态住宅小区，以高层住宅为主，规划户数为 1000 户。项目规划具有法式古典浪漫的建筑神韵，高低错落的建筑围合设计引人注目。环形绿化步行街、下沉式商业广场、设置室外游泳池、戏水池以及休闲会所，增添一份独享的尊贵感受。加上宽阔的楼间距，一览无余的开阔视野和充裕的采光，使主人的生活空间更加优化。但是该区位交通不够便利，配套尚不完善。试问：该房地产商应该如何制定营销策略将该楼盘顺利售出呢？

12.1　房地产营销概述

12.1.1　市场营销的概念

市场营销是一门独立的学科，在经济发达国家从 20 世纪 50 年代开始趋于成熟。在我国，20 世纪 80 年代以后，营销的基本原理和策略才开始为企业经营者所熟悉，并在实践中得到不同程度的应用。

市场是社会分工和商品交换的必然产物。随着商品经济和市场经济的发展，作为现代国民经济细胞的企业必将成为市场的主体，参与市场的经济活动。这样企业的市场营销学才发展起来，以适应市场经济的高度发展和市场竞争的需要。

营销并不等于销售和推销。美国"营销管理之父"菲利普·科特勒(Philip Kotler)曾经指出，销售并不是市场营销的最重要部分，销售是市场营销的尖端，是企业的市场人员的最基本职能之一，但也不是最重要的职能。这是因为，营销行为如果能够真正了解购买者的需求，就能按照购买者的需求进行设计并生产适销对路的产品，就如同美国管理大师彼得·德鲁克(Peter Drucker)说过的："市场营销的目的在于使推销成为不必要。"

美国市场营销协会定义委员会在 1960 年给市场营销下了这样一个定义：市场营销是引导商品和劳务从生产者流向消费者或用户的企业商务活动过程。而菲利普·科特勒在 1984 年将其重新定义为：市场营销是指企业的这种职能——认识当前未满足的需要和欲望，估量和确定需求量大小，选择和决定企业能最好地为其服务的目标市场，并决定适当的产品、劳务和计划(或方案)，以便为目标市场服务。

市场营销是企业的一项综合的经营业务活动过程，它围绕满足消费者需求这一中心，开展市场调查和预测，进行环境分析，研究产品设计和开发，在市场细分的基础上，选择目标市场和分销渠道，制定促销策略，提供销售服务，反馈市场信息，在消费者或用户的满足中实现自己的各项目标。

12.1.2 营销观念的发展过程

1. 生产观念

生产观念是指导销售者行为的最古老的观念之一。生产观念认为，消费者喜欢那些可以随处买得到而且价格低廉的产品，企业应该注重提高生产效率、扩大生产、降低成本以扩展市场。显然生产观念是一种重生产、轻市场营销的商业哲学。

该生产观念盛行于 19 世纪末 20 世纪初，是在卖方市场的背景下产生的。西方资本主义国家在工业化初期，由于物资短缺，需求旺盛，产品供不应求，市场需求基本上是被动的，企业最关注的问题是提高生产率和生产能力，消费者没有选择的余地。因此企业的主要任务是努力提高效率、扩大生产、降低成本。企业的一切生产经营活动以生产为中心，围绕生产来安排一切业务。

2. 产品观念

产品观念认为消费者喜欢那些质量高、性能好而价格比较便宜的产品。企业应致力于提高产品质量，只要物美，客户必然会找上门来，无须推销。这种观点是在生产观念之后产生的，由于生产观念的作用，市场供应量增加，使供求关系得到缓解，消费者开始注意产品的质量、品种等，这时生产者只有提高产品的质量，增加品种，才能够将产品销售出去获得利润。

3. 推销观念

推销观念认为，消费者一般不会主动选择和购买商品，只能通过推销产生的刺激，诱导消费者产生购买行为。企业重视和加强推销与销售工作,消费者就可能会买更多的产品。

20世纪30年代以后,随着工业化和生产机械化的发展,生产部门的劳动生产率和产量迅速提高,产品逐渐由供不应求变为供大于求,市场竞争日趋激烈,从而迫使企业的工作重点转为以销售为中心,企业注重用各种手段和方法吸引顾客,将产品尽多尽快地推销给消费者。企业之间主要表现在促销竞争,不管产品是否为消费者所需要,运用各种手段达到最大销售量的目的。这样推销部门的任务就是采用各种可能的方法,去说服和诱导消费者购买商品。至于商品是否符合顾客的需要,是否能让顾客满意,顾客是否会重复购买等问题,都无关紧要。

推销观念与生产观念、产品观念一样,本质上都是以生产为中心,没有摆脱"以产定销"这一根本的经营观念。

4. 市场营销观念

市场营销观念认为,达到企业目标的关键在于确定目标市场的需要和欲望,比竞争者更有效地提供目标市场所需要的商品或者服务。"生产消费者需求的"就是市场营销观念的典型表现。

市场营销观念逐渐形成于20世纪50年代。一方面,随着第三次科学技术革命的兴起,产品技术不断创新,新产品竞相上市,产品供应量迅速增加,许多产品供过于求,市场竞争进一步激化。另一方面,消费者有了更多的可支配收入和闲暇时间,消费需求趋向更加多样化。这种情形要求企业改变以自己为中心的思维方式,转而认真研究消费者需求,正确选择为之服务的目标市场,并提供相应的营销策略以满足消费者的需要。许多企业家认识到:在进行生产之前,必须首先分析和研究消费者的需要,在满足消费者需要的基础上,企业才能生存和发展。按照市场营销观念,市场不是处于生产过程的终点,而是起点,不是供给决定需求,而是需求引起供给,哪里有需求,哪里才有生产和供给。

5. 生态营销观念

进入20世纪70年代以后,市场营销观念已在西方发达国家被普遍接受,但是有的企业片面强调满足消费者的需求和欲望,往往去追求企业并不擅长生产的产品,结果不但不能较好地满足消费者需求,同样也不能使企业获得预期的利润。因此,美国的一些市场营销学者在发展市场营销观念的基础上,提出了生态营销观念。生态学讲的是任何生物都必须保持与其生存环境协调平衡的关系才能得到生存和发展。将生态学理论应用到营销领域,就是主张任何一个企业都如同生物有机体一样,要与它们的生存环境相协调。

因此,在科技发展、分工更细、专业化更强、企业与外部的相互依存关系日益密切的背景下,企业在决定其生产的产品、数量、质量,使用的原材料,采用的技术装备,确定的价格水平等一系列问题时,不仅应先考虑市场需求,还应同时考虑企业自身的人、财、物等相关能力的优势和不足,即企业要以有限的资源去满足消费者无限的需求,必须扬长避短;企业在利益相关者交织成的网状系统中,不仅仅是为顾客创造价值,还必须满足多方的需求,实现各方的利益,才能维持组织的良性运转,避免仅以顾客需求为导向使企业的运作陷入困境。

6. 社会营销观念

社会营销观念认为,企业的任务是确定目标市场的需要、欲望,比竞争者更有效地提供满足顾客的商品，同时维护与增进消费者的社会福利。20世纪70年代起，随着全球环境破坏、资源短缺、人口爆炸、通货膨胀和忽视社会服务等问题日益严重，要求企业顾及消费者整体利益与长远利益即社会利益的呼声越来越高。1971年，菲利普·科特勒最早提出了"社会市场营销"的概念，他要求企业生产经营不仅要考虑消费者需求，而且要考虑消费者和整个社会的长远利益。此后，这一概念得到了世界各国和有关组织的广泛重视，也得到了国内房地产开发企业中的一些有识之士的高度认同。社会营销观念的基本论点是：企业在生产和提供任何产品或服务时，不仅要满足消费者的需要和欲望，符合本企业的擅长，还要符合消费者和社会发展的长远利益，实现企业、消费者和社会利益三者的协调。社会营销观念是对市场营销观念的补充与完善。

7. 大市场营销观念

大市场营销观念是指为了成功地进入特定市场，并在那里从事业务经营，在策略上协调地使用经济的、心理的、政治的和公共关系的手段，以博得外国或者地方等各有关方面的合作与支持的一种战略思想和营销策略。这里的特定市场主要指贸易壁垒很高的封闭型或保护型市场。

20世纪80年代以来，随着全球经济的一体化，合作与共赢使世界各国在贸易合作中往来频繁。与此同时，国际贸易保护主义也愈演愈烈。国与国之间把关设卡，即使是一流的公司也常常为自己的产品进入某一国家或地区市场费尽心机。让产品或服务走向世界成为具有雄厚实力和发展前景的企业的最大心愿。针对这种现象，1984年菲利普·科特勒提出了大市场营销理论。

与原有的市场营销理论相比，大市场营销理论认为，企业不仅要服从和适应外界环境，还应该影响和改变外部的经营环境，不仅要发现和满足目标顾客的需求，更应该在此基础上，打开和进入某一新的市场，或者创造或改变目标顾客的需求。这一理论首次将政治权力、公共关系等内容作为营销理论的一部分。它的出现，标志着市场营销理论从战术营销转向战略营销，被称为市场营销的第二次革命。

此外，营销理念还有品牌营销、关系营销、竞争营销、合作营销、诚信营销、文化营销、特色营销、环保营销、网络营销、知识营销等。这些理念都在不同程度上标志着营销理念越来越趋向于理性和科学化的发展方向。市场营销观念的演变过程反映出随着社会的进步，企业要想立足，必须保证营销在不断地满足人们的需要的同时，也要通过先进的产品或者理念影响消费者，并且更多地考虑企业效益和社会效益的最佳结合，这本身也在为房地产市场营销开拓新的思路。

12.1.3 房地产营销的含义和特点

1. 房地产营销的含义

房地产营销是从消费者或用户对房地产商品需求的角度，研究房地产商品从生产到消费的整个过程，研究企业如何组织整体营销活动，在掌握房地产营销规律的基础上确定房地产市场营销观念、制定房地产市场营销战略。

2. 房地产营销的特点

房地产营销具有以下特点。

(1) 建立在市场营销理论的基础上。

房地产市场营销是市场营销的分支，因此市场营销的一般原理及策略能在房地产领域得到很好的运用，市场营销理念的发展过程也直接影响着房地产市场营销理念的变化。

(2) 营销周期长。

房地产商品的特性决定了房地产营销的周期长。与普通的商品比，房地产投资者在产品进入市场前要做大量的市场调查和研究，在确定了目标市场后，进入较长的建设周期，而建设一座大楼要耗费更多的时间，短则几个月，长至几年。开盘后，因购买房产的资金投入较大，消费者在购买时也十分挑剔，不会轻易决定购买。甚至在房产市场有波动时，多数消费者会选择持币观望。这就决定了房地产营销活动要比一般商品的营销持续更长的时间。

(3) 营销风险高。

房地产生产投入的资金高，高额的资金投入不仅在短时间内不会有回报，相反还要受到国家政策、金融动态、物价水平等相关因素的影响，并且房地产的特殊性决定了房地产产品一经投入就不能改变，如果产品不符合市场需求，产品销毁重新生产的可能性几乎为零。这一切都决定了房地产产品的定位、目标市场的选择以及相关的营销策略的使用都具有很高的风险性。

(4) 营销策略的特殊性。

没有一模一样的房地产产品，也没有完全一样的房地产营销策略，也许仅仅是一道之隔的房地产产品在营销策略上也可能有天壤之别。房地产营销没有可以效仿的营销个案，真正的房地产营销应该是准确把握所占地块的天文、地理、人文信息，来选择属于自己的市场定位和营销策略模式。这就需要营销始终要有新视角、新思路，这也是房地产营销的机遇与挑战之所在。

(5) 房地产营销受周围社区环境及相邻房地产商品的影响。

房地产营销不同于一般商品的营销，楼盘的市场竞争往往是同区域不同价楼盘的竞争或者相同价位不同楼盘间的竞争。而房地产商品价格不仅与其本身的用途等有直接关系，还取决于其周围其他房地产的状况以及相关交通、社区环境、人文环境等的影响。

(6) 房地产营销贯穿于楼盘开发全过程。

真正意义上的房地产营销应贯穿于楼盘开发的始终。在现实生活中，大多数房地产开发的前期与市场营销是无缘的，大部分都是选好址、定好开发的地块、取得预售许可证之后，才开始组建营销部门。但其实早在选址、设计开始时，营销就应该开始发生作用，在地块的选择之前，应该通过营销调研来决定是否具有投资价值，而不是凭直观的市场感觉进行投资选择，以此来避免投资的盲目性。

(7) 完备的房地产营销过程是一项综合性的营销活动。

房地产开发活动具有特殊性，以项目为单位的市场开发，要从全面开发市场调研、分析市场机会开始，对项目进行准确的定位，加大产品策划的执行力度，并充分强调营销策划的重要性。要求企业既要进行外部市场营销，又要进行内部市场营销。在外部营销上，应把产品策略、定价策略、销售策略、促销策略等要素在实践与空间上协调一致，实现最佳的营销组合。内部营销要求企业内部其他部门均应在服务企业利益的大前提下，强化全局营销意识，提高营销人员的素质，以实现整体营销。

12.1.4 房地产营销理论

1. 房地产营销基本理论

1) 房地产营销中的4P理论

房地产市场营销中的4P理论又可以称为市场营销组合，即指在特定时期内特定市场销售特定产品的市场营销决策的优化组合，是由密歇根大学教授杰罗姆·麦卡锡(Jerome McCarthy)于1960年提出的，"它的伟大在于它把营销简化并便于记忆和传播"。4P理论是市场营销过程中可以控制的因素，也是企业进行市场营销活动的主要手段，对它们的具体运用，形成了最基本的企业的市场营销战略。

4P理论是站在企业的角度来看营销的，这既使市场营销理论有了体系感，又使复杂的现象和理论简单化。4P理论重视产品导向而非消费者导向，它宣传的是"消费者请注意"。4P理论的主要内容如下。

(1) 产品(Product)。产品是对目标市场提供的商品和服务，要注意到产品的实体、服务、品牌和包装，具体来说，产品是指企业提供给目标市场的货物和服务的集合，这其中包括产品的效用、质量、外观、式样、品牌、包装和规格，此外还包括服务和保证等因素。产品包含核心产品、实体产品和延伸产品。广义的产品可以是有形的实体，也可以是无形的服务、技术、知识或智慧等。

(2) 价格(Price)。价格主要包括基本价格、折扣价格、付款时间、借贷条件等。它是指企业出售产品所追求的经济回报，是消费者为获得产品所支付的货币数量。价格是房地产营销中最敏感的因素。价格高低不但直接影响消费者的接受程度，也会影响开发商的利润。价格的制定方法很多：竞争比较法、成本加成法、目标利润法、市场空隙法等，这些方法的目标是使产品成为可交换的商品。企业以盈利为目标，所以定价要兼顾销售效率和企业效益的双重考虑，打价格战是一种定价和竞争策略，但价格低并不总是奏效，信息不对称，使价格中蕴含了太多的附加臆测信息，如品质、期限、真伪、质量、效用，价格不仅与产品本身相关联，也与品牌的附加内涵和价值相关联，与市场的供求关系相关联，与所选择的购物场所的信誉相联系。

(3) 地点(Place)。地点通常包括分销渠道、储存设施、运输设施、存货控制，它代表企业为使其产品进入和达到目标市场所组织、实施的各种活动，包括途径、环节、场所、仓储和运输等。对于房地产开发商来说，楼盘选址在确定项目的初期就已经决定，后期售楼部的选址也是重要的。大部分楼盘将售楼部选定在本楼盘的一楼，以方便客户随时察看楼盘和户型等。策划公司和推广公司选择合理的位置，对与客户洽谈和协商有很大的帮助。

(4) 促销(Promotion)。促销是指企业利用各种信息载体与目标市场进行沟通的传播活动，包括广告、人员推销、营业推广与公共关系等。促销是销售的一种方式和手段，它被各个商业领域所利用。在房地产行业中，其主要的手段有直接降价、免费送礼、内部员工价、团购、无理由退房、减首付、保价计划、先租后卖等多种促销方式。

4P 策略是最为基础的一种策略方式，特点十分明显。首先，这 4 种因素是企业可以调节、控制和运用的，如企业根据目标市场情况，能够自主决定生产什么产品，制定什么价格，选择什么销售渠道，采用什么促销方式。其次，这些因素都不是固定不变的，而是不断变化的。企业在内部情况、外部环境变化的影响下，必须能及时地做出相应的反应。最后这 4 种因素是一个整体，它们不是简单的相加或拼凑集合，而应在统一目标指导下，彼此配合、相互补充，能够求得大于局部功能之和的整体效应。

继 4P 理论提出之后，由于服务业迅速发展，有学者又增加了第 5 个"P"，即"人"(People)；又因为包装在包装消费品营销中的重要意义，而使"包装"(Packaging)成为又一个"P"；20 世纪 70 年代，科特勒在强调"大营销"的时候，又提出了两个"P"，即公共关系(Publications)和政治(Politics)。当营销战略计划变得重要的时候，科特勒又增加了战略计划中的 4P 过程，即研究(Probing)、划分(Partitioning)(即细分，Segmentation)、优先(Prioritizing)和定位(Positioning)，营销组合演变成了 12P。但 4P 作为营销基础工具，依然发挥着非常重要的作用。

2) 房地产营销中的 4C 理论

美国著名的营销理论专家罗伯特·劳特朋(Robert F. Lauterborn)于 1990 年在《4P 退休 4C 登场》专文上提出营销 4C 观点。4C 理论强调的是以消费者为中心，从消费者角度出发，以消费者需求去确定商品的情况，其中的消费者、方便、成本、沟通直接影响了企业在终端的出货与未来，因而又称整合营销理论。它比 4P 理论更贴近消费者，更容易被接受。4C 理论主要从着重于卖方市场转向了买方市场。从本质上讲，4P 思考的出发点是企业中心，是企业经营者要生产什么产品，期望获得怎样的利润而制定相应的价格，要将产品以怎样的卖点进行传播和促销，并以怎样的路径选择来销售。这其中忽略了顾客作为购买者的利益特征，忽略了顾客是整个营销服务的真正对象。以客户为中心的新型营销思路的出现，使顾客为导向的 4C 理论应运而生。4C 理论的主要内容如下。

(1) 消费者(Consumer)。主要是顾客的需求，企业不仅提供产品和服务，还要注重由此产生的客户价值(Customer Value)。消费者指消费者的需要和欲望。企业要把重视顾客放在第一位，强调创造顾客比开发产品更重要，满足消费者的需求和欲望比产品功能更重要，不能仅仅卖企业想制造的产品，而是要提供顾客确实想买的产品。

顾客需求有显性需要和潜在需要之分。显性需要的满足是迎合市场，潜在需要的满足是引导市场。营销人的首要功课是要研究客户需求，发现其真实需求，再来制定相应的需求战略，以影响企业的生产过程。由于市场竞争的加剧，客户对于同质化产品表现出消费疲惫，而适度创新则是引导和满足客户需求的竞争利器。

顾客需求层次也是进行市场细分的依据之一。满足何种需求层次，直接决定了目标市场定位抉择。根据马斯洛的需求层次理论，顾客需求从基本的产品需求向更高的心理需求满足的层次发展。因此，企业不仅要做产品，还要做品牌，通过创建品牌核心价值，营造新型生活方式，实现顾客在社会认同、生活品位等层次需求的满足。

(2) 购买的便利性(Convenience)。力争为顾客提供最大的购买便利和使用便利。比之传统的营销渠道，新的观念更重视服务环节，在销售过程中强调为顾客提供便利，让顾客既购买到商品，也购买到便利。企业要深入了解不同的消费者有哪些不同的购买方式和偏好，把便利原则贯穿于营销活动的全过程：售前做好服务，及时向消费者提供关于产品的性能、质量、价格、使用方法和效果的准确信息；售后重视信息反馈和追踪调查，及时处理和答复顾客意见，对有问题的商品主动退换，对使用故障积极提供维修方便，大件商品甚至终身保修。

(3) 购买成本(Cost)。顾客成本是顾客购买和使用产品所发生的所有费用的总和，不仅是生产成本和价格，还包括顾客总的购买成本，包含时间、精力等。成本指消费者获得满足的成本，或是消费者满足自己的需要和预想所愿意付出的成本价格。其中包括：企业的生产成本，即生产适合消费者需要的产品成本；消费者购物成本，不仅指购物的货币支出，还有时间耗费、体力和精力耗费以及风险承担。因此企业要想在消费者支持的价格限度内增加利润就必须降低成本。

价格制定是单纯的产品导向，而顾客成本则除了产品价格之外，还包括购买和熟练使用产品所发生的时间成本、学习成本、机会成本、使用转换成本、购买额外配件或相关产品的成本付出的统和。综合考虑这些成本，更有利于依据目标客户群的特征进行相关的产品设计和满足顾客的真实需要。

(4) 沟通(Communication)。沟通指企业与顾客双向沟通，可以尝试多种营销策划与营销策略组合，如果未能收到理想的效果，说明企业与产品尚未完全被消费者接受。这时，不能依靠加强单向劝导顾客，要着眼于加强双向沟通，增进相互的理解，实现真正的适销对路，培养忠诚的顾客。

顾客沟通首先明确企业传播推广策略是以顾客为导向，而非以企业或竞争为导向。许多企业以竞争导向制定促销策略，结果陷入了恶性竞争中。顾客导向才更能使企业实现竞争的差异性并提升企业的核心竞争能力。顾客沟通也更强调顾客在整个过程中的参与和互动，并在参与互动的过程中，实现信息的传递以及情感的联络。一方面，沟通要选择目标客户经常接触的媒介管道；另一方面，由于消费者每天所接触的信息来源非常广泛，因而单向的信息传递会由于消费者的信息接收过滤而造成传播效率低下。而沟通所强调的客户参与，则使顾客在互动的过程中对于信息充分接收并产生记忆。当前的体验营销就是客户在体验的过程中，了解产品与自身需求的契合，发现产品的价值所在，并在无形中领悟品牌文化，在潜移默化中达到心理的感动。而体验的过程中，顾客的心声被企业接纳，又成为下一次创新的方向。

4C理论的核心是顾客战略，而顾客战略也是许多成功企业的基本战略原则。4C的基本原则是以顾客为中心进行企业营销活动规划设计，从产品到如何实现顾客需求(Consumer's Needs)的满足，从价格到综合权衡顾客购买所愿意支付的成本(Cost)，从促销的单向信息传递到实现与顾客的双向交流与沟通(Communication)，从通路的产品流动到实现顾客购买的便利性(Convenience)。

3) 房地产营销中的4R策略

4R策略是站在消费者的角度看营销，同时注意与竞争对手争夺客户。以消费者为导向，"便利"与"节省"，"沟通"与"关联"紧密相关。4R较之4C更明确地立足于消费者。它宣传的是"请注意消费者和竞争对手"。4R策略的主要内容如下：

(1) 与顾客建立关联(Relevance)。与顾客建立关联是指在竞争性市场中，企业通过某些有效的方式在业务、需求等方面与顾客建立关联，形成一种互助、互求、互需的关系，把顾客与企业联系在一起。顾客是具有动态性的，顾客忠诚度也是变化的，要提高顾客的忠诚度，赢得长期而稳定的市场，避免其忠诚度转移到其他企业，必须与他们建立起牢固的关联，这样才可以大大降低顾客流失的可能性。

(2) 反应(Reaction)。反应是指企业市场反应，在相互影响的市场中，对经营者来说最现实的问题不在于如何控制、制订和实施计划，而在于如何站在顾客的角度及时地倾听顾客的希望、渴望和需求，并及时答复和迅速做出反应，满足顾客的需求。因此，企业应该建立快速反应机制，了解顾客与竞争对手的一举一动，从而迅速做出反应。

(3) 关系(Relation)。关系要求不断改进企业与消费者的关系，实现顾客固定化。同时企业要注意尽量对每一种顾客的不同关系加以辨别，这其中包括从一次性顾客到终生顾客之间的每一种顾客类型，分清不同的关系才不至于分散营销力量。与顾客建立起良好的关系，获得顾客的满意和忠诚感，才能保持顾客量，还能进一步把满意的顾客变成亲密的顾客。

(4) 回报(Return)。回报是指市场营销为企业带来短期或长期的收入和利润的能力。一方面，追求回报是市场营销发展的动力；另一方面，回报是维持市场关系的必要条件。企业要满足客户需求，为客户提供价值，同时也要获取利润。因此，市场营销目标必须注重产出，注重企业在营销活动中的回报，一切市场营销活动都必须以为顾客及股东创造价值为目的。

2. 不同营销策略的比较

在市场营销过程中，4P、4C、4R 策略有着各自的优势和劣势。

对于 4P 策略来说，其直观性、可操作性和易控制性是最大的优点。4P 包含了企业营销所运用的每一个方面，它可以清楚直观地解析企业的整个营销过程，而且紧密联系产品，从产品的生产加工到交换消费，能完整地体现商品交易的整个环节。对于企业而言，容易掌握与监控，哪个环节出现了问题，都容易及时诊断与纠正。但 4P 的缺陷也是比较明显的，它是以企业为中心的，以追求利润最大化为原则，这势必会导致企业与顾客之间的矛盾。4P 未从顾客的需求出发，其成本加利润法则往往不被消费者接受。企业也不考虑消费者的利益，只是采用各种手段让消费者了解它的产品，从而有机会购买其产品，并未注意消费者的引导思想。

4C 营销策略注重以消费者需求为导向，克服了 4P 策略只从企业考虑的局限。但是，从企业的营销实践和市场发展的趋势来看，4C 策略也有一些不足。首先，它立足于顾客导向而不是竞争导向，在市场竞争中，要取得成功，既要考虑到客户，也要考虑到竞争对手。另外，4C 策略在强调以顾客需求为导向时却没有结合企业的实际情况。最后，4C 策略仍然没有体现既赢得客户，又长期地拥有客户的关系营销思想，被动适应顾客需求的色彩较浓，没有解决满足顾客需求的操作性问题。

4R 营销策略的最大特点是以竞争为导向，弥补了 4C 策略的不足，主动地创造需求，运用优化和系统的思想去整合营销，通过关联、关系、反应等形式与客户形成独特的关系，把企业与客户联系在一起，形成竞争优势。其追求回报，企业必然实施低成本战略，充分考虑顾客愿意付出的成本，实现成本的最小化，并在此基础上获得更多的市场份额，形成规模效益。这样，企业为顾客提供价值和追求回报相辅相成，相互促进，客观上达到的是一种双赢的效果。当然 4R 策略也有其缺陷，它要求同顾客建立关联，需要实力基础或某些特殊条件，并不是所有企业都可以轻易做到。三种基本策略的比较如表 12-1 所示。

表 12-1　三种基本营销策略的比较

项目类别	4P 组合	4C 组合	4R 组合
营销理念	生产者导向	消费者导向	竞争者导向
营销模式	推动型	拉动型	供应链
满足需求	相同或相近需求	个性化需求	感觉需求
营销方式	规模营销	差异化营销	整合营销
营销目标	满足现实的、具有相同或相近的顾客需求，并获得目标利润的最大化	满足现实和潜在的个性化需求，培养顾客忠诚度	适应需求变化并创造需求，追求各方互惠关系的最大化
营销工具	4P	4C	4R
顾客沟通	"一对多"单向沟通	"一对一"单向沟通	"一对一"双向或单向沟通
投资成本和时间	短期低，长期高	短期较低，长期较高	短期高，长期低

12.2　项目市场细分及目标市场的选择

12.2.1　项目市场细分

房地产项目市场细分，是在目标市场营销观念的指导下，依据房地产市场消费者的需要和欲望、购买行为和购买习惯将房地产市场划分为具有相似需求和欲望的消费者群体的市场分类过程。房地产开发商对细分后的市场进行选择，选择自己具有开发优势、又具有吸引力、最受消费者欢迎的房地产产品的子市场，在子市场上确立自己的经营优势和地位。

1. 房地产项目市场细分的作用

房地产项目市场细分具有以下作用。

(1) 有利于企业发现新的市场机会。对房地产需求本身的"异质性"是市场细分的客观基础。异质市场是指消费者对大部分商品的需求是多样化的，即具有不同质的要求，在房地产市场上，如别墅、高层、多层、多层电梯房、朝向、面积、格局、户型、楼层、小区环境、物业管理、周围的消费环境、小区停车位、公共交通情况等的需求不同。消费结构复杂的消费群体决定了房地产商品或服务的提供者要把大市场分成小市场，要比较具体地了解每一个细分市场，但不是对每一个子市场都予以足够的重视和分析，必须对子市场进行筛选。企业只选择最适合自己的市场进行开发。这种"适合"包含企业的研发、生产、资金、人员等实力能够与开发项目匹配。

(2) 有利于集中有效资源，提高房地产企业的竞争力。企业的人力、物力、财力的有限性使得房地产企业面对需求种类繁多的房地产市场，不可能全部掌控。在对房地产市场进行细分之后，企业选择适合自己的一项或几项子市场，更能有针对性地组织开发和经营，集中有效资源为目标市场服务。

(3) 有利于制定有效的房地产市场项目的营销策略。营销策略针对消费者的需求，将消费者的需求细化，了解房地产消费者的特殊需求偏好，了解他们所需要的、关心的、担忧的因素，从而有针对性地进行营销策略的制定和调整，使产品能够适应消费市场，既可节省营销费用，又可扩大销售，提高市场占有率，实现企业营销目标。

2. 房地产项目市场细分的原则

房地产市场细分有许多方法，但不是所有细分方法都有效。如果对某种产品的需求不存在异质性，则可不必细分市场。要使市场细分对房地产营销有利，应遵循以下原则。

(1) 可测量性。可测量性是指各个细分市场的现实或潜在购买力和市场规模大小是可以识别和衡量的。也就是说，细分市场的划分应有明确的界限，而且市场的规模大小和购买力是可以判断的。

(2) 可进入性。可进入性是指房地产企业可能进入所选定细分市场的程度。主要从三个方面判断细分市场对于企业是否具有可进入性：①企业是否具有进入细分市场的条件；②企业是否能将产品推广到细分市场的消费者面前；③产品是否能够进入市场。

(3) 可营利性。可营利性指房地产经营企业所选定的细分市场的规模能够使企业有利可图。如果细分市场没有发展前景又无利可图，那么市场细分是没有实际意义的。

(4) 可行性。可行性是指房地产企业选择的细分市场，能否制订和实施相应有效的市场营销计划，包括产品、价格、渠道以及促销等计划。

3. 房地产项目市场细分的依据

不同的商品具有不同的属性，顾客关注的内容自然有很大差距，房地产项目市场细分的依据应按房地产商品的类别分类研究。

1) 住宅市场的细分依据

住宅市场细分标准分为四类，即地理因素、人口因素、心理因素和行为因素。

(1) 地理因素包括城市状况、区位和环境。城市状况，即消费者所在城市属于大城市还是小城市，沿海城市还是内地城市，对消费需求影响很大。大城市、沿海城市经济发达，土地资源紧缺，人口密度大，住房紧张，对住宅需求量大且较为紧迫。相比之下，中小城市、内地城市经济发展缓慢，人口密度也小，对住宅的需求相对减弱。此外，对外开放程度、城市的繁荣程度、交通便利程度、文化娱乐设施等都会影响住房需求层次的变化。

消费者对区位和环境的需求直接影响住宅的需求。住宅区位于城市中的繁华程度不同(如繁华区、偏僻区、边远区)，功能分布不同(商业区、工业区、文化区、教育区、行政区、旅游区)，自然景观和人文环境等因素的不同，都会造成住宅区规模、交通、地价、设施的不同，消费者需求也会出现明显的差异。

(2) 人口因素主要考虑社会阶层、人口年龄、家庭结构、家庭生命周期、收入、职业文化程度、宗教、民族、国籍。下面以其中几项为例。

① 社会阶层。社会阶层是指在某一社会中具有相对同质性和持久性的群体，按家庭收入、受教育程度、工作性质、社会地位进行的分类，处于同一阶层的成员具有相似的价值观、兴趣爱好，不同阶层的成员则存在较大差异。

② 人口年龄。不同年龄的消费者对房地产的需求不同，如老年消费者在购房时，更倾向于购买楼层低、朝向好、环境安静、小区健身设施完备、毗邻医疗卫生机构的住宅。

③ 家庭结构。家庭结构是指家庭人口的构成状况，如单亲家庭、一家三代、几代同堂。

家庭规模的小型化趋势将导致家庭户数增加,但是对住宅单元面积和房间数的要求降低。

(3) 心理因素包括生活方式、购买动机、兴趣偏好。生活方式是指人们对工作和娱乐的特定的习惯和倾向性的方式,这对房地产商品及其服务的需求也有影响,主要分社交型、回归自然型、舒适型、炫耀型、运动型、方便经济型等。生活水平的提高,余暇时间的增多,也让人们对住房的要求发生变化。

① 购买动机。购买动机有居住、改善、就业、求学、置业、投资保值等。不同的购买动机会使消费者对商品房有不同的关注,满足自己居住需要的消费者看重的是房屋质量、格局、朝向、小区环境等与健康生活息息相关的因素,而投资者则更多地关注房屋的地段和升值空间。

② 兴趣偏好。每个家庭在住宅需求上都有其特性,表现在对住宅的房型、装修、色彩、室内平面布局、邻里、环境等方面的要求不同。因此,开发商应对住宅具有共同个性、兴趣、主张、价值取向等心理偏好的需求进行归类,细分市场。

(4) 行为细分是指按照购买者对产品的购买时机、使用者利益、了解程度、态度、使用状况、频率、忠诚度、购买的不同阶段等行为变量,把购买者分割成不同群体。

① 购买时机。购买时机能够帮助企业促进产品的销售,抓住消费者对住宅的使用时机,及时提供与需求相一致的各类住宅商品及管理服务,是企业开拓和占领新的住宅市场的有效策略。例如在一所新建的重点中学旁边开辟小户型与中档户型的楼盘,既可以满足家长陪读、投资置业的需求,也是教职员工居住和置业的理想选择。

② 使用者利益。根据顾客从产品中追求的不同利益分类,是一种很有效的细分方法。产品提供的利益往往并不是单一的,如同样是购买房屋,购房者有的追求经济实惠,有的追求地段好、增值快,有的追求交通便利、周围设施齐全,还有的追求华丽与显赫。

③ 购买的不同阶段。消费者对房地产产品的了解程度往往因人而异。有的消费者有潜在需求但尚未与产品对接;有的消费者选择到了自己需要的产品,但是对楼盘的开发、产品的质量、配套设施、物业管理等还存在疑虑;还有一些人正准备购买,但是对选择哪一楼盘还在犹豫之中。所以,需要营销人员对处于不同购买阶段的消费者群体进行市场细分。

2) 生产营业用房市场的细分标准

生产营业用房市场是整个房地产市场的重要组成部分。与住宅市场的标准不同,生产营业用房的购买目的不是用于消费,而是把生产营业用房作为生产过程的要素。作为营业和生产场所,购买的最终目的是要获得利润。使用性质是生产营业用房市场细分的主要因素。按使用性质的不同,可分为商场(商场、超市、专卖店、购物中心)、酒店业(饭店、餐厅、酒店、快餐店)、金融业(银行、证券公司、保险公司)、厂房、仓库、娱乐业、休闲业、文教业(学校、训练场、指导中心、博物馆、艺术中心、图书馆等)、写字楼。使用性质的不同对房屋使用功能、建筑质量、建筑与结构设计以及层高等都有不同的要求。

4. 房地产项目市场细分的步骤

对房地产项目进行市场细分的步骤如下。

(1) 调查阶段。市场营销人员要进行探讨性面访,主要是集中力量掌握消费者的消费动机、态度和行为。根据调查结果,市场营销人员应该着重收集产品的属性、品牌知名度及其受欢迎程度、产品使用方式、调查对象对产品类别的态度以及调查对象的人口统计、心理统计和媒体接触统计等资料。

(2) 分析阶段。在该阶段，对收集的资料进行分析，找出差异性最大的细分市场。

(3) 归纳总结阶段。市场营销人员根据消费者的不同态度、行为、人口变量、心理变量和消费习惯，可以归纳总结出各个细分市场的特征，并且可以用每个细分市场最显著的差异特征为每个细分市场命名。

细分市场总是处于不断的变化中，所以要周期性地运用这种市场细分程序。同时通过调查消费者在选择某一品牌时所考虑的产品属性的先后顺序，可以划分现有的消费者细分市场和识别出新的细分市场。如在购买住宅时，首先确定价格条件的购买者属于价格支配型，然后确定户型的购买者属于户型支配型。进一步还可以将消费者划分为户型—价格—品牌支配型，并以此顺序形成细分市场；按质量—服务—户型这一属性支配顺序形成另一细分市场等。每一细分市场可以拥有其独特的人口变量、心理变量和媒体变量。这种推理过程称为市场细分理论。

12.2.2　房地产项目目标市场选择

目标市场是企业在细分出来的若干子市场中，根据自身条件和特点，决定要进入的市场。目标市场由目标顾客组成。市场细分与目标市场选择是有区别的，市场细分是前提，没有有效的市场细分就不能科学地进行目标市场选择，所以细分市场就是为了企业选出最适合自己的目标市场。

房地产目标市场就是房地产企业在细分市场的基础上，经过评价和筛选后决定要进入的目标市场，也就是房地产企业准备用其产品或服务来满足的一组特定消费者。

房地产目标市场选择要满足以下条件。

(1) **符合房地产企业的目标和资源能力**。某些细分市场虽然有较大吸引力，但是不能推动企业实现发展的主要目标，造成企业精力的分散，这样的细分市场应该考虑放弃。有些细分市场也许具备理想的规模和发展特征，然而从赢利的角度看，它未必有吸引力，所以也不能作为企业的目标市场。

除此之外，企业的资源条件是否适合在某一细分市场经营也是一个重要的因素。应选择企业有条件进入、能充分发挥其资源优势的细分市场作为目标市场。任何一个企业都不可能让所有的消费者满意，企业要确定自己的目标市场，并只为自己选择的目标市场提供满意服务。

(2) **有一定的市场容量和良好的发展前景**。细分市场预期规模的大小是决定该细分市场是否值得进入的主要因素。一个理想的目标市场，不仅要有足够的实际购买力，还要有足够的潜在购买力，也就是说，既能实现企业的销售目标，又能保证企业有良好的发展前景。

(3) **具有一定的竞争优势**。企业选择的目标市场，应该是没有完全被竞争者控制的市场，能够寻找到市场空白点。评价企业竞争力的指标有市场占有率、市场占有率增长情况、产品质量、品牌信誉、促销能力、生产能力、生产效率、单位成本、原料供应、研发能力、管理人员的素质等。

12.3　房地产市场营销策略

市场营销策略是指销售与服务的方法和技巧。我国企业的营销理论的应用和营销活动的推行，主要围绕企业可以控制的四大基本营销因素，即价格、产品、渠道、促销来进行，由此产生的营销策略包括价格策略、产品组合策略、营销渠道策略、促销策略。

12.3.1　房地产价格策略

价格是房地产市场运行的核心，商品价格是价值的货币表现，另外市场供求状况和竞争状况、国家政策、宏观环境、消费者心理因素等都应在制定价格时给予考虑。科学而合理的价格策略，不仅可以加速房地产产品的销售，给企业带来可观的经济效益，而且可以满足消费者的需要，树立企业形象，为未来发展打下坚实的基础。

房地产营销中的价格策略，就是房地产开发企业为了实现一定的营销目标而给产品制定的一个基本价格或浮动范围的方法。价格策划是在一定的内外环境背景下进行的，受开发成本、市场需求、竞争价格、产品的差异性(区位、品牌、信誉、物业、房屋所有权等)、消费者心理、房地产商的发展目标、国家的法律政策等因素的影响。在房地产市场营销活动中，出于各企业选取的目标市场和营销策略差异化，因而可选用不同的定价策略。

1. 新产品定价策略

新产品定价得当，就可能使其顺利进入市场，打开销路，占领市场，给企业带来利润；新产品定价不当，就可能导致失败，影响企业效益。新产品定价有以下三种主要方式。

(1) 高价投放策略(又称吸脂定价)，是指房地产企业将新产品价格定得较高，以便在短期内获得丰厚利润，尽快收回投资。这种定价策略如同在牛奶中抽取奶油，取其精华，所以也称为吸脂定价策略。

(2) 低价投放策略(又称渗透定价策略)，它与高价投放策略相反，即在向市场推出新产品时，在可行范围内将价格定得相对较低，吸引大量的购买者，以利于被市场所接受，迅速打开市场，提高市场占有率。

(3) 满意定价策略，这是一种介于高价投放策略和低价投放策略之间的投放策略，以获取社会平均利润为目标。制定这种价格，既能保证企业有稳定的收入，又对顾客有一定的吸引力，使企业和顾客双方对价格都满意。

2. 折扣定价策略

折扣定价是企业通过降低价格来争取顾客、扩大销量的优惠策略。常用的折扣策略有现金折扣和数量折扣。

(1) 现金折扣，是指房地产企业对顾客迅速付清购房款的一种优惠。现金折扣是对在规定时间内提前付款或用现金付款的顾客所给予的一种价格折扣，其目的是鼓励顾客尽早付款，加速资金周转，降低销售费用，从而降低财务风险。

(2) 数量折扣，是指房地产企业为鼓励顾客集中购买或大量购买所采取的一种策略。它是按照购买数量或金额，分别给予不同的折扣比率，其目的在于鼓励顾客经常向本企业购买产品，与可信赖的老客户建立长期的购销关系。

3．心理定价策略

心理定价策略是房地产企业为了适应和满足消费者购买商品时的心理需要所采用的定价策略。心理定价策略有以下五种主要方式。

(1) 整数定价策略，是指房地产企业在制定产品价格时以整数结尾，不带尾数。这种定价策略迎合了人们的求质心理，如商品价格定为每平方米 8000 元，而不是每平方米 7999 元。

(2) 尾数定价策略，又称非整数定价策略，是指房地产企业利用消费者求廉的心理，在产品定价时取尾数，而不取整数的定价策略，尽可能在价格上不进位，如商品房价格定为每平方米 8489 元或每平方米 9698 元。

(3) 声望定价策略，是指对在顾客心目中有了一定声誉和被信任的房地产商品制定较高的价格。声望定价策略可以满足某些消费者的特殊欲望，如地位、身份、财富、名望等，还可以通过高价显示其名贵品质。因此，这一策略一般适用于一些名优产品。

(4) 招徕定价策略，是指利用消费者的好奇购买心理，将某商品的价格定得非常高或非常低来吸引消费者，以招徕、扩大生意，加速资金周转。

(5) 分级定价策略，是指在制定价格后，把同类产品分成几个等级，不同等级的产品，其价格有所不同，从而使消费者感到产品的货真价实、按质论价。此方法更容易被消费者所接受。

12.3.2　房地产产品组合策略

1．房地产产品的概念

房地产产品是一个整体概念：凡是提供给市场的能够满足消费者或用户某种需求或欲望的任何有形建筑物、土地和各种无形服务或权益均为房地产产品。根据有形的物质形态与无形的非物质形态，将房地产产品整体概念划分为三个层次的内容，即核心产品、形式产品、附加产品。

(1) 房地产核心产品——内在质量。核心产品是房地产整体产品概念中最基本的层次，是指能满足消费者最基本的使用功能和基本利益，如安全、遮风避雨、舒适、邻里和睦、生活便利、保值增值等。

(2) 房地产形式产品——外在质量。形式产品是指产品的实体和外在表现，是房地产核心产品的基本载体，指房地产的各种具体产品形式，如房地产的区位、质量、外观造型与建筑风格、建筑材料、色调、名称、品牌、建筑结构与平面布局、室外环境等。

(3) 房地产附加产品——服务质量。附加产品又称延伸产品，是消费者在消费和购买房地产产品时得到的各种附加服务或利益，如协助办理产权产籍、协助办理按揭贷款、物业管理、人文环境、景观设计等。

2．房地产产品组合的概念

企业为满足目标市场的需要，扩大销售，分散风险，增加利润，往往生产经营多种产品。房地产企业要开发多种产品适应顾客需要，以较好的产品搭配来实现企业营销目标和社会目标。为解决好这个问题，房地产企业有必要认识、分析和调整企业的产品组合。

房地产产品组合是指一个房地产企业生产经营的全部产品线和产品项目的组合方式，也就是房地产企业全部物业的结构或构成。产品线是指一组密切相关的产品项目，它们有类似的功能，只是在户型、档次、设计等方面有所不同，如工业厂房包括普通厂房和专业厂房，住宅包括别墅、高档住宅、中档住宅和低档住宅。产品项目是指那些不同的户型、档次、设计风格的单个物业。

房地产产品组合包括产品组合的宽度、深度和关联性三个要素，如表12-2所示。

(1) 房地产产品组合的宽度，即房地产企业拥有的产品线的数目。

(2) 房地产产品组合的深度，即房地产企业的各条产品线拥有的产品项目的平均数，即：

产品组合深度=产品项目总数/产品线总数

(3) 房地产产品组合的关联性，即房地产企业所有产品线之间的相关程度。

表12-2 产品组合的宽度、深度和关联性

	产品组合宽度=4			
	产品线1	产品线2	产品线3	产品线4
产品线总长度=12	A型住宅	A型商场	A型办公楼	A型厂房
	B型住宅	B型商场	B型办公楼	B型厂房
	C型住宅	C型商场	C型办公楼	
	D型住宅			

按照表12-2所示的产品类型，产品组合宽度为4，产品线总长度为12，得出产品组合深度为12/4=3。

3. 房地产产品组合策略的种类

房地产产品组合策略主要有以下几种。

(1) 扩大产品组合策略，即增加产品组合的宽度或者深度。宽度的增加是在原产品组合中增加产品线；深度的增加是在原产品线内增加新的产品项目，增加房地产产品的规格及品种。

户型多样化：30～50m^2；55～80m^2；90～100m^2；120m^{2}以上。

格局的多样化：一室一厅；二室一厅；二室二厅；三室一厅；三室二厅；四室。

卫浴的多样化：单纯卫生间(小户型的小卫生间)；卫生间兼浴室；双卫单浴；双卫双浴。

扩大产品组合有利于房地产企业充分利用各种资源，适应顾客多方面的需要，拓宽市场面，有利于企业开展多角化经营，降低经营风险。但是，扩大产品组合也增加了企业经营的复杂程度，加大了企业管理的难度。

(2) 缩减产品组合策略。缩减产品组合策略，即从产品组合中剔除那些获利很小甚至不获利的产品线或产品项目。实行高度专业化，试图从生产经营较少的产品中获得较多利润。这种策略在理论上能够减少资金占用，加快资金周转，提高保留产品线产品的质量，降低消耗。但是风险性较大，生产经营的产品在市场上一旦失利，企业将遭受严重损失。

(3) 产品线延伸策略，主要包括向上延伸策略、向下延伸策略、双向延伸策略。

① 向上延伸：是企业将原先定位于低档市场的产品增加高档项目。这样的产品线延伸策略需要具备一定的条件，比如企业原来的声誉较高、具有向上延伸的能力、市场上存在

对较高档次产品的需要、能应付竞争对手的反击等。

② 向下延伸：是将原先定位于高档市场的产品线向中、低档市场延伸，在高档产品项目中增加低档项目，可以弥补企业高档产品销售增长缓慢的空缺，用低档产品反击竞争者，填补市场空隙。但是这种策略有一定的风险，企业生产低档产品，可能会损害原有高档产品的形象，甚至危害企业的形象。

③ 双向延伸：是将原先定位于中档产品市场的企业，向产品线的上、下两个方向延伸以扩大市场。这样可以扩大企业经营范围，提高企业竞争力。

在产品线延伸的策略中，房地产产品不同于一般商品，从定位到开发经历了一个时间很长、投入很多的过程，房地产产品的格局、结构等都不是轻易能够改变的，产品线的延伸会导致很多问题，比如房地产企业在经营状况不好时将一楼的大型商业用房间隔成不同的小开间商铺，也许在销售上会有所好转，但同时也将带来产权利益等方面的问题。

4. 房地产产品组合的优化

房地产产品组合不是静态组合，而是动态组合。随着企业内外条件的不断变化，房地产企业要及时对产品组合进行调整，适时地增加或删减一部分产品线和产品项目，使产品组合始终处于合理化、最优化的状态。消费趋势和消费结构的变化，新技术、新材料、新工艺使产品开发速度加快，现有竞争者的产品不断花样翻新和新竞争者的加入，产品具有的生命周期，企业内部条件和经营风格的变化等都是促使房地产产品组合调整的原因。

12.3.3 房地产营销渠道策略

房地产企业开发出来的产品项目，如何以最快的速度、最低的费用销售到购买者手中，是房地产企业提高经济效益、实现缩短项目周期、加速资金周转的重要环节。房地产营销活动中多数开发商在生产领域开发出的房地产产品，都是要通过流通领域即各种不同的营销中介将其产品出售给最终消费者。这些营销中介机构就形成了一条营销渠道。房地产的特殊性决定了流通的不是房地产产品，而是使用权和所有权。

1. 房地产营销渠道的概念

房地产营销渠道是将房地产产品交到最终消费者手里的途径。理解房地产营销渠道应把握以下三层定义。

(1) 房地产营销渠道的起点是开发商(或业主)，终点是消费者(包括购房人和承租人)。换言之，房地产营销渠道一端联系着房地产开发商(或业主)，另一端联系着消费者，是从开发商(或业主)到消费者的全过程，而不是某一个阶段。

(2) 房地产营销渠道的参与者是各种类型的中介机构，包括代理、居间等。房地产产品的信息不对称和异质性的特点，使得广大消费者不能很好地理解房地产的属性以及市场特征，需要了解房地产产品特点和市场特征的中介机构参与进来。

(3) 通过房地产营销渠道向消费者转移的产品可以是房地产所有权，也可以是房地产的使用权。由于房地产价值大，很多消费者并不是获取房地产产品的所有权，而是通过租赁的方式获得一定年限的使用权，因此房地产营销渠道流通的房地产产品既有所有权，也有使用权。

2. 房地产营销渠道的作用

房地产营销渠道主要有以下作用。

(1) 研究，即收集制订计划和进行交换所需要的信息。

(2) 促销，即继续关于所供应的房地产产品的说服性沟通。

(3) 接洽，即寻找可能的购买者并与其进行沟通。

(4) 配合，即使用提供的房地产产品满足购买者的需要，如装修、设计等。

(5) 谈判，即为了转移房地产产品进行交易条件的谈判。

(6) 融资，即为了补偿渠道工作的成本费用而对资金的取得和支付。

(7) 风险承担，即承担与从事渠道工作有关的全部风险。

3. 房地产营销渠道的参与者

房地产营销渠道主要参与者介绍如下。

(1) 房地产开发商。房地产开发商是房地产产品的最初供应商，是房地产市场营销的源头和中心。

(2) 房地产经销商。房地产经销商即房地产经营公司，其从房地产开发商处低价买进商品房或空置房，高价卖出而形成的差价即为企业利润。

(3) 房地产中间商。房地产中间商即房地产经纪公司，它没有房地产产品的所有权，只是在买卖双方之间起到媒介作用，促成交易，获取佣金。房地产经纪公司代理销售房地产开发商的房地产产品的主要形式有以下几种。

① 独家代理：指房地产开发商将房屋的出售(租)权单独委托给一家具有房地产经纪资质的机构代理。

② 共同代理：指房地产所有人将房屋的出售(租)权同时交给两家或两家以上具有房地产经纪资质的机构，谁先代理成功，谁就获得相应佣金的一种代理方式。

③ 参与代理：指房地产经纪机构参与已授权或共同代理的房地产经纪机构的代理业务，代理成功后，由独家代理公司或共同代理人按参与代理协议分配佣金的行为。

(4) 消费者。消费者是整个营销系统的终点。在整个房地产营销系统中，房地产开发商、房地产经销商、房地产中间商都是为了促成交易，提供满足消费者需要的房地产产品，获取利润，实现自己的目的。

4. 房地产营销渠道的选择

房地产营销渠道是将房屋由房地产开发商手里转移到客户手里的途径。在房地产营销中主要的营销渠道有房地产开发商直销、房地产经营公司经销和委托房地产经纪公司代理销售三种方式。

(1) 房地产开发商直销。这种不经过销售商，开发商把商品直接出售给消费者的方式，在房地产市场营销中经常使用，如有些规模较大、实力较强的房地产开发公司配有自己的房屋销售部门，专门负责销售本企业开发的房地产产品。房地产开发商直接销售，与消费者直接接触，有利于收集消费者对产品的意见，有利于改进企业的工作，提高企业竞争力和树立企业良好的形象。但是，这种方式要求房地产开发商拥有很强的销售队伍，包括一个有效的营销机构和既懂房地产营销又懂相关法律知识的高素质的营销人员队伍。房地产开发商采用直接销售方式的类型有三种。

① 大型房地产开发公司的项目。大型房地产开发公司内部一般设有销售部门，专门负责公司楼盘的销售工作，它们往往有自己的销售网络，提供的自我服务通常比房地产中间商更为有效。选择直接销售方式，一方面因为房地产开发商有实力；另一方面是认为本公司的人员会全力为公司促销，可以对促销进行很好的控制，这是委托销售所不具有的优点。因此，一些有实力的房地产开发商自己组建销售代理公司，强化对销售渠道的控制。

② 市场为卖方市场的项目。当市场为卖方市场时，推出的楼盘会供不应求，有很丰厚的利润，房地产开发商往往不需要专业的销售队伍，也就不需要委托他人销售了。

③ 楼盘素质优良。对于那些自身素质优良、市场反应非常好的项目，甚至还有一些业主预付了部分或全部建设费用的项目，无须委托他人销售，这时房地产开发商会选择直接销售方式。

此外，房地产开发商如果希望对项目本身加强控制，也往往选择直接销售方式。

(2) 房地产经营公司经销。这是指房地产开发商先将楼房按期(批)出售给特定的房地产经销公司，再由房地产经销公司出售给消费者的方式。这种方式的主要缺点是由于房地产价格昂贵，维持房地产这类存贷的费用太高，在绝大多数情况下，房地产经销商难以承受。因此，房地产企业不宜采取这种方式。

(3) 委托房地产经纪公司代理销售。一般的小型房地产开发企业，由于本身的实力不强以及聘用专职人员需较高成本等原因，多采用委托房地产经纪公司代理销售的销售方式；对于拥有销售队伍的大型房地产开发企业，有时也要借助房地产经纪公司的帮助。对于那些具有专长的房地产经纪公司，并不是简单的销售介入，而是在项目的前期就已经介入，帮助房地产开发商进行项目定位、户型安排等，因此房地产经纪公司和房地产经纪人需要具有丰富的经验。

12.3.4 房地产促销策略

促销策略是市场营销策略组合的重要组成部分，是企业拓展市场的重要方法和手段。企业除了通过运用产品策略、价格策略和渠道策略为顾客提供物美价廉、适销对路的商品和快捷便利的服务以外，还需要通过有效的促销活动将各种信息和利益传递给目标客户，形成与目标客户及公众的良性沟通。此外，企业需要通过促销活动有针对性地解决自身在营销活动实施过程中存在的问题，不断增强企业的市场竞争力。

1. 房地产促销方式与特点

房地产企业所运用的促销方式有四种，即广告、营业推广、人员推销和公共关系，如表 12-3 所示。

表 12-3 常见的房地产促销方式

广 告	电视、广播、报纸、网络、杂志、包装厂、路牌、购物袋广告、车体广告、宣传条幅、企业产品名录、宣传手册、海报、宣传单等
营业推广	销售竞猜、抽奖、交易会、展览会、样板间展示、延期付款、低息贷款、抵押贷款、折扣、搭配销售、以租代售、先租后售、买房送车、买房送车位、附送家电、附送装修等

续表

人员推销	现场推销、上门推销、电话推销等
公共关系	记者招待会、新闻发布会、庆典(开业、周年)、捐赠、公益活动、赞助、年度人物评选、公司期刊、名人与明星作秀楼盘等

(1) 广告。广告是房地产企业用来直接向消费者传递信息的最主要的促销方式,它是企业通过付款的方式利用各种传播媒体进行信息传播,以刺激消费者产生需求,扩大房地产租售量的促销活动。房地产广告的目的是要在一定时期内对某个特定的房地产视听接收者完成特定的传播任务和达到一定的沟通程度。其主要作用是介绍房地产知识、传递信息、沟通产需、刺激需求。

房地产广告策略的制定主要考虑以下因素。

第一,要熟知广告法律的相关内容以及反不当竞争法等涉及房地产企业宣传与竞争的相关法律条款,避免产生不良后果。

第二,要明确房地产广告的目标以及房地产广告的内容。

第三,要确定选择什么样的媒体及不同媒体的费用,做好房地产广告费用预算。

第四,评价房地产广告效果。评价的目的是在选定的几种广告方式上进行动态调整。比如,当报纸的宣传力度大于电视广告时,就应该加大报纸广告的投入,减少电视广告的投入。销售人员会询问前来咨询或者购买的消费者获得产品信息的途径,就是对广告效果的动态跟踪。

(2) 营业推广。营业推广也叫销售促进,是指房地产企业通过各种营业(销售)方式来刺激消费者购买或租赁房地产的促销活动。它是直接针对房地产商品本身采取的促销活动,特别强调利益、实惠、方便的刺激与诱导,具有很强的诱惑力和吸引力。它既可以刺激顾客采取购买行动,又可以刺激中间商和企业的销售人员努力销售产品。

在营业推广的方式中,开发商可以选择与金融机构联合,在住房抵押贷款的品种、利率期限、付款方式上推出一系列的促销措施;或与房屋装饰公司、建材供应商联合促销,甚至可以选择通信公司 VIP 客户优惠等方式进行营业推广;还有的企业针对投资性客户免费为业主代理租赁或代理销售。

(3) 人员推销。人员推销是房地产企业的推销人员通过与消费者进行接触和洽谈,向消费者介绍房地产商品,达到促进房地产租售的活动。在人员推销过程中,通过推销人员直接与顾客接触与沟通,不仅传达企业和产品的相关信息,还能够了解顾客的需求,特别具有针对性。同时受过良好培训的一线销售员,通过与顾客面对面的直接接触,既能发挥销售人员的人格魅力,又能体现房地产企业的人文服务,增强其产品的吸引力。

(4) 公共关系。公共关系是指房地产企业为取得公众的信任,提高企业或产品的知名度和美誉度,树立企业或产品形象,运用各种公关工具所进行的公关活动。通常,公关活动是由有关新闻单位或社会团体进行的宣传活动。房地产公共关系注重塑造形象、推销形象、协调关系,提高消费者信任度,在逐步取得楼盘自身良好的销售业绩的基础上,不断提升开发企业自身的社会公众形象,最后达到凡是该企业开发的项目即使不花很大功夫做推广,社会公众都会自然地产生认同感的程度。

不仅如此,房地产公共关系活动的内容还包括保持与政府职能部门、新闻媒体等的交往活动,并要配备公共关系危机处理的部门及受过专门培训的公共人员。这时公共关系的作用除了宣传企业和产品的形象,还可把企业的公共关系危机做到"防患于未然",起到未雨绸缪的作用。

2. 促销组合策略

房地产促销组合指企业将广告、营业推广、人员推销、公共关系四种方式有效地组合在一起,不同促销方式具有相互推动的作用,以求达到最佳的促销策略。

促销组合是一个动态组合,由于房地产建设周期较长,企业所面临的内外环境的变化决定了促销组合策略也要随之进行调整。同时促销组合也是一种多层次组合,每种促销方式都有许多促销手段可供选用,进行促销组合就是适当地选择各种促销方式。

促销组合选择的依据包括以下几个方面。

(1) 房地产产品的特性。区分不同类型的房地产产品才能正确选择促销方式进行组合,比如工业物业的促销因其销售群体人数较少但购买力大,广告和公共关系所占的比重就相对较小,而人员推销和营业推广要占很大的比重。在住宅房地产促销中,由于购买者众多,分布的范围广而且分散,同时对产品了解不多,广告方式和人员推销要占很大比重。

(2) 市场竞争状况。竞争者的促销选择直接影响房地产企业的促销效果,比如竞争对手已经选择在《看房直通车》栏目做广告,获得消费者的青睐,自己还选择在街头发小广告,就很可能使自己的产品档次、形象下降,导致竞争力下降。

(3) 房地产建设的不同时期。筹划期主要通过户外广告引发公众注意,通过公共关系宣传企业形象;而在楼盘正式销售时就应该各种促销手段齐用,强化促销效果,形成一种立体性攻占市场的霸势,以取得较好的销售业绩。

(4) 企业的促销费用。通过促销费用预算来进行选择,分析不同促销方式、不同媒体的选择需要的费用,一般原则是以最小的投入获得最大的收益。具体方法应由房地产企业根据自己所在城市或者所在区域的相关促销费用实价进行比对后进行选择。企业促销费用计划的内容如表 12-4 所示。

表 12-4 企业促销费用计划的内容

销售现场计划	1. 售楼处企划、设计、施工布置; 2. 小区内及工地围墙、看板、指标等 POP 设计和制作; 3. 售楼处图表、模型、效果图、道旗等装饰物的设计和制作; 4. 多媒体影片的企划、撰写、设计、拍摄、制作
广告计划	1. 报纸广告企划、设计、文案、印刷、刊出; 2. 杂志广告企划、设计、文案、印刷、刊出; 3. 电视和网络广告企划、设计、文案、印刷、刊出
宣传促销计划	1. 楼书、套型图、会刊的企划、设计、文案、印刷; 2. DM、海报、请柬、慰问函、贺卡、信封、刻字等的企划、设计、文案、完稿、印刷; 3. 促销活动的策划、设计、布置等
其他项目	1. 销售人员的名片、名牌、制服、培训等; 2. 代理公司的酬金; 3. 其他

12.4 房地产收益的获取方式

12.4.1 出售

房屋出售是指开发企业将其投资开发的项目或商品房转让或销售给需求者,以求获得项目收益的行为。采用出售方式,开发企业能尽快收回投资,却也可能会损失项目或房屋的增值,对某些项目或房屋而言,也损失了商业经营收益。这与采用出租或自主经营方式获取房地产开发收益的结果是不同的。

现房出售产权清晰,即买即住,可以对已存在的房屋进行选择,但由于一次性付款数额大,或分期付款时间长,对买卖双方资金压力都很大。房屋预售是指在房屋建成之前预先将房屋销售出去。房屋预售的只是房屋的一张期货合约。在工程开工之前或施工过程中,开发商可以收取售房价款作为建设费用投资到工程施工中,使资金循环加速,利用率提高。同时,由于从银行处贷款减少,也就可以少付利息,大大地降低房屋积压的风险。房屋预售不失为一种有效的融资方式。另外,对于房屋买主可以较低的价格购买房产,并可获得房屋建设过程中的增值涨价,还可以将房屋转卖,有利于短期投资。

当房屋分割转让出售时,应委托(或成立)物业管理公司来维持物业的正常运行。特别应指出的是,对于大型现代化商业房地产,不应分割出售,否则将由于多个所有权属关系,使专业经营管理机构难以参与(不可能或成本太高),从而不可避免地导致整体经营和管理的匮乏,最终使物业服务体系崩溃,丧失商业房地产应有的价值和定位,甚至引起不良的社会反应。事实上,一些其他类型的大型物业的分割也有类似弊端。

出售收益可以发生在项目完工以后,也可实行预售(俗称卖楼花),在项目建设中就获取收益。对于成片开发的土地,则在投入达到一定程度后,才会发生转让收益。在符合国家和项目所在地政府有关规定的前提下,应尽可能地提前出售房地产。这是开发企业分散风险、保证收益、筹措后续建设资金的有效方法。但同时,也可能使开发企业损失未来房地产的增值。

出售收益的大小是由可出售面积和售价水平决定的。可出售的面积应按建筑面积计算,建筑物分割出售时,应按实得建筑面积加上分摊的公共部位与公用房屋建筑面积进行计算。其售价由开发企业根据未来房地产的区位、功能、预计的投入成本和市场状态等因素合理确定(国家限价的除外)。按规定最终售价应经当地物价部门审核。

12.4.2 出租

房屋出租是指房地产开发企业作为出租人将其投资开发的房地产出租给承租人使用,由承租人向出租人支付租金的行为。适合出租的房地产包括住宅、商场、写字楼和工业厂房等,开发企业如果能承受资金压力,则可采取出租方式经营其开发的房地产。这样,既适应了相关需求,又不至于损失未来可能的增值,并维持其长期效益,分享房地产经营收益。当房地产分割出租时,应委托(或成立)物业管理公司来维持物业的正常运行。对于分割出租的商场物业类,则应委托专业管理公司(当开发企业缺乏相应能力时)来负责其日常经营，以维护物业形象和完整的服务体系。

在房屋出租交易中，房屋所有权不变，承租者支付房租，获得一定时期内的房屋使用权；出租者获得房租，出让一定时期内的房屋使用权。

房屋出租在回收资金方面不同于房屋出售，房屋出售可以迅速地收回房屋投资，加速资金的周转，较好地缓和房屋建设资金短缺的问题；而房屋出租则资金回收期长，资金周转时间长。但在目前情况下，由于受消费者收入水平及支付能力的限制，房屋经营不能采用单一的出售方式，应该出租和出售并举。

出租收益一般发生在开发项目完工之后，但也可实行预租。采取预租时，开发企业可提供优惠来吸引用户。

出租收益的大小由可出租的面积和租金价格水平决定。出租面积可按使用面积计算，也可按建筑面积计算，住宅用房的租赁，应当执行国家和房屋所在城市规定的租赁政策；出租从事生产、经营活动的房屋，可由开发企业与用户协商议定最终租价和其他租赁条款。

12.4.3 营业

开发酒店、商场、旅游、娱乐类收益性房地产，开发企业可采取直接经营收益性房地产的方式，即营业方式来回收投资，并赚取利润。这种方式使开发企业在拥有房地产的同时，直接获得房地产的全部经营收益。如果经营得当，这种收益将会是长期的、稳定的、不断增长的。采用营业方式要求开发企业有经营能力和经验，否则应委托专业管理公司经营。

营业收入发生在开发项目竣工之后，且一般要经过一段时间后，才会进入稳定收入阶段。需要说明的是，某些特殊房地产的经营(如经营码头、公路等)，要求得到政府的特殊许可。

营业收入的大小要在方案分析阶段，根据项目特征、经营内容、经营管理能力、预计的市场状况、目前类似物业的经营状况等方面进行分析和合理预测来确定。

在实践中，开发企业可依房地产类型、规模、市场状况、自身的实力(包含资金实力和融资能力等)和经验，采用某种方式或综合采用两种或三种方式获取收益。

12.5 房地产营销模式及其选择

评价一个房地产企业经营好坏的关键标准之一，就是营销业绩(包括营销额、市场占有率、利润等)的高低。房地产企业的营销实力，决定了营销业绩的好坏。一个房地产企业的成功与失败，70%是由企业的营销策略和营销模式决定的。房地产企业区域性强、差异性大、融资多、需求广泛而缺乏弹性，这些特点决定了房地产交易操作难度大、专业性强。要抢占房地产市场，营销至关重要。在房地产营销中，开发商对其所开发的楼盘项目营销所采取的方式和方法，即营销模式，具有举足轻重的作用。

随着房地产产品的不断细化以及购房者置业行为和心理的不断成熟，房地产营销模式已不仅仅局限于产品本身和产品表面，而是注重挖掘产品内涵，倡导一种更深层次、更有力量的营销方式，来拓展更为宽广的营销渠道，赢得更大的利润空间。因此，探究房地产营销模式的含义、类型，选择合适的营销模式对房地产营销的成功起到关键性作用。

12.5.1 房地产营销模式的含义

广义地讲，营销模式(marketing model)是一种体系，而不仅仅是一种手段或方法。目前，公认的营销模式从构筑方式上划分，有以下两大主流：一是以市场来进行细分，通过企业管理体系细分、延伸、归纳出的市场营销模式；二是以客户来进行整合，通过建立客户价值核心，整合企业各环节资源的整合营销模式。概括来说，市场营销模式是以企业为中心而构筑的营销体系，整合营销模式则是以客户为中心而构筑的营销体系。

12.5.2 房地产营销模式的类型

从房地产市场发展历程及趋势来看，房地产营销模式可分为两类：传统营销模式和新型营销模式。前者是房地产发展初期卖方市场自然形成的结果；后者主要是针对互联网及通信工具的普遍应用而言，是网络经济从各个方面冲击、刷新传统经济的结果。

1. 传统营销模式

传统营销模式主要有以下三种。

1) 开发商自产自销模式

开发商自产自销模式是从项目前期可行性研究、获得土地、申报立项、组织设计、施工到营销，全部由开发商独立完成。它是开发商本身组建营销队伍，营销人员与开发商是同一系统主体，有着信息沟通及时、矛盾小、效率高等优点。

但是，这种自产自销模式不符合社会化大分工越来越细的发展趋势，存在以下缺点：①开发商承担全部任务，负担重且精力分散；②要求开发商实力雄厚、部门机构齐全、人力资源充沛，加大了经营成本；③若缺乏有经验的专业化营销队伍和策划人员，市场需求信息不充分，将在市场竞争中处于不利地位；④"大而全"的开发兼营销团队易造成专业不精、顾此失彼。

2) 代理商模式

作为中介机构，房地产营销代理商从事房地产估价、咨询、经纪等活动。它利用丰富的市场信息、专业的市场调研及营销策划人员对项目进行全程策划，提供咨询服务，包括项目立项、可行性研究、市场需求分析、户型设计、市场定位、楼盘包装、价格制定、广告策略等。

此种营销模式的优点在于：①有广泛的客户网络，市场定位准确；②产品定价以市场需求为准，更贴近市场可接受价格，具有价格优势；③加快营销进度，能够加快资金利用效率，尽早收回开发成本，减少财务费用；④可突出核心竞争力，做出精品，做出品牌；⑤理性销售控制有助于降低市场风险。

但也有如下不足：①增加房地产企业营销成本，如代理费；②开发商与代理商为不同利益主体，为促进营销，广告费用进一步增加；③开发商与代理商是不同系统主体，信息沟通上的滞后性和策划上的差异性易造成决策矛盾、策划思路执行不到位等；④代理商同时代销多个楼盘，精力分散；⑤不规范竞争，对房地产企业而言，营销风险较大。

3) 房地产超市

房地产超市营销模式是建立统一的集中式房地产营销中心，目前在上海已经出现。其他地方的各种房地产楼盘展销会、住交会是其雏形。地产商把其产品模型放在超市的展厅内，配以各种产品说明资料、置业顾问，以及利用房地产专家咨询、赠礼品促销活动等。超市里还可引入房地产相关行业进入，如法律、金融、装饰等，还有二手房交易等。另外，在超市里采用先进的电子技术及设备、多媒体显示等，汇总房地产的各种信息并及时公布。

房地产超市不仅为广大房地产行业的从业者提供了一个展示优质住宅产业产品的稀有平台，也为广大购房者提供了一个真正意义上的购房参展的机会。楼市调控政策威力巨大，改变的只是营销策略和节奏，而不是长期的需求。通过楼盘的集中展示及一些促销优惠活动，让部分购房者省去看房奔波。让有买房、投资需求的市民利用空闲时间到房地产超市、房展会上去参观，选择自己喜欢的房子，双方可以达到互利双收的效果。

这种营销模式的优点是：①有利于开发商与开发商、开发商与消费者之间的信息交流，并且消费者可先在超市里选择好房源，然后去现场参观比较，从而节省了消费者的选房时间；②有利于房地产企业与房地产相关企业(如建材、装饰企业)的交流和合作；③有利于政府部门获取信息，更好地进行宏观调控。

缺点是：①增加了开发商的成本，如参展费；②维持房地产超市的正常持续经营费用过高。

以上三种模式都是在传统产业经济下发展起来的。在当今房地产市场营销中，随着社会化大分工越来越精细，消费者极具个性化，瞬息万变的房地产市场已不局限于传统营销模式。

2. 新型营销模式

2007年年末以来，面对日益严峻的经济形势，国内房地产市场的有效需求被大大抑制，市场观望气氛浓厚，楼市成交价跌量少，在传统营销模式下难以突围，房地产市场必然要依靠谋求营销创新来取得突破，从而出现了新型营销模式。

新型营销模式主要有以下几种。

1) 联合营销

联合营销是结合传统营销的优点，让发展商和代理机构都参与到营销过程中。开发商在委托代理机构的同时，本身对营销工作也给予较大的关注和投入，代理机构则发挥自己的特长，做全程深度策划，优化营销渠道。联合一体营销渠道的建立旨在集中开发商和代理机构的优势，避免单纯直接营销和间接营销的不足，其成功的操作，关键在于开发商和代理机构彼此信任，利益共享，并且依赖代理机构高超的专业素养和优良的职业道德。

2) 异地推广

由于房地产商品的不可移动性特点，除少数投资型产品外，传统营销模式主要集中在本地市场消费，极少将目光投向异地市场。目前由于营销压力增大，不少地区的开发商开始突破地域局限，实施异地营销推广。这说明外地潜在的巨大购买力逐渐得到开发商的重视，而开发商们通过拓宽异地营销渠道，又可以缩短项目营销时间，实现利润最大化。在实施异地营销过程中，开发商们多是与当地公司进行合作推广，这样一方面可以缩减销售成本，实现快速销售的目的；另一方面异地营销也成为房地产公司进行品牌扩张的又一种方式。通过房产的外地销售，可以取得该地区消费者的认可，既可以抓住最新的市场机遇，实现销售的目的，又可以借助优质的产品扩大企业品牌效应，寻求在当地的合作机会。

以北京、上海、深圳等房地产一线城市为例，房地产开发商们把目光投向国外，选择了项目境外营销。近年，仅北京就有多个房地产中高端项目纷纷通过各种国际代理模式对项目进行境外直销，获得了不错的市场反响。

3）三级市场联动

三级市场联动模式是将二级市场的产品通过三级市场进行深度分销。就是每个二手店铺的销售员在客户选购二手房时，根据客户的需要，适时推荐一手新房，以促进新房的销售。这种方式的优势在于开发商投入很少，而通过大量的三级网络传播，能够获得良好的销售效果。随着内地房地产市场的不断发展，预计二、三级市场联动营销将会成为未来发展的一个重要渠道模式。

4）连锁营销

连锁营销模式是实力雄厚的代理商提供专业化系统服务的新形式。房地产代理市场的发展趋势是规模化、专业化，因此，有实力的代理商在兼并小机构的同时，也引进了麦当劳式的连锁经营方式，以其规模化经营、低成本运作、专业化服务改进经营模式，拓展服务范围，形成强大的市场竞争力，是市场的一支生力军。而连锁经营专业系统的服务给客户带来的安全感和便捷感，也是其他房地产营销渠道无法比拟的。

5）网络营销

随着网络基础设施的健全和网络知识的普及，新经济下的网络营销正悄然来临。网络营销是指以因特网(Internet)为传播手段，通过对市场的循环营销传播，达到满足消费者需求和商家诉求的过程。

它的营销手段主要有：①网上房展。开发商或代理商把有关楼盘的详细资讯放在网上，消费者可随时查阅。②网上房地产竞拍。先制定好规则以确保竞拍成功。如常见的"门槛规则"(到楼盘现场参观过，登记了个人详细情况的消费者才能参加竞拍)和"入围规则"(前若干名入围，名次靠后的可替补名次靠前的)。③网上房地产市场调查。这类调查一般层面广，可即时互动交流。④网上公关宣传。例如，互联网广播、网络广告、电子杂志、网站友情链接与搜索、网络社区、二手楼的交易信息及"在线评估"、"在线律师"等各种咨询服务。

随着互联网的迅猛发展，互联网将成为房地产迅速发展的全新推动力。互联网在融入生活细节的同时，也将对房地产营销的传统产业格局产生深刻影响，房地产营销模式的革新势在必行。横跨新房、二手房、家居全产业链的房地产家居互联网平台的问世，必定会为整个房地产产业营销发展注入新鲜的活力和强韧的牵引力，给业界带来一种全新的思路和平台运营模式，在购房者中具有无可比拟的影响力和号召力，满足购房者轻触鼠标即可置业、装修等各种需求。共寻房地产营销新模式之利器，打破房地产市场营销坚冰，是房地产市场营销发展的前提，也是其发展后的最终结果。

12.5.3 房地产营销模式的选择

不同的产品，不同的位置，不同的客户群，自然产生不同的营销模式。这是以纵向的时间轴线的思维角度考虑的营销模式，是一种战略角度的营销模式。市场永远处在变化中，企业永远在浪尖处前行。每种营销模式的选择对企业本身没有绝对的优劣，每个模式都有利有弊。因此无法断言哪一种方式最适合房地产商的发展，只能把种种利弊呈现在眼前。"只有适合自己的，才是最好的"。不同的房地产开发企业可以依据自身的情况，结合市场环境进行选择。

1. 选择营销模式时需考虑的因素

房地产营销商选择营销模式时，需考虑因素主要有以下几点。

第一，考虑市场的成熟程度。传统营销模式多以推广、传播产品为主，也就是俗称的"产品主义"，采用的是功能性诉求的模式。随着房地产市场越来越成熟，消费者对于产品的认识和理解有了一定深度，这种模式逐渐显得单一，于是传统营销模式之间交叉混合使用得到发展，也催生了新型营销模式。但是相对于市场成熟程度较低的二线、三线城市而言，传统营销模式可能依然是最适合当地市场的模式。而且，如果是高端产品，立足点必然采用以产品为核心的营销模式。如果是新颖但是非原创的产品，则要以推广为核心。但是随着项目的进展，无论是以产品还是推广为核心，都会慢慢转向以渠道为核心的模式。

第二，考虑消费者的需求特性。消费者的价格敏感性和需求特性对营销模式影响最大。是采用价值追随、价格略低的营销模式，还是差异化价值的定位，都是以营销商对消费者的判断作为基础的。

第三，考虑竞争对手的营销策略。营销是一个互动博弈的过程，需要根据竞争对手的模式变化进行选择，竞争对手的实力、营销策略重心以及营销模式的有效性都会影响到营销模式的决策和选择。

第四，考虑环境的变化。社会环境、市场环境、经济环境、政治环境、自然环境等变幻莫测，所以需要营销商保持警觉性和敏感性，不断调整营销模式来迎合营销环境。

第五，考虑企业竞争战略。在项目开发的过程中，项目的竞争战略是由公司战略决定的，而营销模式是实现公司战略和竞争战略的途径和方式。从这个逻辑上来说，一方面，营销模式的选择必须在竞争战略的框架下；另一方面，营销模式又能验证竞争战略的有效性。例如，某项目一期开发阶段因为急需资金回笼，薄利快销则成了这个阶段的营销模式。随着资金的充裕，企业渡过了成长期，做大做强的企业战略会改变后期营销模式。

第六，考虑企业资源和能力。企业产品创新能力、财务状况、管理能力、成本控制能力、人力资源水平等方面的差异，造成企业拥有的资源和能力不可能处于同一个水平线上，产品、品牌、价格、渠道等方面的核心竞争力不同，企业在营销模式的选择上就会出现差异。

2. 代理商模式的选择条件

对房地产企业来说，在营销模式的选择上，基于以上影响因素，依据企业自身去选择合适的模式是最基本的。以代理商模式为例，一般来说，下列情况较适宜于采用代理商模式。

(1) 缺乏后续操作项目的临时性项目公司。
(2) 多家企业联合开发的项目。
(3) 成立时间不长，或由其他行业新进入房地产开发领域的企业。
(4) 大规模运作，所运作项目需要树立品牌形象的开发企业。
(5) 进入新的地理区域，需要专业代理商拓展市场、树立品牌的开发企业。
(6) 不以房地产开发为主业的企业。

3. 对代理机构的要求

房地产公司在选择代理商时，要考察代理机构是否具备以下几个条件。

(1) 以自身营销网络为基础的强大营销能力。有实力的代理商一般会有独立的、在一定区域分布的房地产营销门面或网点，他们在代理一级市场业务时，也同时开展房地产的二、三级市场的业务。依靠这些网络，代理商不但能将所代理的产品尽快组织推向市场，而且能通过自己拥有的二、三级市场的资源，以调剂、置换的灵活方式间接促进代理产品的营销。没有营销网络，仅靠在被代理项目现场被动地坐地营销，最多只能称得上是"伪代理商"，所起作用无非是开发商自己掏钱为别人开一个售楼处。因此，是否具备有效的营销网络，是考察房地产代理商营销能力的首要条件。

(2) 丰富的客户信息资源。代理商的营销网点往往能从市场收集到许多购房信息，这些信息都来自实际的购买群体。这些信息汇集和组织起来就成为代理商手中的客户资源。这些客户资源是"市场黄金"，也是每个代理商手中的核心优势。代理商拥有客户资源的广度和深度，影响着代理项目的营销进度和质量。丰富的客户资源加以有效运用，最直接的效果是可以加快项目的资金回笼，为开发商提高资金运转效率，并使项目的效益最大化。

(3) 有效的信息搜集、分析和运用能力。代理商通常会通过自身的网络组织定期的市场调查，也会做一些不定期的问卷调查，基本上悉知市场上主要竞争对手的情况，也了解购房群体的深层次诉求。利用和分析日积月累的信息库，便构成市场需求的整体概貌。据此，代理商就能够比较准确地把握市场走势，精确判断客户群体的各方面需求，可以在项目的市场定位、建筑风格和品质、户型面积、环境营造、合理配套以及价格体系制定等方面向开发商提供有益的参考。

(4) 成熟的管理经验和专业的团队。一个成熟的代理商必定有自己成熟的管理模式和管理团队。从营销操作、团队建设到财务管理有丰富的管理经验和完善的管理制度，各个流程都按专业化、规范化和标准化的模式运作。成熟管理的优点也通过代理商的专业营销团队在业务操作中体现出来。日常工作有标准规范的程序，遇偶发事件也有成熟的预案来应对。从售楼窗口到后台管理、在岗人员的言行举止，无处不体现出成熟管理的风范。

(5) 强大的营销策划、宣传推介和合同执行能力。代理商一般实行全流程作业，即在项目展开初期，就针对所代理项目组织具有必要广度和深度的市场调查、分析，进而开展项目策划、营销策划、宣传推广、楼盘营销、督促履约直至配合交楼和售后市场跟踪调查等全流程环节的全盘代理。因此代理商必须具备全面而独立的市场分析、策划、设计、推广和合同执行能力。

(6) 能帮助开发商拓展合作领域。有实力的代理商在其业务运作过程中，通常积累相当广泛的社会公共关系，如相关的政府管理部门以及与房地产相关联的上下游行业，这也是代理商可以运用的公关资源。运用这些资源可以为其所服务的开发商引进合作资金或合作伙伴，减少项目运行中的公关障碍并有助于开发商拓展事业，与开发商结成更紧密的联盟。

<h1 style="text-align:center">本 章 小 结</h1>

房地产营销是房地产开发中的一个重要环节。在这个阶段，开发者通过市场细分、目标市场的选择，以及营销策略的实施，实现房地产开发企业的利益。本章介绍了市场营销、市场细分、目标市场的选择、营销策略和房地产收益的获取方式等内容。重点掌握市场细分及目标市场的选择、营销策略和房地产收益的获取方式。

习 题

一、简答题

1. 如何理解房地产营销理念？
2. 房地产营销的特点有哪些？
3. 什么是房地产市场细分？市场细分的原则有哪些？如何进行房地产市场细分？
4. 简述房地产收益的获取方式及特点。
5. 房地产商在选择代理商时要考虑哪些条件？

二、材料分析题

我国在 20 世纪 70 年代末开始引进市场营销学的理论体系与营销理念，并迅速应用到家用电器、日用百货、酒店服务业等各个领域，而应用到房地产领域则是在 1995 年以后。随着房地产市场的竞争加剧，房地产投资的高风险开始凸显，广大的房地产开发商开始用理性的眼光看待市场营销的价值。经过几年的摸索，虽然房地产营销方式趋向多元化，营销服务已从注重表面趋向追求内涵，营销推广已从杂乱无章趋向规范有序，但许多房地产开发商对营销的认识仍很肤浅，甚至由于对营销内涵的理解偏颇导致营销中的失误。随着市场营销理论的不断创新，如何深刻认识营销的理念与策略，以对房地产营销组合进行深层次调整和整合，是开发商决胜未来市场的关键因素之一。

请阐述：在房地产市场营销中关键要把握住哪几个方面？

第13章 房地产开发经营中的税收

【学习要点及目标】

- 了解我国税收制度。
- 熟悉房产税的概念、征税范围、纳税人、征税对象及税率。
- 熟悉城镇土地使用税的概念、纳税人、征税对象及税率。
- 熟悉耕地占用税的概念、纳税人、征税对象及税率。
- 熟悉土地增值税的概念、纳税人、征税对象、清算单位及税率,掌握土地增值税的作用及计算方法。
- 熟悉契税的概念、纳税人、征税对象及税率。
- 了解增值税的概念、纳税人、征税对象及税率。
- 了解企业所得税、个人所得税、城市维护建设税、教育费附加、地方教育附加、印花税的概念、纳税人、征税对象及税率。

【核心概念】

税收;税收制度;房产税;城镇土地使用税;耕地占用税;土地增值税;契税;增值税;企业所得税;个人所得税、城市维护建设税;教育费附加;地方教育附加;印花税等

【引导案例】

2011年1月28日,重庆、上海在一片争议声中先后开始试点个人住房房产税,"房产税"可能开征的消息再次成为业内外关注的焦点。房产税开征的主要目的是抑制投资投机性需求。在当前房地产价格飙升,相当一部分城市出现了泡沫,而大部分调控政策、措施的效果不是很明显的背景下,房产税的推出或试点可谓遏制高房价的一剂猛药。有学者认为,房产税增加了持有成本,会使投机性购房者减少囤房数量,住房供给量会有所增加,从而有可能会减轻房价上涨压力。住建部政策研究中心副主任秦虹也认为,房产税将增加房产持有者的持有成本,自住型、投资型购房者都会谨慎、合理地选择购房面积、地点和购房的时间。

但是,对房产税的推行持反对观点的声音也很多。在房产税的讨论中,其合法性、对国民经济的副作用等都是绕不过去的障碍。时至今日,上海、重庆房产税试点效果并不理想,主要原因就在于征收范围太窄、税率太低等。尽管目前仅在两个城市试点,短期内对

楼市整体影响有限，但房产税试点的推出，标志着中国住宅地产房产税时代的到来，这一重磅税收武器也将终结中国楼市的投资黄金时代。

13.1 税收制度概述

13.1.1 税收

1. 税收的概念

税收是国家为满足社会公共需要，凭借公共权力，按照法律所规定的标准和程序，参与国民收入分配、强制、无偿取得财政收入的一种基本方式。它体现了国家与纳税人在征收、纳税的利益分配上的一种特殊关系，是一定社会制度下的一种特定分配关系。税收是各国国家财政收入最主要的来源。

2. 税收的特征

税收具有以下几个特征。

(1) 税收的强制性。强制性是指税收是政府凭借公共权力，通过颁布法律或政策来进行强制征收。负有纳税义务的单位和个人，都必须遵守国家强制性的税收法令，依法纳税，否则就要受到法律的制裁，这是税收具有法律地位的体现。

(2) 税收的无偿性。无偿性是指国家征税后，税款归国家所有，不需要对纳税人偿还，也不用向纳税人支付任何报酬或付出代价。税收的无偿性是相对的，对具体纳税人而言，纳税后并未获得任何报酬，从这个意义上讲，税收不具有偿还性。税收的这种无偿性是与国家凭借政治权力进行收入分配的本质相联系的。税收无偿性是税收的本质体现，它反映的是一种社会产品所有权、支配权的单方面转移关系，而不是等价交换关系。税收的无偿性是区分税收收入和其他财政收入形式的重要特征。

(3) 税收的固定性。固定性又称规范性，是指税收是按照国家法律规定的标准征收的，不能人为随意调整征税标准，在一定时期内是相对稳定的，是一种固定的连续收入。对于税收预先规定的标准，征税和纳税双方都必须共同遵守，非经国家法令修订或调整，征纳双方都不得违背或改变这个固定的比例或数额以及其他相关规定。

13.1.2 税收制度

1. 税收制度的概念

税收制度(简称"税制")是一个国家根据其税收政策、税收原则，结合本国国情和财政政策需要所制定的各项法律、法规及征收管理办法的总称。它反映的是国家与纳税人之间的经济关系，是国家财政经济制度的重要组成部分。广义的税收制度是指税收的各种法律制度的总称，包括税收基本法规、税收管理制度、税收征收管理制度以及税收计划、会计、统计工作制度等。狭义的税收制度是指国家的各种税的法律、法规和征收管理制度，包括各种税收条例、实施细则、征收管理办法和其他有关的税收规定等。

2. 税收制度的组成要素

税收制度的组成要素是指构成每一具体税种的基本元素，具体包括征税对象、纳税人、税率、纳税环节、纳税期限、税收优惠、违章处理等要素。其中征税对象、纳税人、税率是税制的三大基本要素。征税对象即课税客体，是指根据什么来征税，是征税的标的物。一般而言，作为征税对象的可以是物品、收入或行为等。不同的课税对象构成不同的税种，税种与税种的区别以及税种的名称，通常取决于不同的课税对象。换言之，征税对象是一个税种区别于另一个税种的主要标志。纳税人是指税法规定的对国家直接负有纳税义务的单位和个人。它主要解决了向谁征税或由谁纳税的问题。纳税人可以区分为自然人和法人两类。

税率是税额与课税对象之间的数量关系或比例关系，是计算应纳税额的尺度，体现税收负担的深度，是税制建设的中心环节。在课税对象和税基既定的条件下，税率的高低直接关系着国家财政收入和纳税人的负担，也关系着国家、集体和个人三者的经济利益。税率的高低和税率形式的运用，是国家经济政策和税收政策的体现，是发挥税收经济杠杆作用的关键。

我国现行的税率分为三种基本形式：比例税率、定额税率和累进税率。

(1) 比例税率就是对同一征税对象，不论数额大小都按照同一比例征税。我国的营业税、城市维护建设税、企业所得税等采用的是比例税率。

(2) 定额税率又称为固定税率，是税率中的一种特殊形式。它不是按照课税对象规定的征收比例，而是按照征税对象的计量单位规定固定税额。一般适用于从量计征的税种。

(3) 累进税率指的是按照征税对象数额的大小，划分为若干等级，每个等级由低到高规定相应的税率，征税对象数额越大，则税率越高。反之，数额越小，税率越低。累进税率又分为全额累进税率和超额累进税率两种形式。

3. 我国现行税收制度

我国现行税收制度形成于 1994 年的税制改革。这次税制改革是新中国成立以来范围最广、影响最大的一次改革，是适应建立社会主义市场经济体制的要求，按照"统一税制、公平税负、简化税制、合理分权、理顺分配关系、保证财政收入"的指导思想，选择以流转税制和所得税制为重点，建立一个多税种、多次征、主次分明的复合式税制结构。2003 年 10 月，从出口退税改革开始，我国开始了新一轮税制改革。2006 年全面取消了农业税，2008 年实行了内外统一的企业所得税，2009 年增值税转型改革全面推行。经过 1994 年税制改革和此后多年的逐步完善，我国已经初步建立了适应社会主义市场经济体制的税收制度。我国现行税收制度共设有 18 个税种，按其性质和作用大致可以分为以下五类。

(1) 流转税类。包括增值税、消费税和关税。

(2) 所得税类。包括企业所得税和个人所得税。

(3) 资源税类。包括矿产资源税、城镇土地使用税。

(4) 财产税类。包括房产税、车船税和契税。

(5) 行为税类。包括印花税、城市维护建设税、车辆购置税、船舶吨位税、土地增值税、耕地占用税。

13.2 房产税

13.2.1 概述

房产税，又称房屋税，是以房屋为征税对象，按房屋的计税余值或租金收入为计税依据，向产权所有人征收的一种税。房产税按照税收分类属于财产税范畴。房产税是中外各国政府广为开征的古老税种之一，这类房产税大多以房屋的某种外部标志作为确定负担的标准。

我国从古代开始就有王朝对房屋征税，周代的"廛布"，唐朝的间架税，清朝初期的"市廛输钞""计檩输钞"，清末和民国时期的"房捐"等，都是以房屋为对象征税。新中国成立后，1950年1月政务院公布的《全国税政实施要则》，规定全国统一征收房产税。同年6月，将房产税和地产税合并为房地产税。1951年8月8日，政务院公布《城市房地产税暂行条例》。1973年简化税制，将试行工商税的企业缴纳的城市房地产税并入工商税，只对有房产的个人、外国侨民和房地产管理部门继续征收城市房地产税。1984年10月，国营企业实行第二步利改税和全国改革工商税制时，确定对企业恢复征收城市房地产税。同时，鉴于中国城市的土地属于国有，使用者没有土地产权的实际情况，将城市房地产税分为房产税和土地使用税。1986年9月15日，国务院发布《中华人民共和国房产税暂行条例》，决定从当年10月1日起施行。对在中国有房产的外商投资企业、外国企业和外籍人员仍征收城市房地产税。

条例颁布多年来，目前仅对经营性物业进行征收。鉴于个人住房房产税全国推行难度较大，目前已从个别城市开始试点。2011年1月28日，上海、重庆开始试点房产税。上海市人民政府2011年1月27日印发《上海市开展对部分个人住房征收房产税试点的暂行办法》(以下简称《办法》)，《办法》规定从1月28日起对上海居民家庭新购第二套及以上住房和非上海居民家庭的新购住房征收房产税，税率因房价高低分别暂定为0.6%和0.4%。重庆作为个人住房房产税改革试点，从2011年1月28日开始向个人房产征收房产税。重庆主城9区内存量增量独栋别墅，新购高档商品房，在重庆市同时无户籍、无企业、无工作的个人在重庆购第二套房(第二套)以上的普通住房，将被征收房产税，其税率为0.5%~1.2%。

13.2.2 房产税的征税范围及纳税人

1. 征税范围

根据《中华人民共和国房产税暂行条例》的规定，房产税在城市、县城、建制镇和工矿区征收。城市、县城、建制镇、工矿区的具体征税范围，由各省、自治区、直辖市人民政府确定。1986年9月25日颁布的《财政部、税务总局关于房产税若干具体问题的解释和暂行规定》中对房产税征税范围做出了具体解释："城市"是指经国务院批准设立的市；"县城"是指未设立建制镇的县人民政府所在地；"建制镇"是指经省、自治区、直辖市人民政府批准设立的建制镇；"工矿区"是指工商业比较发达、人口比较集中、符合国务院规定的建制镇标准,但尚未设立镇建制的大中型工矿企业所在地。开征房产税的工矿区须经省、自治区、直辖市人民政府批准。

2. 纳税人

房产税由产权所有人缴纳。产权属于全民所有的,由经营管理的单位缴纳。产权出典的,由承典人缴纳。产权所有人、承典人不在房产所在地的,或者产权未确定及租典纠纷未解决的,由房产代管人或者使用人缴纳。房产税纳税义务人包括产权所有人、经营管理单位、承典人、房产代管人或者使用人。

13.2.3 房产税的计税依据和税率

1. 计税依据

从价计征时,房产税依照房产原值一次减除10%～30%后的余值计算缴纳。具体减除幅度由省、自治区、直辖市人民政府规定。没有房产原值作为依据的,由房产所在地税务机关参考同类房产核定。从租计征时,房产出租的,以房产实际租金收入为房产税的计税依据。2008年12月31日颁布的《财政部、国家税务总局关于房产税城镇土地使用税有关问题的通知》文件中对于如何确定房产原值问题做出明确解释:"对依照房产原值计税的房产,不论是否记载在会计账簿固定资产科目中,均应按照房屋原价计算缴纳房产税。房屋原价应根据国家有关会计制度规定进行核算。对纳税人未按国家会计制度规定核算并记载的,应按规定予以调整或重新评估。"

2. 税率

我国现行房产税税率采用的是比例税率。房产税分为按从价(房产余值)和从租(房产租金收入)两种方式计算缴纳。

(1) 从价计算缴纳的,税率为1.2%。
(2) 从租计算缴纳的,税率为12%。

自2008年3月1日起,对个人出租住房,不区分用途,按4%的税率征收房产税。对企事业单位、社会团体以及其他组织按市场价格向个人出租用于居住的住房,也按4%的税率征收房产税。

13.2.4 房产税应纳税额的计算

从价计征和从租计征两种方式计算公式如下。
(1) 从价计征的计算。从价计征是按房产的原值减除一定比例后的余值计征,其公式为:
$$应纳税额=应税房产原值\times(1-扣除比例)\times1.2\%$$
(2) 从租计征的计算。从租计征是按房产的租金收入计征,其公式为:
$$应纳税额=租金收入\times12\%(个人为4\%)$$

13.2.5 房产税的减免范围

根据《中华人民共和国房产税暂行条例》及有关规定,下列房产免税。

(1) 国家机关、人民团体、军队自用的房产。国家机关、人民团体、军队自用的房产，是指这些单位本身的办公用房和公务用房。上述免税单位出租的房产以及非本身业务用的生产、营业用房产不属于免税范围。

(2) 由国家财政部门拨付事业经费的单位自用的房产。事业单位自用的房产，是指这些单位本身的业务用房。为了鼓励事业单位经济自立，由国家财政部门拨付事业经费的单位，其经费来源实行自收自支后，从事业单位经费实行自收自支的年度起，免征房产税3年。

(3) 宗教寺庙、公园、名胜古迹自用的房产。宗教寺庙自用的房产，是指举行宗教仪式等的房屋和宗教人员使用的生活用房屋。公园、名胜古迹自用的房产，是指供公共参观游览的房屋及其管理单位的办公用房屋。公园、名胜古迹中附设的营业单位，如影剧院、饮食部、茶社、照相馆等所使用的房产及出租的房产，应征收房产税。

(4) 个人所有非营业的房产。个人所有的非营业的房产，主要是指居民个人住房。对个人所有的居住用房，不分面积多少，均免征房产税。对个人拥有的营业用房或出租的房产，不分用途，均应征收房产税。

(5) 经财政部批准免税的其他房产。主要包括：企业办的各类学校、医院、托儿所、幼儿园自用的房产，免征房产税；为鼓励利用地下人防设施，地下人防设施暂不征收房产税；经有关部门鉴定，对毁损不堪居住的房屋和危险房屋，在停止使用后，可免征房产税；对微利企业和亏损企业的房产，可由地方根据实际情况在一定期限内暂免征收房产税。企业停产、撤销后，对其原有的房产闲置不用的，经省、自治区、直辖市税务局批准可暂不征收房产税；房屋大修停用在半年以上的，经纳税人申请、税务机关审核，在大修期间可免征房产税；凡是在基建工地为基建工地服务的各种工棚、材料棚、办公室、食堂等临时性房屋，在施工期间一律免征房产税。

《财政部、国家税务总局关于廉租住房经济适用住房和住房租赁有关税收政策的通知》中规定：对廉租住房经营管理单位按照政府规定价格、向规定保障对象出租廉租住房的租金收入，免征房产税。此外，纳税人纳税确有困难的，可由省、自治区、直辖市人民政府确定，定期减征或者免征房产税。

13.3 城镇土地使用税

13.3.1 概述

城镇土地使用税是以城市、县城、建制镇、工矿区范围内的土地为征税对象，以实际占用的土地面积为计税依据，按规定税额对拥有土地使用权的单位和个人征收的一种税。城镇土地使用税按照税收分类属于资源税范畴。1988年9月27日国务院发布了《中华人民共和国城镇土地使用税暂行条例》，在全国范围内开征城镇土地使用税。国务院于2006年12月31日发布了《国务院关于修改〈中华人民共和国城镇土地使用税暂行条例〉的决定》，重新公布了修改后的新版《中华人民共和国城镇土地使用税暂行条例》，并规定自2007年1月1日起施行。根据2011年1月8日《国务院关于废止和修改部分行政法规的决定》进行了第二次修订，根据2013年12月7日《国务院关于修改部分行政法规的决定》进行了第三次修订。2019年3月2日，国务院决定将《中华人民共和国城镇土地使用税暂行条例》

第七条中的"地方税务机关"修改为"税务机关"。开征城镇土地使用税对于促进城镇土地合理利用,调节土地级差收入,提高土地使用效益具有重要意义。

13.3.2 征税范围及纳税人

1. 征税范围

根据《中华人民共和国城镇土地使用税暂行条例》规定,城镇土地使用税的征税范围是城市、县城、建制镇、工矿区范围内的土地,包括国有和集体所有的土地。

2006年4月30日《财政部、国家税务总局关于集体土地城镇土地使用税有关政策的通知》对城镇土地使用税的征税范围做出新解释规定:"在城镇土地使用税征税范围内实际使用应税集体所有建设用地、但未办理土地使用权流转手续的,由实际使用集体土地的单位和个人按规定缴纳城镇土地使用税。本通知自2006年5月1日起执行,此前凡与本通知不一致的政策规定一律以本通知为准。"该通知将城镇土地使用税的征税范围扩大到集体建设用地。

2. 纳税人

纳税人为在城市、县城、建制镇、工矿区范围内使用土地的单位和个人,包括国有企业、集体企业、私营企业、股份制企业、外商投资企业、外国企业以及其他企业和事业单位、社会团体、国家机关、军队以及其他单位、个体工商户以及其他个人。

13.3.3 税率及应纳税额的计算

1. 税率

城镇土地使用税采用定额税率,即采用有幅度的差别税额。按大、中、小城市和县城、建制镇、工矿区分别规定每平方米城镇土地使用税年应纳税额。城镇土地使用税每平方米年应纳税额标准具体规定如下:

(1) 大城市标准为1.5元至30元;
(2) 中等城市标准为1.2元至24元;
(3) 小城市标准为0.9元至18元;
(4) 县城、建制镇、工矿区标准为0.6元至12元。

2. 应纳税额的计算

城镇土地使用税计算公式如下:

全年应纳城镇土地使用税额 = 实际占用应税土地面积(m^2) × 适用税额

13.3.4 税收优惠范围

根据《中华人民共和国城镇土地使用税暂行条例》及有关规定,下列土地免缴城镇土地使用税。

(1) 国家机关、人民团体、军队自用的土地;
(2) 由国家财政部门拨付事业经费的单位自用的土地;

(3) 宗教寺庙、公园、名胜古迹自用的土地；

(4) 市政街道、广场、绿化地带等公共用地；

(5) 直接用于农、林、牧、渔业的生产用地；

(6) 经批准开山填海整治的土地和改造的废弃土地，从使用的月份起免缴土地使用税 5 年至 10 年；

(7) 由财政部另行规定免税的能源、交通、水利设施用地和其他用地；

(8) 对廉租住房、经济适用住房建设用地以及廉租住房经营管理单位按照政府规定价格、向规定保障对象出租的廉租住房用地。

13.4 耕地占用税

13.4.1 概述

耕地占用税是指国家对占用耕地建房或者从事其他非农业建设的单位和个人，依据实际占用耕地面积、按照规定税率一次性征收的税种。耕地占用税按照税收分类属于行为税范畴。2018 年 12 月 29 日，第十三届全国人民代表大会常务委员会第十次会议通过《中华人民共和国耕地占用税》。为贯彻落实《中华人民共和国耕地占用税法》，财政部、税务总局、自然资源部、农业农村部、生态环境部制定了《中华人民共和国耕地占用税法实施办法》，现予以发布，自 2019 年 9 月 1 日起施行。2017 年 12 月 1 日国务院公布的《中华人民共和国耕地占用税暂行条例》同时废止。

13.4.2 纳税人

耕地占用税的纳税人为占用耕地建房或者从事非农业建设的单位或者个人，包括国有企业、集体企业、私营企业、股份制企业、外商投资企业、外国企业以及其他企业和事业单位、社会团体、国家机关、部队以及其他单位、个体工商户以及其他个人。

耕地占用税纳税人应主要依据农用地转用审批文件认定。农用地转用审批文件中标明用地人的，用地人为纳税人；审批文件中未标明用地人的，应要求申请用地人举证实际用地人，实际用地人为纳税人；实际用地人尚未确定的，申请用地人为纳税人。占用耕地尚未经批准的，实际用地人为纳税人。

13.4.3 税额标准与计算

1. 税额标准

耕地占用税税额标准如下。

(1) 人均耕地不超过 1 亩的地区(以县级行政区域为单位，下同)，每平方米为 10 元至 50 元。

(2) 人均耕地超过 1 亩但不超过 2 亩的地区，每平方米为 8 元至 40 元。

(3) 人均耕地超过 2 亩但不超过 3 亩的地区，每平方米为 6 元至 30 元。

(4) 人均耕地超过 3 亩的地区，每平方米为 5 元至 25 元。

经济特区、经济技术开发区和经济发达且人均耕地特别少的地区，适用税额可以适当提高，但是提高的部分最高不得超过上述规定标准的50%。

由国务院财政、税务主管部门根据人均耕地面积和经济发展情况确定各省、自治区、直辖市的平均税额。由于我国不同地区之间人口和耕地资源的分布很不均衡，有些地区人口稠密、耕地资源相对匮乏；而有些地区则人烟稀少，耕地资源却比较丰富。同时，各地区之间的经济发展水平也存在较大差异。考虑到不同地区之间客观条件的差别以及与此相关的税收调节力度和纳税人负担能力方面的差别，耕地占用税在税率设计上采用了地区差别定额税率。各省、自治区、直辖市耕地占用税平均税额见图13-1。

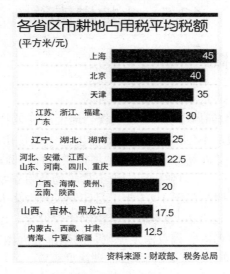

图13-1 各省区市耕地占用税平均税额

县级行政区域的适用税额，由省、自治区、直辖市人民政府在税额标准规定的税额幅度内，根据各地区情况核定。各省、自治区、直辖市人民政府核定的适用税额的平均水平，不得低于本条规定的平均税额。

2. 应纳税额的计算

$$应纳税额=实际占用耕地面积(m^2)×定额税率$$

13.4.4 税收优惠范围

1. 免征耕地占用税的情形

免征耕地占用税的情形如下。
(1) 军事设施占用耕地。
(2) 学校、幼儿园、养老院、医院占用耕地。

2. 减征耕地占用税

铁路线路、公路线路、飞机场跑道、停机坪、港口、航道占用耕地，减按每平方米2元的税额征收耕地占用税。根据实际需要，国务院财政、税务主管部门上报国务院有关部门并获国务院批准后,可以对规定的情形免征或者减征耕地占用税。

农村居民占用耕地新建住宅,按照当地适用税额减半征收耕地占用税。农村烈士家属、残疾军人、鳏寡孤独以及革命老根据地、少数民族聚居区和边远贫困山区生活困难的农村居民,在规定用地标准以内新建住宅缴纳耕地占用税确有困难的,经所在地乡(镇)人民政府审核,报经县级人民政府批准后,可以免征或者减征耕地占用税。

符合规定免征或者减征耕地占用税情形后,纳税人改变原占地用途,不再属于免征或者减征耕地占用税情形的,应当按照当地适用税额补缴耕地占用税。

13.5 土地增值税

13.5.1 土地增值税概述

1. 土地增值税的概念

土地增值税是指对有偿转让国有土地使用权、地上的建筑物及其附着物并取得收入的单位和个人所征收的一种税,不包括以继承、赠予方式无偿转让房地产的行为。1993 年 12 月 13 日,国务院发布了《中华人民共和国土地增值税暂行条例》(以下简称《条例》),自 1994 年 1 月 1 日起对转让国有土地使用权、地上建筑物及附着物的单位和个人征收土地增值税。根据《条例》授权,财政部于 1995 年 1 月印发了《中华人民共和国土地增值税暂行条例实施细则》。《条例》施行 20 多年以来,税制比较健全,运行平稳,上升为法律的条件和时机已经成熟。为了贯彻落实税收法定原则,财政部会同国家税务总局于 2019 年 7 月 16 日起草了《中华人民共和国土地增值税法(征求意见稿)》。

2. 开征土地增值税的意义

开征土地增值税,是国家运用税收手段规范房地产市场秩序,合理调节土地增值收益分配,维护国家权益,促进房地产开发健康发展的重要举措。我国开征土地增值税的目的和意义主要有以下三个方面。

(1) 规范房地产市场交易秩序,促进社会公平。改革开放后,我国对土地使用管理制度逐步进行了改革,确立了房地产有偿使用、允许转让土地使用权的政策和制度,这从根本上促进了我国房地产开发和房地产交易市场的发展。对于合理配置土地资源,提高土地使用效益,增加政府财政收入,以及带动国民经济相关产业的发展,都产生了积极作用。但是,由于土地管理的各项制度不健全、不配套,以及行政管理上的偏差,在房地产业发展中也出现了一些问题。主要体现为房地产开发过热,炒买炒卖房地产的投机之风盛行,房地产价格上涨过猛,国有土地资源收益流失过多,冲击和危害了国民经济的健康协调发展,也造成了社会分配不公。开征土地增值税,可以规范房地产市场交易秩序,有力促进社会公平。

(2) 抑制土地炒买炒卖,保障国家的土地权益,增加财政收入。在我国,土地资源属国家所有,国家为整治和开发土地投入巨额资金,应参与土地增值收益分配,并取得较大份额。同时,对房地产开发者投资、开发房地产,也应保证其获得合理收益,即能够得到合理的投资回报,以促进房地产业的正常发展。然而,有些地区出于招商引资或急于求成搞建设的考虑，盲目进行土地开发，竞相压低国有土地批租价格，致使国家土地增值收益流失严重，极大地损害了国家利益。通过对土地增值性收益征税，可以在一定程度上堵塞漏洞，减少国家土地资源及增值性收益的流失，遏制土地投机行为，保护房地产开发者的合法权益，维护国家的整体利益。对土地增值收益征税，可以为增加国家财政收入开辟新的来源。

(3) 加强国家对房地产市场的宏观调控，促进国民经济健康稳定发展。房地产税收对经济周期可以起到有效的调节作用，促进房地产市场的健康稳定发展。当前，房地产投资过热，投资增幅持续居高不下，已经威胁到房地产业的健康发展。开征土地增值税，利用税收杠杆对房地产业的开发、经营和房地产市场进行适当调控，促进土地资源的合理利用，可以引导社会资金的流向，调控整个国家房地产业的发展速度和发展方向，降低投机者的交易收益，从而遏制投机，抑制投资，保证房地产业的健康、稳定和持续发展。

13.5.2　纳税人和税率

1. 纳税人

土地增值税的纳税人为转让国有土地使用权、地上的建筑物及其附着物并取得收入的单位和个人。包含两层意思：一是只针对国有土地使用权发生转让的行为征税，转让集体土地使用权不征该税；二是只针对有偿转让国有土地使用权、地上的建筑物及其附着物的行为征税，以继承、赠予方式无偿转让房地产的行为不征该税。这里所称的单位和个人，是指各类中外资企业单位、事业单位、国家机关和社会团体及其他组织、中外籍个体经营者。

2. 税率

根据《中华人民共和国土地增值税暂行条例》的相关规定，土地增值税实行四级超率累进税率。土地增值税税率见表 13-1。

表 13-1　土地增值税税率

级数	计税依据	适用税率	速算扣除率
1	增值额未超过扣除项目金额 50% 的部分	30%	0
2	增值额超过扣除项目金额 50%、未超过扣除项目金额 100% 的部分	40%	5%
3	增值额超过扣除项目金额 100%、未超过扣除项目金额 200% 的部分	50%	15%
4	增值额超过扣除项目金额 200% 的部分	60%	35%

上面四级超率累进税率，每级"增值额未超过扣除项目金额"的比例，均包括本比例数。

13.5.3　土地增值税的计税依据

土地增值税的计税依据是纳税人转让房地产所取得的增值额。增值额为纳税人转让房地产所取得的收入减除规定扣除项目金额后的余额。

1. 收入的确定

纳税人转让房地产所取得的收入,包括货币收入、实物收入和其他收入,即与转让房地产有关的经济收益。

2. 扣除项目的确定

在计算土地增值税时允许扣除的项目主要包括以下六类。

(1) 取得土地使用权所支付的金额。是指纳税人为取得土地使用权所支付的地价款和按国家统一规定缴纳的有关费用。以协议、招标、拍卖等出让方式取得土地使用权的,地价款为纳税人所支付的土地出让金;以行政划拨方式取得土地使用权的,地价款为转让土地使用权时按规定补交的出让金;以转让方式得到土地使用权的,地价款为向原土地使用权人实际支付的地价款。缴纳的有关费用是指纳税人在取得土地使用权过程中为办理有关手续,按国家统一规定缴纳的有关登记、过户手续费。

(2) 开发土地和新建房及配套设施的成本。是指纳税人房地产开发项目实际发生的成本,包括土地征用及拆迁补偿费、前期工程费、建筑安装工程费、基础设施费、公共配套设施费、开发间接费用。

土地征用及拆迁补偿费包括土地征用费、耕地占用税、劳动力安置费及有关地上、地下附着物拆迁补偿的净支出、安置动迁用房支出等。前期工程费包括规划、设计、项目可行性研究和水文、地质、勘察、测绘、"三通一平"等支出。建筑安装工程费是指以出包方式支付给承包单位的建筑安装工程费,以自营方式发生的建筑安装工程费。基础设施费包括开发小区内道路、供水、供电、供气、排污、排洪、通信、照明、环卫、绿化等工程发生的支出。公共配套设施费包括不能有偿转让的开发小区内公共配套设施发生的支出。开发间接费用是指直接组织、管理开发项目发生的费用,包括工资、职工福利费、折旧费、修理费、办公费、水电费、劳动保护费、周转房摊销等。

(3) 开发土地和新建房及配套设施的费用。是指与房地产开发项目有关的销售费用、管理费用、财务费用。财务费用中的利息支出,凡能够按转让房地产项目计算分摊并提供金融机构证明的,允许据实扣除,但最高不能超过按商业银行同类同期贷款利率计算的金额,其他房地产开发费用,按取得土地使用权所支付的金额、开发土地和新建房及配套设施的成本计算的金额之和的5%以内计算扣除。

凡不能按转让房地产项目计算分摊利息支出或不能提供金融机构证明的,房地产开发费用按取得土地使用权所支付的金额、开发土地和新建房及配套设施的成本计算的金额之和的10%以内计算扣除。计算扣除的具体比例,由各省、自治区、直辖市人民政府规定。

(4) 旧房及建筑物的评估价格。是指在转让已使用的房屋及建筑物时,由政府批准设立的房地产评估机构评定的重置成本价乘以成新度折扣率后的价格。评估价格须经当地税务机关确认。旧房及建筑物重置成本价是指对旧房及建筑物按转让时建材价格及人工费计算,建筑同样面积、同样层次、同样结构、同样建设标准的新房及建筑物所需花费的成本费用。旧房及建筑物的成新度是指按旧房及建筑物的新旧程度做一定的比例的折扣。

此外,转让旧房的,应按房屋及建筑物的评估价格、取得土地使用权所支付的地价款和按国家统一规定缴纳的有关费用以及在转让环节缴纳的税金作为扣除项目金额计征土地增值税。对取得土地使用权时未支付地价款或不能提供已支付的地价款凭据的,不允许扣除取得土地使用权所支付的金额。

(5) 与转让房地产有关的税金。非房地产开发企业扣除：营业税、城市维护建设税、教育费附加和印花税；房地产开发企业因印花税已列入管理费用中，故不允许在此扣除。房地(6) 财政部规定的其他扣除项目。对从事房地产开发的纳税人，可按取得土地使用权所支付的金额与开发土地和新建房及配套设施的成本之和加计 20%的扣除。

13.5.4 土地增值税应纳税额的计算

土地增值税按照纳税人转让房地产所取得的增值额和规定的税率计算征收。增值额为纳税人转让房地产所取得的收入减除规定扣除项目金额后的余额。计算土地增值税税额，可按增值额乘以适用的税率减去扣除项目金额乘以速算扣除系数的简便方法计算，具体公式如下：

土地增值额=转让房地产所取得的收入-扣除项目金额

应纳税额=增值额×适用税率-扣除项目金额×速算扣除系数

四级税率所对应的土地增值税应纳税额计算公式如下。

(1) 增值额未超过扣除项目金额 50%的土地增值税税额=增值额×30%；

(2) 增值额超过扣除项目金额 50%、未超过 100%的土地增值税税额=增值额×40%-扣除项目金额×5%；

(3) 增值额超过扣除项目金额 100%、未超过 200%的土地增值税税额=增值额×50%-扣除项目金额×15%；

(4) 增值额超过扣除项目金额 200%的土地增值税税额=增值额×60%-扣除项目金额×35%，其中，公式中的 5%、15%、35%为速算扣除率。

例 13-1 某企业出售自有房地产，销售收入为 810 万元，其扣除项目金额为 360 万元，计算该企业应缴纳的土地增值税。

解： 土地增值额=转让房地产所取得的收入-扣除项目金额=810-360=450(万元)

增值额占扣除项目比例=450÷360=125%

故本项目属于增值额超过扣除项目金额 100%、未超过扣除项目金额 200%的部分，适用税率为 50%。

应纳税额=增值额×适用税率-扣除项目金额×速算扣除系数

应纳土地增值税=450×50%-360×15%=171(万元)

例 13-2 某房地产开发企业出售一栋酒店，取得销售收入 5000 万元。企业为开发该项目支付土地出让金 800 万元，房地产开发成本为 2000 万元，开发该项目支付的贷款利息为 130 万元。企业为转让该项目缴纳营业税、城市维护建设税及教育费附加等共计 280.5 万元。此外，当地政府规定，企业可以按土地使用权出让费、房地产开发成本之和的 5%计算扣除其他房地产开发费用。计算该企业为该项目需缴纳多少土地增值税？

解： 本题中扣除项目金额包括以下几个部分。

土地出让金 800 万元，房地产开发成本 2000 万元，贷款利息 130 万元，与转让房地产有关的税金 280.5 万元。

其他房地产开发费用=(土地使用权出让费+房地产开发成本)×5%

=(800+2000)×5%=140(万元)

另外，税法规定，从事房地产开发的企业可以按土地出让费和房地产开发成本之和的20%加计扣除。

加计扣除=(土地使用权出让费+房地产开发成本)×20%=(800+2000)×20%=560(万元)

因此，扣除项目金额=800+2000+130+280.5+(800+2 000)×5%+(800+2000)×20%=3910.5(万元)

土地增值额=转让房地产所取得的收入-扣除项目金额=5000-3910.5=1089.5(万元)

增值额占扣除项目比例=1089.5÷3910.5=27.86%

故本项目属于增值额未超过扣除项目金额50%的部分，适用税率为30%。

应纳税额=增值额×适用税率-扣除项目金额×速算扣除系数=1089.5×30%=326.85(万元)

13.5.5　土地增值税的优惠范围

土地增值税的优惠范围如下。

(1) 房地产企业建设普通住宅出售的，增值额未超过扣除金额20%的，免征土地增值税。所谓普通标准住宅，是指按所在地一般民用住宅标准建造的居住用住宅。普通标准住宅与其他住宅的具体划分界限由各省、自治区、直辖市人民政府规定。

(2) 因国家建设需要依法征用、收回的房地产，免征土地增值税。这类房地产主要是指因城市实施规划、国家建设的需要而被政府批准征用的房产或收回的土地使用权。因城市实施规划、国家建设的需要而搬迁，由纳税人自行转让原房地产的，比照有关规定免征土地增值税。符合上述免税法规的单位和个人，须向房地产所在地税务机关提出免税申请，经税务机关审核后，免予征收土地增值税。

(3) 个人因工作调动或改善居住条件而转让原自用住房，经向税务机关申报核准，凡居住满5年或5年以上的，免予征收土地增值税；居住满3年未满5年的，减半征收土地增值税。居住未满3年，按法规计征土地增值税。

(4) 2008年10月22日，财政部、国家税务总局发布的《关于调整房地产交易环节税收政策的通知》中规定，对个人销售住房暂免征收土地增值税。

(5) 企事业单位、社会团体以及其他组织转让旧房作为廉租住房、经济适用住房房源且增值额未超过扣除项目金额20%的，免征土地增值税。

13.5.6　土地增值税的清算

土地增值税清算是指纳税人在符合土地增值税清算条件后，依照税收法律、法规及土地增值税有关政策规定，计算房地产开发项目应缴纳的土地增值税税额，并填写《土地增值税清算申报表》，向主管税务机关提供有关资料，办理土地增值税清算手续，结清该房地产项目应缴纳土地增值税税款的行为。根据《国家税务总局关于房地产开发企业土地增值税清算管理有关问题的通知》(国税发〔2006〕187号)和《国家税务总局关于印发〈土地增值税清算管理规程〉的通知》(国税发〔2009〕91号)规定，调整收入项目名称，在《土地增值税纳税申报表(一)》中增加"视同销售收入"数据列，在《土地增值税纳税申报表(二)》《土地增值税纳税申报表(四)》《土地增值税纳税申报表(五)》《土地增值税纳税申报表(六)》中调整转让收入栏次，增加"视同销售收入"指标。

1. 土地增值税的清算单位

土地增值税以国家有关部门审批的房地产开发项目为单位进行清算，对于分期开发的项目以分期项目为单位清算。项目中同时包含普通住宅和非普通住宅的，应分别计算增值额。

2. 土地增值税的清算条件

土地增值税的清算条件具体如下。

(1) 符合下列情形之一的，纳税人应进行土地增值税的清算：房地产开发项目全部竣工、完成销售的；整体转让未竣工决算房地产开发项目的；直接转让土地使用权的。

(2) 符合下列情形之一的，主管税务机关可要求纳税人进行土地增值税清算：已竣工验收的房地产开发项目，已转让的房地产建筑面积占整个项目可售建筑面积的比例在85%以上，或该比例虽未超过85%，但剩余的可售建筑面积已经出租或自用的；取得销售(预售)许可证满3年仍未销售完毕的；纳税人申请注销税务登记但未办理土地增值税清算手续的；省税务机关规定的其他情况。

3. 营改增前后土地增值税清算

国家税务总局公告2016年第70号《国家税务总局关于营改增后土地增值税若干征管规定的公告》关于营改增前后土地增值税清算的计算问题如下。

房地产开发企业在营改增后进行房地产开发项目土地增值税清算时，按以下方法确定相关金额。

(1) 土地增值税应税收入=营改增前转让房地产取得的收入+营改增后转让房地产取得的不含增值税收入。

(2) 与转让房地产有关的税金=营改增前实际缴纳的营业税、城建税、教育费附加+营改增后允许扣除的城建税、教育费附加。

13.6 契 税

13.6.1 概述

契税是土地、房屋权属转移时向承受的单位和个人征收的一种税。"土地、房屋权属"的转移是指"土地使用权、房屋所有权"的转移。"承受"是指以受让、购买、受赠、交换等方式取得土地、房屋权属的行为。契税按照税收分类属于财产税范畴。

我国契税最早起源于东晋时期的"估税"，当时规定，凡买卖田宅、奴婢、牛马，立有契据者，每一万钱交易额官府征收四百钱，即税率为4%，其中卖方缴纳3%，买方缴纳1%。北宋开宝二年(公元969年)，开始征收印契钱，由买方缴纳，并规定缴纳期限为2个月。从此，开始以保障产权为由征收契税。以后历代封建王朝对土地、房屋的买卖、典当等产权变动都征收契税，但税率和征收范围不完全相同。由于契税是以保障产权的名义征收的，长期以来都是纳税人自觉向政府申报投税，请求验印或发给契证。新中国成立后，政务院于1950年发布《契税暂行条例》，规定对土地、房屋的买卖、典当、赠予和交换征收契税。1954年财政部经政务院批准，对《契税暂行条例》的个别条款进行了修改，规定对公有制单位承受土地、房屋权属转移免征契税。

改革开放后,国家重新调整了土地、房屋管理方面的有关政策,房地产市场逐步得到了恢复和发展。为了适应建立和发展社会主义市场经济形势的需要,充分发挥契税筹集财政收入和调控房地产市场的功能,从1990年起,就开始了《契税暂行条例》的修订工作。1997年国务院发布了《中华人民共和国契税暂行条例》,并于同年10月1日起开始实施。1997年10月28日颁布了《中华人民共和国契税暂行条例细则》,增强了契税征收工作的操作性。中华人民共和国国务院令第709号《中华人民共和国契税暂行条例》自2019年3月2日开始实施,为现行最新条例。

13.6.2 征税对象和纳税人

1. 征税对象

契税的征税对象是转移的土地、房屋权属。具体包括以下五项内容:国有土地使用权出让;土地使用权转让,包括出售、赠予和交换;房屋买卖;房屋赠予;房屋交换。

(1) 国有土地使用权出让(转让方不交土地增值税)。

(2) 国有土地使用权转让(转让方还应交土地增值税)。

(3) 房屋买卖(转让方符合条件的还需交土地增值税)。

以下几种特殊情况也视同买卖房屋。

① 以房产抵债或实物交换房屋;

② 以房产做投资或做股权转让;

③ 买房拆料或翻建新房。

(4) 房屋赠予,包括以获奖方式承受土地房屋权属。

(5) 房屋交换(单位之间进行房地产交换还应交土地增值税)。

《中华人民共和国契税暂行条例细则》对以上五项征税对象做出明确解释:国有土地使用权出让,是指土地使用者向国家交付土地使用权出让费用,国家将国有土地使用权在一定年限内让予土地使用者的行为。土地使用权转让,是指土地使用者以出售、赠予、交换或者其他方式将土地使用权转移给其他单位和个人的行为(不包括农村集体土地承包经营权的转移)。土地使用权出售,是指土地使用者以土地使用权作为交易条件,取得货币、实物、无形资产或者其他经济利益的行为。土地使用权赠予,是指土地使用者将其土地使用权无偿转让给受赠者的行为。土地使用权交换,是指土地使用者之间相互交换土地使用权的行为。房屋买卖,是指房屋所有者将其房屋出售,由承受者交付货币、实物、无形资产或者其他经济利益的行为。房屋赠予,是指房屋所有者将其房屋无偿转让给受赠者的行为。房屋交换,是指房屋所有者之间相互交换房屋的行为。

此外,《中华人民共和国契税暂行条例细则》规定,土地、房屋权属以下列方式转移的,视同土地使用权转让、房屋买卖或者房屋赠予征税:以土地、房屋权属作价投资、入股;以土地、房屋权属抵债;以获奖方式承受土地、房屋权属;以预购方式或者预付集资建房款方式承受土地、房屋权属。

2. 纳税人

契税的纳税义务人是境内转移土地、房屋权属承受的单位和个人,包括企业单位、事业单位、国家机关、军事单位和社会团体以及其他组织、个体经营者及其他个人(包括中国公民和外籍人员)。

13.6.3 税额计算

1. 税率

契税税率为3%～5%。契税的适用税率，由省、自治区、直辖市人民政府在有关规定的幅度内按照本地区的实际情况确定，并报财政部和国家税务总局备案。2008年10月22日，财政部、国家税务总局发布的《关于调整房地产交易环节税收政策的通知》中规定，为适当减轻个人住房交易的税收负担，支持居民首次购买普通住房，经国务院批准，调整房地产交易环节有关税收政策，并自2008年11月1日起实施。通知中规定对个人首次购买90平方米及以下普通住房的，契税税率暂统一下调到1%。首次购房证明由住房所在地县(区)住房建设主管部门出具。

2. 计税依据

根据《中华人民共和国契税暂行条例》的规定，契税的计税依据如下。

(1) 国有土地使用权出让、土地使用权出售、房屋买卖，计税依据为成交价格。成交价格是指土地、房屋权属转移合同确定的价格，包括承受者应交付的货币、实物、无形资产或者其他经济利益。

(2) 土地使用权赠予、房屋赠予，计税依据由征收机关参照土地使用权出售、房屋买卖的市场价格核定。

(3) 土地使用权交换、房屋交换，计税依据为所交换的土地使用权、房屋的价格的差额。交换价格不相等的，由多交付货币、实物、无形资产或者其他经济利益的一方缴纳税款。交换价格相等的，免征契税。以划拨方式取得土地使用权的，经批准转让房地产时，应由房地产转让者补缴契税。其计税依据为补缴的土地使用权出让费用或者土地收益。

为避免偷逃税款，税法规定，成交价格明显低于市场价格并且无正当理由或者所交换土地使用权、房屋的价格的差额明显不合理并且无正当理由的，由征收机关参照市场价格核定。

3. 应纳税额的计算

契税应纳税额，按照规定的税率和计税依据计算征收。应纳税额计算公式为

$$应纳税额 = 计税依据 \times 税率$$

应纳税额以人民币计算。转移土地、房屋权属以外汇结算的，按照纳税义务发生之日中国人民银行公布的人民币市场汇率中间价折合成人民币计算。

13.6.4 税收优惠

根据《中华人民共和国契税暂行条例》的规定，有下列情形之一的，减征或者免征契税。

(1) 国家机关、事业单位、社会团体、军事单位承受土地、房屋用于办公、教学、医疗、科研和军事设施的，免征契税。

(2) 城镇职工按规定第一次购买公有住房的，免征契税。

(3) 因不可抗力灭失住房而重新购买住房的，酌情准予减征或者免征。

(4) 土地、房屋被县级以上人民政府征用、占用后，重新承受土地、房屋权属的，是否

减征或者免征契税,由省、自治区、直辖市人民政府确定。

(5) 纳税人承受荒山、荒沟、荒丘、荒滩土地使用权,用于农、林、牧、渔业生产的,免征契税。

(6) 经外交部确认,依照我国有关法律规定以及我国缔结或参加的双边和多边条约或协定的规定应当予以免税的外国驻华使馆、领事馆、联合国驻华机构及其外交代表、领事官员和其他外交人员承受土地、房屋权属的,可以免征契税。

(7) 财政部规定的其他减征、免征契税的项目。

经批准减征、免征契税的纳税人改变有关土地、房屋的用途,不再属于规定的减征、免征契税范围的,应当补缴已经减征、免征的税款。

13.7 相关税收

13.7.1 增值税

营业税改增值税,简称营改增,是指以前缴纳营业税的应税项目改成缴纳增值税。营改增的最大特点是减少重复征税,可以促使社会形成更好的良性循环,有利于企业降低税负。2016 年 3 月 24 日,财政部、国家税务总局向社会公布了《营业税改征增值税试点实施办法》。经国务院批准,自 2016 年 5 月 1 日起,在全国范围内全面推开营改增试点,建筑业、房地产业、金融业、生活服务业等全部营业税纳税人,纳入试点范围,由缴纳营业税改为缴纳增值税。

增值税是以商品(含应税劳务)在流转过程中产生的增值额作为计税依据而征收的一种流转税。从计税原理上说,增值税是对商品生产、流通、劳务服务中多个环节的新增价值或商品的附加值征收的一种流转税。实行价外税,也就是由消费者负担,有增值才征税,没增值不征税。2019 年 3 月 15 日,李克强在北京人民大会堂十三届全国人大二次会议表示,4 月 1 日减增值税,5 月 1 日降社保费率。

1. 纳税人

纳税人分为一般纳税人和小规模纳税人。

应税行为的年应征增值税销售额(以下称应税销售额)超过财政部和国家税务总局规定标准的纳税人为一般纳税人,未超过规定标准的纳税人为小规模纳税人。

年应税销售额超过规定标准的其他个人不属于一般纳税人。年应税销售额超过规定标准但不经常发生应税行为的单位和个体工商户可选择按照小规模纳税人纳税。

2. 纳税对象

纳税对象为在中华人民共和国境内销售服务、无形资产或者不动产的单位和个人。单位是指企业、行政单位、事业单位、军事单位、社会团体及其他单位。个人是指个体工商户和其他个人。

3. 计税方法

增值税的计税方法,包括一般计税方法和简易计税方法。

一般计税方法的应纳税额,是指当期销项税额抵扣当期进项税额后的余额。应纳税额计算公式：

$$应纳税额=当期销项税额-当期进项税额$$

当期销项税额小于当期进项税额不足抵扣时，其不足部分可以结转下期继续抵扣。

简易计税方法的应纳税额，是指按照销售额和增值税征收率计算的增值税额，不得抵扣进项税额。应纳税额计算公式：

$$应纳税额=销售额×征收率$$

4. 税率

当采用一般计税方法时，建筑业和房地产业增值税税率为9%。

当采用简易计税方法时，建筑业和房地产业增值税税率为3%。

5. 应税行为除外范围

应税行为的具体范围，按照本办法所附的《销售服务、无形资产、不动产注释》执行。销售服务、无形资产或者不动产，是指有偿提供服务、有偿转让无形资产或者不动产，但属于下列非经营活动的情形除外。

(1) 行政单位收取的同时满足以下条件的政府性基金或者行政事业性收费。

① 由国务院或者财政部批准设立的政府性基金，由国务院或者省级人民政府及其财政、价格主管部门批准设立的行政事业性收费；

② 收取时开具省级以上(含省级)财政部门监(印)制的财政票据；

③ 所收款项全额上缴财政。

(2) 单位或者个体工商户聘用的员工为本单位或者雇主提供取得工资的服务。

(3) 单位或者个体工商户为聘用的员工提供服务。

(4) 财政部和国家税务总局规定的其他情形。

13.7.2 所得税

1. 企业所得税

企业所得税是指对我国境内的企业和其他取得收入的组织以其生产经营所得为课税对象所征收的一种税。《中华人民共和国企业所得税法实施条例》经2007年11月28日国务院第197次常务会议通过，于2007年12月6日发布，自2008年1月1日起施行。根据2019年4月23日颁布的《国务院关于修改部分行政法规的决定》(中华人民共和国国务院令第714号)修订《中华人民共和国企业所得税法实施条例》(2019年修订版)。

企业所得税的纳税人包括在中国境内成立的企业、事业单位、社会团体以及其他取得收入的组织。纳税人来源于中国境内、境外的生产经营的所得(包括销售货物所得、提供劳务所得、转让财产所得、股息红利等权益性投资所得、利息所得、租金所得、特许权使用费所得、接受捐赠所得和其他所得)，都应依法缴纳企业所得税。企业所得税以应纳税所得额为计税依据。企业每一纳税年度的收入总额，减除不征税收入、免税收入、各项扣除以及允许弥补的以前年度亏损后的余额，为应纳税所得额。

企业所得税的税率为25%，此外，非居民企业适用税率为20%，符合条件的小型微利企业，减按20%的税率征收企业所得税，国家需要重点扶持的高新技术企业，减按15%的税率征收企业所得税。企业的应纳税所得额乘以适用税率，减除有关税收优惠的规定减免和抵免的税额后的余额，为应纳税额。计算公式为：

应纳税额=应纳税所得额×适用税率-减免税额-抵免税额

2. 个人所得税

《中华人民共和国个人所得税法实施条例》于1994年1月28日中华人民共和国国务院令第142号发布，根据2005年12月19日《国务院关于修改〈中华人民共和国个人所得税法实施条例〉的决定》第一次修订，根据2008年2月18日《国务院关于修改〈中华人民共和国个人所得税法实施条例〉的决定》第二次修订，根据2011年7月19日《国务院关于修改〈中华人民共和国个人所得税法实施条例〉的决定》第三次修订，2018年12月18日中华人民共和国国务院令第707号第四次修订，自2019年1月1日起施行。2020年4月1日，国家税务总局发布2019年度个人所得税综合所得年度汇算办税指引。

个人所得税的纳税义务人，既包括居民纳税义务人，也包括非居民纳税义务人。居民纳税义务人负有完全纳税的义务，必须就其来源于中国境内、境外的全部所得缴纳个人所得税；而非居民纳税义务人仅就其来源于中国境内的所得，缴纳个人所得税。

个人所得税税率，个人所得税根据不同的征税项目，分别规定了三种不同的税率。

①综合所得(工资、薪金所得，劳务报酬所得，稿酬所得，特许权使用费所得)，适用7级超额累进税率，按月应纳税所得额计算征税。该税率按个人月工资、薪金应税所得额划分级距，最高一级为45%，最低一级为3%，共7级，见表13-2。

②经营所得适用5级超额累进税率。适用按年计算、分月预缴税款的个体工商户的生产、经营所得和对企事业单位的承包经营、承租经营的全年应纳税所得额划分级距，最低一级为5%，最高一级为35%，共5级，见表13-3。

③比例税率。对个人的利息、股息、红利所得，财产租赁所得，财产转让所得，偶然所得和其他所得，按次计算征收个人所得税，适用20%的比例税率。

表13-2　个人所得税税率表一

(综合所得适用)

级　数	全年应纳税所得额	税率(%)
1	不超过36 000元的	3
2	超过36 000元至144 000元的部分	10
3	超过144 000元至300 000元的部分	20
4	超过300 000元至420 000元的部分	25
5	超过420 000元至660 000元的部分	30
6	超过660 000元至960 000元的部分	35
7	超过960 000元的部分	45

注1：表13-2所称全年应纳税所得额是指依《中华人民共和国个人所得税法》第六条的规定，居民个人取得综合所得以每一纳税年度收入额减除费用六万元以及专项扣除、专项附加扣除和依法确定的其他扣除后的余额。

注2：非居民个人取得工资、薪金所得，劳务报酬所得，稿酬所得和特许权使用费所得，依照表13-3按月换算后计算应纳税额。

表 13-3 个人所得税税率表二

(经营所得适用)

级 数	全年应纳税所得额	税率(%)
1	不超过 30 000 元的	5
2	超过 30 000 元至 90 000 元的部分	10
3	超过 90 000 元至 300 000 元的部分	20
4	超过 300 000 元至 500 000 元的部分	30
5	超过 500 000 元的部分	35

注：表 13-3 所称全年应纳税所得额是指依照《中华人民共和国个人所得税法》第六条的规定，以每一纳税年度的收入总额减除成本、费用以及损失后的余额。

个人所得税应纳税额计算公式：

应纳税所得额=月度收入-5000元(免征额) -专项扣除(三险一金等)-专项附加扣除-依法确定的其他扣除

个税专项附加扣除如下，明细查看个税专项附加扣除。

子女教育：纳税人的子女接受全日制学历教育的相关支出，按照每个子女每月 1000 元的标准定额扣除。

继续教育：纳税人在中国境内接受学历(学位)继续教育的支出，在学历(学位)教育期间按照每月 400 元定额扣除。同一学历(学位)继续教育的扣除期限不能超过 48 个月。纳税人接受技能人员职业资格继续教育、专业技术人员职业资格继续教育的支出，在取得相关证书的当年，按照 3600 元定额扣除。

大病医疗：在一个纳税年度内，纳税人发生的与基本医保相关的医药费用支出，扣除医保报销后个人负担(指医保目录范围内的自付部分)累计超过 15 000 元的部分，由纳税人在办理年度汇算清缴时，在 80 000 元限额内据实扣除。

住房贷款利息：纳税人本人或者配偶单独或者共同使用商业银行或者住房公积金个人住房贷款为本人或者其配偶购买中国境内住房，发生的首套住房贷款利息支出，在实际发生贷款利息的年度，按照每月 1000 元的标准定额扣除，扣除期限最长不超过 240 个月。纳税人只能享受一次首套住房贷款的利息扣除。

住房租金：纳税人在主要工作城市没有自有住房而发生的住房租金支出，可以按照以下标准定额扣除。

① 直辖市、省会(首府)城市、计划单列市以及国务院确定的其他城市，扣除标准为每月 1500 元；

② 除第一项所列城市以外，市辖区户籍人口超过 100 万的城市，扣除标准为每月 1100 元；市辖区户籍人口不超过 100 万的城市，扣除标准为每月 800 元。

赡养老人：纳税人赡养一位及以上被赡养人的赡养支出，统一按照以下标准定额扣除。

① 纳税人为独生子女的，按照每月 2000 元的标准定额扣除；

② 纳税人为非独生子女的，由其与兄弟姐妹分摊每月 2000 元的扣除额度，每人分摊的额度不能超过每月 1000 元。可以由赡养人均摊或者约定分摊，也可以由被赡养人指定分摊。约定或者指定分摊的须签订书面分摊协议，指定分摊优先于约定分摊。具体分摊方式和额度在一个纳税年度内不能变更。

13.7.3　城市维护建设税

城市维护建设税是国家对依法实际缴纳增值税、消费税的单位和个人征收的一种税。1985年2月8日国务院发布《中华人民共和国城市维护建设税暂行条例》，同年度实施。根据2011年1月8日国务院令第588号《国务院关于废止和修改部分行政法规的决定》修订。2019年11月21日，《中华人民共和国城市维护建设税法(草案)》通过。

城市维护建设税的纳税人包括缴纳增值税、消费税的各类企业、单位、个体经营者和其他个人。城市维护建设税以纳税人实际缴纳的消费税、增值税税额为计税依据，分别与上述两种税同时缴纳。应纳税额计算公式为：

$$应纳税额=(增值税+消费税)\times 适用税率$$

城市维护建设税按照纳税人所在地实行差别比例税率：纳税人所在地在市区的，税率为7%；在县城、镇的，税率为5%；不在市区、县城或镇的，税率为1%。

13.7.4　教育费附加

教育费附加是对缴纳增值税、消费税的单位和个人就实际缴纳的两种税税额征收的一种附加。征收教育费附加的目的是多渠道筹集教育经费，扩大地方教育经费的资金来源。1994年国务院发布的《国务院关于教育费附加征收问题的紧急通知》(国发明电〔1994〕2号)规定从1994年1月1日起，教育费附加率提高为3%，2005年国务院《关于修改<征收教育费附加的暂行规定>的决定》对《征收教育费附加的暂行规定》做出修订。教育费附加作为专项收入，由教育部门统筹安排使用。根据2011年1月8日《国务院关于废止和修改部分行政法规的决定》，国务院对<征收教育费附加的暂行规定>进行了第三次修订。分别以增值税、消费税同时缴纳。其计算公式为：

$$教育费附加=(增值税+消费税)\times 3\%$$

13.7.5　地方教育附加

地方教育附加是指各省、自治区、直辖市根据国家有关规定，为贯彻落实《国家中长期教育改革和发展规划纲要(2010—2020年)》，进一步规范和拓宽财政性教育经费筹资渠道，增加地方教育的资金投入，促进地方教育事业发展，开征的一项地方政府性基金。2011年6月29日发布的《国务院关于进一步加大财政教育投入的意见》要求，全面开征地方教育附加，各地区要加强收入征管，依法足额征收，不得随意减免。

地方教育附加以单位和个人实际缴纳的增值税、消费税的税额为计征依据。地方教育附加征收标准统一为单位和个人(包括外商投资企业、外国企业及外籍个人)实际缴纳的增值税和消费税税额的2%。其计算公式为：

$$地方教育附加=(增值税+消费税)\times 2\%$$

13.7.6　印花税

印花税是对经济活动和经济交往中书立、领受具有法律效力的凭证的行为所征收的一种税。1988年8月6日国务院11号令发布《中华人民共和国印花税暂行条例》，自1988

年10月1日起施行。国务院关于废止和修改部分行政法规的决定，2011年1月8日发布。《中华人民共和国印花税暂行条例》(2011年修订)，2011年1月8日发布。印花税是一种具有行为税性质的凭证税。

印花税的纳税义务人是我国境内书立、领受凭证的单位和个人，包括国内各类企业、事业单位、机关、团体、部队以及中外合资企业、合作企业、外资企业、外国公司企业和其他经济组织及其在华机构等单位和个人。具体来讲，纳税义务人可以分为五类：立合同人、立据人、立账簿人、领受人、使用人。

印花税的征税对象即应纳税凭证可以分为五大类：①购销、加工承揽、建设工程勘察设计、建设工程承包、财产租赁、货物运输、仓储保管、借款、财产保险、技术合同或者具有合同性质的凭证；②产权转移书据；③营业账簿；④房屋产权证、工商营业执照、商标注册证、专利证、土地使用证、许可证照；⑤经财政部确定征税的其他凭证。

根据应纳税凭证的性质不同，印花税税率有比例税率和定额税率两种形式。纳税人分别按比例税率或者按件定额计算应纳税额。与房地产业有关的部分印花税税目税率见表13-4。

表13-4　与房地产业有关的部分印花税税目税率

序号	税目	范围	税率	纳税人
1	加工承揽合同	包括加工、定做、修缮、修理、印刷、广告、测绘、测试等合同	按加工或承揽收入0.5‰贴花	立合同人
2	建设工程勘察设计合同	包括勘察、设计合同	按收取费用0.5‰贴花	立合同人
3	建筑安装工程承包合同	包括建筑、安装工程承包合同	按承包金额0.3‰贴花	立合同人
4	财产租赁合同	包括租赁房屋、船舶、飞机、机动车辆、机械、器具、设备等合同	按租赁金额1‰贴花。税额不足1元，按1元贴花	立合同人
5	借款合同	银行及其他金融组织和借款人	按借款金额0.05‰贴花	立合同人
6	产权转移书据	包括财产所有权、版权、商标专用权、专利权、专有技术使用权、土地使用权出让合同、商品房销售合同等	按所载金额0.5‰贴花	立据人
7	权利、许可证照	包括政府部门发给的房屋产权证、工商营业执照、商标注册证、专利证、土地使用证	按件贴花5元	领受人

案 例 分 析

2013年11月24日央视《每周质量报告》报道称，调查发现多家知名房地产公司欠缴土地增值税，数额惊人。2005年至2012年8年间，房地产开发企业应缴而未缴的土地增值税总额超过3.8万亿元。此报道一出，在业内引起轩然大波。业内部分人士对报道内容持异议，并引起争论。经过两天的争论之后，央视曝光"多家知名房企欠缴巨额土地增值税"一事最终以官方注解"对税收政策和征管方式存在误解误读"了结。

国家税务总局财产行为税司负责人表示，由于房地产行业经营情况复杂，土地增值税税制设计也比较复杂，土地增值税清算需要审核大量跨若干年度收入、成本和费用情况，税收征管难度大并容易产生执法风险。近日引起社会关注的有关人员对欠税的推算方法是不正确的，对税收政策和征管方式存在误解误读。业内人士表示，土地增值税是先预缴后清算的税收，"应缴而未缴的土地增值税"并不能定义为拖欠，而是待项目达到一定进度后进行清算。到了清算的节点，税务部门会下发一个清算通知书给房企，由企业安排清算工作，并通过中介出一份鉴定报告，与清算报告一同交到主管税务部门，税务部门对清算结果认可后，由房企申报，再纳税，而不能说申报前就是拖欠税款。

有专家认为，按照我国的会计制度，与房地产开发有关的费用直接计入当年损益，但土地增值税是按照项目而非按照年份来征税，在一个项目未达到清缴条件时，企业在当年的年报中记为"应付税金"是一种预提方式，完全符合税收和会计要求。不过在实操层面，确实可能存在一些企业为了拖欠税款拖延项目进度，而地方政府对企业行为"睁一只眼闭一只眼"的现象。时隔一个月之后，作为对"欠税门"的反击，央视《东方时空》报道称，吉林万科城项目、广州万科金域蓝湾等多个项目已经达到清缴土地增值税的条件，但企业并未主动申报，而当地税务主管部门并未要求企业清缴。央视称，仅万科一家企业，应缴而未缴的土地增值税超过40亿元。那么，按照我国土地增值税征缴规定应该如何界定是否欠缴？只要清楚了解相关规定，就能得出结论。

根据我国《土地增值税暂行条例》及其细则，目前对房地产开发企业土地增值税实行销售时预征、项目终了进行清算，多退少补的制度。预征一般按照销售收入的一定比例征收，预征率由各省级税务机关按照规定区分不同类型房地产确定。例如，北京实行差别化土地增值税预征率政策，征收比例为2%～5%。内蒙古自治区按商品房销售价格确定预征率进行预征土地增值税，土地增值税预征率为1%～6%。

笔者认为，税务部门应进一步完善制度措施，加强土地增值税征管。一是加强税收政策宣传，做好政策解读；二是加强调查研究，及时处理清算中发现的新问题，进一步完善土地增值税政策；三是继续加强督导检查，推动土地增值税清算工作全面深入开展；四是强化科学管理，坚持信息管税，加强土地增值税管理信息系统建设，严控核定征收，防止税款流失；五是简化征税方案，寻求简便可行且接近真实值的估计方法，增强征税实务操作的便利性。

(资料来源：北京商报)

本 章 小 结

本章主要介绍了与房地产开发相关的各项税收的内容及计算依据和方法，介绍了包括房产税、城镇土地使用税、耕地占用税、土地增值税、契税、增值税、企业所得税、个人所得税、城市维护建设税、教育费附加、地方教育附加、印花税等税种的概念、纳税人、征税对象及税率。

习 题

1. 简述税收的概念和特征。
2. 什么是税收制度？税收制度的组成要素有哪些？
3. 我国现行税收制度按其性质和作用可以分为哪几类？
4. 简述房产税的征税范围。
5. 房产税减免的范围包括哪些？
6. 简述城镇土地使用税税收优惠范围。
7. 简述耕地占用税的计税依据及税收优惠范围。
8. 我国开征土地增值税的目的有哪些？
9. 计算土地增值额的扣除项目包括哪些？
10. 简述土地增值税的清算单位和清算条件。
11. 简述土地增值税的优惠范围。
12. 契税的征税对象和优惠范围包括哪些内容？

参 考 文 献

[1] 丁烈云. 房地产开发[M]. 3版. 北京：中国建筑工业出版社，2008.
[2] 成荣妹，冯斌. 建设工程招标投标与合同管理[M]. 北京：中国建筑工业出版社，2005.
[3] 徐占勋. 论合作开发房地产合同[D]. 吉林大学，2009.
[4] 徐微. 合作开发房地产合同研究[J]. 中国不动产法研究，2006(12).
[5] 李鹏越. 浅谈EPC交钥匙合同[J]. 法制与社会，2007(2).
[6] 徐绳墨. FIDIC的EPC交钥匙合同文件介绍(二)[D]. 建筑经济，2002(8).
[7] 肖印海. 房地产开发中合作建房合同的法律思考[D]. 四川大学，2005.
[8] 管晓伟. 房地产开发企业建设项目合同管理[J]. 山西建筑，2008(4).
[9] 丁烈云. 建设工程合同管理系统决策支持体系研究[J]. 土木工程学报，2003(3).
[10] 黄娟. 房地产合作开发组织模式研究(硕士论文)[D]. 重庆大学，2011.
[11] 丛经培. 工程项目管理[M]. 北京：中国建筑工业出版社，2006.
[12] 刘薇，滕一峰. 房地产开发与管理[M]. 北京：北京大学出版社，2010.
[13] 黄福新. 房地产策划师(基础知识)[M]. 北京：中国劳动社会保障出版社，2007.
[14] 全国监理工程师培训教材编写委员会，全国监理工程师培训教材审定委员会. 工程建设质量控制. 北京：中国建筑工业出版社，1997.
[15] 郑晓云，谢颖. 房地产开发与经营[M]. 北京：科学出版社，2010.
[16] 刘洪玉. 房地产开发[M]. 北京：首都经济贸易大学出版社，2001.
[17] 李清立. 房地产开发与经营[M]. 北京：清华大学出版社，2004.
[18] 《建设工程施工合同(示范文本)》(GF-2013-0201)
[19] 《建设工程监理合同(示范文本)》(GF-2012-0202)
[20] 《建设工程监理合同(示范文本)应用指南》
[21] 《建设工程设计合同(示范文本)》
[22] 《建设工程勘察合同(示范文本)》
[23] 周小平. 房地产开发与经营[M]. 北京：清华大学出版社，2011.
[24] 郑连庆. 建筑工程经济与管理[M]. 3版. 广州：华南理工大学出版社，1996.
[25] 朱江. 房地产经济学[M]. 大连：东北财经大学出版社，2007.
[26] 冯彬，邓宇思，杜文娟. 工程项目投融资[M]. 北京：中国电力出版社，2009.
[27] 马秀岩，卢洪升. 项目融资[M]. 大连：东北财经大学出版社，2008.
[28] 王全民，王来福，刘秋雁. 房地产经济学[M]. 大连：东北财经大学出版社，2003.
[29] 赵宏良. 我国建设工程项目的BOT融资方式应用分析[J]. 经济师，2005，(10).
[30] 吴志强，李德华. 城市规划原理[M]. 北京：中国建筑工业出版社，2010.
[31] 全国城市规划执业制度管理委员会. 城市规划原理[M]. 北京：中国计划出版社，2011.
[32] 朱昌廉. 住宅建筑设计原理[M]. 北京：中国建筑工业出版社，2011.
[33] 惠劼，张倩，王芳. 城市住区规划设计概论[M]. 北京：化学工业出版社，2005.
[34] 谭术魁. 房地产开发与经营[M]. 上海：复旦大学出版社，2006.
[35] 张建中，冯天才. 房地产开发与经营[M]. 北京：北京大学出版社，2009.

[36] 孔凡文，何红．房地产开发与经营[M]．大连：大连理工大学出版社，2012．

[37] 朱家瑾．居住区规划设计[M]．北京：中国建筑工业出版社，2007．

[38] 周俭．城市住宅区规划原理[M]．上海：同济大学出版社，2006．

[39] 张伶伶，孟浩．场地设计[M]．北京：中国建筑工业出版社，2011．

[40] 编委会．全国房地产估价师执业资格考试历年真题与模拟冲刺-房地产开发经营与管理[M]．北京：中国建筑工业出版社，2012．

[41] 刘晓君．工程经济学[M]．2版．北京：中国建筑工业出版社，2008．

[42] 刘洪玉．房地产开发经营与管理[M]．北京：中国物价出版社，2001．

[43] 陈双，郭平．房地产开发[M]．北京：人民交通出版社，2008．

[44] 高晓晖．房地产开发与经营[M]．上海：上海财经大学出版社，2005．

[45] 柳立生．房地产开发与经营[M]．武汉：武汉理工大学出版社，2009．

[46] 余健明．项目决策分析与评价[M]．北京：中国计划出版社，2012．

[47] 吴德庆，马月才，王保林．管理经济学[M]．5版．北京：中国人民大学出版社，2010．

[48] 国家发展改革委．建设项目经济评价方法与参数[M]．3版．北京：中国计划出版社，2006．

[49] 何红．房地产开发经营与管理[M]．北京：化学工业出版社，2008．

[50] 中华人民共和国建设部．房地产开发项目经济评价方法[M]．北京：中国计划出版社，2000．

[51] 赵国杰．技术经济学[M]．天津：天津大学出版社，1999．